叶圣陶与吕叔湘（左）、张志公（右）讨论教育问题

叶圣陶与巴金亲切交谈

叶圣陶与夏丏尊合编的
《国文百八课》

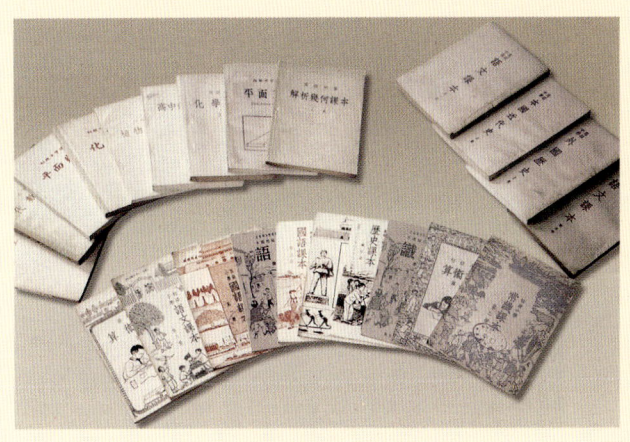

叶圣陶主持编辑出版的
新中国第一套全国通用
教材（1951年人教版）

叶圣陶论语文教育与创作
的部分图书

国正同志惠鉴：收接中学语文组信，说

对于送该几篇文言，我现在想，对学生
无甚大益处。这是民国十二年（一九二三）中学
国文课程纲要里边的办法，沿用了五十多年，
至今还照旧，想着也惑到怅。听说乔木同
志赞成我湘先生分别教加主张，我有同
感，且待暑假面时再谈吧。
送来的样本我因目力不济不能细看。
即请
刻安。
叶圣陶 六月廿六日下午

1978年叶圣陶写给刘国正的信（局部）

解放以前，我在商务印书馆和开明书店都编过课本。那时候不通行调查研究，也不开什么座谈会，三几个人商量一下就动手编写了。今天诸位聚首一堂，共同研讨中学语文教材的改革问题，实在是一件了不起的事。

语文是人与人交流和交际的必不可缺的工具。不善于使用这个工具，就无法工作和生活，甚至可以说就不能做人。所以应该认真研究一下，中学的语文课必须教会学生哪些本领；这些本领包含多少项目，把它们排列

1980年11月8日，叶圣陶在人民教育出版社中学语文教材编辑座谈会上的讲话整理稿（局部）

语文教育学术论丛
第一辑

叶圣陶语文教育文集
吕叔湘语文教育论集
张志公语文教育论集
黎锦熙语文教育论集
刘国正语文教育论集
黄光硕语文教育论集
顾黄初语文教育论集
章　熊语文教育论集
庄文中语文教育论集
顾振彪语文教育论集

编 委 会

主　　任：郭　戈
编　　委：（以姓氏笔画为序）
　　　　　王　涧　王本华　尤　炜　朱于国
　　　　　刘德水　李世中　汪　锋　张彬福
　　　　　陈尔杰　陈恒舒　胡　晓　顾之川
　　　　　韩　涵　覃文珍　谭轶斌

主　　编：王本华
本册编者：张定远

语文教育学术论丛

叶圣陶语文教育文集

叶圣陶 著

人民教育出版社
·北京·

图书在版编目（CIP）数据

叶圣陶语文教育文集/叶圣陶著. —北京：人民教育出版社，2023.10（2025.7重印）
（语文教育学术论丛）
ISBN 978-7-107-37339-8

Ⅰ.①叶… Ⅱ.①叶… Ⅲ.①叶圣陶（1894—1988）—语文教学—文集
Ⅳ.①G40-092.7②H19-53

中国国家版本馆 CIP 数据核字（2023）第 195471 号

叶圣陶语文教育文集 YESHENGTAO YUWEN JIAOYU WENJI

责任编辑　韩　涵　王亚男
书籍设计　王　喆

出版发行	人民教育出版社
	（北京市海淀区中关村南大街 17 号院 1 号楼　邮编：100081）
网　　址	http://www.pep.com.cn
经　　销	全国新华书店
印　　刷	北京盛通印刷股份有限公司
版　　次	2023 年 10 月第 1 版
印　　次	2025 年 7 月第 2 次印刷
开　　本	787 毫米×1 092 毫米　1/16
印　　张	30.25
字　　数	440 千字
定　　价	98.00 元

版权所有・未经许可不得采用任何方式擅自复制或使用本产品任何部分・违者必究
如发现内容质量问题、印装质量问题，请与本社联系。电话：400-810-5788

前　言

伴随着改革开放的脚步，教育的春天到来，语文教育的园地中百花渐开，硕果渐成。坚持"三个面向"，解放思想，革除积弊，回应吕叔湘先生"少慢差费"的批评，语文教育在课程建设、教材编写、教学改革、学科研究等方面都迈出了坚实的脚步。

20世纪90年代前后，为撷取语文教育的春光，人民教育出版社中学语文编辑室在繁忙的教材编写工作之余，陆续编辑出版了诸多名家的语文教育论著，如《叶圣陶教育文集》《张志公语文教育论集》《实和活——刘国正语文教育文选》《黎锦熙语文教育论集》《于漪语文教育论集》《构建语文教育的立交桥——庄文中语文教育论集》，以及周有光《中国语文纵横谈》、顾黄初《语文教育论稿》、朱绍禹《中学语文教材概观》等，这些论著广泛触及语文教育的各个方面，奠定了具有本土特色的语文课程、教材、教学理论的基础。此外，还出版了钱梦龙《导读的艺术》、蔡澄清《中学语文点拨教学法》等，主要从课堂教学实践层面探讨语文教学改革及如何提升语文教学效率的问题。出版这些著作，既是为了展示改革开放以来语文教育的最新研究成果，也是为了引导语文教育改革的主流方向，让语文教育能够在守正的基础上追求创新发展。

进入21世纪以来，在工具性与人文性统一的课程思想指导下，语文教育开始从知识、能力中心向素养立意转型，语文教育观念也发生了重大转变。例如，四大核心素养的提出，学习任务群的设计，学科教学内容的更新，大单元、大任务、大情境教学方式的推广，整本书阅读的推进，等等。

观念的变革促使人们去研究，去思考，去改变现状，去焕发新的生机。教材设计的创新、教学课堂的转变，就是观念的转变带来的成果。

但是，改革并不总是体现为除旧布新，割断传统，在适当的时候，回眸凝望，方能真正健步前行。静下心来审视当下的种种新观念、新提法，我们会发现，语言、思维、审美、文化，整合、实践、情境、任务，学生主体、教师引导……诸如此类的观念，在老一辈语文教育家那里都有过深入而朴素的思考，在老一代名师那里都进行过切实而有效的教学探索。语文教育的改革不能只是观念的替代、模式的迭代，更不应该动辄从头开始，反复"重启"，而应该尊重规律，守正出新。知"己"才能知彼，知"史"方能行远。认真学习语文教育的历史，领悟大家、名家的语文教育思想，汲取、借鉴前人智慧与经验，从而继承和发扬语文教育的优良传统，只有这样，我们才能踏着前人开辟的道路稳健前行，我们的改革才能具有中国气象、中国特色。

基于以上考虑，我们将过去出版的语文教育论著重新编选，再行组合，并纳入一些新世纪以来在语文界有影响的大家的论著，整合为"语文教育学术论丛"，分辑出版，力图从新时代的视角，展现我国语文教育的现状，呈现历史，盘清"家底"，以期引发进一步的思考与行动。

这是一套开放性的丛书，第一辑包括十位老一辈语文教育家的论著，基本是在已往著作基础上，根据新时代语文教育发展和个人著述的情况，略作增删而成，尤其是增加一些较新发表的文章。将来我们还会陆续推出第二辑、第三辑……，展示更多的语文名家在语文教育研究和实践上的思考和探索。热诚欢迎国内语文同仁参与到这套论丛的编选中来，为丛书的出版贡献智慧！

本套丛书的出版得到了论著作者或其后人的大力支持，业界很多专家学者也给予了热情的帮助，中学语文编辑室的编辑花费大量时间参与编选，承担编辑、审稿工作，设计人员在版式、封面设计上也几易方案，优中选优。在此一并致谢！

"语文教育学术论丛"编委会
2021 年 4 月

编辑前记

本书收编叶圣陶先生关于语文教育的论著和书信,分为四辑。

第一辑,语文教育,38篇。第二辑,阅读教学,6篇。第三辑,写作教学,31篇。第四辑,书信,48封。

为呈现作者语文教育思想发展的轨迹,论著和书信一律按时间顺序排列。

选入本书中的一些文章,自最初发表之后,曾入选多个版本的文集,在选收、编辑出版过程中,经过作者本人、家属或相关编辑人员的修改、校订,文字面貌与最初发表的版本有所差异。本书以人民教育出版社1994年版《叶圣陶教育文集》第三卷为底本,参校其他版本的同类书籍,力求忠实呈现叶圣陶先生的语文教育思想。

为尊重原著,保持不同时期语言文字的风貌,本书在文字加工方面尽可能依从底本,对一些我们现今认为属于词形混用的情况,如"须"和"需"、"做"和"作"、"词"和"辞"、"绝不"和"决不"等,尽量不作改动。在不影响原意的前提下,对选文的标点符号进行技术性处理。

叶圣陶先生是卓越的文学家和教育家,在语文教育方面,从理论到实践更有极为卓越的贡献。他的语文教育思想,既继承和发扬了我国语文教育传统,又充分吸收了外来的积极因素,是百年来影响最大、最有代表性的语文教育思想。学习、研究叶圣陶先生的语文教育思想,对于改进语文教学有现实的和恒久的意义。

2023年12月

代 序

叶圣陶先生
——教育界一代宗师

张志公

叶圣陶先生在许多方面都有卓越的成就。他从很年轻的时候起，就参与当时的进步社会活动。他很早就从事文学创作，写过童话，散文，短篇、中篇和长篇小说，他还擅长旧体诗词，是蜚声中外的、多产的、影响很大的文学家。他很早就同若干位志同道合的朋友组织"文学研究会"，自成一派：崇尚写实，即写社会上真实的情况，这里边自然不是没有褒贬抑扬的因素，但一般只是写实。他本人或者会同少数志同道合的朋友编纂过大量的各级学校用的国文（新中国成立后称语文）教科书，发表过很多研究教育的论著。他曾亲自担任教学工作多年，教过小学、中学和大学的国文课。从华北人民政府时代起，他就主持教科书的审订、修改工作，"语文"这个叫法就是那时候定下来的，意思是包括以往所谓"国文"和"国语"。中华人民共和国成立后他任当时的出版总署副署长，分工领导教科书编审委员会。1950年，出版总署与教育部共同筹建人民教育出版社，他兼任社长、总编辑。1954年，出版总署撤销，他被任命为教育部副部长，分工领导人民教育出版社，负责教科书编审工作。可以说，他是人民教育出版社的创始人。从个人从事教科书编写工作到领导教科书工作,先生数十年如一日。晚年除了继续关心教育和教科书工作之外,又成为一位卓有建树的政治活动家,担任过中国人民政治协商会议的副主席,中国民主促进会的主席和名誉主席。

我有幸以三种身份和圣陶先生接触多年。一种身份是后辈与长者关系。我和他的长公子叶至善先生同龄,至善还长我几个月。再一种身份是私淑弟子和老师的关系。我以师礼对他,他一方面说话非常谦逊,连对我都称"您",而同时又以老师对弟子的诚恳态度对我。他当面纠正别人错误的情况极少,如果不说根本没有的话,可是我如果说句错话或者念个白字,他当即和和气气地指出、纠正。第三种身份是工作上的被领导与领导关系。他担任人民教育出版社社长兼总编辑的时候,我是社里某编辑室的主任。由于有这三种关系,所以接触交往相当频繁。我不敢说我对他的理解有多么深,然而从他那里获得教益、得到启发的地方很多很多,因而对他的为人和治学理所当然地应当有所知。

如果用简单一点的话说说我对他的认识,可以说我有两个非常深刻的印象。第一个印象是:在他多方面的成就之中,以教育方面的成就最为突出,径称之为教育家我觉得是得体的。多次听他本人说过:"编辑出版工作是教育工作。"记忆中好像还说过:"文学就是教育。"我怕记得不准,曾与至善核订,他说,是的,他说过这类的话。还有一个印象是:他对人的态度从来是严肃中有平易,平易中有严肃,严肃令人起敬,平易令人可亲。可以说是一位崇高的教育家形象。

如果作为一位教育家来看待圣陶先生,还是用最简单的话来说,他有两个特点。第一,他主张把爱学生和认真地教育学生很好地结合统一起来,这在他用小说体裁写成的《倪焕之》这部世界知名的著作中表现得非常清楚。我认为,这部书既是一部文学作品,又是一部教育学作品。第二,正如教育界人所共知的他那句概括性的名言"教是为了达到不需要教",他是极力主张培养学生独立思考和自学能力的。社会的发展越来越快,科学的发展也越来越快,如果不能自己独立思考,不能自己学习,一切要等老师来教的话,这个人非落后不可。反之,有了动脑筋的习惯和自学的能力,他就完全可以离开老师而自己一直跟着新的潮流前进。这两个特点他几十年来一贯坚持,拿到今天来讲仍然极富于现实意义。我们现在的口号不是要做到"尊师爱生"吗？他的第一项教育思想就是尊师爱生的思想。我们今天不是重视终身教育吗？所谓终身教育自然不排除隔一段时间再接受一点培训，然而主要的是靠自学。我们不是有大学自学考试吗？我们不是鼓励自学成才吗？这是从正面说明他的两种教育思想的重大意义。从反面说，直到今天封建家长式的教育绝迹了吗？靠惩罚主义以至体罚来对付学生现在没有了吗？一切为了被动地接受考试，并没有足够的自学能力，结果考试过关了，可是所谓"高分低能"的现象少了吗？我这里说的当然很简单，很粗略，很不全面，然而仅这两点主导的教育思想，意义就十分重大，是有利于全国教育事业的发展，惠及一代又一代后人的。所以先生受到全国教育工作者的普遍尊敬、爱戴，成为教育界一代宗师，大家心悦诚服地向他学习。

人民教育出版社怀着深厚的敬意采取几种方式纪念圣陶先生诞辰100周年。于是我写了这篇小文，权当是献给长者和老师的一点心意，作为纪念他百年诞辰的一份小小纪念品吧！

1994年6月

目 录

语文教育 1
  国文教授之商榷 3
  小学国文教授的诸问题 7
  说话训练
      ——产生与发表的总枢纽 17
  国文科之目的 27
  国文试题与科举精神 29
  《礼义廉耻国之四维论》 32
  中学生的国文程度低落吗? 34
  读了《中学生国文程度的讨论》 37
  再读《中学生国文程度的讨论》 39
  欢迎国文教师的意见 41
  国文教学的两个基本观念 43
  国文随谈 50
  略谈学习国文 73
  认识国文教学
      ——《国文杂志》发刊辞 76
  读罗陈两位先生的文章 80
  读《文言虚字》 89
  国文教学的现状和理想
      ——《国文教学》序 94

文言的讲解 …………………………………………………… 97
养成两种好习惯
　　——《学习国文的新路》序 ……………………………… 100
再谈文言的讲解 ……………………………………………… 103
答学习国文该读些什么书 …………………………………… 106
中学国文学习法 ……………………………………………… 109
教学举例 ……………………………………………………… 119
认真地努力地把语文学好 …………………………………… 132
改变字风 ……………………………………………………… 135
说话训练决不该疏忽 ………………………………………… 139
怎样教语文课
　　——在呼和浩特跟语文教师的讲话 …………………… 142
当语文教师的准备
　　——跟北师大中文系学生讲话的提纲 ………………… 151
认真写字 ……………………………………………………… 154
认真学习语文 ………………………………………………… 158
大力研究语文教学　尽快改进语文教学 …………………… 166
去年高考的语文试题 ………………………………………… 175
重视调查研究
　　——祝贺中学语文教学研究会成立 …………………… 177
语文是一门怎样的功课
　　——在小学语文教学研究会成立大会上的发言 ……… 181
听、说、读、写都重要 ……………………………………… 183
端正教育思想　改进教学方法 ……………………………… 184
写好钢笔字 …………………………………………………… 185
对于中学语文教学研究的意见
　　——在中学语文教学研究会第三届年会开幕式上的讲话……… 186

阅读教学 189

  精读的指导

    ——《精读指导举隅》前言 191

  论国文精读指导不只是逐句讲解 203

  略读的指导

    ——《略读指导举隅》前言 211

  读些什么书 226

  读《经典常谈》 228

  阅读是写作的基础 232

写作教学 235

  对于小学作文教授之意见 237

  作文论 243

  写作杂话 273

  中学生实在没有写作文言的必要 284

  开头和结尾 285

  写作什么 293

  怎样写作 298

  日记与写作能力 303

  论写作教学 304

  正确地使用句读符号 312

  思想——语言——文字 315

  介绍《学文示例》（上册） 316

  《文句检谬》前言 319

  语言与文字 321

  改文 323

  谈文章的修改 327

  习作是怎么一回事

    ——《集体习作实践记》序 330

写话 ·········· 333

拿起笔来之前 ·········· 337

写文章跟说话 ·········· 342

从《语法修辞讲话》谈起 ·········· 344

漫谈写作 ·········· 349

学点语法 ·········· 358

和教师谈写作 ·········· 361

"教师下水" ·········· 374

作文的练习
　　——跟北师大女附中语文教师讲话的提纲 ·········· 377

写之前和写之后
　　——在人民教育出版社业务学习会上讲话的提纲 ·········· 381

看了少年儿童的应征文选 ·········· 384

作文要道
　　——跟《写作》杂志编辑人员的讲话 ·········· 386

从出题到批改
　　——《中学作文指导实例》序 ·········· 388

作文必须老实
　　——在"外空探索"作文比赛发奖会上讲话的摘录 ·········· 392

书　信 ·········· 393

答张中石（1959年3月5日） ·········· 395

答孙文才（1959年10月5日） ·········· 397

答曹承德（1959年11月17日） ·········· 399

答孙文才（1960年1月21日） ·········· 401

答张中石（1960年5月25日） ·········· 403

答孙文才（1961年1月3日） ·········· 405

答陈敬旭（1961年6月19日） ·········· 407

答孙文才（1961年11月21日） ·········· 408

答孙文才（1962 年 1 月 4 日） …… 410

答张庆晋（1962 年 7 月 12 日） …… 412

答梁伯行（1962 年 7 月 23 日） …… 413

答周唯一（1963 年 1 月 3 日） …… 415

答孙文才（1963 年 1 月 15 日） …… 416

答王承辉（1963 年 1 月 22 日） …… 418

答邹上一（1963 年 5 月 8 日） …… 420

答张自修（1963 年 7 月 27 日） …… 421

答李嘉谟（1963 年 8 月 8 日） …… 423

答邓戛鸣（1963 年 10 月 7 日） …… 424

答孙文才（1964 年 1 月 2 日） …… 425

答宋育瞳（1964 年 1 月 4 日） …… 427

答滕万林（1964 年 2 月 1 日） …… 428

答六一学校校长（1964 年 3 月 11 日） …… 429

答简治平（1964 年 3 月 20 日） …… 431

答朱泳燚（1964 年 6 月 6 日） …… 432

答朱泳燚（1964 年 7 月 15 日） …… 434

答江齐镇（1964 年 9 月 4 日） …… 436

答朱泳燚（1964 年 12 月 16 日） …… 437

答江亦多（1972 年 9 月 4 日） …… 439

答江亦多（1972 年 9 月 10 日） …… 440

答李业文（1973 年 3 月 19 日） …… 441

答张寿康（1976 年 1 月 24 日） …… 443

答吴海发（1978 年 1 月 1 日） …… 444

答刘国正（1978 年 1 月 26 日） …… 445

答田稼（1978 年 12 月 20 日） …… 447

答田稼（1979 年 9 月 21 日） …… 449

答吴海发（1979 年 12 月 12 日） …… 450

答杨苍舒（1979 年 12 月 13 日） …… 451

答杨苍舒（1979年12月31日） …… 453
答章熊（1980年1月19日） …… 454
答鲁宝元柳正深（1980年1月27日） …… 455
答杨苍舒（1980年2月13日） …… 456
答章熊（1980年3月10日） …… 458
答鲁宝元（1980年11月15日） …… 459
答杨苍舒（1980年12月6日） …… 460
答章熊（1981年1月21日） …… 462
答杨苍舒（1981年3月23日） …… 463
答章熊（1981年5月13日） …… 464
答章熊（1981年8月26日） …… 465

语文教育

国文教授之商榷

文 题

研究国文之教授者多矣,顾文题往往略而不讲。不知文章之佳者必先有精审之文题。古人撰文,类多研究题字,既精且当,然后下笔。如欧阳永叔为《醉翁亭记》,则力摹醉翁情状;苏子瞻为《喜雨亭记》,则侈陈喜雨之意;苏子由为《快哉亭记》,则处处不脱快哉二字:其为文皆精心结撰,针对文题,不容放过。即教科书中今人之文,亦莫不标题明确,罔可改易。苟教师于教授之时加以注意,则学者文不对题之病或可因之而免。故余等教授文题,注意之时分而为二。先揭文题于黑板,将题中意义一一向学生发问,使无遗漏;然后将题中要旨标明板上。用此法时约费十余分钟,不令学生展阅教科书,以便其为大体的记忆。此其一也。迨全文教授既毕,复令儿童回顾文题而审察此文与此题果否对照。此法用之得宜,儿童于作文方面,自有领悟。此又其一也。

生 字

我校高等级生均购用《学生字典》,且各给笔记簿。至教授某课时预为说明,使归家预习,将本课生字之音义一一笔之于簿。及教授文题既毕,即令将所检音义书于板上,或用互相订正法,或径由教师订正之。其音义为字典所弗具者,必简明补述之,以诱起其研究之兴味。

句　　法

今日教授作文，每任儿童自由发挥。一二聪颖儿童不无思想，而多数儿童往往随意凑合，绝无秩序。教师不察儿童之能力，不行基本之练习，故有此弊。余等于教授国文时恒注意句法练习，大抵为敷衍法、约缩法、修词法等，举例如下（例见商务印书馆《高等小学新国文》第四册《生财之本》篇）：

"生财之本有三：曰土地，曰勤劳，曰资本。"用敷衍法改换之，可云："生财之大本约有三端：一曰土地，二曰勤劳，三曰资本。"用约缩法改换之，可云："生财之本，曰土地、勤劳、资本。"又同篇中"空气日光满布宇宙"，如改为"日光空气布满宇宙"，亦自可通，唯欠修词功夫，故当用修词法改于原文。

按古人用字炼句均有不可遽改处，试取古文而为之敷衍或约缩，则神味全失。即如上之举例，用两法改换，所得终不如原文。顾以是诏示儿童者，使明造句之法，初不限于一轨，伸之缩之，皆成文章耳。

段　　落

初学作文往往思想杂糅，前后矛盾，或则语句历乱，漫无统纪。欲矫此弊，唯有于教授国文之时，分清段落，辨别主宾，庶几眉目清楚，洞见腠理。更于前后呼应之处，彼此详略之点，使之循次而求，悟其神理，则上述之弊，或可免焉。举例如下（例见商务印书馆《高等小学新国文》第二册《自立》篇）：

凡物莫不有死。草木、鸟兽、昆虫，有朝生而暮死者，有春夏生而秋冬死者，有十年百年千年而死者。虽有迟速，相去曾几何时。（此篇用反起法首言生物总有一死。）唯人亦然。方其生时，劳之以所为，淫之以所好，汩之以所思，其经营不已若无复有尽期者。及其气散而死，则髁然不能肉其白骨，与草木、鸟兽、昆虫之变灭何异乎？（次言人之生死与草木等无异，以呼起下文人当求其所以不死者。）君子知之。故不以形体之有无为生死，而以志气之消长为生死。（言死不死全视志气。）吾今日形体无恙而志气已竭，斯为死矣。吾志气配乎道义，发乎文章，且与天地同流，而奚有于形体乎？

（更为剖解，见得志气消长，关系至巨，然后得归重到志气。）故简策所载，古圣贤人虽死已久矣，而其辉光常如日星之灿然，盖其人至今存也。（证明有志者不死。）然则死而不死，亦在人之自为之而已。士宜何如自立哉？（结出本题，语意含蓄不尽，且回应上文，见不死自有方法。）

篇　　法

我国文字不难于识字而难于造句，尤难于明白文章之体裁。古文之类别，有论著、词赋、序跋、诏令、奏议、书牍、哀祭、传志、叙记、典志、杂记等。论著有论著之体，序跋有序跋之体，其余种种，亦莫不各具特性。其间方珪圆璧，界画分明，失之毫厘，谬遂千里，辨别之时，端赖精审。虽然，此等要求当责诸已入门径之青年，而非所语于才学操觚之儿童也。独是高小学生已略有国文程度，与为严密之区分，固属不必，而大体之判别，究非可缓。爰将国文教科一一为之辨其体裁，使以类相从，而玩味其同异焉，庶几作文基础于焉建立，定势制体，得所准则也。

一、叙记体

今之小学作文，类多令为叙记体。夫学作一种文体，必先明其性质，而后有进境可言。大抵叙记文者，犹幻灯之影片也。幻灯影片有二：一活动者，一不活动者。成人之义多如活动影片，绘声绘色，务求妙肖，故易以夺人心目。初学作文多如不活动影片，词无神味，意兴索然，故阅者易生厌倦。苟以此理详譬曲喻俾儿童玩索于教材之中，然后援笔为文，想不难由不活动而臻于活动也。

今区叙记文为五类：曰写生的，所谓绘声绘色之文属之，如《桃花源记》；曰简单的，单记一客观事之文属之，如《漆贾》《周亚夫》；曰复杂的，并记数客观事之文属之，如《我国矿业》《周游世界》；曰叙情的，抒情之文属之，如《记游定惠院》；曰叙智的，智计之文属之，如《李侃妻》《田单》《井陉之战》《记与欧公语》。

二、说明体

以公平正确之思想，阐明一种事理，是谓说明文。亦区为五类：曰叙情的，抒情之文属之，如《病梅馆记》《木假山记》《爱莲说》；曰叙智的，智计之文属之,如《物体之轻重》;曰例证的,引例说明之文属之,如《图书馆》《博物馆》;曰汇类的,会合诸事证明一理之文属之,如《植物之繁殖》《动物之色彩》;曰议论的,论断见理之文属之,如《开矿》《郑和》《猫说》。

三、论说体

论说文之体裁区为三类:曰演绎的,先提出论旨,其后逐次推阐说明之文属之,如《习惯说》《日喻》《上古创造之圣人》《师说》《生财之本》《戒赌博》;曰归纳的,先胪列事项,而后断定一说之文属之,如《自立》《人之职分》《为学》《艰难》《原人》《分业》《戒酗酒》;曰对比的,两相比证之文属之,如《都会与乡村》《戒兄子严敦书》。

按高等小学国文教材,或有不用课本专事选读者,或有拘泥课本顺次讲诵者。一则漫无范围,恐失之滥,一则执成不化,恐失之死。我校鉴此二弊,将课本斟酌活用,教材既无过量,学者自获实益。进而研究,尚俟异日。

1916年4月发表

(本文系与陈文钟合作)

小学国文教授的诸问题

谈到小学国文教授,很容易引起"没有把握"的感想。这不同算术等科,有一定的学程,有方式的传授,教了就明白,多练习了就纯熟。这向来随教师的意的;程度的浅深,教法的精粗,百问可得百答,各不相同。唯其如此,所得结果从没有定状。有些学生国文程度很好,但由于他们的天赋和努力,是偶然的,不可以律一切的,不能说就是教授的成功;即归功于教师,教师未必敢自承。有些学生国文程度太坏,这当然是教师之咎;但教者亦曾竭尽心力,以求有效,归咎非所原任;教者更可说,这一科本来是没有把握的,我即承咎,也不能承其全部。国文教授天天在全国小学校里进行,结果却止见这两种现象。别的且不说,总是正待哺育的学生们吃亏罢了。

国文教授的问题太多了。已往或现在的情状应否改革,已不成问题,因为所谓"没有把握"的办法,就有改革的必要。其外,在已往或现在的情状里,什么是病根,应从何道改革,是一个问题。教材纯用语体还是兼用文言,又从哪里去选择教材,是一个问题。教授的方法应当怎样,才能确有把握地收效果,又是一个问题。分析开来,读法、话法、书法、作法又有种种的问题。现在不为分析的说明,但就意想所及,统合地述说如下。

一、已往或现在的情状里的病根何在?

我有一点细小的经验,国文教授的开始不在学校而在家庭,不在学龄时代而在幼孩时代。一个学童的国文程度的好坏,与他的家庭、他的幼孩时代很有关系。父母本来是儿童的最初最重要又是无所不教的教师,当然也是儿童的国文教师——我愿轶出本篇范围,敬告为父母的,这是你们应当负荷的责任呀；现在有大多数人卸了肩，这是对不起他们的后继者的。我看见许多家庭里，不仅是贫苦而无暇顾及孩童的，对于孩童，不承认他的本有的地位，不了解他具有可以发展的能力；对他止有玩弄，止有责骂，而没有谈话。更有绝对不理孩童的，当给衣给食或斥责的时候，用着命令的语气吩咐，就完了。在这种家庭里的孩童，虽然同成人住在一起，差不多完全隔离。孩童所以能有种种能力，解释者说由于学习，而学习又由于需要。婴儿不会说话，因为要表出心意，随时随地学习，不到三岁，便能举习见的器物的名称，能说简短的达情意的话。这一种成绩真足以惊人，倘若每三年都有这么长足的进步，或者就是超人了。可是哪里会，他到了差足应用的时候，进步就迟缓了。在不理孩童的家庭里的孩童，便异常不幸，他只从成人那里学到些习见的器物的名称，和日常行动的不完全的表现语，此外就没有情思，没有话语，因为他没有发引情思、练习话语的机会。才入国民学校的学童，十分之七八可归入这一类。问他们一句简单的话，他们便茫然如痴，休说要他们充分地回答。他们启口说话时，大概是不明显不完全的短语。他们日后的国文程度，平均在中等以下。我所见的如此，推想国内学校或者同有这种现象。其外十之二三（此数或犹说得过多）家庭里会与他们以种种的训练，他们便能说清楚显明的话，能就所问的回答，能有丰妙的情思。调查国文成绩时，这一类常属于优良一面。由此可知，情思的训练和言语的练习与国文程度的高下有关系，家庭里设备着引起情思的境遇，常与孩童谈话，便可说是国文教授的正常的基础。反过来，置孩童于不理，不为他们植重要的基础，便阻遏了他们几分之一关于国文程度的发展力——被阻遏的当然不止此。

　　学童受教育的历程是不可划分的，他们是在不绝地发展的路途之中。所以教育者什么地方都要注意到"衔接"两字。可是一方面又要注意到弊病的免除，务使学童趋入正轨，不受损害。凡在正轨以内的，那么衔接着以前的状况做去。不幸一般教授国文的却衔接了不良家庭的办法！他们也是置儿童于不理，非授课时间竟判若两国，绝无笑语一堂的时机。所谓授课，便是授学童以教科书，教他们读音，识形，讲解，书写。这四事做完，便谓责任已尽；不管他是机械不机械，切实不切实。教科书里所讲的是不是学童所能讲的，爱讲的？这一层更不暇顾虑。教科书之外，不复与学童以读物。他们也要学童练习，看能否应用所学习的。可是止本自己的主观，课学童以无从设想、莫名其义的文题。学童苟本平日上课时所听闻，鹦鹉似的学语，便可得很好的奖评。倘若本童年的真心，勉强成文，那便招不通的斥责。初学年如此，高学年也如此。学童年级有递升，国文的教法无递进。很繁复的国文教授情形就是这样了。

抉出病根，可得两点，都是教师观念错误之处：（一）不会了解儿童，不以儿童本位一义为教授的出发点；（二）不明白国文教授之真作用，徒视为形式的教科。由第一种谬误观念，引起非正当的教授态度；仿佛儿童本不定需要国文，乃是成人要教他们以国文。于是选材、练习，都归成人作主，学童全居被动地位。由第二种谬误观念，便轻视文字的内容和表出的方法；仿佛学习国文的目的，至能读、能识、能讲、能写而止。于是尽不妨以非儿童所能感受、所能了解了的内容和表出法授与儿童，止须他是一个形式。儿童既居于被动地位，所学的又不过是一个形式，即教者有特殊的方法，能够达到他的目的，终认为国文教授的失败。何况在这等状况之下，儿童对于国文科决不感有兴味，便是谬误的目的，也绝对不能达到。

二、小学国文教授应当怎样改革呢？

国文教授要有成功之望，先要教者将谬误的观念改正。第一，须认定国文是儿童所需要的学科。在家庭教育尚被视为稀世奇珍的时候，儿童大半是被损害的，要待他们自然地需求，实是难遇的事。国文教授常与失败为缘，这也是多种原因之一。然而不足虑；教育所以可贵，乃在能为儿童特设境遇使他们发生需求，努力学习。所以国文教授也须为学童设备一种境遇，引起他们的需求。我常有一种空想，以为学科的分开独立，不适宜于小学教育。因为分开独立，易于忘却何所需此科；全部所习，复难得有统贯的精神；徒使学童入于偏而不全、碎屑而遗大体之途。理想的办法，最好不分学科，无所谓授课与下课的时间，唯令学童的全生活浸润在发生需求、努力学习的境遇里。这个境遇，范围自然很广，不仅为欲达某一学科的目的而设。可是分析地考查它的结果，则各科的目的无不达到。因为人才与劳力经济的关系，这种理想的办法尚不能实现于现时。不过教师应知道这是较善的一个理想，因而引起一种觉悟，就是教师当为学童设备一个普遍适应各科的境遇。国文是各科之一，教授上所需要的，正就是这种普遍适应的境遇。此说看似空泛，细思却无以易。倘若没有境遇，何需一切学科。一切学科所以有学习的必要，就因为吾人处于必要那些学科的境遇里。担任国文教授的教师呀，你们为儿童全生活着想，固当特设一种相当的境遇，即为国文教授的奏功着想，也当特设一种相当的境遇。儿童既处于特设的境遇里，一切需要，都从内心发出。教师于这个当儿，从旁导引，或竟授与。这个在儿童何等地满足、安慰，当然倾心领受，愿意学习。单言国文教授，教师决不欲勉强教学童以国文，须待他们有记录、发表、诵读、参考的需要时，然后教他们以国文。果真如此，成功的把握已有十之六七。我前文言，优良家庭的儿童，国文成绩恒属于优良一面，便足为此说之证。所谓优良家庭，便是比较完好的境遇，足以引起向上进取的需求的。

第二，须认定国文是发展儿童的心灵的学科。文字所以表声音，声音所以达情思，那是人人知道的。没有情思，就没有发出声音的必要，更何需文字？可见情思为声音的泉源，而文字为声音的符号。学童所以需要国文，和我们所以教学童以国文，一方面在磨练情思，进于丰妙；他方面又在练习表出情思的方法，不至有把捉不住之苦。这两方面，前者为泉源，为根本，所以从事开浚和栽培，最为切要。切要的一步既然做到，自然联带及于后者，才研究到种种形式的问题。倘若观念颠倒，以为一切讲习作述，就是国文教授的出发点，于是种种功夫都成空渺的劳力；在学童唯感这是并非需要的学科，即不努力亦无甚损害。到此地步，国文教授当然失败。所以欲求成功的教师，当从为儿童特设的境遇里，发展儿童的心灵，务使他们情绪丰富，思想绵密，能这么做，才是探源的办法。顺次而训练学童的语言，使其恰当所思，明显有序。最后乃着力于记录写述等形式的方法。读者不要说这是全部教育的事，我所负的是国文教授，是一部分的责任。也不要说这话太虚空，我所需的是明确可行的实施法。要知全部教育和一科教授是不能分开的。国文两字，不过立个名目，以便称说而已，实即负全部教育一部分的责任。何况小学功课，国文实占最多数，又须知一切实施法，都以理论为本，而理论大都可随意谥以实虚之名。况且拘泥了实施法，易使远大的目的缩为微小；唯以理论做引路之灯，即随时有适切的实施法自然地产生。此等自然产生的实施法，恒为最能收效的方法。

以上两节，是教授国文的必须认定的两个观念。我人做什么事，本着里面的观念变为外面的态度。观念与态度不变更，则一切改革方法，转换材料，都成空话。所以我说国文教授的改革，在教者观念与态度的变更。本着第一个新观念，则知不为学校有国文科而教授国文；宜为学童特设境遇，引起他们的需要、他们学习国文的动机，而后教授国文。本着第二个新观念，则知教授国文不以教授形式为目的，这不过是附带的目的；宜为学童开发心灵，使他们视学习国文如游泳于趣味之海里。至于实施之方，将于后幅说明。

三、教材用语体抑文言的问题

照上面所说，似乎国文科的教材，将成非常广大的范围，环绕于学童四周的，无不可为国文教材。这确是如此。但有一层，无论什么事物，都要化而为文字，才与国文有关系。于是文字终为国文科的重要材料。在现时任教的常有一种疑问，语体文既已通用，而文言未能全废，此后小学国文教授，将全用语体义呢，还是兼用文言呢？要回答这个疑问，实在不必多所研虑。先问我们何以要学习文言，岂不因前人曾经以文言著书么？又问语体何以能通行，岂不因语体切合语言，更能通达今人的情思么？为今人的便利计，自然通用语体；为参观昔人书籍的便利计，于是兼治文言。小学生有参考昔人书籍的必要么？我想经子之部，乃专家所研究，非小学生所宜涉猎。史书文艺，或有益于小学生，而浩繁者多；宜重加编次，或为之翻译——果能做这两件事，也不妨应用语体。于是更不能寻出小学生需用文言的地方了。所以我敢断言，小学国文教材宜纯用语体。

以文言为教材，也是以前国文教授失败的要因。尽教师的能力，做了一番翻译的功夫，竭学童的心思，做了一番记忆的功夫罢了。至于内容，因出于教师所选择，未必便为儿童所领悟。且一面翻译，一面记忆，更加上几重模糊的外幕。在初步的国文教授，更常有这等情形遇到。譬如训"观"为

"看",固已确切不移,而学者因记音记义,反把活泼的"看"的一个动作淡忘了,倘若竟教"看"字,则不费一语,而教授之效全收;因为平日早已说惯了"看"字,明知"看"是什么意义了。准此一例,即知教授文言所以不能收效之故。教材纯用了语体,于是教师无须有翻译讲解之劳,学童亦不必有勉强记忆之苦。国文教授所应有的事,将迥异昔时。唯事训练情思,使学童对于周围常常有欲了解、欲发表的冲动。更使练习语言,求发音和语调的正确;一面能正确地传达己的情思,一面能领解他人的言语。待感到有记录的必要时,便书成纸面的文字。以前所谓引起动机、提示、讲解、应用等等阶段,本是分析的;至此而浑成一气,只是学童全生活里的一件事实。小学教育的不论何科,必须能成为整个的一件事实时,而后学童感觉亲切有味。所以国文教材宜纯用语体。

四、教材的选择的问题

本于上述的见解,教者至少有一种觉悟,就是不可专恃坊间的教科书,以为所求教材,可以在里头取携无穷。现在语体教科书非常之少,而且所有的全由翻译以前文言本而来,其不适于用,已不必细说。进一步说,就是坊间能编出很好的语体教科书,教师也不得遽取应用,不复筹思。因为既以儿童为本位,则非儿童所自需,就不得强为授与。而坊间所编教科书,总希望通行于全国,全部的内容,决不会聚集于一个儿童的境遇里。倘若取以应用,一定有一部分非儿童所爱、所能领受的,那就要减少效率了。所以教科书止得供参考,止得备采用,教材还当在教科书以外去选择或搜集。

为欲从事选择或搜集,须先定一个教科内容的普遍的标准。教师既为儿童特设境遇,所希望的,就是在这境遇里可以得到适当的教材。所谓适当的教材,无非是儿童所曾接触的事物。然则将儿童所曾接触的事物,尽行记录或说明,就可算最好的教材么?那又未必。因为儿童的生活,差不多浸渍于感情之中;冷静的理解,旁观的述说,在儿童殊觉无味。要使儿童感觉无味,就不是最好的教材。所以国文教材普遍的标准,当为儿童所曾接触的事物,而表出的方法,又能引起儿童的感情的。换一句说,就是具有文学趣味的。儿童的一句随意的话,往往比成人更为文学的,这是我观察所得的经验。文学趣味本是儿童的凤好呢，教师当然要教他们以富有文学趣味的教材了。

夏月乘凉的场上，或是冬日融融炉火之旁，几位老人讲些童话故事，孩子们就听得陶醉了，仿佛全心已窜入童话或故事里。教师从这里可得一个教训，童话故事就是儿童所需要的，应当取为教材。我国地方很大，各地民情互异，传说故事之类，一定含有很好的意义和趣味。可惜从事搜集和汰别，到现在才视为最新的事业，没有已具优良评价的成书可得。所可以应急需、聊以慰情的，止有些外国童话的译本。因风俗习惯太相悬殊的缘故，或者不能充分地引起学生的趣味。所以教师宜应儿童所需，取传说故事之合乎上述标准的，以为国文教材。这是一条来源。

各地有特殊的历史、地理、习俗等等，总而言之，可包括叫做人事。人事是儿童所乐知的，也是儿童所必须知道的，关系这个，各地往往有谐韵的歌曲、演唱的戏剧；歌咏之余，实长民志。教师如获得这等东西，就当视为至宝，取为教材。即使没有，也当酌量创作，以飨儿童。——我欲附带说一句：教师应当能创作的，或者唯教师的精神，才是儿童适宜的粮食；倘若自己不敢创作，而唯赖编辑先生信手挥来的作品以临事，乃是教师的奇耻。这又是一条来源。

教材也许可以从儿童自身得到。儿童生活里面，恒有大感兴味、永记不忘的。这等事件，在他们的脑际，便是丰妙的情思；出于他们的口，便是有味的一段语言。更令笔之于书，使他们多一种玩索的方法和机会，岂不成为最适切的教材？譬如共同种菜，一切经过的，他们都非常地感有兴味，则令他们自记种菜之事，即令自读，便是最好的教材。这又是一条来源。

总之，教材或由搜集，或由创作，俱当相度机会，待儿童需要而后与。所以要说定搜集或创作的范围，是不可能的事。准此理论，可知现成教科书决非完全切用之本。切用的教材应非整本。今年的二年生与明年的二年生未必讲同样的教材，如其他们的境遇不同，生活互异。

更有一事，应在此节说明。就是：倘若学校里境遇完好，即儿童求知之欲很易引起；在国文教授方面说，便是读书之欲必盛。这正是国文教授里一种重要目的——养成读书习惯，而一般教师常是忽视或遗忘的。科内教材既以含有文学趣味为标准，即日常生活的必需知识之获得，当然更有赖于以外的书籍。此等书籍，但须泛览，不必精读。然而足以补充，可为参考，功用很大。又从分量讲，科内教材有定量，虽足使儿童感兴味，尚不能厌足。唯有取兴味相类的书籍供给儿童，使他们有取之不尽的乐趣。如此，国文教授的收效必更大。本这两个意思，于是搜集教材以外的书籍也成为重要的事项。我以为在现今时代，关于补充用、参考用的书籍，只有教师们努力创作。坊间原堆着满架的书，但大部是非儿童本位、非语体文的，因此难得采用。关于厌欲的读物，则有旧小说、译本童话等，只须合乎标准，便不妨取以供需。但因为数不多，仍急待有创作品出世。

五、国文教授之方法

往昔所谓教授法，殆可谓全属阶段之研究。教授倘拘拘于阶段，将整个的事件判析为零星死物，很有弊害。并且不论何种教材，必使经过同程度的阶段，岂是可通之理？但阶段的区分，并非全属不必要。倘能相机活用，务求保存所教授的为整个的事件，则旧时阶段之节目，正不妨应用，或且更生新义。以下略述教授法的大旨；因为阶段非重要的全部，所以不复分述，但说可以达到国文教授的目的之方法。

前文言教师当为儿童特设境遇，目的在使其自生需要，不待教师授与。设备简陋的学校，什么东西都没有，即比不良家庭，亦觉干枯百倍。儿童处这等境遇里，聪明闭塞，心无所注。然而先生所授的书本，偏要天天相亲。试想，就是书本里满盛着有味的故事、好玩的花鸟，在儿童有什么趣味？所以授与书本之先，必定要有可以引起需求这书本的境遇。有了听故事的习惯、玩花鸟的嗜好，自然想寻求故事，记述花鸟。这个当儿，教师与以相当的书本，最是自然凑拍的事。儿童止觉满足，并不觉我是学习功课。然而功效却比由教师特授的为大。在初学年儿童，才习文字，尤当纯用直观教授。从前授课，也曾有直观教授的方法，教师特取一事物，提示学生，然后教以书篇。这也似是而实非。事物出于提出，可知不与周境相和，而必突入儿童意境。虽然也能引起需求，若论动机，已属被动。倘若境遇里面已足引起需求，则不必提示，便达目的。譬如儿童早从园庭里审知鸟的一切，教授

"鸟"字便算不得一回事。可见要行直观教授，首须设备的周密。所以学校里宜有会场、农园、工室、博物室、图书室等等设备；而教师也是儿童境遇里一要件，切不可远远隔离，授课时才相见。果能设备这等完备的境遇，当然不仅国文教授独享其利。可是要国文教授成功，非有这等境遇不可。国文教授并非是限于教室以内的教科啊！

既然引起儿童的需求，则此后的事，如观察、试验、批判、欣赏等，可以全归儿童，教师偶或帮助而已。经过这许多功夫，结果便是心灵的发展。这心灵的发展便是国文教授的重要目的。倘若并没有教师所预备的教材，儿童所怀的也就是这些教材；所以他们诵读之际，仿佛就是自己发抒情思。这多么快活呀！根据这层意思，则诵读的练习，不仅要在理解以后，更要采用表演的方法。我尝听小学生读国语教科书，一顿一歇，首尾莫定，竟不辨是什么话。又闻教师说，语体文不能读。这都错了，声音足以表情思，便叫做读。不能读语体文的学生和嫌语体文不能读的教师，他们都将情思和声音分离了。所以学童读书，须使完全理解内容，更须注意其音节，使声音恰与内容一致。如表演故事，儿童处个中人的地位说话，情思与声音易于一致，既多兴趣，复收练习之效。其他若演讲、谈话、辩论，都是练思且练习达思的方法，均须常用。国文教授并非是限于书本以内的教科啊！

儿童既有说话的练习，进于写作，实是自然联络的事，并不烦难。因为写作的本质是情思，本质的符号是许多声音，由本质化为符号，须遵社会的律令，差一点人家便不懂。练习语言的重要意义，实在模仿这社会的律令。律令既明，以下不过写录这些声音出来的功夫罢了。昔人往往说，古文的通不通竟难明其理；熟读书篇，一旦豁然，谁也不知道究竟是什么缘故。这个疑问正可以说明我义。古文是古人的语言，别有一种律令；熟读古文，犹如练习说话，在模仿其律令；律令学成，写古文自然通顺了。

命题作文，人人知道不对。我以为定期作文，也不很自然。果真儿童心灵充分发展，则随时有丰妙的情思，便随时可以作文。即如阅览书籍，笔记所得，也是一种作文的练习。总之，简单干枯的生活里，一切不能着手，趣味的生活里，才可找到一切的泉源。

以上标称方法，但仍不外乎议论。实因我国教育太过幼稚，顾及一端，便牵动全体。前提之前更有前提，所以不得不为统合的议论，以求全体的改善、前提的确定。本篇绝无深义，语又芜杂，是我的惭愧！

1922年1月20日发表

说话训练

——产生与发表的总枢纽

我现在想说出一个意思,就是小学校里应当把训练儿童说话这件事看得极其重要。这不单是国语科的事,也不单是国语教师的事,应当是各科里都要注意的事,是全体教师都要注意的事。

我先说明所以要说出这个意思的来由。这是很简单的,因为得到一些实感的启示,觉得这意思颇有说一说的必要。先说我的实感。

先从我自己说,我就是个不会说话的人。怀着一种意思,往往苦于不能透彻地达出来,说得很辛苦,心里还是不痛快。这当然是一种弊病。但假如不会说话的弊病仅止于不能透彻地达出意思,倒也罢了,因为胸中自有个完整的意思在。无如不会说话,也就是不大会思想,不大会得到完整的意思。思想的进行到了"差不多""大致如是"的地步,就此停止了,不再向前去求一个清楚明画。不把意思弄得清楚明画,所以说出来总感不痛快。说出来不痛快,爽性不大高兴多说。不高兴多说,所以不一定要把意思弄得清楚明画。循环无端,互为因果,使我终于成为不会说话又不大会得到完整意思的人。刘彦和说:"意翻空而易奇,言证实而难巧。"我想假若用一种旁敲侧击的方法,自然地或者强迫地与我以督责,要我好好吐出征实的言,那么对于翻空的意,也不容我不弄一个清楚明画了。可是我的父母不曾想到这等地方,现在的儿童所惯做的唱儿歌讲故事等等玩意儿,我都不曾领略过,不知是什么味儿。他们只同我讲些"你到那边去""你吃这东西"的话,我当然没有多费口舌的必要。至于先生,他只是教书讲书,我只是背书回讲,他不肯开一声多余的口，我自无发言之余地。我想幼年是开端，是萌芽，将来的命运，大部分在这时候就注定了，所以很重要。虽然直到现在依然不大会好好思想，应怪自己的不知奋勉，但父母先生当初不与我以督责，使我不得不弄一个清楚明画，总是一个缺憾。

从涉世的经验，觉得一般人的情感上有点淡薄之嫌。这当然仅是觉得而已，并没有什么统计。而且我也知道确有情感浓厚的人，如事业家、文学家等等，但是与所谓一般人比较起来，简直微少到几乎不成数目。所以我就不顾他们而竟说一般人。我们试从一般人彼此相与之间这一点来看，不论家人父子、朋侪宾从，他们不是虚有形式地周旋，便是漠然若各不相关。他们的心仿佛缸中一薄片的水，任你尽力撼摇，也兴不起壮大的情感的波浪，若说要待其自生，更是决无的事了。情感的要不要让它浓厚是个甚深的问题，我只能从浅薄的见解着想。我觉得大家的情感淡薄，至少要使社会减损活动的机能，而在各个人，则因少有热力，将沦于冥漠。假如我们以"社会须要活动进步，各个人须要奋力有为"为已定的前提，则情感当然要让它浓厚。至于一般人的情感不能十分浓厚，有如前面所说，也不是一朝一夕之故，与礼法、遗传性等等都有关涉。而切近的原因，尤在幼年的不经训练，反受遏抑。一般做父母的已是情感未经培养的人，所以对于孩子很少有亲切的情感，快活的时候，至多抱在身边叫一声好孩子，不快活的时候，简直不当孩子一件东西，再也不去理他。至于先生，他只抱着出卖讲读、书写的观念，纵使对于这孩子偶尔觉得高兴，也不过在练习簿上多画几个圈而已。孩子自然不能像大人这样淡漠，有时高兴得跳起来了，有时哀苦得哭起来了，他有他的心绪，总要想倾吐出来。可是大人早已把他禁住，以为这太讨厌了，又不合于大人的模样。一压再压，儿童的情感的萌芽如经了春雪，长大起来，就淡漠到与父母先生们一个样子。我们偶然在几个稀有的家庭里，听母亲柔和地说："我欢喜你，像太阳的欢喜一切的花草。"又听孩子娇婉地乞求着说："妈妈，我同你好，我要贴一贴你的脸。"我们就觉深深的感动，说不出的舒适。这真是可宝贵的芽儿，从此逐渐培养，这孩子的前途不将成锦样的芳春么？在这里更可以得到一些消息。情感固然动于内，而正动之际每每要表于外，这是一。要培养儿童的情感固然在大人对于儿童有浓厚的情感，而尤在大人能利用适当的工具来表示他们的情感，这是二。儿童的情感正被培养，同时要使他们能利用适当的工具来表于外，感受满足的快适，这是三。所谓适当的工具，当然语言独占重要，因为它最能把人与人的心联锁起来。内面的情感并不浓厚，徒然求之于外面的语言，诚然是没有效果的事。但不常利用表示于外的工具，渐使内面的感动因向来不感满足的经验而减弱，终于漠然不大起感动，却是可能的。所以一般人的情感有淡漠之嫌，我要把一部分的原因归属到幼年未经训练，不会利用适当的表情的工具——语言——这一桩上边。

我们遇见的学生也多了。小学校的毕业生未必能对于一个论题作五分钟的演说，未必能绝无错漏地传述一番受托付的话，甚至未必能把什么教科书里的材料照样讲一课出来。至于羞涩不肯就开口，开了口又含糊不清晰，更是很普遍的事情。中学生似乎比较地能说话了，但说来往往没有条理，又欢喜学说人家说烂了的话。他们的话语留下痕迹来就是文章。把他们的文章来检查，就可以发现若干说得不妥当的地方，不当"然而"的却"然而"了，不当"所以"的却"所以"了，又可以发现若干勉强要说话的地方，这几句是从那里移来的，那几句是前面已经说过了的。我并不敢存一毫的挖苦的意思，实际上是这样的情形。我们不能单看少数的都市里的学生就下判断，应当也去看多数的都市以及非都市里的学生，又不能单看少数的在儿童杂志、少年杂志以及报纸的附张里投稿的学生，应当也去看多数的不想投稿以及想投稿而没有力量的学生。假若这样一般地看，自会感到能说话的学生太少了。何以致此呢？我们要回答这问题，不妨查考他们在学校里对于说话这件事下了怎样的功夫。更因开端与萌芽比较重要这一个观念，我们单是查考小学校。在小学校里，儿童开口说话的机会大概有问询、答问、申诉这几种。在此要注意，这些都不过是零碎的短句，并不是整篇的完美的话语。也有些明白风会所趋的学校，每星期开一两次谈话会、演说会之类，算是叫儿童练习说话的意思。但是，听厌了的故事三番四番地讲出来，咿唔错乱的地方不一而足。教师高兴批评，也至多说某人讲得清楚，某人说话不很明白罢了。这回清楚了，下回能不能依然清楚？这回讲得不明白，下回要怎样才会明白？在儿童都是没有把握的。其外要数到作文，也是儿童说话的机会。但效果也只与谈话会、演说会之类相等。本来说话是平时应用的事情，现在不在平时练习，却在每星期的某一时间内练习，颇含有滑稽的意味了。儿童当很重要的幼年，或则全不曾练习，或则只经过滑稽意味的练习。他们出了学校不善说话，甚且终其身不善说话，难道是应该的事情么？

从上述的这些实感，可以知道儿童时期如不经说话的训练，真是遗弃了一个最可宝贵的锁钥。若讲弊病，充其量将使学校里种种的教科与教师的心力全然无效，终身不会有完整的思想与浓厚的情感。这不是可悲的结果么？以前的小学生过去了，当然不用管。而现在一般的小学生也正待结成这可悲的果！我们不当改变灌溉培养的方法，使他们的命运转过来么？

我们又知道，儿童不经过特意的训练，但因实际的需要，话是仍旧要说的。这些时候就是他们唯有的练习的机会。可是没有人在旁边给与暗示，加以指导，所以零碎地说了，朴陋地说了，不完整地说了，也就算数。这譬如让他们在暗中摸索，可以摸到什么地方是说不定的。而所谓"习惯成自然"却是常遇证明的通则，像这样自然地练下去，往往成为永久只会零碎地说，朴陋地说，不完整地说，而且思想情感也跟着零碎、朴陋、不完整起来。只有其中的少数，幸而摸索得法，走在正当的路上。

所以对于说话这件事，不能只让儿童随便去摸索，应当认为一个宝贵的锁钥，开通儿童一切的门的，由学校里特意地训练。单单开些谈话会、演说会之类，自然算不得特意训练。便是现在几处很好的学校里，他们给儿童念的是儿童文学，他们教儿童把所读的东西很自然地讲述出来，或者用戏剧的方法来表演，这诚然是很好的办法，可是也算不得尽了特意训练的能事。因为儿童文学的材料，大部分是童话物语。这些固然与儿童的想象经验等等很相适应，但从训练说话这一点看，还不免有所欠缺。他们说了张儿、李儿、猫儿、兔子的话，自己的话却是没有机会说，这是一。他们单在国语科里练习说话，或者会想这是专属于国语科的事，而不是平常生活里的事，这是二。所以我们要尽特意训练的能事，从范围上讲，应当不限于儿童文学，不限于国语一科，而要普及到各科，在各科里都认为重要的项目，并且还要推广到课时以外。次从方法上讲，不是只叫儿童开口去说，要为他们特地设计，怎样给与暗示，怎样加以指导，务在达到真个练习说话的目的。

这样的训练，其实就是要促迫儿童的内面有所产生，合理且丰富地产生。换一句说，就是要他们磨练思想，培养情感。他们在适当的境界中，受着合宜的暗示或指导，自然要把思想弄一个清楚明画，让情感发抒得真切浓厚。这是一种开源的办法，许多批驳订正的功夫，在此不妨省却。假如效果不显，我们却有把握，还是从源头上着力，尽心于暗示或指导。（像单单开些谈话会、演说会之类，便是不去开源却想舀水喝，这是没把握的。没把握而想着力，只能说些某人讲得清楚、某人说话不很明白的话了。）在这种努力里，同时也就是要促迫儿童向外发表，尽量地发表。尽量发表则内面与外面一致，内面的活动更见有意义。成为习惯，对于自己的享受与生活的实际都有益处，至少会感到这生命是充实而不是空虚。所以训练儿童说话实在是一个总枢纽，要他们内面产生得出，又要向外面拿得出来。外界的事势虽是万变，而这是一种应付事势的万应的工具。获得了这工具，而且会使用，岂不是已满足了普通教育的期望了么？

训练说话既应是各科里重要的项目，又要推广到课时以外，则可知凡是教师就负有这事的责任，而且应时时负这事的责任。教师负这责任的基本条件，便是自己善于说话。在此我要想起所见几许教师的以及我自己的过失了：这种过失的根源在于相信自己教儿童的是什么什么科，不管三七二十一，只要把什么什么科授与他们就完事了。也有一部分根源于把儿童看作被制造的原料，而忽视他们内面的精神。一个儿童放出好奇的眼光来问："这东西为什么这样子呢？"我们偶尔不大起劲，便随口回答说："这东西自然是这样子的。"我们以为这句答语并没有违背了什么什么科的意思。又当一个儿童走近我们，脸上含着颇想亲近的微笑，仿佛等待我们的招手。但是我们偶尔感到麻烦，便随口示意说："你到运动场去玩吧。"我们以为这一句也不至于违背了教育的原理。但是试一细想，这些随便倾吐的话语多少没有理性，多少缺乏情感啊！把这等例子多多举出来，固然可以不必，只要不是偏护自己的教师，我想总肯承认自己要不知不觉说出这些话语来。这就是不善于说话，确是重大的过失。教师负了这种过失，却说要去训练儿童说话，非但不会有一毫效果，而且也不会有这么一回事。他自己先不明白在内面怎样地产生，向外面怎样地发表，还能讲到给与儿童以暗示与指导么？总要自己知道甘苦，才能够对于人家有所帮助。所以教师当先自修养，要善于说话，要不负这些易于犯着的过失。

在前面所写的我的一些实感里，我们更可见一个意思，就是儿童的不善于说话，固然因不经训练，而也因大人从来不与儿童好好地说话。本来先觉与后觉间的关系是这样的：若是出于故意或偶然，就是像煞有介事的示范，效力也很微细的；若是出于自然且恒常，则不论消极方面或积极方面，都有重大的影响。浸染诚是不可抗的势力啊。倘若大人能与儿童好好地说话，就是不再给儿童特意训练，未尝不可使儿童得到些浸染的益处。无奈这是做不到的，内面根本上很少有产生出来，自然也不会好好地有所发表了。所以就是要想叫儿童得到一些浸染，也非教师先善于说话不可。我们更可抛开了儿童着想，我们做人，不应当要求内面的充实，向外的发抒么？如其觉得是必要的，则我们本当要对于说话这事好好修养了。何况我们又正充任教师呢。

在这里我们当可以明白了解，所谓善于说话，决不是世俗所称口齿伶俐、虚文缴绕的意思。要修养到一言片语都合于论理，都出于至诚，才得称为善于说话。所以这简短的标语实在含蕴得很丰富，分析开来，有精于思想、富于情感、工于表达等等的意思。这就牵涉得很广了：要精于思想，应当有种种的经验推断；要富于情感，应当有种种培养陶冶；要工于表达，应当有种种的学习准备。爽直地说，这就包括了人生的一切活动，成了所谓正当地做人的事情了。

看我这篇文字的人一定要觉得奇怪，起先说得很狭小的，不过说教师应当善于说话而已，不料却推衍到正当地做人的大问题。其实我并不是信口开河，说到哪里就是哪里，我早就想定，到这地方要说这一番话的。以下索性再说得畅达一点：我觉得我们的教师中间，（叫我怎样说才好呢？）有些太忘了自己以及所任的职务了。他们只知道充任教师就是走进课堂教些"天地日月""一二三四"之类，走出课堂则在预备室里坐坐，儿童打架时当一任临时审判官，再没有别的事情了。让步一点说，这还可以原谅，因为不过是没有积极的好处而已。尤可痛心的，就在他们偏有消极的坏处！他们不具常识，就把这些连常识也够不上的东西授与儿童。他们不讲立行，乡里间的坏事，社会上的恶俗，如舞弊营私、赌博、嫖妓等等，他们都要沾染。他们与什么人什么事都少有感情，至多只能权一权对于一己的利害，对儿童当然也是漠然无情。我们不必走得远，只要就自己所处的地方留心观察，这一类的模型就会活现在我们眼前了。就是教育最发达的地方，也不是绝对没有。我们不要被道尔顿制、设计教育法等等名词所蒙蔽，就说教育发达的地方的教师都是很合适的。教育的重要，而且永久重要，不论世界主义或国家主义的时代都是一样，因为人总是人，做人总是要做。而看到我们这地方（不必一定要说国土）的教育的里面，却繁殖着很多的病菌，这能不使我们寒心么！我们固然要很多的学校，要新鲜的教育法，但尤其需要的是在水平线以上的教师。教师不一定要是大学问家，但必要是超出于水平线的人。若是有些教师还在水平线以下，则学校虽多，无异于少，教育法虽新鲜，受到益处的儿童也只有小部分而已。所以我有一种诚意，希望教师自觉觉人，一共奋发努力，高高地超出于水平线以上。在这篇文字里，就借了"教师要善于说话"这标语来说。我相信人生的活动是不可分割的，只是一个浑整的全体，真要做到善于说话，必须回到根本，讲到思想、情感、表达等等，讲到正当地做人。骤然看去，似乎两端距离得太远了，其实并不远。一提到说话，就要问所说是什么；一想到所说应该是很好的情思，就会引起正当做人的意念。我希望我们的教师因为要训练儿童说话，先自修养到善于说话，先自好好地做人。这步做到了，然后去训练儿童说话，则浸染也好，暗示也好，指导也好，总可使儿童得到实益。于是这些儿童不比过去的儿童了，教育的里面就可谓比较地充实了。——但我这想法太迂远了，也许太幼稚了。

  以下我们谈谈关于训练儿童说话的方法。入手的办法，就是要与儿童一起生活。这里所谓一起生活，并不只是住在一处地方的意思，乃是要接触他们的内心，而且完全了解，而且自己也差不多融和在里头。唯有如此，才能知道一切的机会，不至于错过了机会，徒然叹无从着手。其实凡是从教育事业得到快慰满足的教师，他自然会与儿童一起生活。他不自以为是一个特殊的人，他只是儿童之中的一个。他明白儿童的想象、欲求、嗜好是什么，而且也这么想象、欲求、嗜好。他不过负一点领袖的责务，所以更要去帮助别个。这样，就是他终身的快慰满足，此外再没有别的了。我们听见泰戈尔所设的森林学校的情形了。大概一个教师伴着十个儿童，一队队地聚集于树荫之下，或是讲授功课，或是随意游戏，有时临流洗浴，放声歌唱，纯任自然的法则，唯图相互之间的内部的交通。这些儿童固然很可艳羡，而这些教师与儿童一起生活，融和在儿童之中如水之与乳，也足令我们想望而心动了。

教师与儿童一起生活，便常常会觉得有很好的机会。有的机会是偶至的，有的机会是待创的。像我在前面所说，一个儿童放出好奇的眼光来问"这东西为什么这样子呢？"，以及一个儿童走近我们，脸上含着颇想亲近的微笑，仿佛等待我们的招手，都是所谓偶至的机会，很可宝贵的，我们决不该让它们随便过去。我们知道这一句问话里蕴蓄着求知的热望，这一种动作里蕴蓄着人间的深爱，就当利用这个机会，让儿童的内面产生些新的东西，而且发表出来。于是我们回答先前这一个，很自然地，绝非做作地说："你从这边想，又从那边想，你一定会知道这东西为什么这样子了。"对于后来这一个，我们又说："来吧，我知道你要同我在一起呢。但是，你能告诉我为什么要同我在一起么？"这些话语绝对不是寻常的话语，乃是真的教育家吐出来的珠玉。儿童受了这种暗示与指导，他立刻想做一个发见者，想做一个抒情诗人。他的努力使他的内面扩大且丰满了，倾吐出来，自然是合理的论法、真挚的诚语。本来只求知道，现在却由自己发见了；本来只是浑然之感，现在却更益绵密深至了。亦练习，亦享用，随产生，随发表，学行合一，内外合一，这多么有意味啊。是真的教育家，一定会利用这些偶至的机会。

所谓待创的机会，凡是设备一种境界，诱起儿童内面的产生者皆是。我们一点钟两点钟为儿童讲"整理的必要"，不如把学校里一切整理得秩然有序。因为这样之后，他们所知道的"整理的必要"才会真切，说出来才是真的发表而不是鹦鹉学舌。我们一点钟两点钟为儿童讲古代的历史，不如把许多古物以及原人生活的图画模型有条理地陈列起来。因为这样之后，他们的想象依了自然的径路，可得清切的了知，说出来才会真实而不致模糊影响。当着群儿围集、歌呼跳跃的时候，我们要他们自白心中的欢快。当着校园里的母羊抚育小羊的时候，我们要他们陈述他们的母亲怎样爱他们。他们本已感受很深，今更表白于外，差不多又加上一番深深镂刻的功夫。总之，所谓训练儿童说话，不是要他们鼓弄唇舌，随便说说而已，也不是要他们说话给我们听听而已，乃欲使他们所说的实质渐进于完善深美，而不说空虚无聊的话。假若无所设备，所谓渐进将凭借什么？是真的教育家，一定会利用许多待创的机会。

以上是说课业以外的训练。若在课业以内，我想须要每科都有"演述"这件事，把演述视为很重要的工作。所谓演述，与普通的回讲与答问两样，要有组织、有条理，发于真知真情，而不是盲从了教科书或教师的话机械地讲述一遍。机械地讲述不关于内面，就是时时练习也没有什么效果。必要所演述的是内面的、真切的实质，才能收练习说话的佳绩。因此，我们应当觉悟，教科书里的虚文缴绕，以及教师的饶舌不休，与儿童实在无益而有害。我们最主要的企图在叫他们明白事物，懂得种种的法则，不过利用文字语言来帮助而已。虚文缴绕，饶舌不休，徒然使他们多应接之烦，甚至把事物及法则弄糊涂了。所以积极的方法，要把教材织得极有条理，不论是教科书或演讲，总循着思想自然的径路、事理发见的径路。这有两种好处，一是他们可以切实地了知，二是他们受着浸染，内面的产生也会这样。到这地步，叫他们演述出来，一定不同于机械的回讲与答问。所说的就是他们所学的，也就成为他们自己的了。当这演述的时候，他们更要加一番整理与搜求，所以决不是劳力的浪费，却是产生的促迫。当然的，能够不只是演述，又加以戏剧的方法的表演，使他们活动于所知所感之中，尤其是美满的办法。

就是艺术的课程，我们也可以把列入"演述"这件事视为很重要的工作。如制作的动机、制作的顺序、成功的喜悦、欣赏的实感，都是很好的题目。我们如不去留心，自然把它们随便放过了。不让放过，要使儿童演述出来，儿童就可因此得到许多益处。他们必得把心情由反省而净化了、美化了、熟化了，才能演述出来。而这个对于当时就是深深的镂刻，对于将来又是丰美的泉源。

我们再讲到一些枝节的话。像这样的训练说话，着眼在产生与发表的联合，但儿童说话时，决不能全免语言上的错误。大概语言上的错误不出两端，一是语句不完全，二是用词不适切。这当然须待教师的订正与订正之后的多所练习，而尤重在教师的说话绝无错误，使他们于不自觉中得到浸染。至于订正，与其说"这应当这样说"，不如说"按诸事理，这还有更妥当的说法"，或者"试从实际上想，会发见更切当的词了"。这无非因为发见贵于受来，自觉愈于外铄的缘故。

　　这一些浅薄的意思，并无整然的系统，只欲供教师们的参考。或者觉得它有点儿道理，对于所务的事业更益磨砺，因而得到很大的成功，这是我的私望。

　　我也想把这一点意思贡献于做父母的。

1924 年 6 月 20 日发表

国文科之目的

最近遇见好几位先生,他们叹息着说中学生国文程度低落,非赶紧设法挽救不可。中学生正是本杂志的读者,有人在那里为他们着急,为他们用心思,我们应该报告一声。

据多数的意见,似乎所谓国文程度低落就是写不通文言文,甚而至于连不通的文言文也写不来。他们也承认,有些中学生写语体文还可以;更有人说他们的儿女写回来的"白话信",那种真率的风趣是他们所及不来的;但是(这个"但是"表示十二分的不满足),这不是个了局,总得写文言文才行呀。他们以为语体文只是便利初学的过渡,终极的目的却是文言文,语体文是卑浅的,唯文言文才是高深的东西。

他们把国文程度低落的缘由归到读物的不良上去。课本里没有多少篇文言文,又不能选那最精粹的代表作,成绩不良是当然的了。于是商量国文教材应该怎样编选。各人的主张就有五花八门之观。有人说只消读《论语》就是,读《论语》可以识理;里边长篇短论都有,又可以作行文的楷模。有人说,宋元明的语录应该多读,对于青年修养,国文科必须顾及。有人说六朝文不宜忽略,那种修辞功夫是现代人所缺乏的。有人说国文科的教材应该是中国文化的全体;所以如《太上感应篇》也得看看,因为这也是中国文化。有人说方今国难当头,应该多读岳飞、戚继光等人的传说,以期振起民族精神。此外意见还多,比较不重要,恕不报告了。

这好几位先生都是教育家,他们的意见直接影响到中学生。其他的教育家想来颇有抱同样意见的,他们也各各直接影响到中学生。所以,这并不是一件无关紧要的事。

在这里，颇有问一问国文科的目的到底是什么的必要。我们的回答是"整个的对于本国文字的阅读与写作的教养"。换一句话说，就是"养成阅读能力""养成写作能力"两项。

要养成阅读能力，非课外多看书籍不可。课本只是举出些例子，以便指示、说明而已。这里重要在方法；本月比上月更善阅读，今年比去年更能了解，就是进步。修养云云那是身体力行的事，民族精神也得在行为上表现。违反修养、毁隳民族精神的书籍文字固然不必看，但是想靠国文科提倡修养，振起民族精神，却不免招致"文字国"的讥诮。

要养成写作能力，第一宜着眼于生活和发表的一致；说明白点，就是发表的必须是自己的意思或情感，同时又正是这意思或情感。花言巧语能写几篇文字，有什么用处呢？必须与生活相一致，写作才有意义。至于文体，语体文和文言文原没有划然的界限。然而就亲切、便利等条件着想，语体文应该普遍地被应用是无疑的。学生就性之所好，兼作文言文，当然不必禁止。一定要作了文言文，才算国文程度不低落，这成什么话！何况揣摩主张者的口气，写作和生活一致与否倒并不在乎，但求每个学生能够铿铿锵锵写出一些文言文，而且篇篇都是"合作"，他们的国文教学就成功了。他们以为中学校只是"国文专修馆"和"文豪养成所"！

我们想，做学生的如果把各科的目的问一问清楚，对于他们自己是非常有益的。

1932 年 11 月 1 日发表

国文试题与科举精神

近来在某报上看见一篇文字,题目是《因政府考试的国文题说到学校的国文课》,里面说近来中央各机关用人大多用考试制度:"因政府力求提倡国学,恢复固有知识,故国文题目泰半取材于古人典籍之中,如最近军委会之政治训练班国文试题为《从〈离骚〉一书中论屈平之为人》,司法行政部之监狱训练班试题为《刑乱国用重典论》,政治学校之土地研究班题为《论王者之政必自经界始》,以及法官考试之试题为《分争辩讼非礼不决论》,于以知国家提倡国粹的一斑。"接着说,这几场考试的成绩却并不怎样好,便归咎到学校的国文课程,尤其是中等学校的国文课程,它不曾替学生打好稳固的国学根基,遇到这类题目当然做不好了。

一部分人对于中等学校课程的认识就是这样,上面提及的一篇文字可作代表。他们以为国文课程里的"阅读"一项,目的在把一些杂乱无章的材料装进学生的头脑;"写作"一项的目的呢,便在教学生应用了这些材料,对于稀奇古怪的题目写得出文字。这一部分人中间,有对于子弟怀着热望的父兄,有对于学生期望"类我"的国文教师;我们平日见到这类人并不少。

父兄这样想,自有他们的理由:国文课程如果不对准这样的目的,遇到《论王者之政必自经界始》之类的题目岂不就要交白卷?交白卷岂不就得不到什么什么训练班的分数,因而做不成官?国文教师这样想,也自有他们的原因;自己就是在这样阅读和写作的教养中长成起来的,现在照样来教养自己的学生,他们以为一定没有错的。

这情形实在就是科举时代的延续。科举时代每一个青年在书房里读书作文,无非为着装进材料,预备应付题目。一朝应付得法,考试中式,就是读书的成功。当时有一些明白的人明知道这是可笑的事情，另外去做一点"实学"，但总说这是"敲门砖"，完全不顾是不应当的。现在科举是废掉了，学校教育却承受了科举精神；父兄与教师有意识或无意识地把课程认作"敲门砖"，所以见学生做不好《论王者之政必自经界始》之类的题目，就太息痛恨，差不多要说现代学生已经陷落在泥坑里了。

科举制度对于统治阶级有什么好处，听过一些时历史课的学生都能够回答。像前面引起的四个题目，你若说为的是"提倡国粹"，出题目的先生就会在那里点头暗笑；你若板起面孔说这太不合"专家政治"的潮流了，出题目的先生就会骂你牛头不对马嘴。总之，按照科举精神，出题目的先生是不错的。

还有，各大学每届举行入学试验，也常常出一些稀奇古怪的国文题目。他们不希望投考学生说一些自己的话，从而考察他们的思想与情感，他们只要投考学生"应制"地说一套"题中应有之义"，摹唇仿舌像个样儿。这与科举精神也是一贯的。

在科举精神弥漫的现时，父兄的告诫与教师的教导必然集中精力，使学生做得好《论王者之政必自经界始》之类的题目方才罢休。但是，从学生方面说，做不好这类题目是应该的，用不着惭愧的。试问，一个学生便能把《论王者之政必自经界始》这个题目说得天花乱坠，头头是道，于他的实际生活又有什么关系（除了他能在什么什么训练班得到一百分）？丢开科举精神来说，中等学校的国文课程自有它的目的，就是我们在上一期说的"整个的对于本国文字的阅读与写作的教养"。关于写作一项，最宜着眼于生活和发表的一致。如果学生不能用文字发表自己的思想与情感，不能用文字记录实际生活上的一切，那才是能力上的缺陷。不能或者不肯"应制"地说一些与实际生活全不相干的话，正是青年率真的表现，有什么不应该？有什么可以惭愧的？

习惯着"应制"作文，就不很能够亲切地发表自己的思想与情感，记录实际生活上的一切。从前颇有人做得很好的文章，可是不能写一封抒情寄意的书信；这因为他们早已把写作与生活分隔开来，而写抒情寄意的书信却是生活上的事情，所以没法应付了。可见有一些父兄的告诫与教师的教导正是学生的灾难，他们希望增进学生的写作能力，实际却在阻遏学生的写作能力。凡是不甘受灾难的青年，遇到《论王者之政必自经界始》这类的题目，只有交白卷了事，可不是？

对于大学入学试验常出一些稀奇古怪的国文题目，贤明的中等教育家是应该提出抗议的。中学生该有怎样的写作能力，大学对于投考学生所要考察的到底是什么，都得请大学当局想一想明白。虽然明知科举精神笼罩着整个教育系统，但若能打破一点，总是青年的福利。

末了，我们要对青年学生再说一遍：你们做不好《论王者之政必自经界始》这类的题目是应该的，用不着惭愧的。你们学习写作，目的原在发表自己的思想与情感，记录实际生活上的一切，而并不在"应制"作这类的题目。

1932年12月1日发表

《礼义廉耻国之四维论》

据本届上海市中学毕业会考各科成绩的统计表，高中部分国文成绩列第二位，初中部分国文成绩列第一位，可知上海市各中学的国文成绩在各科中是比较优良的。像罗家伦君那样正在慨叹"通顺的很少"，而上海市各中学给他一个事实上的安慰；感到欣快的必然不止罗君一个人。虽然也许另外有些人要因此而慨叹"文胜"以及我国被称为"文字国"不为无因，可是把文字写得通顺些，表情达意都过得去，究竟是对于实际生活有益的事。不过我们看了高中部分国文科第一名的"优良试卷"，就不敢说这样宽心的话了。试卷如下：

礼义廉耻国之四维论

盖闻国之本在民，故观民风之媺恶，可觇国运之盛衰。昔者《管子》曰："礼义廉耻，国之四维；四维不张，国乃灭亡。"有旨哉！斯语也。盖治国者必先治民。民之相处也，不能无求，求而不得，则争端起矣；民之相与也，不能无交，交而不诚，则诈端起矣；民之相役也，不能无取，取而无节，则贪端起矣；民之相杂也，不能无别，别而不严，则无耻之端起矣。一国之民相争而不已，贪诈而无耻，则国且不国，其不底于灭亡者几希！故必有圣人者出，制礼以止争，制义以化伪，劝之以廉，齐之以耻，然后国乃可兴焉。故曰："礼义廉耻，国之四维。"盖国之有此四维也：所以维民者也，所以维民使不争者也，所以维民使不诈者也，所以维民使不贪者也，所以维民使知耻者也。故国之有此四维也，若网之有纲，衣之有领，政治以之易行，风俗以之易化也。《诗》

曰"泛泛扬舟，绋缅维之"，《易》曰"其亡其亡，系于苞桑"，言得其维者则昌，失其系者则亡也。呜乎！今之风俗日碗，四维废弛者久矣！有志者其亟起而图之。

  这篇文字很通顺，然而仅止于通顺；换句话说，就是通顺以外没有别的什么。腔调是那么叮叮当当，而话语只是浮在嘴唇边的几句，使人家看了，仿佛觉得听了那些到处皆是的谭派须生戏。我们初看的时候很奇怪，这样的文字从哪里学来的？试查高级中学国文科的课程标准，凡"精读"和"略读"项下所指称的单篇文字以及整部名著，都不是这样的文字的范本。后来我们省悟了，原来是诵读《论说文范》一类东西的成绩。我们知道有一些家长分外贤明，他们认定"国文"非常重要，子女在学校里学了还嫌不够，另聘教师让他们在家里补习。教材呢，就是《论说文范》一类东西。不然，就因为要去赴会考，家长或者教师特地选取《论说文范》一类东西叫学生抱佛脚，才使学生有了仿效这等文字的机缘。在选取这等文字给学生读的人想来，这是很有道理的。会考既然类乎科举，而《论说文范》一类东西就是变相的"八股"，以此应彼，正相配合。但是，从学生这方面想，这变相的"八股"是不是需要的呢？依据常识来回答，无论说话作文，单有叮叮当当的腔调是不成的，单把浮在嘴唇边的几句话说出来写出来是没有意义的；只须看从前的"八股"绝对不能应付实际生活，就可以知道变相的"八股"对于学生毫无用处。然而，现在，第一名的"优良试卷"宛然是一篇变相的"八股"了！单只在应考的时候"八股"一下还不要紧；倘若平日说话作文也是"八股"，甚至思想行为无不"八股"，我们就不免要抄袭罗家伦君的演说辞说："想到这一点，我们实在有点觉得不寒而栗！"

1934 年 3 月 1 日发表

中学生的国文程度低落吗？

对于中学生国文程度的低落，久已有人叹息的了，直到现在也并未衰歇。究竟低落到什么情形？从前中学生的国文程度怎样，现在又怎样？低落的现象是普遍的还是特殊的？其原因又何在？对于这些，似乎还少有人作过精密的研究，给过仔细的说明。我们只听见带着感伤意味的一声声："唉，现在中学生的国文程度太不行了！""啊，国文程度低落到这样，还了得！"

国文这一科，比较动物、植物、物理、化学那些科目，性质含混得多。有些人认为国文这一科并没有什么内容，只是阅读和写作的训练而已。但是有些人却以为国文科简直无所不包，大至养成民族精神，小至写一个借东西的便条，都得由国文科负责。在这两个极端之间，还有种种的看法、各不相同的认识。如果一百位国文教师聚在一起，请他们各就自己的见解，谈谈国文科究竟是什么性质，纵使不至于有一百个说法，五十种不同的见解大概是有的。对于动物、植物、物理、化学那些科目，就决不会有这样的情形。

由于对国文科的认识不同，大家所认为程度的"行""不行"也就不一致。主张博闻强记的人见学生回答不出"四书""五经"是哪几部书就说"不行"，但是有些人却说这没有关系，学生只要到图书室里取一本《辞源》来一查就知道了。欢喜叮叮当当那一套的人见某君所作的《礼义廉耻国之四维论》就说"行"，挑选这本卷子列在第一名，但是记者却说这一篇不过通顺而已，并没有说出自己的东西来。照此说来，"行""不行"实在还没有公认的标准。在一部分人叹息着说"中学生的国文程度太不行了"的今日，当然有另一部分人在那里说"中学生的国文程度并不低落"，这是可想而知的。

有一点可以注意的，就是叹息着说"不行"的人似乎都不很顾到学生的阅读能力方面，而只偏重在写作能力方面。无论对于国文科的性质的认识如何，阅读总是国文科的一个重要项目，要判别"行""不行"总得在这个项目上打个分数，而他们往往放过了，只在写作这个项目上着眼。叫学生作《秦皇汉武合论》，论不出，当然"不行"；叫学生作《说新生活运动的意义》，说得牛头不对马嘴，也"不行"；叫学生模仿欧阳修的《醉翁亭记》作《校园记》，限用文言，交上来满纸"也"字，不当"也"而"也"，尤其"不行"：于是学生写作能力的低落成为客观的事实。这在学生方面必然也自认"不行"的，可是要"行"简直没有办法，正合苏州人的一句话："石子里逼不出油来。"

还有一点可以注意的，就是叹息着说"不行"的人往往把责任完全推在学生身上，仿佛现今一班青年的脑子生来就异样，特别不适宜于写作，却把从前读书人十年窗下，连便条都写不成一张的先例忘掉了。其实，如果假定现今的中学生写作能力的确"不行"，那么他们吃亏之处就在受了跟从前读书人同样的训练。我们知道，除了少数学校指定阅读课外书籍以外，大多数学校里就只读多少篇选文。选文都是所谓文学作品或者是满纸大道理的经世名文，那些作者的本领，在学生自然是不会有的，这就使学生渐渐觉得写作并非容易的事，甚而至于忘了写一张便条也是写作。

然而时代究竟不同了，从前读书人可以关在书房里，终身不写一张便条，现今青年的生活却繁复得多，对于写一张便条那样切身的事，虽然受不到什么训练，也会自己努力，设法应付。记者这个话不是凭空说的，记者编辑本志，有幸读到各地中学生投来的文篇，大凡题目类乎课艺式的，往往是些陈词滥调，而写亲历的经验跟实有的感想的，虽然不见得怎样纯粹，但是一篇里总有若干部分是出色的，如刊载在《青年论坛》跟《青年文艺》两栏里的就是。如果叫这些作者作另外一类题目，说不定也会得到"不行"的考语。从这一点推想，前途的光明似乎并不微弱，所以记者不是"不行""不行"的悲观论者。

记者写出这个感想来的意思，在引起贤明的国文教师以及中学生诸君的注意，我们应当把国文程度低落的叹息看作一个课题，精密地仔细地加以考核，徒然叹息是没有意义的，听人家叹息而不给肯定或者否定也是不足为训的。贤明的国文教师对于国文教学如果有什么意见或者感想,中学生诸君对于国文一科如果有什么困难或者希求,大家提出来共同讨论,才可以解决低落不低落的问题,才可以进一步提高中学生诸君的国文程度。本志愿意把充分的篇幅刊载关于这个问题的文篇。

1934 年 11 月 1 日发表

读了《中学生国文程度的讨论》

本志第四十九期的《卷头言》里刊载了《中学生的国文程度低落吗?》，另外又发表了尤墨君先生的《你们能写出些什么》，就有好几位读者写了他们的意见寄来。我们当初刊载这两篇，原希望教师跟学生共同来讨论这个问题；怕的是问题虽经提出，却一点回音也没有。现在回音居然来了，我们感到不寂寞，自可欣慰。稍为感到遗憾的是好些位投稿者中间没有一位国文教师；再一推想，也许关心这个问题的教师先要看看学生诸君的意见，然后发表他们的言论吧——这样想的时候，也就无所谓遗憾了。这一期里特地把这些来稿汇集在一起，给标个总题目叫做《中学生国文程度的讨论》，以便读者参看各篇，知其大概。关于这项讨论，我们想延长下去；来稿积聚到多少篇，就发表一回。因为这个问题内容很繁复，方面很广阔，轻描淡写地讨论一下，是得不到什么结论的；一定要大家把意见拿出来，对于各个方面差不多完全讨论到，才会得到比较切实的结论。这一期里刊载八篇，只是初次的讨论罢了，不能就作结论是当然的。然而单从这八篇看，未尝不可以知道学生对于这个问题的感想如何。现在就提出几点来谈谈。

第一，从这八篇看来，学生对于国文科的目标是认识得很清楚的。国文科的目标在养成阅读能力跟写作能力，阅读跟写作又须切近现代青年的现实生活：有几位说出这样的意思。就一般的语文教学而言，对于前一语是没有问题的，谁不知道就为要养成阅读跟写作的能力，学校里才有国文这一科？问题就只在后一语，切近不切近现代青年的现实生活，才是国文教学成功跟失败的分界标。你看，有人说阅读那些不切近青年生活的文章好比穿紧鞋；又有人说在限定的范围里写作那些揣摩意旨的文章简直是思想转圈子；又有人说出自己的经验,"作文只有二三百字,而日记倒有数千字"。穿了紧鞋,走起路来当然不便当;思想转惯了圈子,往后要自由自在地思想就成问题;命题作文既然不可免,所命的题又出于学生的经验范围之外,无怪有时候连二三百字也写不到了。学生对于一双宽舒的鞋是多么羡慕呀!对于自由自在地思想是多么想望呀!对于写出自己经验范围以内的一切是多么有兴致呀!我们以为应该完全让他们如愿。让他们如愿之后,再看他们的国文程度会不会提高。

第二,从这八篇看来,学生并不需要读那些力所不及的或者没有这许多闲工夫去读的文章。但是偏有人要学生去读那些。他们好像医生配药似的,哪类文章包含道德教训,要读多少篇,哪类文章包含某家思想,要读多少篇;诸如此类,一时也说不尽,总之给学生配一服十全大补剂。他们以为唯有这样做,在训育方面既可以收效,在国文科的本职养成阅读能力方面也做到了家。不知道这样做能不能养成阅读能力已成问题,即使能养成用处也不多,因为学生中除了最少数的几个,离开了学校就永远不再接触这类文章了。依我们想,养成阅读能力在乎多阅读,在乎阅读得其法;阅读的材料却不必要名作,只要内容形式都没有毛病的就行。这个说法,在大方家看来也许太可笑了,但是学生也许会赞同的。

第三,从这八篇看来,学生颇相信考试的成绩不就是实际的优劣。如果别字连篇,文法不通,那当然是平时太不注意,不能说不劣;然而像尤墨君先生所举的究竟是特殊的例子,我们不能就说凡是应考的学生都这样不济。至于会考的文卷特别看不顺眼,那的确是另有原因的。对于这一点,周渺君的文中有道着处。

1935 年 1 月 1 日发表

再读《中学生国文程度的讨论》

我们陆续收到许多讨论中学生国文程度的文章，这一期里又选刊了六篇。排校完毕，约略写一点我们的感想。

读了渔舟君跟植之君的文章，可以见到大部分中学生学习国文，实在不明白是什么一回事。这并非由于学生愚笨，只因为教者根本没有认清什么是国文教学的目标。各科课程都有标准，在我国也有十多年了，虽然经过几回修订，大致相差不远。我们希望教者不要把课程标准看做具文，而尝试按照着标准教学，一年两年之后，再看学生的进步是不是比以前快些。

渔舟君说一部分人"拿蜂子孵蛆的心理去看学生，像他们那样会写出一套叮叮当当的文言文的就认为'高'，反之，只能用活的语言写出实际生活的就认为'低'而且'落'"，这确是有的。最近上海有人发起什么存文会，据说是鉴于青年国文程度日益低落，希图设法挽救的。但是看他们的方案，无非写文言和读古书那一套，换句话说，就是使青年离开现实，忘却自己，而去想古人的念头，说古人的话语，作古人的文章。如果真的如了他们的愿，他们当然会说青年的国文程度"高升"了；可是青年跟时代跟实际生活却相去十万八千里了。头脑清醒的青年决不愿意自己这样地"高升"。

吴锡泽君的意见也很重要，他说明考试时候的命题作文因为有及格不及格的关系，极容易把学生引到揣摩风气的路子上去。跟揣摩风气相反的就是"言之有物"，这个"物"字好像有点儿玄虚，但是把它解作"自己的思想感情"，就很实在了，我们提笔作文，无非为了要表达自己的思想感情。自己并没有某种思想感情，只为迎合人家起见，就像鹦鹉似的鼓唇弄舌，这不但作不出好文章，并且是操行上的极大缺点。我们希望教师跟考试委员对这一点加以注意，不得已必须命题，总得站在学生方面着想，从他们思想感情的范围里找出题目来。如果不这样做，而随时在有意无意间给学生一种暗示，仿佛说"你们非做鹦鹉不可"，这是不可饶恕的罪过。

要"言之有物"，"必须要先有所感，先有所思"，吴大琨君的话是不错的。吴君又叙述现在学校对于学生"感受"跟"思想"两方面都很忽略的情形，末了说："感情与思想不但是做文章的两大泉源，同时也是做人的两大要素。然而对于这两者，现在的学校教育是不但忽略，并且阻碍了学生的发展。"这不只是国文教学的问题了。读者不妨把自身的经验跟吴君的话对照一下，看他的话是否道着真际。如果大部分情形确然如此，学校教育就有"弄得合理一些"的必要了。

许淦君老老实实宣布有一些人所说的"通"，中学生并不需要；他要求"内容和形式的统一"。他说："只有白话才能写'通'，到'通'的路必须是说自己的话。"认清了国文教学目标的青年大多这么想，这是我们不抱悲观、不嚷"低落呀低落"的原因。

其扬君的意见可以供学生跟教师作参考资料。国文教学不只限于写作，除了写作，阅读也很重要；而其扬君的意见是兼顾到这两方面的。

到现在为止，我们还没有接到国文教师参加讨论的文章，未免怅怅。希望今后能收到若干篇，使我们的读者也听听教师方面的意见。

1935年4月1日发表

欢迎国文教师的意见

本志两度刊载讨论中学生国文程度的文章，其中没有一篇是国文教师写的；对于这一层，我们曾经表示遗憾。这一期里有三位国文教师讨论这个问题，我们期望了许久的事果然实现了，岂只我们欢喜而已，读者诸君一定也非常高兴。

孟起先生熟知国文教学的实况，他说："要是中学生国文程度真正低落的话，最大的责任不能不让那些始终不问为什么这样做的决定中等学校国文教学大计的先生们和国文教师们负起。"这并非漫然的武断，他描摹一个"狭的笼"给我们看，他又描摹那个"狭的笼"里怎样地缺乏滋养物。

孟起先生来信说，他的学生的国文程度大致不算坏；他的学生寄作品来的有好些个，我们看了那些作品，也觉得不算坏。本来，像孟起先生有了他那样的认识，自然会把"狭的笼"扩大，自然会把有用的滋养物搬运到"狭的笼"里去；他的学生遇到他那样的国文教师，实在是难得的幸运。然而孟起先生决不能把"狭的笼"干脆拆掉。试看王忍先生的文章，不是有许多校长同专家正在商量，要把"狭的笼"修补得更为紧密些吗？经过修补，像孟起先生那样的国文教师要把"狭的笼"扩大，要把有用的滋养物搬运到"狭的笼"里，那是更费力了。

王忍先生报告的事实，实在不只是少读几篇语体多读几篇文言的问题，也不只是国文教学方面的问题。揭开天窗说亮话，那些决定国文教学大计的校长同专家想使青年抛开现实生活，而去想古人的思想，过古人的生活；换句话说，就是想使青年抱前一篇里所说的第一种读书态度。还有什么国学常识缺乏的话，依他们的意思，最好每一个青年化作一部《国学常识辞典》，谁问他国学常识之类的时候，总能够回答出来；换句话说，就是想使青年抱前一篇里所说的第三种读书态度。我们可以在这里告诉那些决定国文教学大计的校长同专家：你们如果怀着这样的愿望，那是无论如何达不到的。青年生在现代的社会里，从多方的体验和实践，决不能不想现代人的思想，不过现代人的生活。读几篇文言，甚至读几部古书，只能浪费他们宝贵的精神和时间罢了。然而，光是这一层，你们的罪过已经不小了。

勖髯先生提出三点意见。关于第一点，我们固然没有什么真凭实据可以证明一般学生的国文程度并不弱。可是我们接触好些学校的教师和学生，凡是教师对国文教学的认识比较高明的，教学能力比较强的，学生的国文程度就大致不坏。我们猜想，在勖髯先生那样的国文教师的教导之下，学生的国文程度也不会差吧。第二、第三点都是报告实际的情形。读了第三点"应付环境"的话，又使人想到"狭的笼"的紧密。我们相信，一般中学生的国文程度的真正"高升"，必然在那个"狭的笼"拆掉之后。

1935 年 5 月 1 日发表

国文教学的两个基本观念

我们当国文教师，必须具有两个基本观念。我作这么想，差不多延续了二十年了。最近机缘凑合，重理旧业，又教了两年半的国文，除了同事诸君而外，还接触了许多位大中学的国文教师。觉得我们的同行具有那两个基本观念的诚然有，而认识完全异趣的也不在少数。现在想说明我的意见，就正于同行诸君。

请容我先指明那两个基本观念是什么。第一，国文是语文学科，在教学的时候，内容方面固然不容忽视，而方法方面尤其应当注重。第二，国文的涵义与文学不同，它比文学宽广得多，所以教学国文并不等于教学文学。

如果国文教学纯粹是阅读与写作的训练，不含有其他意义，那么，任何书籍与文篇，不问它是有益或者有损于青年的，都可以拿来作阅读的材料与写作的示例。它写得好，摄取它的长处，写得不好，发见它的短处，对于阅读能力与写作能力的增进都是有帮助的。可是，国文是各种学科中的一个学科，各种学科又像轮辐一样辏合于一个教育的轴心，所以国文教学除了技术的训练而外，更需含有教育的意义。说到教育的意义，就牵涉到内容问题了。国文课程标准规定了教材的标准，书籍与文篇的内容必须合于这些个标准，才配拿来作阅读的材料与写作的示例。此外，笃信固有道德的，爱把圣贤之书教学生诵读，关切我国现状的，爱把抗战文章作为补充教材，都是重视内容也就是重视教育意义的例子。这是应当的，无可非议的。不过重视内容，假如超过了相当的限度，以为国文教学的目标只在灌输固有道德，激发抗战意识，等等，而竟忘了语文教学特有的任务，那就很有可议之处了。

道德必须求其能够见诸践履，意识必须求其能够化为行动。要达到这样地步，仅仅读一些书籍与文篇是不够的。必须有关各种学科都注重这方面，学科以外的一切训练也注重这方面，然后有实效可言。国文诚然是这方面的有关学科，却不是独当其任的唯一学科。所以，国文教学，选材能够不忽略教育意义，也就足够了，把精神训练的一切责任都担在自己肩膀上，实在是不必的。

国文教学自有它独当其任的任，那就是阅读与写作的训练。学生眼前要阅读，要写作，至于将来，一辈子要阅读，要写作。这种技术的训练，他科教学是不负责任的，全在国文教学的肩膀上。所谓训练，当然不只是教学生拿起书来读，提起笔来写，就算了事。第一，必须讲求方法。怎样阅读才可以明白通晓，摄其精英，怎样写作才可以清楚畅达，表其情意，都得让学生们心知其故。第二，必须使种种方法成为学生终身以之的习惯。因为阅读与写作都是习惯方面的事情，仅仅心知其故，而习惯没有养成，还是不济事的。国文教学的成功与否，就看以上两点。所以我在前面说，方法方面尤其应当注重。

现在四五十岁的人大都知道从前书塾的情形。从前书塾里的先生很有些注重方法的。他们给学生讲书，用恰当的方言解释与辨别那些难以弄明白的虚字。他们教学生阅读，让学生点读那些没有句读的书籍与报纸论文。他们为学生改文，单就原意增删，并且反复详尽地讲明为什么增删。遇到这样的先生，学生是有福的，修一年学，就得到一年应得的成绩。然而大多数书塾的先生却是不注重方法的，他们只教学生读读读，作作作，讲解仅及字面，改笔无异自作，他们等待着一个奇迹的出现——学生自己一旦豁然贯通。奇迹自然是难得出现的。所以，在书塾里坐了多年，走出来还是一窍不通，这样的人着实不少。假如先生都能够注重方法，请想一想，从前书塾不像如今学校有许多学科，教学的只是一科国文，学生花了多年的时间专习一种学科，何至于一窍不通呢？再说如今学校，学科不止一种了，学生学习国文的时间约占从前的十分之二三，如果仍旧想等待奇迹，其绝无希望是当然的。换过来说，如今学习时间既已减少，而应得的成绩又非得到不可，唯有特别注重方法，才会收到事半功倍的效果。多读多作固属重要，但是尤其重要的是怎样读，怎样写。对于这个"怎样"，如果不能切实解答，就算不得注重了方法。

现在一说到学生国文程度，其意等于说学生写作程度，至于与写作程度同等重要的阅读程度往往是忽视了的。因此，学生阅读程度提高了或是降低了的话也就没听人提起过。这不是没有理由的，写作程度有迹象可寻，而阅读程度比较难捉摸，有迹象可寻的被注意了，比较难捉摸的被忽视了，原是很自然的事情。然而阅读是吸收，写作是倾吐，倾吐能否合于法度，显然与吸收有密切的关系。单说写作程度如何如何是没有根的，要有根，就得追问那比较难捉摸的阅读程度。最近朱自清先生在《国文月刊》创刊号发表一篇《中学生的国文程度》，他说中学生写不通应用的文言，大概有四种情形。第一是字义不明，因此用字不确切，或犯重复的毛病。第二是成语错误。第三是句式不熟，虚字不通也算在这类里。第四是体例不当，也就是不合口气。他又说一般中学生白话的写作，比起他们的文言来，确是好得多。可是就白话论白话，他们也还脱不掉技术拙劣、思路不清的考语。朱先生这番话明明说的写作程度不够，但是也正说明了所以会有这些情形，都由于阅读程度不够。阅读程度不够的原因，阅读太少是一个，阅读不得其法尤其是重要的一个。对于"体会""体察""体谅""体贴""体验"似的一组意义相近的词，字典翻过了，讲解听过了，若不能辨别每一个的确切意义并且熟悉它的用法，还算不得阅读得其法。"汗牛充栋"为什么不可以说成"汗马充屋"？"举一反三"为什么不可以说成"举二反二"？仅仅了解它们的意义而不能说明为什么不可以改换，阅读方法也还没有到家。"与其"之后该来一个"宁"，"犹"或"尚"之后该接上一个"况"，仅仅记住这些，而不辨"与其"的半句是所舍义，"宁"的半句才是所取义，"犹"或"尚"的半句是旁敲侧击，"况"的半句才是正面文章，那也是阅读方法的疏漏。"良深哀痛"是致悼语，"殊堪嘉尚"是奖勉语，但是，以人子的身分，当父母之丧而说"良深哀痛"，以学生的身分，对抗战取胜的将领而说"殊堪嘉尚"，那一定是阅读时候欠缺了揣摩体会的功夫。以上只就朱先生所举四种情形，举例来说。依这些例子看，已经可以知道阅读方法不仅是机械地解释字义，记诵文句，研究文法修辞的法则，最紧要的还在多比较，多归纳，多揣摩，多体会，一字一语都不轻轻放过，务必发现它的特性。唯有这样阅读，才能够发掘文章的蕴蓄，没有一点含糊。也唯有这样阅读，才能够养成用字造语的好习惯，下笔不至有误失。

阅读方法又因阅读材料而不同。就分量说，单篇与整部的书应当有异，单篇宜作精细的剖析，整部的书却在得其大概。就文体说，记叙文与论说文也不一样，记叙文在看作者支配描绘的手段，论说文却在阐明作者推论的途径。同是记叙文，一篇属于文艺的小说与一篇普通的记叙文又该用不同的眼光，小说是常常需要辨认那文字以外的意味的。就文章种类说，文言与白话也不宜用同一态度对付，文言——尤其是秦汉以前的——最先应注意那些虚字，必须体会它们所表的关系与所传的神情，用今语来比较与印证，才会透彻地了解。多方面地讲求阅读方法也就是多方面地养成写作习惯。习惯渐渐养成，技术拙劣与思路不清的毛病自然渐渐减少，一直减到没有。所以说阅读与写作是一贯的，阅读得其法，阅读程度提高了，写作程度没有不提高的。所谓得其法，并不在规律地作训诂学、文法学、修辞学与文章学的研究，那是专门之业，不是中学生所该担负的。可是，那些学问的大意不可不明晓，那些学问的治学态度不可不抱持，明晓与抱持又必须使他成为终身以之的习惯才行。

以下说关于第二个基本观念的话。五四运动以前，国文教材是经史古文，显然因为经史古文是文学。在一些学校里，这种情形延续到如今，专读《古文辞类纂》或者《经史百家杂抄》便是证据。"五四"以后，通行读白话了，教材是当时产生的一些白话的小说、戏剧、小品、诗歌之类，也就是所谓文学。除了这些，还有什么可以阅读的呢？这样想的人仿佛不少。就偏重文学这一点说，以上两派是一路的，都以为国文教学是文学教学。其实国文所包的范围很宽广，文学只是其中一个较小的范围，文学之外，同样包在国文的大范围里头的还有非文学的文章，就是普通文。这包括书信、宣言、报告书、说明书等等应用文，以及平正地写状一件东西、载录一件事情的记叙文，条畅地阐明一个原理、发挥一个意见的论说文。中学生要应付生活，阅读与写作的训练就不能不在文学之外，同时以这种普通文为对象。若偏重了文学，他们看报纸、杂志与各科课本、参考书，就觉得是另外一回事，要好的只得自辟途径，去发见那阅读的方法，不要好的就不免马虎过去，因而减少了吸收的分量。再就写作方面说，流弊更显而易见。主张教学生专读经史古文的，原不望学生写什么文学，他们只望学生写通普通的文言，这是事实。但是正因所读的纯是文学，质料不容易消化，技术不容易仿效，所以学生很难写通普通的文言。如今中学生文言的写作程度低落，我以为也可以从这一点来解释。如果让他们多读一些非文学的普通文言，我想文言的写作或许会好些。很有些人，在书塾里熟读了"四书""五经"，笔下还是不通，偷空看了《三国演义》或者《饮冰室文集》，却居然通了，这可以作为佐证。至于白话的写作，国文教师大概有这样的经验，只要教学生自由写作，他们交来的往往是一篇类似小说的东西或是一首新体诗。我曾经接到过几个学生的白话信，景物的描绘与心情的抒写全像小说，却与写信的目的全不相干。还有，现在爱写白话的学生多数喜欢高谈文学，他们不管文章的体裁与理法，他们不知道日常应用的不是文学而是普通文。认识尤其错误的，竟以为只要写下白话就是写了文学。以上种种流弊，显然从专读白话文学而忽略了白话的普通文生出来的，如果让他们多读一些非文学的普通白话，我想用白话来状物、记事、表情、达意，该会各如其分，不至于一味不相称地袭用白话文学的格调吧。

  学习图画，先要描写耳目手足的石膏像，叫做基本练习。学习阅读与写作，从普通文入手，意思正相同。普通文易于剖析、理解，也易于仿效，从此立定基本，才可以进一步弄文学。文学当然不是在普通文以外别有什么方法，但是方法的应用繁复得多，变化得多。不先作基本练习而径与接触，就不免迷离惝恍。我也知道有所谓"取法乎上，仅得其中"的说法，而且知道古今专习文学而有很深的造诣的不乏其人。可是我料想古今专习文学而碰壁的，就是说一辈子读不通写不好的，一定更多。少数人有了很深的造诣，多数人只落得一辈子读不通写不好，这不是现代教育所许可的。从现代教育的观点说，人人要作基本练习，而且必须练习得到家。说明白点，就是对于普通文字的阅读与写作，人人要得到应得的成绩，绝不容有一个人读不通写不好。这个目标应该在中学阶段达到，到了大学阶段，学生不必再在普通文的阅读与写作上费功夫了——现在大学里有一年级国文，只是一时补救的办法，不是不可变更的原则。

至于经史古文与现代文学的专习，那是大学本国文学系的事情，旁的系就没有必要，中学当然更没有必要。我不是说中学生不必读经史古文与现代文学，我只是说中学生不该专习那些。从教育意义说，要使中学生了解固有文化，就得教他们读经史古文。现代人生与固有文化同样重要，要使中学生了解现代人生，就得教他们读现代文学。但是应该选取那些切要的、浅易的、易于消化的，不宜兼收并包，泛滥无归。譬如，老子的思想在我国很重要，可是，《老子》的文章至今还有人作训释考证的功夫而没有定论，若读《老子》原文，势必先听取那些训释家、考证家的意见，这不是中学生所能担负的。如果有这么一篇普通文字，正确扼要地说明老子的思想，中学生读了也就可以了解老子了，正不必读《老子》原文。又如，历来文家论文之作里头，往往提到神理、气味、格律、声色的话，这些是研究我国文学批评的重要材料，但是放在中学生面前就不免徒乱人意。如果放弃这些，另外找一些明白具体的关于文章理法的普通文字给他们读，他们的解悟该会切实得多。又如，茅盾的长篇小说《子夜》，一般都认为是精密地解剖经济社会的佳作，但是它的组织繁复，范围宽广，中学生读起来，往往不如读组织较简、范围较小的易于透彻领会。依以上所说，可以知道无论古文学、现代文学，有许多是中学生所不必读的。不读那些不必读的，其意义并不等于忽视固有文化与现代人生，也很显然。再说文学的写作，少数中学生或许能够写来很像个样子，但是决不该期望于每一个中学生。这就是说，中学生不必写文学是原则，能够写文学却是例外。据我所知的实际情形，现在教学生专读经史古文的，并不期望学生写来也像经史古文，他们只望学生能写普通的文言，而一般以为现代文学之外别无教材的，却往往存一种奢望，最好学生落笔就是文学的创作。后者的意见，我想是应当修正的。

在初中阶段，虽然也读文学，但是阅读与写作的训练应该偏重在基本方面，以普通文为对象。到了高中阶段，选取教材以文章体制、文学源流、学术思想为纲，对于白话，又规定"应侧重纯文艺作品"，好像是专向文学了，但是基本训练仍旧不可忽略。理由很简单，高中学生与初中学生一样，他们所要阅读的不纯是文学，他们所要写作的并非文学，并且，唯有对于基本训练锲而不舍，熟而成习，接触文学才会左右逢源，头头是道。

我的话到此为止。自觉说得还不够透彻，很感惭愧。

1940 年 8 月 18 日作

（本文原题为《对于国文教学的两种基本观念》）

国文随谈

最近几期的本志,有好几篇文字谈到国文课程与学习国文的问题。这些问题牵涉到的范围很广,无论在哪一方面取定一个观点,都有许多的话好说。现在来随便谈谈,想到哪一方面,就说哪一方面。

一、从国文课程标准谈起

现在学校里的国文课程,像其他课程一样,不是教师自己规定的,它依据着教育部颁布的国文课程标准。在国文课程标准里,对于教学国文的目标是什么,教学时间的支配应该怎样,教材的形式与内容应该怎样,教学的实施方法应该怎样,都有条分缕析的规定。就大体说,那个国文课程标准是要得的。如果教师能够依照着标准认真教学,学生又能够遵从着教师的指导认真学习,学生的国文程度决不会差到不成话的地步的。(《初高级中学课程标准》,商务、中华、正中等几家都有发卖。读者如果有方便,不妨拿来看看。这虽是给教师看的,但学生也可以看。看了之后,可以知道修习某种课程的整个意义与情形,更可以知道教师的教学方法对不对,自己的学习方法有没有到家:这些对自己都是很有益处的。)

在初高中国文课程标准里,一贯地把修习国文的工作分为两项,就是阅读与写作。现在先说阅读。初中标准"目标"项下的第四目是"养成了解一般文言文之能力",所以初中教材在语体文之外,要兼选文言文。高中标准"目标"项下的第三目是"培养学生读解古书,欣赏中国文学名著之能力",所以高中的大部分教材要从"古书"与"文学名著"里去选。书局里的国文教本就是根据了这两条编辑起来的。

这里有值得注意的。初中方面，在文言文上头加上"一般"两字，可见这文言文决不是古书，也不一定是文学名著，只是与语体文相差不远的，使用文言字汇与文言调子的文字罢了。为什么要读这种"一般文言文"，课程标准里似乎没有表明。猜想起来，大概因为现在的报纸、公文与书信之类还有应用文言的，一般参考书也有应用文言的，学生如果不在国文课里作阅读的练习，就看不来那些东西了。这个猜想假如不错，那么，报纸、公文与书信之类以及一般参考书都用了语体文之后，初中自然不必读这种"一般文言文"了。高中方面，特别提出"读解古书"与"欣赏文学名著"两项，却可以在课程标准里看出它的来由，就是"目标"项下的第一目，"使学生能应用本国语言文字，深切了解固有文化，并增强其民族意识"。可是，说到深切了解，就可知重在内容而不重在表达内容的形式。古书在语言文字上与现代有很大的差异，读解很不容易。历代的经学家、子学家费了一生的精力去研求，大半也只做了读解的功夫。现在如果有几部很好的历史教本，把我国的固有文化，不只是古代的，也连带中古与近代的，记述得扼要而且正确，而历史教师又善于利用教本，指导得明白而且精到，那么，学生虽不"读解古书"，也一样可以"深切了解固有文化"。这样说起来，古书的读解并非绝对必需的。唯有文学，内容与形式拆不开来，你要欣赏它，就得去阅读它本身。一个高中学生，他受普通教育到了最高阶段，无论他将来的专门是文是法是理是工是商是农，对于本国文学有一种欣赏的训练，实在是必需的。否则就与不能深切了解固有文化一样，他将不成其为受教育的中国人。

　　从上一节话看来，可见初中要读"一般文言文"，高中要读"古书"，都为适应当前的情形。如果当前的情形改变了，就是说，报纸、公文之类不用文言了，固有文化扼要而且正确地记述在历史教本里面了，初中就不必读"一般文言文"，高中就不必读"古书"。这里说不必读，并不含有看不起"一般文言文"与"古书"的意思。只因为阅读"一般文言文"也得在语言文字上花相当功夫，而阅读"古书"，这方面的功夫更要加多不知多少倍，中学生时间精力都有限，把太多的功夫花在语言文字上，实在是不必而且不该的。初中既不必读"一般文言文"，那就只须读语体文。高中既不必读"古书"，那就只须读古今文学名著。这样的日子是会到来的。只要一般人对于语文学科有正当的认识，对于普及教育有热切的期望，而著书立说的人也有同样的认识与期望，肯替中学生多写些适应他们语文程度的读物。

现在再说写作。初中标准"目标"项下的第三目是"养成用语体文及语言叙事说理、表情达意之技能"，所以初中只须练习语体文的写作，毫无问题。高中标准"目标"项下的第二目是"除继续使学生能自由运用语体文外，并养成其用文言文叙事说理、表情达意之技能"，第四目是"培养学生创造国语新文学之能力"，这就应该注意想一想了。

其实初中方面也有值得注意的。为什么在"语体文"之下还有"及语言"三个字呢？语体文的根据原来是语言，可又不像留声片灌音那样，谁的嘴里怎么说，就一个字一个字照样记录下来。现在通行的语体文的根据是国语，如果不是国语区域里的人，要写语体文，先得有国语的训练。即使是国语区域里的人，他的说话如果是乱七八糟，又糊涂又噜苏的，就说不上叙事说理、表情达意，他要能够叙事说理、表情达意，他的国语也还得要训练。必须把口头的国语训练到能够叙事说理、表情达意，写下来的语体文才能够叙事说理、表情达意。这样说起来，"及语言"三个字放在"语体文"之下，还是颠倒的，如果改作"语言及语体文"，就更切合实际情形了。高中方面，说到"继续使学生能自由运用语体文"，可见语体文的写作还是要"继续"练习的。又说要"培养学生创造国语新文学之能力"，就字面看，好像每个学生必须成为"国语新文学"的作者，即使并不动手"创造"，至少要有"创造"的"能力"。可是一般的见解，文学创造是天才与努力的乘积，并不是人人能够着手的。说人人要能用本国文字叙事说理、表情达意，是大家承认的。说人人要有文学创造的能力，就好比说人人要有图画创作、音乐创作的能力一样，事实上必然办不到。其实推求起来，这里的"新文学"就是"语体文"。现在与十多年前并无两样，还有许多教师学生以及学校以外的人，不问文字的本质是不是文学，只要是语体文，他们一律把它叫做"新文学"。这里的"新文学"也是这样的用法。至于在上头加上"国语"两字，那是从胡适先生"文学的国语，国语的文学"的口号而来的。语体文不只是把平常说话写到纸面上去，还得先训练说话，使它带着点文学的意味，这是所谓文学的国语。用带着文学意味的语体文写文字，就成所谓国语的文学了。现在文学的国语还没有完成，逐渐"创造"，使它达到完成的地步：受普通教育到了最高阶段的人应该担负这种责任。以上的推求假如不错，那么，说须能"创造国语新文学"，就等于说须能写"文学的国语"的语体文。这与前一目并在一起看，就可以知道前一目里"自由运用"四个字所含的意义。怎样才是"自由运用"呢？要能创造文学的国语，驱遣文学的国语，来写语体文，那才是"自由运用"。再看高中"目标"第二目的后半句说"养成其用文言文叙事说理、表情达意之技能"，可见高中是要练习文言的写作的。这种文言正是初中所要阅读的"一般文言文"，与语体文相差不远的，使用文言字汇与文言调子的文字。为什么要写这种文言，课程标准里也似乎没有表明。猜想起来，大概因为现在实际应用上还有需要文言的地方，高中学生如果不在国文课里作写作的练习，就写不来那些东西了。这个猜想假如不错，那么，到实际应用上再不需要文言的时候，高中自然不必写这种文言了。

从上一节话看来，可见初中高中要一贯地练习语体文的写作，在初中立下基础，到高中更求其精。至于高中要写文言，也只为适应当前的情形。而当前的情形不是不能改变的，据许多人的意见，语体文普遍地应用，这一个倾向现在已经越来越显著，只要大家再加努力，语体文便可整个儿取文言而代之。于是高中只须求语体文的"精"，再不必分许多心力去学写什么文言，正因心力不分，那个"精"也就不难达到。这里偏重语体文，撇开文言，并不存有什么成见。只因现代人要用文字表白情意，唯有写语体文最为贴切，最能畅达，文言写得无论如何到家，贴切与畅达的程度总要差一点的缘故。这一层且留在后面再谈。

以上就初高中国文课程标准的"目标"一项，对于阅读什么写作什么大概谈了一下。从所举的几条"目标"看，别的没有什么，只有为了适应当前的情形，使中学生在语言文字的学习方面加重了负担，这一层可以商量。教育虽不该完全脱离现实，也不能太过于迁就现实。如果教育当局深切明了使中学生把太多的功夫花在语言文字上有多大的害处，就该把初中读文言、高中读古书并且写文言这些条文一律取消，同时设法改变现实，使现实来适应教育。这当然不只是教育当局的事情，文化界都该起来倡导，倡导的结果也可以改变现实。到了一般人在事实上再不需要古书与文言的时候，课程标准不能不改了。

到那时候，古书由什么人去读呢？大学国文系是应该读的。专门研究的对象既是国文，不能不在古代的语言文字上下一番功夫，不然就不会明白国文的整个情形。此外大学文法科的各系，也该取有关的古书来读。如研究历史的读《尚书》，研究哲学的读诸子，研究政治的读《周礼》，研究社会民俗的读《仪礼》《礼记》，都有相当用处。到那时候，文言由什么人去作呢？也只有大学国文系去作。这只是一种习作。借此尝尝作文的甘苦，并不为着实际应用。在专门研究国文的人，这样也是应该的。至于非学生的各种人，他们读古书，写文言，无论动机是什么，总之是他们的自由，谁也不必且不能去管他们。

1941 年 1 月 5 日发表

二、谈谈实施情形

国文课程标准对于实施方法规定得很详细。所谓实施方法，就是教师教学生学习国文的方法。现在的国文教师，能够依照实施方法教学的，固然很多，可是不很顾到实施方法的，也不是没有。以下谈几种教师，请读者就自己的经验想想，是不是遇到过这些教师。

有些国文教师以为教学国文就是把文字一句一句讲明，而讲明就是把纸面的文句翻作口头的语言。从这一种认识出发，便觉得文言是最可讲的教材。文言的字汇与语言不全相同，文言的语调与语言很有差异，这些都得讲明，学生才会明白。于是根据了以前所受的教养，又翻检了《辞源》与《康熙字典》一类的工具书，到教室里去当一个翻译。把一篇文字翻译完毕，任务也就完毕了。至于语体文，在他们看来，与口头的语言差不多，即使他们并非国语区域里的人，也觉得语体文很少有需要翻检《辞源》与《康熙字典》的地方，那还有什么可讲呢？于是遇到教本里来一篇语体文的时候，就说："这一篇是语体文，没有什么讲头，你们自己看看好了。现在翻过了，来讲下一篇文言。"为称说便利起见，咱们称这种教师为第一种教师。

有些国文教师喜欢发挥，可是发挥不一定集中在所讲的那篇文字。如讲《孟子·许行章》，或说孟子把社会中人分作劳心劳力两类，"劳心者治人，劳力者治于人"，这是天经地义、千古不易的原则。谁敢反对这个原则，便是非圣无法，大逆不道。以下蔓延开来，慨叹现在人心不古，乱说什么劳工神圣，还可以有一大套。或说孟子作这样主张，使我国社会走入不平等的途径，以后的君主专制，平民吃苦，都受的他这番话的影响。所以孟子实在是我国社会的大罪人。以下蔓延开来，说孟子是儒家，儒家既是社会的大罪人，儒家的学术思想还要得吗？这样也还可以有一大套。又如文中提到北平，就说北平这地方，从前曾经去过。刮起大风来，真是飞沙走石，难受难当。可是北平的房子太舒服了，裱糊得没有一丝缝道，寒天生起炉子，住在里面，如江南三四月间那样暖和。北平的果子多，苹果、梨、杏子、桃子，你可以吃一个畅。北平的花多，海棠、丁香、芍药、牡丹，你可以看一个饱。诸如此类，滔滔不绝。或者选文的作者是梁启超，就说梁启超的演说，从前曾经听过。他的头顶秃了，亮亮地发光，上唇有一撮灰白的短须，他的说话带着广东音，不容易听清楚，只看他那气昂昂的神态，知道他是抱着一腔热诚来演说的。他的儿子梁思成，现在是我国建筑学专家。他的女儿梁令娴，是个很有文才的女子。诸如此类，也滔滔不绝。学生听这样的发挥，常常觉得很有滋味，在张开了嘴静听的时候，忽然下课铃响起来了，不免嫌摇铃的校工有点杀风景。——这是第二种教师。

有些国文教师忧世的心情很切，把学生的一切道德训练都担在自己肩膀上。而道德训练的方法，他们认为只须熟读若干篇文字，学生把若干篇文字熟读了，也就具有一切道德了。从这一种认识出发，他们的讲解自然偏重在文字内容的材料方面。如讲一篇传记，所记的人物是廉洁的，便发挥廉洁对于立身处世怎样地重要。讲一首诗歌，是表现安贫乐道的情绪的，便发挥贪慕富贵怎样地卑鄙不足道。他们的热诚是很可钦佩的，见学生不肯用心读文字，就皱着眉头说："你们这样不求长进，将来怎么能做个堂堂的人！"见学生偶尔回答得出一句中肯的话，就欣然含笑说："你说得很有道理，很有道理！"仿佛那学生当前就是道德的完人了。——这是第三种教师。

有些国文教师喜欢称赞选文，未讲以前，先来一阵称赞，讲过以后，又是一阵称赞,而所用的称赞语无非一些形容词或形容语,如"好""美""流利""明澈""典丽矞皇""雅洁高古""运思入妙""出人意表""情文相生""气完神足"之类。为什么"好"?因为它是"好"。你读了之后,不觉得它"好"吗?为什么"美"?因为它是"美"。你读了之后,不觉得它"美"吗?这是他们的逻辑。学生听了这种称赞,有时也约略可以体会出这些形容词或形容语与选文之间的关系,有时却只落得个莫名其妙。虽然莫名其妙,而笔记簿上总有可记的材料了,听说是"好"就记下"好"字,听说是"美"就记下"美"字。——这是第四种教师。

有些国文教师喜欢出议论题教学生作,如关于抗战的《抗战必胜说》《就敌我之各种情势,论我国抗战之前途》《武汉撤退以后》《南宁之失陷,无关抗战全局说》,关于历史的《论汉高项羽之成败》《汉唐为我国历史上最光荣之时代说》,关于一般修养的《宁静致远说》《勤以补拙说》《君子不忧不惧说》《礼义廉耻国之四维论》。以上所举三类题目,其实都不容易作。要论抗战前途,必须对于敌我双方有多方面的透彻的认识,这种认识,就是高中学生也还差得远,故而遇到这类题目,除了从报纸杂志上去摘取一点意见来,别无办法。第二类题目,在大学历史系里就是两篇很要费功夫的论文,史学家也可以著成两本专书,可是到中学生手里,却只能根据了历史教本里的一两句话,随意地扩而充之了。关于第三类题目,原是从生活经验、社会经验得来的结论,生活经验、社会经验还没有到丰富而且深切的地步,也只能根据了教师的讲说与书本的议论,重说一遍罢了。归结起来,以上这些议论题并不要学生说自己想到的见到的话,只是教学生把听来的看来的话复述一遍。出题者的意思,大概正是如此,他们从复述得对不对,有没有条理上,来看学生运思作文有没有功夫。为什么要出这种题目?有的是没有表示,有的却说"高中招考要出这种题目,初中就不能不练习这种题目",或者说"大学招考要出这种题目,高中就不能不练习这种题目"。这分明说学生辛辛苦苦练习作文,最大的目标在应付将来的入学考试,正同从前十年窗下,最大的目标在应考时候做得成几篇配合考官的胃口的文章,一模一样。——这是第五种教师。

有些国文教师看学生所写的文字,只觉得他不通,钩掉愈多,愈感觉满意。这种观念发展到极点，于是整段钩掉的也有，全篇不要的也有。钩掉之后，按照自己的意思在行间写上一些文字，就把练习本发还学生。为什么原文要不得？为什么一定要照改本那样说才对？都没有说明，待学生自己去揣摩。学生接到这样的改本，见自己的文字差不多都已包在向下一钩向上一钩之中，大概是不大肯再去揣摩的，望了一望，就塞进抽斗里去了。然而下一回的习作缴上来，教师还是那一套，向下一钩，向上一钩，按照自己的意思在行间写上一些文字。——这是第六种教师。

有些国文教师看学生所写的文字，不问是该用句号读号的地方，都在那里打一个圈，表示眼光并没有在任何地方跳过。圈下去圈下去圈到完毕，事情也完毕了。或者还加一个批语在后头，如"清顺""畅达""意不完足""语有疵病"之类。学生接到发还的这种练习本，大概也只是望了一望，就塞进抽斗里去，因为与缴上去的时候并无两样，不过在语句旁边多了一些圈，或者在篇末多了一个批语而已。——这是第七种教师。

够了，咱们不能说这里已经想得周全，再想一想，也许还有第八第九种教师，但也不须多举了。为分别的便利起见，咱们把教师说成七种，但在事实上，一个教师而兼属于某几种，却是常见的事情：这一层也得记住。现在要老实说，像以上所举的七种教师，都是不很顾到实施方法的。

第一种教师只知道把纸面的文句翻作口头的语言，这在讲解文言的时候，固然是一种必要的工作，然而也不是唯一的工作。因为按照初中课程标准"实施方法概要"项下的第二目《教法要言》，课前是要使学生预习的，翻检工具书，试解生字难句，都是学生预习时候的工作。教师只须纠正他们的错误，补充他们的缺漏，不该嫌麻烦，由自己一手包办。讲说的时候，"对于选文应抽绎其作法要项指示学生，使其领悟文章之内容、体裁、作法及其背景，并注意引起其自学之动机"。讲说过后，又"应指导学生作分析、综合、比较之研究，务使透彻了解。或提出问题，令学生课外自行研究"。对于这两项工作，第一种教师也没有做。所以单就文言教材说，他们的教法也只做了若干工作中的一项。至于说语体文没有什么讲头，那简直是一点工作都不做了。咱们看课程标准里所定的方法，课前要使学生预习，课内要"引起其自学之动机"，指导学生作种种的研究，课后又要"令学生自行研究"。（高中课程标准里所举的方法，意义大致相同。）可见上课是教师与学生的共同工作，而共同工作的方式该如寻常集会那样的讨论，教师仿佛集会中的主席。第一种教师把共同工作误认作单独工作，又把单独工作的范围限得很窄，于是学生只有静听译文言的份儿了。（第二、三、四三种教师同样把共同工作认作单独工作，现在在这里提一句，以下不再说了。）

第二种教师把讲说推广到相当限度以外去，虽然能够引起学生的兴趣，但蔓延得愈广，对于选文本身忽略得愈多。并且，从选文中摘出几个词儿几句句子来大加发挥，是不能使学生了解整篇的各方面的。

第三种教师显然把国文科认作公民科了。即使是公民科，教学的收效也不在学生熟读公民教本，而在学生能够按照公民教本所讲的来实践。说国文科绝对不含道德训练的意义，固然不通，但是说国文科的意义就在道德训练，那也忘记了国文立科的本旨了。

第四种教师对选文一律称赞，也有理由。如果不值得称赞，为什么要选它读它呢？然而专用形容词形容语来称赞一件东西，表白自己的印象的作用多，指导人家去体会的作用少。要人家真实体会，也从心里头说出一个"好"字一个"美"字来，必须精细剖析，指明"好"在哪里，"美"在何处，才行。不然，人家听你说"好"也说"好"，听你说"美"也说"美"，那是鹦鹉了，还说得上体会吗？

第五种教师教学生把听来的看来的话复述一遍，诚然也是一种练习的方法，可不是切要的方法。学生为什么要练习作文呢？一方面为要练习语言文字的运用，另一方面也为生活上有记载知闻与表白情意的必要，时时练习，时时把知闻记载下来，情意表白出来，这样成了习惯，才可以终身受用。根据这一层，作文题最好适合学生的经验与思想，让他们拿出自己的东西来，不宜使他们高攀，作一些非中学生能够下手的题目，不能够下手而硬要下手，自然只得复述听来的看来的话了。复述惯了，拿出自己的东西来的途径便渐渐阻塞，这已经得不偿失。如果复述又不清不楚，或者前后脱节，或者违反原意，这简直把头脑搅糊涂了，更是重大的损害。对于这一点，第五种教师似乎没有顾虑到。至于认练习作文在应付将来的入学考试，可以说完全没有明了练习作文的本旨。现在高中与大学的入学考试，国文题目往往有不很适合投考学生的经验与思想的，是事实。然而这是高中与大学方面的不对，他们应当改善。为了他们的不对，却花费了初中高中练习作文的全部功夫去迁就他们。这成什么话呢！

第六、第七两种教师对于学生的习作的看法是相反的，然而他们有个共通之点，就是没有评判的标准。学生作文，无论好坏，总有他们的思路。认清他们的思路，看这样说法合不合理，是一个标准。看这样说法能不能使人明白，又是一个标准。合不合理是逻辑的问题，能不能使人明白是文法的问题，所以评判的标准，简单说来，就是逻辑与文法。不合逻辑不合文法的地方才给修改，其余都得留着，因为作文是学生拿出自己的东西来，只要合于逻辑与文法，你没有理由不许他们这样说，定要他们那样说。到这里，可见整段整篇地钩掉，再按照自己的意思在行间写上一些文字，这办法是不很妥当的。从另一方面说，一般人作文常常会不合逻辑不合文法，报纸杂志的文字，作者的国文程度该比中学生高一点，但细心的读者还常常可以发见这两方面的毛病，难道中学生的习作会完全没有毛病吗？可见打圈打到底的办法也不很妥当。至于发还改本，不给说明，待学生自己去揣摩，这会做到教师学生各用各的心思，可是始终不接头。学生猜不透教师的心思，那么，把作文本缴上去，不也是多此一举吗？

这几种教师不很顾到实施方法，也不能说他们对于学生全无帮助，不会很多就是了。他们所以如此，大概由于对国文教学的认识差一点。可是国文教学并不是一件深奥难知的事情，只要不存成见，不忘实际，从学生为什么要学习国文这一层仔细想想，就是不看什么课程标准，也自然会想出种种的实施方法来的。读者如果遇到这样的国文教师，正不必失望，很可以从积极方面希望：他们的认识该会有转变的一天吧。现在对于国文教学的讨论渐渐多起来了，谁不愿从善，他们的转变在事实上确是可能的。切不可为了一点失望，就来罢课，缴白卷，赶教师，闹风潮。咱们对于教师的学识与热诚必须承认，这是咱们的本分；既经承认，所差就只有认识一项。对于无论什么事情，大家的认识不是都有深浅广狭的不同吗？这有什么可以计较的？

1941年2月5日发表

三、"求甚解"

前面说过，国文课是教师与学生的共同工作。可是主体究竟是学生，教师的实施方法无论如何精到，如果学生只还他个"不动天君"，也就难有很好的成绩。所以在学生的立场说，教师教得好，固然是幸运，但自己还得努力，才不辜负教师的好教法。教师教得不好，也不妨事，只要自己能够努力，造诣也可以很深。咱们试想，不是有许多少年没有机会进中学的吗？他们中间的一部分，感到实际上的需要，没有人指导，就不要指导，自己来硬干，学习国文，结果也读得很通，写得很好。自学的志向若能立定，以外的什么问题其实都不成问题的。

学习国文，事项只有两种：阅读与写作。阅读不是说让眼光在纸面跑一阵马，写作不是说提起笔杆来胡乱写几句，都得讲究方法。方法不能凭空讲究，没有依据。选一些文篇与书本来读，出一些题目来作，都为的这样才有依据。咱们读这一篇文字这一本书，目的固然在了解这篇文字这本书讲些什么，但同时也在练习一些方法，以便读其他的文字其他的书。咱们作这一个题目，目的固然在说出对于这个题目应说的话，但同时也在练习一些方法，以便作其他的题目。对于方法，懂得是一个阶段，应用又是一个阶段。懂得了不一定就能应用，要应用必经练习。练习到了纯熟的地步，方法化为习惯，那才自然而然能够随时应用了。凡是技术方面的事情大都如此，而阅读与写作正是两种技术。所以学习国文的人应当记住：不讲究方法固然根本不对，而讲究方法，只到懂得为止，也还是没有用处；必须使一切方法化为自身的习惯，那才算贯彻了学习国文的本旨。

所谓方法，指什么说的呢？先就阅读说，"不求甚解"不是方法，反过来，"求甚解"便是方法。要做到"求甚解"，第一步，自然从逐词逐句地了解入手。仅仅翻了字典，知道这一词这一句什么意思，还不能算彻底了解，必须更进一步，知道这一词这一句在某种场合才可以用，那才是尤其到家的方法。就如"场合"一词，咱们为什么不能把"教室是上课的地方"说成"教室是上课的场合"呢？要回答得出这个为什么，才算彻底了解了"场合"。又如孟子"城非不高也，池非不深也，兵革非不坚利也，米粟非不多也，委而去之，是地利不如人和也"。咱们知道两个否定等于肯定，而孟子不作"城高，池深，兵革坚利，米粟富足，委而去之，是地利不如人和也"。这又为什么呢？要回答得出这个为什么，才算彻底了解了"……非不……也"的句式。

文字中常使用习语成语，如"不三不四""提心吊胆""怒发冲冠""悲来填膺"之类。这种习语成语，既经大家公认，原则上是不能更动的，要记须整个儿记，要用须整个儿用。如果记的时候马马虎虎，用的时候把它们改头换面，说成"不五不六""提肺吊肝""怒发冲帽""愁来填胸"，那就是胡说了。

总之，对于一个词儿，一种句式，一句习语或成语，第一须明白它的意义。第二须取许多例子，同样的与近似而实际不同的，互相比勘，来看出它的用法。从这样的方法得来的，才是彻底了解。语言文字的学习好比积钱，辛辛苦苦工作，积一个是一个。积钱还可以用不正当的手段，或是投机，或是舞弊，突然之间到手十万八万。语言文字的学习可不然，除了辛苦工作、日积月累以外，没有简便的办法。

词句既已了解，第二步，便可以从头到底，看通篇讲些什么了。要看通篇讲些什么，只做到逐句解释得清楚的地步是不够的，还得辨明它的主旨在哪里，与它怎样表现它的主旨。主旨是文字的灵魂，不辨明主旨，读如未读。表现方法是主旨明显不明显或站不站得住的关键，不辨明表现方法，对于主旨就只有模糊影响。譬如读朱光潜先生的《谈动》（这篇文字，各种初中国文教本差不多都选的，希望读者翻在手头，再看下文），咱们不能说从头到底句句都解释得清楚了，就此完事。咱们还得辨明它的主旨。主旨是不难辨明的，题目上已经标出来了，无非教人家要"能动"。但是，这篇文字怎样表现这个主旨呢？要回答这个问题，就得逐节细看。文中先说那收信的朋友近来心境很不安静，次说作者自己从前也尝过烦恼的况味，那烦恼不是哲学与人生观等等玄谈所能消解的。说到这里，言外就有须得另寻消解方法的意思了。于是把"我们都不过是自然的奴隶，要征服自然，只得服从自然"，以及动是人的自然，作为论据，推到违反自然，不动，才有烦恼，要消解烦恼，只须顺从自然，能动。动的结果是享受快乐，不动的结果是感觉烦恼。何以能享受快乐？因为动倾向于"舒畅"方面。何以会感觉烦恼？因为不动倾向于"抑郁"方面。说到这里，不动与抑郁的关系，抑郁与烦恼的关系，动与舒畅的关系，舒畅与快乐的关系，都已表明。人必须"能动"，除非他不要享受快乐，已可确信无疑。然后推广开来说，孟子"尽性"的主张，实在就是顺从自然，充量求其"能动"的意思。"把'尽性'两字懂得透彻，我以为生活目的在此，生活方法也就在此"，这差不多把"能动"来包括整个人生了。（不想说得太噜苏，即此为止。）咱们一面细看，一面细想。烦恼来时，什么玄谈都抵挡不住，这种经验，咱们也有过。文中所取的论据，咱们承认。推衍出来的一些说法，咱们也无可辩驳。于是咱们相信，人要"能动"这个主旨是站得住的。为什么相信？因为它的表现方法有条有理，有根有据。另外还可以想呢。这篇文字并非真有一个受信的朋友在那里，为什么要用书信的形式呢？如果不用书信的形式，这个主旨当然也可以表现，但文字的情味上必然有点儿不同，那不同的情形又怎样呢？诸如此类，推求愈多，对于表现方法的了解也愈多。

又如读鲁迅先生的《孔乙己》（这篇小说，读者一定很熟悉，希望也把它翻在手头），咱们不能说这篇小说讲的是一个穷人叫做孔乙己的落魄的情形，就此完事。咱们得注意，这里的孔乙己是从一个酒店小伙计的眼光里看出来的。孔乙己虽是个穷人，一生的言语行动也决不止这里所写的一些，凡是小伙计所未见未闻的，这里都没有写。孔乙己所以引起小伙计的注意，因为他来到酒店里的时候，"店内外充满了快活的空气"，小伙计也可以"附和着笑"，消解一点无聊。这便成为前半篇的线索。咱们看，在叙述了酒客嘲笑孔乙己偷东西之后，用"引得众人都哄笑起来：店内外充满了快活的空气"来结束。在叙述了酒客嘲笑孔乙己连半个秀才也捞不到之后，又用"众人也都哄笑起来：店内外充满了快活的空气"来结束。在叙述了邻舍孩子吃孔乙己的茴香豆之后，又用"于是这一群孩子都在笑声里走散了"来结束。以下再来一句总结束："孔乙己是这样的使人快活。"可见小伙计只觉得孔乙己是快活的泉源，对于孔乙己的生活，他是无所批评的。总结束之后，紧接着"可是没有他，别人也便这么过"，这又回到小伙计的无聊生涯去了。后半篇的线索是关于孔乙己的酒账的事情，这也是小伙计亲见亲闻的。咱们看，一节叙述中秋前两三天，掌柜结账，发见孔乙己还欠十九个钱，于是引起酒客与掌柜对于孔乙己的近况的一番谈论。下一节叙述将近初冬的时候，孔乙己忽然又来喝酒了，旧账下回还清，"这一回是现钱"，于是又引起了一阵嘲讽与笑声。下一节叙述直到年关，直到第二年的端午，掌柜都说："孔乙己还欠十九个钱呢！"以后就不再提起，孔乙己也不再来，于是末节结束说："我到现在终于没有见——大约孔乙己的确死了。"可见小伙计对于孔乙己的死，是无所怜惜的。可是咱们读者看了这篇小说，认识了小伙计眼光中的孔乙己，就有许多意思好想。读过书，没有进学，又不会营生：这种人在从前科举时代很多。如果进了学，情形就不同了，至少可以设个蒙馆，或者当人家的西席。弃儒就商，会去营生，生活也可以好一点。但孔乙己都不成，只好替人家抄书了。他又有好喝懒做的坏脾气，"坐不到几天，便连人和书籍纸张笔砚，一齐失踪"，于是抄书的生路又断绝了。抄书时候拿人家的东西，原是顺手牵羊，随便带走，进一步，他偷人家的书，再进一步，就什么东西都偷了。这是孔乙己从读书到行窃的过程，文中没有明说，但咱们应当看出来。他虽然行窃，还是穿着长衫，说着"污人清白""君子固穷"的文句来替自己辩护：从这上头，见出他所受的教育对于他的影响。他听人家嘲笑他连半个秀才也捞不到，"立刻显出颓唐不安模样"，可见他对于自己的没有进学，是认为生平穷通的大关键的。综合以上几点，一个旧教育制度下的落伍者的剪影便显出来了，而本篇的主旨就在于此。另外还可以想呢。孔乙己受着酒客的嘲讽，"知道不能和他们谈天"，便与小伙计攀谈，把茴香豆给邻舍孩子吃，这是一种什么心情？人家说他脸上添了新伤疤，"他不回答"，说他被何家吊着打，他"争辩道：'窃书不能算偷……窃书！……读书人的事，能算偷么？'"，这又是一种什么心情？诸如此类，小说里照例是不大说明的，咱们推求愈多，对于表现方法的了解也愈多，对于主旨的辨明就愈清。（可说的还有很多，这里只得从略了。）

　　文字各式各样，阅读方法自也不能一律。多读些文字，练习到的方法就多些。若在学校国文课里，这些方法便是共同讨论的主要材料，或由教师指导，学生再来深求，或由学生提出，教师加以纠正或补充。若是独立自学，这些方法也得充量发见，充量应用。在练习的时候，是用方法去对付文字，意念中有方法存在。到后来纯熟了，遇见文字自然能用最精到的眼光去看它，意念中不再存什么方法不方法，那便终身受用不尽了。

文字最好能读熟。文言不是咱们现在口头的语言，要习惯它的调子，要辨出它的情味，固然非熟读不可，就是语体文，要体会出作者用词造语的妙处，也得熟读。读语体文当然与读文言不一样，为避免误会起见，"读"字不妨改作"说"字，用国语的调子把语体文熟"说"。文字又最好能复习。学习加减乘除的算法，会了，算术教本不妨丢掉，因为加减乘除的算法很简单，会就会，再没有别的。学习文字的阅读却不然，不能说某篇已经读过了，明白了，就不必再读。重读的时候，也许改正从前的认识，也许扩充从前的了解，也许得到一种新鲜的印象，这都是常有的事。即使不增不减，了解还是与从前一样，但重读一回就是多一回练习，所用的种种阅读方法化为习惯也必然容易一点。

以上指精读而言。还有所谓略读，方法其实与精读一样。课程标准所以把阅读分作精读略读两项，原来着眼在读物的分量方面。短篇分量少，自成一个单位，解说剖析都容易完事，所以凭它来训练学生精读。成本的书分量多，不便在教室里精细讨论，所以教学生根据着精读的经验，自己去读。略读的"略"字表示学生所受教师的指导简略一点的意思，并不是说马马虎虎地读。至于自学的人，根本不待他人指导，自然无所谓精读略读了。不论短篇与书本，性质相近的，就该用同一读法去读。文字浅易明白的，不妨少用点功夫，看下去就是。文字深微曲折的，就得精细地解说，周到地剖析，达到透彻了解的地步，才歇。

1941 年 3 月 5 日发表

四、写作是极平常的事

这一回谈写作。写作就是说话，为了生活上的种种需要，把自己要说的话说出来；不过不是口头说话，而是笔头说话。各人有他要说的话，我写作是我说我的话，你写作是你说你的话。并没有话而勉强要说话，或者把别人的话拿来，当作自己的话，都是和写作的本意相违反的。写成的文字平凡一点,浅近一点,都不妨事;胸中只有这么些平凡的经验和浅近的情思,如果硬要求其奇特深远,便是勉强了。最要问清楚的是:这经验和情思是不是自己胸中的?把它写出来是不是适应生活上的需要?如果是的,那就做到了一个"诚"字了;写作和说话一样,"立诚"是最要紧的。

咱们小时候不会说话,学习又学习,渐渐地会说话了,其经过自己往往记不清楚。但是只要看小孩们学习说话的经过,就知道这是一串很自然可是很辛苦的工作。小孩要想吃东西的时候,就学着大人说"饭"或"吃";要得到大人的爱抚的时候,就学着大人说"抱"或"欢喜":这岂不是很自然的?但是,若把语音发错了,或者该说"吃"的却说了"抱"了,就不能满足他的欲望。他为要满足他的欲望,必须随时努力矫正,使说出来的刚好表白他的意念:这岂不是很辛苦的?从简单的一词一语起,直到能够说连续的一串话,能够讲一个故事,情形都如此。再进一步,他就要用笔说话了。想把教师的话记下来,就有写笔记的需要;想把自己的情意告诉许多同学,就有写一篇文字的需要;离开了家庭或朋友,就有写信的需要。因有需要,才拿起笔来说话,这正同他孩子时代说"吃"和"抱"一样的自然。但是,笔记记得不成样子,查看时候就弄不明白;情意说得不畅达,同学看了就莫明其妙;信写得糊里糊涂,接信的对方就摸不着头脑。在初动笔的时候,写不好几乎是必然的。从写不好到写得像个样子,这其间也要经过一段辛苦的学习过程。学习无非依傍人家,但消化的功夫还在自己。人家的笔记怎样记的?人家的情意怎样达的?人家的信是怎样写的?把人家的"怎样"看出来是一层,把自己的不"怎样"看出来是一层,把人家的"怎样"矫正自己的不"怎样",使它成为自己的习惯,又是一层。到习惯养成了的时候,他才算学习及格,能够用笔说话了;用来应付生活上的种种需要,可得许多便利,和能够用嘴说话一个样。

我说以上的话,意在表明写作是极平常的可是极需要认真的一件事情。这个观念很关重要,非在学习写作的时候认清不可。从前科举时代,学生在书塾里学习写作,那是有一个特殊的目标的,就是:写成投合考官眼光的文章,希望在仕宦的阶梯上一步步爬上去。现在虽然仍旧有考试,但考试的性质和科举时代不同了;你若认为学习写作的目标只在应付几回升学考试、毕业考试或其他考试，你就根本没有弄明白写作对于你有什么意义。从前书塾里也有一些高明的先生，不仅要学生去应考试，他们对学生期望得更高，要学生成为著作家或文章家，写作的教学就以此为目标。这样的目标显然也是特殊的；现在的国文教师不自觉地承袭着这个传统的，似乎还有，如在"批语"中发挥"立言"或"著作"的大道理的，以及迫着学生揣摩"神气""阴阳"等抽象理法的，就是了。试想自古到今，成功的著作家或文章家有多少？即不说成功，想做著作家或文章家的又有多少？如果写作的目标只在做著作家或文章家，那么，让想做的人去学习好了，何必人人都学习？现在人人要学习写作，就因为把从前那种特殊目标丢开了，看出了它的平常，虽说平常，却又是人生所必需的缘故。说得具体一点，现在学习写作，并不为应考试，也不为要做著作家或文章家，只因为要记笔记，要把情意告诉别人，要写信给家庭或朋友，诸如此类。这些事都是极平常的，但做不来便是人生的缺陷。咱们不愿意有这种缺陷，所以非学习写作不可。

从前科举时代，作经义题目，是"代圣贤立言"；作策论题目，是代帝王划策。一个人对于经籍，如果确有所得，而所得又正与圣贤的见解相合，诚实地发挥出来，就迹象说，便是"代圣贤立言"：这并没有什么可议之处。一个人对于政治，如果确有真知灼见，或可以救一时之弊，或可以开万世之利，详尽地表示出来，就迹象说，便是代帝王划策：这也是很有意思的事儿。然而读经籍而能有所得，研究政治而能有真知灼见，只有极少数的人才办得到。科举制度却把文章的作用规定了，一般士子既要去应考试，学习写作就得顺着那方向走；你即使对于经籍毫无所得，也须代圣贤立言，你即使对于政治一窍不通，也须代帝王划策；只有极少数人办得到的事情，硬要多数人也勉强去做。试想其结果怎样？必然是言不由衷，语不切实，把人家的现成话抄袭一番，搬弄一番而已。这样的功夫做得到家，对于应考试是有益的，可以蒙考官录取；然而对于整个生活却是有害的，因为无论说话作文，最要不得的是言不由衷，语不切实，而那些人偏偏落在这个陷阱里。做不到家的更不必说了，一辈子学习写作，既不能取得功名，又没有在生活上得到什么便利，真是被笔砚误了一辈子。

现在并不是科举时代了，我为什么要说那时代写作教学的弊病呢？因为现在的教师、家长乃至青年自己，对于写作这回事，还有抱着科举时代的精神的；这种精神必须根本革除，否则写作便是生活上的赘瘤，说得过火一点，竟可以不必学习，学习比不学习更坏。抱着科举时代的精神，从什么地方可以看出来呢？教师出一些超过学生能力的题目给学生作，迫着学生写一些自己也不甚了了的话在本子上；这和从前硬要代圣贤立言、代帝王划策没有两样，是科举时代的精神。认学习写作专为应付考试；升学考试毕业考试要出什么样的题目，平时便作什么样的题目；教师对学生说"作文要用功，考试才可以及格"；家长对子弟说"你的文字这么坏，考试怎么能及格"：这是科举时代的精神。把写作看作与生活无关的事儿；不写自己的经验和情思，临到动笔，便勉强找一些不相干的话来说；或是以青年人的身份学说老年人的话，或是以现代人的身份学说古代人的话：这是科举时代的精神。请读者诸君想想，这些现象是不是有的？如果有的，咱们非改变观念，消灭这些现象不可。观念改变了，这些现象消灭了，咱们才可以认真地学习写作。

认真地学习写作也不是什么艰难的事情。简单地说，自己有什么就写什么，就是认真。一件事物，你知道得清楚的，一个道理，你明白得透彻的，一个意思，你思索得周到的，一种情感，你感受得真切的，这些都是你自己的东西；如果为了需要须动手写作，你就以这些为范围。反过来说，自己没有什么而勉强要写什么，就是不认真。所以，没有弄清楚孔子的学术思想而论孔子之道，没有某种经验和想象而作某种小说，自己一毛钱也不捐而作劝人献金的传单，平时从不想到国家民族而作爱国家爱民族的诗歌，都是不认真。其次，写什么定要竭尽自己的能力把它写出来就是认真。你心里知道得清楚，明白得透彻，是一回事；把它写出来，大半是为了给人家看，人家看了你的文字，能不能知道得清楚，明白得透彻，又是一回事；两回事必须合而为一，你的写作才不是白费心力。理想的目标当然是写出来的刚好和你心里所有的一模一样，不多不少。但是把意念化为文字，要做到这般地步，事实上几乎不大可能；唯有竭尽你当时所有的能力，使写出来的差不多贴合你心里所有的，使人家看了你写出来的差不多看见了你的心。我说"所有的能力"，为什么在前边加一个"当时"？因为能力是逐渐长进的，在甲阶段不会有乙阶段的能力，要求躐等，实际上固然办不到，但本阶段的能力不可不尽；各阶段都有它的"当时"，每一阶段的"当时"都竭尽能力，你的写作就一辈子认真了。反过来说，写什么而马马虎虎，草率了事，就是不认真。所以，用一个词儿，不审察它的意义和用例，造一句句子，不体会它的句式和情调，以及提笔就写，不先把通体想一想，写完就算，不再把全文念几遍，以及不肯就自己的观点问一声"这写出来的是不是差不多贴合我心里所有的"，又不肯就读者的观点问一声"读者读了这文字是不是差不多看见了我的心"，都是不认真。认真的项目不过如上面所说的两个，普通人能如此，写作对于他是生活上非常有益的技能，终身受用不尽；就是著作家或文章家，也出不了这个范围，不如此而能成为著作家或文章家，那是不能想象的事情。

  以上都是理论，现在要谈到方法了。学习写作的方法，大家知道，该从阅读和习作两项入手。就学习写作的观点说，阅读不仅在明白书中说些什么，更须明白它对于那些"什么"是怎么说的。譬如读一篇记述东西的文字，假定是韩愈的《画记》，要看出它是把画面的许多人和物分类记述的；更要看出像它这样记述，人和物的类别和姿态是说明白了，但人和物在画面的位置并没有顾到；更要明白分类记述和记明位置是不能兼顾的，这便是文字效力的限制，一篇文字不比一张照片。又如读一篇抒写情绪的文字，假定是朱自清的《背影》，要看出它叙述车站上的离别全在引到父亲的背影，父亲的背影是感动作者最深的一个印象，所以凡与此无关的都不叙述；更要看出篇中所记父亲的话都与父亲的爱子之心有关，也就是与背影有关，事实上离别时候父亲决不止说这些话，而文中仅记这些，这便是选择的功夫；更要看出这一篇抒写爱慕父亲的情绪全从叙事着手，若不叙事，而仅说父亲怎么怎么可以爱慕，虽然说上一大堆，其效果决不及这一篇，因为太空泛太不着边际了，抒情须寄托在叙事中间，这是个重要的原则。阅读时候看出了这些，对于写作是有用的。不是说凡作记述东西的文字都可以用《画记》的方法，凡作抒写情绪的文字都可以用《背影》的方法；但如果你所要写的正与《画记》或《背影》情形相类，你就可以采用它的方法；或者有一部分相类，你就可以酌取它的方法；或者完全不相类，你就可以断言决不该仿效它的方法。

《画记》和《背影》都是合式的成品的文字；阅读时候假如用心的话，即使遇到不合式不成品的文字，也可以在写作方面得到益处。那益处在看出它的毛病；自己看得出人家的毛病，当然可以随时检察自己，不犯同样的毛病。譬如，我近来收到一本杂志。中间有一篇小说，开头一节只有一句话："是零星点点的晨曦。""曦"是"日色""日光"，"晨曦"是朝晨的阳光，朝晨的阳光怎么能用"零星点点的"来形容它呢？我想了一想，明白了，作者把"晨曦"误认作"朝晨"了；他的意思是那时间是清早，天上的星还没有完全隐没，所以说"是零星点点的晨曦"。他的毛病是用错词儿。我得了这个经验，写作时候便可以随时检察自己，看文字中有没有用错词儿，把甲义的词儿误认作乙义的。那篇小说的第二节是以下的话："在某战区某司令部的会议室中，集合着一群雄赳赳气昂昂的男女青年，他们都是不怕牺牲、忠勇爱国的英雄。"看了这一节，我就想：一篇表白欢情的文字，也许找不到一个"欢喜"或"快乐"，一篇表白悲感的文字，不一定把"悲伤""哀痛"等词儿写上一大堆；只要用了叙述和描写，把引起欢情或悲感的经过曲曲达出，在作者便是抒写了他的情绪；读者读了，便起了共鸣，也感到可喜或可悲。同样的情形，一群男女青年是"雄赳赳气昂昂的"，是"不怕牺牲、忠勇爱国的英雄"，只要用叙述和描写，把他们的思想、言语、姿态、行动曲曲达出，让人家读了，自己感到他们是"雄赳赳气昂昂的"，是"不怕牺牲、忠勇爱国的英雄"，就是了。何必预先来一个说明呢？倘若后文的叙述和描写没有达出这些，虽经预先说明，人家还是感觉不到。倘若后文的叙述和描写果能达出这些，这预先说明也是多事，不但不增加什么效果，反而是全篇的一个小小斑点。作者的毛病是误认说明可以代替表现。我得了这个经验，写作时候便可以随时检察自己，看文字中有没有该用表现的地方而用了说明的，有没有写了一大堆却不能使人家感觉到什么的。阅读若能这样随时留心，不但不合式不成品的文字对于咱们写作方面有益处，就是一张广告（如某种肥皂的广告上写道："完全国产，冠于洋货"），一个牌示（如某浮桥旁边县政府的牌示道："通过时不得互相拥挤以免发生危险"），也是咱们研摩的好资料。

　　至于习作，最好在实用方面下功夫。说清楚一点，就是为适应生活上的需要而写作，同时便认真地学习写作。如有信要写，有笔记要记，有可叙的事情要叙出来，有可说的情意要达出来，那时候千万不要放过，必须准备动笔。动笔以前，又必须仔细料量，这信该怎么写，这笔记该怎么记，这事情该怎么叙，这情意该怎么达；料量停当，然后下笔。完篇以后，又必须自己考核，这信是不是正是你所要写的，这笔记是不是正是你所要记的，这文字是不是正叙出了你所要叙的事情，这文字是不是正达出了你所要达的情意：考核下来，若是正是的，就实用说，你便写成了适应需要的文字；就学习说，你便增多了一回认真的历练。咱们当需要说话的时候，就能开口说话，因为咱们从小养成了这个习惯。若是从小受到禁遏，习惯没有养成，说话就没有这么便当了，甚而至于要不会说话。咱们学习写作，也要像说话一样养成习惯，凡遇到需要写作的时候，就提笔写作。错过需要写作的机会，便是自己对自己的禁遏。一回错过，两回错过，禁遏终于成功；于是你觉得一枝笔有千斤般重，搜尽肚肠好像没有一点东西可以写的，你不会写作了。提笔真是一件非常艰难的事情吗？你胸中真个没有一点东西可以写的吗？并不。你所以不会写作，只因为你没有养成写作的习惯。养成习惯的方法并不难，不过是要写就写，不要错过机会而已。你如果抱定宗旨，要写就写，那你的写作机会一定不少，几乎每天可以遇到。读一本书，得到了一点意思，经历一件事情，悟出了一个道理，与朋友谈话，自己或朋友说了有意义的话，参加一个集会，那景况给与自己一种深刻的印象，参观一处地方，那地方的种种对自己都是新鲜的、有兴味的，这些时候，不都是你的写作机会吗？若把这些并在一起，通通写下来，便是日记。有些人常常劝人写日记，其一部分的理由，就在写日记便不致错过写作的机会；并不是教人写那什么时候起身、什么时候睡觉的刻板账。若把这些分开来，或单写读书得到的意思，或单写从事情中悟出的道理，便是或长或短的单篇文字。那时候你提起笔来，一定觉得你所要写的就在意念之中，而不在遥远不可知的地方；所以你不必沉入虚浮的幻想，也不致陷入惶惑的迷阵，只须脚踏实地，一步步走去就是。这样成了习惯，别的成就且不说，至少你的文字不会有空洞、浮夸、糊涂、诞妄等等毛病了。

现在再说由教师命题，咱们按题习作。咱们如果能不错过写作的机会，就得每天动笔写作；这样，练习已经很够了，教师命题可以说是多余的。教师所以要命题，就恐怕咱们错过机会，不肯要写就写，或是一星期不动一回笔，或是一个月不动一回笔；出了题，便逼得咱们非动笔不可。咱们对于命题习作，应该作这样看法。贤明的国文教师当然作这样看法。所以他们所命的题，往往是指定一个范围，那范围包含在咱们的经验和意念的大范围之内，教咱们就那范围写些出来。这样，虽然是教师命的题，实际上与咱们自己要写就写并无两样。举例来说，咱们各人有个家庭，对于家庭各人有种种的知识、情绪和感想；教师出一个《我的家庭》的题教咱们作，岂不是和咱们自己要就"我的家庭"写篇文字一个样子？又如咱们去参加"月会"，各人具有一种奋发的、严肃的心情，听了演讲人的话，各人有所触发，有所警惕，或有所评判；教师出一个《月会》的题教咱们作，岂不是和咱们自己要就"月会"写篇文字一个样子？遇到这样的题，咱们自然如自己本来要写似的，径把胸中所有的写出来。不幸的是咱们有时遇见不甚贤明的教师，他们所命的题越出了咱们的经验和意念的范围，使咱们无从下手。如出了《师严而后道尊说》的题，咱们平时既没有想到"师"该怎样"严"的问题，又没有思索过什么叫做"道"，实在想胡说也无从说起。胡说是不应该的，何况胡说也办不到；那只有请求教师换过一个题了（因此交白卷、闹风潮是不必的，教师虽不甚贤明，总该有一点贤明之处，可以帮助咱们的）。万一第二回出的题与《师严而后道尊说》不相上下，乃至第三回第四回还是如此，那咱们须特别警觉了：教师对于命题习作的看法和咱们全不一样，咱们要在写作方面求长进，更非随时要写就写，不错过机会不可了。

写作虽说就是说话，究竟与寻常口头说话有所不同。咱们寻常口头说话，想到一事说一句，看到一事又说一句；和人家谈话，问询这个是一句，回答那个又是一句。不要说一天工夫，就是把一点钟内的说话集拢来，便是噜噜苏苏不相连续的一大堆。写作决不是写下这么噜噜苏苏不相连续的一大堆。咱们要写作，必然有个主旨；前面所说读书得到的意思，从事情中悟出的道理，这些都是主旨。写作的时候，有关主旨的话才说，而且要说得正确，说得妥帖，说得没有遗漏；无关主旨的话却一句也不容多说，多说一句就是累赘，就是废话，就是全篇文字的一个疵点。这情形和当众讲话或演说倒有些相像；咱们站起来当众讲话或演说，也不能像平时一样杂七杂八地说，必须抓住一个主旨，让一切的话都集中在那主旨上头才行。有些人写作，写了一大堆，自己不知道说了些什么；拿给别人看，别人也不知道他说了些什么。这就是忘记了写作必然有个主旨的毛病。主旨是很容易认定的，只要问自己为什么要写作这篇文字，那答案便是主旨。认定了主旨，还得自始至终不放松它；写一段，要说得出这一段与主旨有什么关系；写一句，要说得出这一句对主旨有什么作用。要做到这地步，最好先开列一个纲要，第一段是什么，第二段是什么，然后动手写第一段的第一句。这个办法，现在有许多国文教师教学生照做了。其实无论哪一个写作，都得如此；即使不把纲要写在纸面上，也必须预先想定纲要，写在自己的心上。有些人提笔就写，写来很像个样子，好像是不假思索的天才；实则也不是什么天才，他们只因太纯熟了，预先想定纲要的阶段仅需一会儿工夫，而且准不会有错儿，从外表看，便好像是不假思索了。

一段文字由许多句子合成，句有句式；一句句子由许多词儿合成，词有词义。句式要用得妥帖，词儿要用得得当，全在平时说话和阅读仔细留心。留心的结果，熟悉了某种句式某个词儿用在什么场合才合式，写作的时候就拿来应用，那准不会有错儿。消极的办法，凡是不熟悉的句式和词儿，绝对不要乱用。一些所谓不通的文字，就是从不懂得这个消极办法而来的。不熟悉，用错了，那就不通了。如果在写下去的时候，先问问自己：这个句式这个词儿该是怎么用法？用在这里合式不合式？待解答清楚了再写，不通的地方即使还有，也不会太多了。一篇文字不能必须求其有特别长处，但必须求其没有不通之处；因为特别长处往往由于咱们的经验和意念有长处，这是平时的积聚，不能临时强求；而不通之处却是写作当时可以避免的，可以避免而不避免，就应用上说，便是不得其用，就态度上说，便是太不认真。

关于写作的话还有很多，这一次说得太长了，余下的留到以后再谈。

1941 年 11 月 5 日发表

略谈学习国文

无论学习什么学科，都该预先认清楚为什么要学习它。认清楚了，一切努力才有目标，有方向，不至于盲目地胡搞一阵。

学生为什么要学习国文呢？这个问题，读者诸君如果没有思考过，请仔细地思考一下。如果已经思考过了，请把思考的结果和后面所说的对照一下，看从中间能不能得到些补充或修正。

学习国文就是学习本国的语言文字。语言人人能说，文字在小学阶段已经学习了好几年，为什么到了中学阶段还要学习？这是因为平常说的语言往往是任意的，不免有粗疏的弊病；有这弊病，便算不得能够尽量运用语言；必须去掉粗疏的弊病，进到精粹的境界，才算能够尽量运用语言。文字和语言一样，内容有深浅的不同，形式有精粗的差别。小学阶段学习的只是些浅的和粗的罢了，如果即此为止，还算不得能够尽量运用文字；必须对于深的和精的也能对付，能驾驭，才算能够尽量运用文字。尽量运用语言文字并不是生活上一种奢侈的要求，实在是现代公民所必须具有的一种生活的能力。如果没有这种能力，就是现代公民生活上的缺陷；吃亏的不只是个人，同时也影响到社会。因此，中学阶段必须继续着小学阶段，学习本国的语言文字——学习国文。

语言文字的学习，就理解方面说，是得到一种知识；就运用方面说，是养成一种习惯。这两方面必须联成一贯；就是说，理解是必要的，但是理解之后必须能够运用；知识是必要的，但是这种知识必须成为习惯。语言文字的学习，出发点在"知"，而终极点在"行"；到能够"行"的地步，才算具有这种生活的能力。这是每一个学习国文的人应该记住的。

从国文科，咱们将得到什么知识，养成什么习惯呢？简括地说，只有两项，一项是阅读，又一项是写作。要从国文科得到阅读和写作的知识，养成阅读和写作的习惯。阅读是"吸收"的事情，从阅读，咱们可以领受人家的经验，接触人家的心情；写作是"发表"的事情，从写作，咱们可以显示自己的经验，吐露自己的心情。在人群中间，经验的授受和心情的交通是最切要的，所以阅读和写作两项也最切要。这两项的知识和习惯，他种学科是不负授与和训练的责任的，这是国文科的专责。每一个学习国文的人应该认清楚：得到阅读和写作的知识，从而养成阅读和写作的习惯，就是学习国文的目标。

知识不能凭空得到，习惯不能凭空养成，必须有所凭借。那凭借就是国文教本。国文教本中排列着一篇篇的文章，使学生试去理解它们，理解不了的，由教师给与帮助（教师不教学生先自设法理解，而只是一篇篇讲给学生听，这并非最妥当的帮助）；从这里，学生得到了阅读的知识。更使学生试去揣摩它们，意念要怎样地结构和表达，才正确而精密，揣摩不出的，由教师给与帮助；从这里，学生得到了写作的知识。如果不试去理解，试去揣摩，只是茫然地今天读一篇朱自清的《背影》，明天读一篇《史记》的《信陵君列传》，那是得不到什么阅读和写作的知识的，国文课也就白上了。

这里有一点必须注意。国文教本为了要供学生试去理解，试去揣摩，分量就不能太多，篇幅也不能太长；太多太长了，不适宜于做细琢细磨的研讨功夫。但是要养成一种习惯，必须经过反复的历练。单凭一部国文教本，是够不上说反复的历练的。所以必须在国文教本以外再看其他的书，越多越好。应用研读国文教本得来的知识，去对付其他的书，这才是反复的历练。

现在有许多学生，除了教本以外，不再接触什么书，这是不对的。为养成阅读的习惯，非多读不可；同时为充实自己的生活，也非多读不可。虽然抗战时期，书不容易买到，买得到的价钱也很贵；但是只要你存心要读，究竟还不至于无书可读。学校图书室中不是多少有一些书吗？图书馆固然不是各地都有，可是民众教育馆不是普遍设立了吗？藏书的人（所藏当然有多有少）不是随处都可以遇见吗？各就自己所好，各就各科学习上的需要，各就解决某项问题的需要，从这些处所借书来读，这是应该而且必须做的。

写作的历练在乎多作，应用从阅读得到的写作知识，认真地作。写作，和阅读比较起来，尤其偏于技术方面。凡是技术，没有不需要反复历练的。学校里的定期作文，因为须估计教师批改的时间和精力，不能把次数规定得太多。每星期作文一次算是最多了；就学生历练方面说，还嫌不够。为养成写作的习惯，非多作不可；同时为适应生活的需要，也非多作不可。作日记，作读书笔记，作记叙生活经验的文章，作发抒内部情思的文章，凡遇有需要写作的机会，决不放过，这也是应该而且必须做的。

1942 年 1 月 1 日发表

认识国文教学

——《国文杂志》发刊辞

如果认真检讨我国的学校教育，谁都会发现种种不满意处；训练不切实，教学不得法，是两大项目，分开来说，细目多到数不清。在各科教学方面，若问哪一科有特殊优良的成绩，似乎一科也指不出来。数学吗？理化吗？史地吗？艺术吗？都不见得有特殊优良的成绩。而国文教学尤其成问题。他科教学的成绩虽然不见得优良，总还有些平常的成绩；国文教学的问题却不在成绩优良还是平常，而在成绩到底有没有。如果多多和学校接触，熟悉学校里国文教学的情形，更多多和学生接触，熟悉学生运用国文的情形，就会有一种感想，国文教学几乎没有成绩可说。这并不是说现在学生的国文程度低落到不成样子的地步了，像一些感叹家所想的那样；而是说现在学生能够看书，能够作文，都是他们自己在暗中摸索，渐渐达到的；他们没有从国文课程得到多少帮助，他们的能看能作当然不能算是国文教学的成绩。另有一部分学生虽然在学校里学习了国文课程，可是看书不能了了，作文不能通顺。国文教学的目标原在看书能够了了，作文能够通顺，现在实效和目标不符，当然是国文教学没有成绩。

国文，在学校里是基本科目中的一项，在生活上是必要工具中的一种。可是国文教学几乎没有成绩可说，这是目前教育上一个严重的问题。即使人人能够在暗中摸索，渐渐达到能看能作，也不能说这个问题不严重；因为暗中摸索所费的功力比较多，如果改为"明中探讨"，就可以节省若干功力去做别的事情；尤其因为教育的本旨就在使受教育的人"明中探讨"，如果暗中摸索就可以，也就无需乎什么教育了。何况要人人从暗中摸索达到能看能作，事实上必然办不到。那些看书不能了了，作文不能通顺的，就是摸索不通或是根本没有去摸索的人。他们不能运用生活上的一种必要工具，自然是直接吃亏。他们都是社会的构成分子，就社会说，他们的缺陷也可以使社会间接蒙受不利的影响。教育不能补益个人，同时又牵累到社会，问题岂不严重？

　　国文教学没有成绩的原因，细说起来当然很多；可是赅括扼要地说，只有一个，就是对国文教学没有正确的认识。学校里的一些科目，都是旧式教育所没有的，唯有国文一科，所做的工作包括阅读和写作两项，正是旧式教育的全部。一般人就以为国文教学只需继承从前的传统好了，无须乎另起炉灶。这种认识极不正确，从此出发，就一切都错。旧式教育是守着古典主义的：读古人的书籍，意在把书中内容装进头脑里去，不问它对于现实生活适合不适合，有用处没有用处；学古人的文章，意在把那一套程式和腔调模仿到家，不问它对于抒发心情相配不相配，有效果没有效果。旧式教育又是守着利禄主义的：读书作文的目标在取得功名，起码要能得"食廪"，飞黄腾达起来做官做府，当然更好；至于发展个人生活上必要的知能，使个人终身受用不尽，同时使社会间接蒙受有利的影响，这一套，旧式教育根本就不管。因此，旧式教育可以养成记诵很广博的"活书橱"，可以养成学舌很巧妙的"人形鹦鹉"，可以养成或大或小的官吏以及靠教读为生的"儒学生员"；可是不能养成善于运用国文这一种工具来应付生活的普通公民。历来善于运用国文这一种工具的人并非没有，而且很多，出类拔萃的还成为专门家；可是他们都是离开了旧式教育的传统，自己在暗中摸索，或是遇到了不守传统的特别高明的教师，受他的指导，而得到成功的。如果没有暗中摸索的志概，又没有遇到特别高明的教师的幸运，那就只好在传统中混一辈子。居然是"活书橱"了，可是对于记诵的那些书籍，内容和形式都不甚了了；居然是"人形鹦鹉"了，可是写下一封通常书信来，须入"文章病院"；已经是民国时代了，可是蓄在心头的意念，甚至写在纸面的文字，还想"得君行道"：这样的人，现在从四十岁以上的人中间满可以找到。比这样的人更不如的当然还有，而且很多。旧式教育在他们生活上，只能算是空白的一页。现在的感叹家早也一声"国文程度低落",晚也一声"国文程度低落",好像从前读书人的国文程度普遍地"高升"似的。其实这哪里是真相?通文达理的是极少数人,大多数人一辈子不能从读书达到通文达理。知道了这个真相,就会相信从前读书人的国文程度并没有普遍地"高升"了。为什么不能普遍地"高升"?就为旧式教育守着古典主义和利禄主义。现在的国文教学既然继承着旧式教育的精神,它不能取得成绩,不能使学生的国文程度普遍地"高升",正是当然的结果。

必须有正确的认识,国文教学才会有成绩。而达到正确的认识的先决条件,就是抛弃旧式教育的古典主义和利禄主义。古人的书并非不该读,为了解本国的文化起见,古人的书甚且必须读;但是像古典主义那样死记硬塞,非但了解不了什么文化,并且在思想行动上筑了一道障壁,读比不读更坏。一个人的聪明才智并非不该用文字表现,现代甄别人才的方法也用考试,考试的方法大都是使受试者用文字表现;但是像利禄主义那样专做模仿迎合的功夫,非但说不上终身受用,并且把心术弄坏了,所得是虚而所失是实。知道了这两种主义应该抛弃,从反面想,自会渐渐地接近正确的认识。阅读和写作两项是生活上必要的知能;知要真知,能要真能,那方法决不是死记硬塞,决不是模仿迎合。就读的方面说,若不参考、分析、比较、演绎、归纳、涵泳、体味,哪里会"真知"读?哪里会"真能"读?就作的方面说,若不在读的功夫之外再加上整饬思想语言和获得表达技能的训练,哪里会"真知"作?哪里会"真能"作?这些方法牵涉到的范围虽然很广,但是大部分属于语文学和文学的范围。说人人都要专究语文学和文学,当然不近情理;可是要养成读写的知能,非经由语文学和文学的途径不可,专究诚然无须,对于大纲节目却不能不领会一些。站定语文学和文学的立场,这是对于国文教学的正确的认识。从这种认识出发,国文教学就将完全改观。不再像以往和现在一样,死读死记,死模仿程式和腔调;而将在参考、分析、比较、演绎、归纳、涵泳、体味、整饬思想语言、获得表达技能种种事项上多下功夫。不再像以往和现在一样,让学生自己在暗中摸索,结果是多数人摸索不通或是没有去摸索;而将使每一个人都在"明中探讨",下一分功夫,得一分实益。这样,国文教学该会"有"成绩,有"优良的"成绩了吧。

以上的意思，不但施教的教师应该认清，就是受教的学生也该明白。明白了这个意思，在遇不到可以满意的教师的时候，自己学习就不至于暗中摸索。还有些被摈弃在学校门外的青年，知道国文和生活关系密切，很想努力自学；他们也明白了这个意思，一切努力才不至于徒劳。

我们这个杂志没有什么伟大的愿望，只想在国文学习方面，对青年们（在校的和校外的）贡献一些助力。我们不是感叹家，不相信国文程度低落的说法；可是，我们站定语文学和文学的立场，相信现在的国文教学决不是个办法，从现在的国文教学训练出来的学生，国文程度实在不足以应付生活，更不用说改进生活。我们愿意竭尽我们的知能，提倡国文教学的改革，同时给青年们一些学习方法的实例。所谓学习方法，无非是参考、分析、比较、演绎、归纳、涵泳、体味、整饬思想语言、获得表达技能这些事项。这个杂志就依照这些事项来分门分栏。我们的知能有限，未必就能实现我们的愿望；希望有心于教育和国文教学的同志给我们指导，并且参加我们的工作，使我们的愿望不至于落空。如果这样，不仅是我们的荣幸，实在是青年们的幸福。对青年的读者，我们希望凭着这个杂志的启发，自己能够"隅反"；把这里所说的一些事项随时实践，应用在阅读和写作方面。单看一种杂志，不必再加别的努力，就会把国文学好了，这是一种错误观念。我们相信青年们不至于有这种错误观念。

1942 年 8 月 1 日发表

（本文原题为《发刊辞》）

读罗陈两位先生的文章

阅读能力的问题

《国文杂志》第二卷第一期刊载罗根泽先生一篇文章,题目是《抢救国文》,篇中从三十一年度高考(指国民党政府的高等文官考试)国文试卷的成绩不好,论到国文该从中学阶段抢救。罗先生所举成绩不好的例子共有七个,是从七本试卷中摘录出来的,不尽是全篇。就例子看,这七个应试者犯了同样的毛病,就是看不懂题目。题目是《试以近代文明发展之事实,引证〈荀子〉"从天而颂之,孰与制天命而用之"之说》。现在先不谈这个题目出得有没有道理,单就理解题目来说。题目说以甲引证乙,就知道出题者的意思以乙为主,要应试者对于乙有所疏解或发挥,然后引甲来证成其说。这儿的乙是《荀子》的话。大学毕业生(具有应高考资格的人)不一定读过《荀子》,读过《荀子》不一定读过含有"从天而颂之,孰与制天命而用之"这句话的《天论》,读过《天论》不一定都记得,也许忘记得干干净净了,都是情理中事;然而就字面求理解,大学毕业生似乎不应该办不到,他们照理应有"了解一般文言文之能力"与"读解古书之能力"的(这儿引号中的是初高中国文课程标准目标项下的话)。题目上的"从"字、"颂"字、"制"字、"用"字都是寻常用法,与现代文言没有什么差异;"天"字不指天空,只要想天空怎么能"从",天空怎么会有所"命",就可以知道;还有,"甲孰与乙"是个差比句式,表示说话人的意思是乙胜于甲,这种句式在古书中是常见的,所谓"一般文言文"中也有用到的。如果应试者能够知道这些个,就是没有读过《天论》或者读过而忘记得干干净净了,也会理解《荀子》这句话；再把以甲引证乙是什么意思弄清楚，那就完全懂得题目了。可是就罗先生所举的例子看，七个应试者对于《荀子》的话几乎全不能就字面求理解，"从"字、"颂"字这些个寻常用法都不明白，"天"字多数认作天空，"甲孰与乙"的差比句式竟没有一个人理会到；对于整个题目以甲引证乙的意思也完全没有注意。

  这是阅读能力的问题。咱们且不把这个题目认作作文题目，只把它认作阅读文言的测验题目，这七个应试者都看不懂，也就是表现了阅读能力不够。这个题目一共只有三十个字，凭公道说，实在不是艰深的文言，这还看不懂，对于较长较艰深的文言当然更无法阅读。在现在这个时代，写作定要用文言，自然只是一部分人的成见与偏见；但是阅读文言的能力，至少在受过普通教育与大学教育的人必须养成，这是大家一致、无待辩难的认识。不论学什么科目的学生，在他学习与从业的期间，或多或少，总得与文言乃至所谓古书打交道；如果无法阅读，远大的方面且不说，他个人方面就是大大地吃亏。可惜罗先生所看高考试卷仅约四百本，不是全份；又没有就他所看四百本之中作个统计，像所举七例那样看不懂题目的，所占百分数究竟有多少。如果所占百分数相当多，那就表示大学毕业生阅读文言的能力还不够标准，倒确是个严重的问题。教国文的教师知道当前有这么个问题，只要他们有教育热诚与尽职观念的话，自当在平时的指导上多加注意。而正受教育与受毕教育的青年知道当前有这么个问题，也得回问自己："我的阅读文言的能力够不够标准？"不够标准，看不懂像这儿所举的题目，也不过考不上高考，作不成官儿罢了，没有什么了不得；无奈不够标准也就看不懂文言乃至所谓古书，这就闭塞了一条获得经验处理生活的重要途径（我不说唯一途径），是无论如何要不得的，必须把他改变过来才成。

题　　目

  八月十六日某报的副刊批评本志第二卷第一期，提及罗先生的文章，中间有这样的话："要是一定要救的话，我看还是先把那些出题目的先生们救一救的好。"这话看似过火，细想起来却有道理。试想出这个题目的人，他预期应试者作出什么样的文章才认为"合格"？他以为应试者必然读过《荀子》的《天论》，对于"从天而颂之，孰与制天命而用之"非但能够疏解，而且有所发挥；在疏解一阵发挥一阵之后，这才说到近代文明的发展，控制自然呀，利用自然呀，都是近代人的业绩；可是咱们的荀子在很古的时代早已见到了，于是赞叹一阵，懿欤休哉！这样作来，一方面是鉴古，一方面又知今，对于"固有文化"既不乏"深切了解"，对于"民族精神"也能够"发扬光大"，出题目的人大概要慷慨地批上八十分了。可是，荀子虽然说过"从天而颂之，孰与制天命而用之"的话，他到底没有创造近代文明；荀子想的只是个笼统的观念，近代文明却是一件一件具体的事实。现在把荀子的话与近代文明联在一块儿，实在不免牵搭之嫌。你要写得"合格"就不能不这样牵搭，因为题目把你限制住了。还有，出题目的人预期应试者"懿欤休哉"地赞叹一阵，这中间隐伏着一段阿Q精神。阿Q精神为什么要不得？就因为他自卑而又自夸，唯其自卑，不得不自夸，用自夸来掩饰自卑，掩饰一下之后，仿佛把心理上自卑的愧恨抹去了，这就无妨"依然故我"地活下去：其弊病在不长进，不要好。咱们要能促进近代文明的发展，在近代文明的发展中有或多或少的功劳，才是长进，才是要好；仅仅说近代文明发展的原理，咱们的荀子老早说过了，因而脸上现出荣耀的神色，这就不免是阿Q的同志。出题目的人却预期应试者个个是阿Q的同志。应试者是否个个是阿Q的同志，咱们没有看过试卷，无从知道；可是出题目的人显然是的，因为他对应试者作过这样的预期。牵搭，阿Q精神，出题目的人的意识上至少有着这两项缺陷。可见某报副刊所说"救一救"的话不算过火。其实，他人是无法救的，要救还须自救。觉悟这两项是缺陷，力求弥补，就是自救了。

现在来谈谈关于题目的话。咱们有话要说，执笔作文，咱们都有自己的题目。譬如写一封信，与朋友讨论当前的战局，题目就是《与友人论战局书》；考察某一家工厂，写一份报告，题目就是《考察某工厂报告书》；作一篇论文，研究近几年来物价上涨的情况，题目就是《近几年来物价上涨的研究》；作一篇小说，叙写一个男主人公或女主人公初恋的经过，题目就是《初恋》。诸如此类，都是先有一些要说的材料，后有一个标明的题目。这是自然的，顺当的。咱们决不会先定下一个题目，然后去找寻要说的材料。如果这样，就是勉强要说话，勉强的话又何必说呢？可是，国文课内有写作练习的项目，由教师出题目；各种考试要测验应试者的写作能力，由主试者出题目。练习者与应试者见了题目，就得找寻一些材料来说，也就是勉强要说话，这显然是不自然不顺当的事。要弥补这个缺陷，全靠出题目的人不凭主观，能够设身处地，就练习者与应试者着想。出题目的人如能揣度练习者与应试者在某一范围内应该有话可说，说出来也并不勉强，就从这个范围内出个题目，那么，练习者与应试者执笔作文，就同自己本来要说话没有什么两样。要说督促练习，唯有出这样的题目才真是督促练习，因为这可以鼓起写作的欲望，使练习者体会到有话可说才是有文可写。要说测验写作能力，唯有出这样的题目才真能测验写作能力，因为把要说的话写得好或不好，才真是写作能力的好或不好。这儿说的只是寻常不过的话，并无深文大义，头脑清楚一点的人都会明白。无奈事实上，多数的出题目的人偏不明白。

在小学的阶段，出题目的情形似乎还好。一到中学的阶段就不然了，尤其是高中的阶段，必须练习论说文了，教师还附带声明，圆通一点的说"最好作文言"，板方一点的说"非文言不看"。出些什么题目呢？《学而时习之说》《学然后知不足说》《多难兴邦说》《人必自侮而后人侮之论》，诸如此类。学而时习之，才会熟练，才见切实，这一类的道理也极简单易晓，未必中学生就懂不得；可是在懂得这一点点之外，还要横说竖说说出一番话来，写成一篇文章，就不是个个中学生所能办到的。那些能够办到的，由于体验得深广，当然值得赞许；那些不能办到的，由于他们的体验仅仅限于"学而时习之"一句话，也不能算不够格。然而题目既已出了，就是不能办到的也得搜索枯肠，勉强说一些话来完卷。这简直是在练习瞎说，还成什么写作练习？写作练习的本意原在使练习者不要放过那些要说的、值得说的材料，要把那些材料一一写成文章，而且要写得恰好；可是写作练习的题目却教练习者练习瞎说。这岂不是南辕北辙？并且什么事情都一样，练习次数多了，行为上总不免受影响；练习瞎说成了习惯，待到自己真个有话要说了，说不定也会牵三搭四来一阵瞎说。这岂不是写作练习反而妨害了写作能力，还不如不要练习来得好些？再说，咱们平时会不会蓄着一段意思，想就《学而时习之说》一类的题目作一篇文章？恐怕除了读书得间，体验特深的极少数人而外，谁也不会这么想的，就是出题目的人也未必会这么想。总之，这样的写作动机极不普遍。然而在国文教室与试场里，这类题目却极常见。人家问，为什么出这类题目？教师说，各种考试都出这类题目，就不能不练习这类题目。主试人说，向来考试都出这类题目，现在当然也出这类题目。在简单的答话里，缘由显然了。练习者一篇一篇地写作那并无写作动机的文章，为的是应付考试。一个人一辈子能经历几回考试呢？在日常生活中，需要写一封信，写一份报告书，写一篇论文，写一篇小说的机会必然多得多；为练习者终身受用计，这类文章的写作正该着意练习。可是，出题目的人认定"考试第一"，对于这些也就顾不得了。

平时练习这类题目，练习的目标专为应付考试，这是八股时代的传统。八股是一种考试专用的文体。写信不用八股，记事传人不用八股，著书立说不用八股，唯有应试才用八股。这正与咱们自己不会想作一篇《学而时习之说》或者《试以近代文明发展之事实……》，唯有在国文教室与试场里才会遇见这类题目，情形相似。八股据说是代圣人立言，其实是不要你说自己认为要说的、值得说的话，你能够揣摩题目的意旨以及出题目的人的意旨，按着腔拍，咿唔一阵，就算你的本领；如果遇到无可奈何的题目，你能够无中生有，瞎三话四，却又丁丁当当的颇有声调，那更见出你的才情。现在作《学而时习之说》，无非要你把已经由题目限定的意思横说竖说唠叨一番，在要你揣摩不要你说自己的话这一点上，岂不正与八股相同？八股在清朝光绪手里就废止了，八股的传统却保留在国文教室与试场里直到如今，这是可怪而不足怪的事。我国人以前不学数学、生物、物理、化学等类的科目，这些科目自然不致也不会承受八股的传统。我国人以前要学的科目唯有读书，读书读到了家的，成为博学通儒，那只是最少数，而作八股，应考试，却几乎是读书人普遍的目的。现在的读国文不就是以前的读书吗？一般人有意识地或无意识地这么想。于是国文一科把八股的传统承受下来了。

罗先生的文章中，提出请求三事：（一）请求教育当局减少中学国文教员负担；（二）请求中学国文教员选讲适合学生程度的文章；（三）请求中学学生以相当时间读、作国文。《国文杂志》第二卷第三期陈卓如先生的《从〈抢救国文〉说到国文教学》中，表示一点希望："我只希望现在从事国文教学的人，'躬自厚而薄责于人'。对于学生程度之劣，只有反省忏悔，努力寻求教学上的缺陷与学生的困难，加以纠正。"为增进国文教学的效果，维护学生的实益起见，罗陈两先生说的都是很好的意思。但是我在这儿想补充一些，在写作教学上，必须绝对摆脱八股的传统。摆脱了八股的传统，按照罗先生的说法"学生以相当时间读、作国文"，才会逐渐得到进益，否则只是练习瞎说，非徒无益而又害之。摆脱了八股的传统，按照陈先生的说法"努力寻求教学上的缺陷"，才算真个得到着落，否则只是细枝小节，"纠正"了也未必有多大效果。八股的传统摆脱了，出出来的题目必然改观；那必然是练习者与应试者"应该有话可说"的题目，虽然由教师与主试者出出来，却同练习者与应试者自己本来要说这么一番话一样。我还要重说一遍，唯有出这样的题目，在平时才真是督促练习，在考试时才真能测验写作能力。

摆脱八股的传统容易吗？我想大不容易。我在这儿认真地说，自以为见得不错。也许有些先生们看了，认为胡说八道，他们或者想现在哪儿有什么八股的传统，或者想八股的传统也并不坏啊。要希望人同此心，心同此理，大家认为八股的传统非绝对摆脱不可，我实在不能预言该要多少年。在八股的传统还没有摆脱的时候，练习者与应试者只有吃亏，这是无可免的悲剧。可是，自己明白落在悲剧中间，总比糊糊涂涂混下去好些；明白了之后，自己加上努力，未尝不可以打破悲剧的圈套。单就写作一事来说，青年们幸而不遇到承受八股传统的题目，自然最好；如果遇到了这类题目，就该知道这是怎么一回事，尤其该知道自己要练习写作，得走另外的路子，从而认真练习起来。走路有人引导，固然是好；在得不到引导的时候，自个儿也要走去：这是自学的说法。至于写不好《学而时习之说》，不过得不到及格的分数，写不好《试以近代文明发展之事实……》，不过考不上高考，作不成官，在我看来，都无关紧要。只要在需要写信的时候写得成一封明白畅达的信，在需要作报告书的时候写得成一份清楚确实的报告书，在意见完成的时候写得成一篇有条有理的论文，在灵感到来的时候写得成一篇像模像样的小说，诸如此类，都是写作练习的实效、自学的成功。这种实效与成功，将终身受用不尽。

阅读的材料与方法

罗先生文中所举七例,其中两个是:

> 文明者,文化发展之谓。而文化发展之由,莫不有其所自。其所自出者何?曰道而已耳。夫道之为物,视而不见,听而不闻,仅存于人群意识之中。此所谓天视自我民视,天听自我民听者是。凡天下事物背于此意识者谓之逆,合于此意识者谓之顺,顺则文化发达而繁衍,逆则文化萎退而灭亡。古之神权文明封建文明之所以见坠于今日,物质文明民主文明之所以勃兴于此时者,一逆一顺也。然天道靡常,唯圣贤能察而颂之,从而制之。荀子曰,"从天而颂之,孰与制天命而用之",其是之谓欤。

> 举凡升天、航海、代步、传情、怡心、养性、启智、迪慧,莫不借科学以克服自然繁荣奇异之各种障碍,以促进人类身心优异之发展。

罗先生评这两例为"糊涂"。陈先生说:"这二段文章从'国文'观点来看,实在文通字顺。前一个例子最后几句因作者不了解荀子论'天'的意思,与'天道'相混,说得有点冬烘,但文字是通的。但是今日之大学生头脑冬烘,侈谈天道,试问是谁之过?第二个例子,我和罗先生的意见正相反,觉得不但文字通顺,而且文气紧凑而充沛。"我平常想,所谓文字通顺包含两个条件:一是合于语文法,二是合于论理。语文法不是古文笔法,也不是新文学作法,只是我国人口头笔头习惯通行的说法;论理不一定要研习某家名学某种逻辑,只要不违背常情常理,说出来能使一般人理解就成。不知道罗陈两位先生是否同意我这个想头。如果我这个想头不错,那么,罗先生所说"糊涂"就是不合于我所说的第二个条件。陈先生说这两个例子通顺,其实只合于我所说的第一个条件(但前一个例子的"见坠"显然是错误的),而不合于我所说的第二个条件,还是不通顺。陈先生也说前一个例子"有点冬烘","冬烘"与"糊涂"与"不合论理"实是近似的说法。至于陈先生说第二个例子"不但文字通顺,而且文气紧凑而充沛",那恐怕只是故意说说的了。

从前一个例子自易想到读物选材的问题与阅读方法的问题。罗先生"请求中学国文教员选讲适合学生程度的文章"。陈先生说："今日之大学生头脑冬烘，侈谈天道，试问是谁之过？"这句话多少含着责备读物选材不得其当的意思。不得其当就是不适合，哪怕读物本身有很高的价值，对于学生并没有用处；非但没有用处，而且很有害处。试看前一个例子，这个作者很读了些经子，但是说出话来一片糊涂，一派冬烘；虽然这个题目承受着八股的传统，本来也写不成什么好文章，但是作者如果没有读过经子，没有杂七夹八记上一大串，仅凭自己的想头勉强诌一篇，也许不至于这样糊涂与冬烘。这并不是可笑的事，实在是可惨的事。作者显然受了经子的害处。单在试卷上表现糊涂与冬烘，还不要紧；只怕习惯成自然，在日常生活上随时表现糊涂与冬烘，那更惨不胜言了。我曾经听见一个大学一年级学生说，中国如果实行孔子之道，日本小鬼不打自退（他并非说俏皮话，是一本正经说的）。这又是个受害的例子。陈先生说"思想糊涂应该由各科共同负责"，见出教育家的襟怀，我绝对同感。但是国文教材有示范与供给材料的作用，对于学生的思想似应多负一点责任。料知学生将会"天"啊"道"的乱来一阵，对于"天"啊"道"的读物就该郑重将事，或者是消极的不选，或者是看定了学生可以理解而不至于乱来一阵的才选。这只是举个例子。总之，就"是不是切要？""会不会消化？""要不要发生坏影响？"这些个问题考虑一过，选下来的教材总会适合些，得当些。可是担任选材的先生们似乎不大肯考虑这些个问题，在先前，是无意识地继承着向来读书的办法，到近来，"国学根柢"啊"固有文化"啊那一套成了流行性感冒，更有意识地想把经史子集一股脑儿往学生头脑里装。他们的想法又很简单，学生的头脑好比一个空箱子，只消装进去，箱子里就有了那些经史子集了。结果是学生因为不感切要，不能消化，长不成什么"根柢"，领不到什么"文化"；而零零星星的一知半解，以及妄知谬解，不但表现在写作里，同时也表现在日常的思想行动里，却是显然的坏影响。在有心人看来，这正是大可忧虑的事。

　　学校里课程的设置，通常根据三种价值：一种是实用价值，一种是训练价值，还有一种是文化价值。古书具有文化价值，让学生读些古书，了解"固有文化"，实在不是没有道理。但是重要之点在乎真个做到"了解"，囫囫囵吞枣与"了解"却是两回事。装进空箱子就算了事,那是把囫囵吞枣认作"了解",自然发生流弊。我常常想,就教师一方面说,古书非不可教,但是必须清彻通达的人才可以教。单把给学生介绍古书来作例子,要能像编撰《经典常谈》的朱自清先生,介绍起来才不至于引学生走入迷途。就学生一方面说,古书非不可读,但是必须是清彻通达的人才可以读。唯有这样的人读了古书,才会受到文化的涵濡而不会受到古书的坏影响。一个人要达到清彻通达的境界,当然与整个生活都有关系;可是就读书言读书,必须阅读方法到家,才可以真个了解,才可以清彻通达。如果不讲方法或者没有方法,宁可退一步想,教师还是不教古书的好,学生还是不读古书的好。——这自然是为学生的利益着想。

1943 年 11 月 15 日发表

读《文言虚字》

说话作文不通,有两种原因,一是不合逻辑,二是不合语法。一个人思路清楚,说出话来写出文来都顺当有理,又一律依照语言习惯说出,不闹什么别扭,他的话与文就是通的了。至于见解不很高明,情感不够深至,那是由于生活经验的限制;只能说他不好,不能说他不通。

这儿撇开逻辑不说,单说语法。大概要熟习一种语法,对于语言中的语法成分该比实义成分多加注意。如烟卷习惯说"一枝"或"一根",不说"一只",若说"一只",就是不合语法。但这种实义成分一说就明白,只要知道说"一只"不合,自然会改说"一枝"或"一根"。语法成分就没有这么简单。语法成分没有实义,如单独一个"虽""而""吗""呢"等字意义都很空;可是组织在语言里头却表示种种的意义,而且像人身的脉络似的。人身的脉络有了阻碍就是病身,语言的语法成分不顺条理就根本不成语言,更不用说什么达意表情了。唯其意义空,必须把握得切实;唯其是语言的脉络,必须把它的条理弄得清清楚楚。我们应该多加注意,就是为此。

我们常常想,供给一般人应用的辞典里应该包含一种成分,就是把语言中每一个语法成分作为一个条目,多举一些例句,分析它的用法,再加说明;如"于""以""然而""罢了"等各为一个条目,就若干例句观察,看出各有若干用法,再给说明为什么这样用可以,那样用不成。这对于读者很有帮助,听话读书如有疑惑,取来翻查,不致有误会,说话作文如有疑惑,也可以在翻查之后决定个不背语法的说法。可惜现在通用的辞典里没有这种成分。这儿并不是说辞典里没有这些条目;是说在条目之下大多只做了解释的工作,一个意义是什么,另一个意义又是什么,却没有仔细地做分析说明的工作，像前面所说的。要这么做，须是语法学家当行；而编辑辞典的人往往只是注释家，他们的辞典里缺少这种成分也就无怪其然。其实，不必撮合在辞典里头，单把语法成分分析说明，也就是一种非常有用的著作。刘淇的《助字辨略》，王引之的《经传释词》，杨树达的《词诠》，裴学海的《古书虚字集释》，都属于这一类。可是这几种著作有两个共通之点：一是偏重古语的语法成分；二是解释考证多，辨析说明少。为此，对少数阅读古籍的人见得有用，一般人却未必要利用，而且未必能利用。吕叔湘先生这本《文言虚字》也属于这一类，却跟前面说的几种著作有不同处：第一，讲的虽也是古语的语法成分，但没有"古"到秦汉以前，只以所谓"普通文言"为范围；第二，完全用语法学的观点来辨析说明，常取现代口语作参照，作比较，特别详于每个语法成分的各种习见用法。现代人固然不一定要读秦汉以前的古籍，可是"普通文言"却不能不通晓，有许多的书都是用"普通文言"写的；写作方面，虽然我们主张不必用古语，但是事实上还有许多人在用，在提倡用，他们用的跟提倡用的就是"普通文言"。"普通文言"虽说"普通"，到底也是古语，不像经常挂在口头的语言那样易于熟习。要熟习它，多读是一法；读得烂熟，不知不觉之中就懂得了它的条理。不过这样的懂得只是知其然而不知其所以然。要知其所以然，别有一法，就是作语法研究。语法研究好像是专门学者的事情，其实不然，咱们普通人也常常在做零星的研究。外省人初到川省，听到川省人说"我莫得钱""我莫得工夫""他没有来""我没有遇见他"，觉得奇怪，因为外省人说普通话，这些话里一律说"没有"，不说什么"莫得"。奇怪之后，不免留意地听，考求川省人口中的"莫得"跟"没有"到底有什么分别，该怎么用法。从听到的许多语言中，条理发见出来了："莫得"指事物而言，没有某种事物，就说"莫得"，相当于文言的"无"字；"没有"指动作而言，没有某种动作，就说"没有"，相当于文言的"未"字。普通话不问指事物还是指动作，一律说"没有"；川省人口中却分开来，这情形正与文言相同。这样的考求就是语法研究，研究的结果是知其所以然。知其所以然，你就能够解释为什么川省人决不说"他莫得来""我莫得见他"，你若说川省话，也不会依照普通话的习惯说"我没有钱""我没有工夫"了。文言跟口语，比起川省话跟普通话来，差别的程度还要大;对于文言的语法成分,要一个个地知其然并知其所以然,实在有一个个地作语法研究的必要;不能说这是语法学者的事情,由语法学者去费心思好了;应该知道谁要想通晓文言,知其所以然,谁就得在这上头费心思,费心思为的是自己得益、受用。这本《文言虚字》正是引导读者对"普通文言"的语法成分作语法研究的一种著作,所以我们愿意把它介绍给读者。

这儿请举一个例子,"之"字的一种用法,让读者窥见这本书的一斑。作者先列举如下的例句:

> 孤之有孔明,犹鱼之有水也。
> 有功之生也,孺人比乳他子加健。
> 大道之行也,天下为公。
> 余之识君,且二十年。
> 君子之爱人也,以德。
> 异哉,此人之教子也!

这些句子里的"之"字都安在主语和谓语的中间,似乎不是必要的,若作"孤有孔明,犹鱼有水""余识君且二十年"……意义并无改变。然则为什么要加用"之"字?作者用语法学的观点说明道:

> 这里的"之"字的作用可说是化词结①为词组。词组指加词和端词的配合;词结指主语和谓语的配合。句子是独立的词结,句子里头又常常包容一个或多个不独立的词结。词结有主语有谓语,本来具备句子的资格,包含在别的句子里面,暂时失去这个资格。加一个"之"字就在形式上确定他的地位,因为词组不能独立成句,至少是寻常的句子不取词组的形式。这是就形式而论。我们还可以从心理上加以说明。"大道行"可以断句。虽然接着说"则天下为公",我们就知道"大道行"并

---

① 词结和下文中的加词、端词,都是过去语法书里的用语。词结相当于现在说的句子结构。加词,在连接作用的"之"字上面的词,相当于现在说的附加语。端词,在连接作用的"之"字下面的词,相当于现在说的中心词。

不独立，不如加一"之"字，让我们从头就知道句子未完，就期待下文。这样，句子更觉紧凑。

以上的说明显然只适用于前三例。其余三句原来就只有一个词结，何以也加用"之"字呢？这里是因为"二十年""以德""异"等词语本来是附加词（或称副词短语），附加词只是谓语的一部分，且在形式上是不重要的部分，现在要重视这些附加词，所以在主语和动词之间加一"之"字，化成词组的形式，做句子的主语，原来的附加词就升为句子的谓语，占据重要的地位了。

咱们看了以上的说明，就可以解释

> 人之为学有难易乎？
> 昔者先王知兵之不可去也，是故天下虽平，不敢忘战。
> 鸟之将死，其鸣也哀，人之将死，其言也善。
> 人之欲得产业谁不如我？

这些句子里的"之"字的作用。同时，如果看见

> 人爱我，以我能自爱也。
> 某君至，余伏案读书。
> 我父适昆明，不以车而以飞机。
> 人皆称美余好学。

这些句子，就会觉察这些句子有些生硬，不紧凑，要加用个"之"字（有的再加用个语气词），才成合式入调的文言。

取现代口语作参照，作比较，极容易见出文言之所以然，这儿也举一个例子。作者说明现代口语里已经不用了的"所"字，就用文白对照的办法。

（甲）耕田的牛：耕田之牛。

(乙)牛耕的田：牛所耕（之）田。

（甲）式"的"变为"之"，（乙）式"的"仍变为"之"，但"牛"与"耕"之间必须再加一"所"字。从白话的立场看，这个"所"字好像多余似的，但在文言里，"之"字倒可省，"所"字倒必不可省。因为"之"字既可省，若无"所"字，则"牛耕田"（＝牛耕的田）就和"牛耕田"（句子）无分别了。

这个对照扼要而且明白，咱们看了就可以懂得"所"字在文言里的必要；文言说"我读书"（我读的书）、"我见物"（我看见的东西），既嫌表达不明，又不通行"我读之书""我见之物"的说法，怎么能不用个在这种场合上特具任务的"所"字？同时，咱们也可以懂得现代口语不必用"所"字的所以然；现代口语通行说"我读的书""我看见的东西"，自然无须用"所"字了。推想开来，咱们又可以悟出现代人口头笔头（指白话的写作）有时还用着这个"所"字，那只是文言的残留，并非非用不可；说"我读的书""我看见的东西"，比较说"我所读的书""我所看见的东西"，是更普遍的方式。

这本书详于文言语法成分的各种习见用法，在还须用"普通文言"的今日，这个办法甚为得要，前面已经说过。至于别义僻解，索性丢开不谈；如"所不与舅氏同心者""君子所其无逸"的"所"字，"焉作辕田""自然存焉天地之间"的"焉"字，在《者·所》篇、《焉·耳》篇里都不讨论。因为"所"字、"焉"字的这种用法，在"普通文言"里已经没有了；谁要考求的话，可以去查《经传释词》一类的书。作者这个办法，我们完全同意。

这本书中讨论的只有二十几个字，虽然是最重要的二十几个字，究竟还没有齐备。作者在序文中说"或当更为续说"，我们希望他从早实践。另一个希望是对于现代口语的语法成分，作者也来这么一本书。

1944年4月23日作

国文教学的现状和理想
——《国文教学》序

我们将近些年来写的关于国文教学的论文和随笔编成这本书，就题为《国文教学》。这里面以论中学的国文教学为主，大学的也有几篇论及。我们都做了多年的国文教师，也编过一些国文科的读物给青年们看，本书的文章就是根据这些经验写成的。这些文章偏重教学的技术方面，精神方面谈到的很少。因为精神方面，部订的课程标准里已经定得够详细的。再说"五四"以来国文科的教学，特别在中学里，专重精神或思想一面，忽略了技术的训练，使一般学生了解文字和运用文字的能力没有得到适量的发展，未免失掉了平衡。而一般社会对青年学生要求的却正是这两种能力，他们要求学生第一要写得通，其次要读得懂。我们根据实际情形立论，偏重技术一面也是自然而然。

一般社会把写看得比读重，青年们自己也如此。但是在课程里，在实际教学上，却是读比写重。课程里讲读的时数多于作文的时数，是因为讲读负担着三重的任务。讲读一方面训练了解的能力，一方面传播固有的和现代的文化，另一方面提供写作的范本。学生似乎特别注重写作的范本。从前的教本原偏重示范作用，没有发生读和写的比重问题。"五四"后的教本兼顾三重任务，学生感到范文的缺少，好像讲读费了很多时间，并没有什么实用，因而就不看重它。不过这个问题很复杂，范文其实还只是一个因子，另一个因子是文言。"五四"以后，一般学生愿意写白话，写白话而读文言，这是一个矛盾。再一个因子是教学。教学应该读和写并重，可是讲读的时数既多，而向来教师又没有给予作文课足够的注意，便见得读重了。其实重读也只是个幻象，一般的讲读只是逐句讲解，甚至于说些不相干的话敷衍过去，学生毫无参加和练习的机会，怎能够引起他们的趣味，领导他们努力呢？

青年们不愿意读文言，尤其不愿意读古书，是因为不容易懂，并且跟现代生活好像无甚关系似的。若能在现行的标点分段之外，加上白话注释，并附适当的题解或导言，愿意读的人也许多些。到那时青年们也许就可以看出，中国人虽然需要现代化，但是中国人的现代化，得先知道自己才成；而要知道自己还得借径于文言或古书。我们尽可以着手用白话重述古典，等到这种重述的古典成为新的古典，尽可以将文言当作死文字留给专门学者去学习，不必再放在一般课程里。但是现在还不行，还得学习文言。可是现行课程标准规定初中一年起就将文言和白话混合教学，文言的比例逐年增加，直到大学一年整个讲读文言为止，这样办效果却不好。学生不但文言没有学好，白话也连带着学得不够好。教本里选的文言花样太杂，使他们不容易摸着门路，而混合教学又使他们彷徨，弄不清文言和白话的分别。我们赞成本书附录里浦江清先生的主张，将白话和文言分别教学。我们还主张文言的教学从高中开始，初中只学白话；大学一年还该在作文课里让学生读些白话范本。作文该全写白话；文言教学的写的方面只到造句就成。

学生不看重讲读，还有一个缘故。他们觉得讲读总不免咬文嚼字费功夫，而实际的阅读只消了解大意就够；他们课外阅读，只求了解大意，快当得多。他们觉得只有这种广泛的阅读才能促进写作能力的发展；讲读在一年里只寥寥三四十篇，好像简直没有益处似的。但是没有受过相当的咬文嚼字的训练或者没有下过相当的咬文嚼字的功夫，是不能了解大意的，至少了解不够正确。学生课外阅读，能了解大意，还是靠讲读教育——虽然这种讲读教育没有很大的效率——或者靠自修。阅读有时候不止于要了解大意，还要领会那话中的话，字里行间的话——也就是言外之意，不能读得太快，得仔细吟味；这就更需要咬文嚼字的功夫。再说课外阅读可以帮助增进写作的能力，固然是事实，但是一目数行地囫囵吞枣地读下去，至多只能增进一些知识和经验，并不能领会写作的技术。要在写作上得益处，非慢慢咀嚼不可。一般人的阅读大概都是只观大意，并且往往随读随忘；虽然读得很快，却是毫无用处。随读随忘，不但不能帮助写作，恐怕连增进知识和经验的效果也不会有。所以课外阅读决不能无条件地重视，而讲读还是基本。不过讲读不该逐句讲解，更不该信口开河，得切实计划，细心启发，让学生们多思考，多讨论，多练习，才能有合乎课程标准的效率。

这就要谈到师生的合作和学校的纪律了。讨论教学技术，无论如何精当，若是教师不负责任，不肯干，也是枉然。现在一般国文教师的情形，本书中有专篇讨论。我们觉得负责的教师真是太少了。教师得先肯负责，才能谈到循循善诱，师生合作。教师不负责，有的因为对教学本无兴趣，当教师只是暂局。这种人只有严加淘汰一法。有的因为任课太多，照顾不及。这种人也许减少钟点调整待遇可望改善。有的却因为一般纪律不好，难以独严。学校纪律不好，有时固然由于一般政治和社会的影响，不是某一学校的责任，但是多半还是由于学校当局不尽职或者才力不足。只要当局能够和教师通力合作，始终一贯，纪律总会严明的。话说回来，即使学校纪律不好，一个教师也还有他可负的责任。事在人为，只要诚恳公正，他在相当的限度之内也还可以严格教学的。本书里许多文章虽然根据经验写成，却也假定了一些条件，如学校纪律相当好，教师肯负责地干等；从这方面看也就不免还是些理想。不过理想是事实之母，只要不是空想，总该能够一点一滴实现的。我们在期待着。

我们将自己的文章分编为上下两辑。另有浦江清先生《论中学国文》一篇，我们觉得其中精到的意见很多。感谢他的同意，让我们附录在这本书里。

1945 年 4 月发表

（本文系与朱自清合作，题目是叶至善后拟的）

文言的讲解

国文课里读到文言，就得作一番讲解的功夫。或者由同学试讲，由教师和其他同学给他订正（讲得全对，当然无需订正）；或者径由教师讲解，同学们只须坐在那儿听。两种方法比较起来，自然前一种来得好。因为让同学们试讲和订正，同学们先做一番揣摩的功夫，可以增进阅读的能力。坐在那儿听固然很省事，不大费什么心思，可是平时自己阅读没有教师在旁边，就不免要感到无可依傍了。

不妨想一想，为什么要讲解？回答是：因为文言与咱们的口语不一样。

像有一派心理学者所说，思想的根据是语言，脱离语言就无从思想。就咱们的经验来考察，这种说法大概是不错的。咱们坐在那儿闷声不响，心里在想心思，转念头，的确是在说一串不出声的语言——朦胧的思想是不清不楚的语言，清澈的思想是有条有理的语言。咱们心里也有不思不想的时候，那就是心里不说话的时候。思想所根据的语言当然是从小学会的最熟习的口语。现在咱们想心思，转念头，都是在说一串不出声的口语。这也是作文该写口语的一个理由。心里怎样想就怎样写出来，当然最为亲切，不但达意，而且传神传情。

依此推想，古来人思想所根据的是他们当时的口语，写下来就是现在咱们所谓文言。咱们说古来人，包括不同时代的人。时代不同，语言也有差异。所以文言这个名词实在包含着多种的语言。还有须知道的，古来人虽然根据他们当时的口语来思想，待写下来的时候，为了书写的方便，把他们的口语简缩了，这是很寻常的事情；因而文言与他们的口语多少有些出入。还有，后一时代的人也可以学习前一时代的语言，用前一时代的语言来写文章，或者参用一些前一时代的语言来写文章（其实就是根据前一时代的语言来思想），而且不限于前一时代，尽可以伸展到以前若干时代；因而某一时代的文言大都不纯粹是某一时代的语言，往往是若干时代的语言的混合体。还有，文言中间也有并非任何时代的口语，而是一种人工的语言，例如骈体文。骈体文各句的字数那么整齐，通体全是对偶，又要顾到声音的平仄。哪一时代的人口头曾经说过那样的话？的确，没有一个时代的人口头曾经说过那样的话，那是一种人工的语言。用骈体文来写作的人，他平时的思想当然也根据他当时的口语，但是他要作骈体文的时候，就得把他的思想加一道转化的功夫，转化为根据那种人工的语言来思想，这才写得成他的骈体文；或者他对于那种人工的语言非常熟习了，像对于他当时的口语一样，因而也不需要什么转化的功夫，他要写骈体文就可以自然而然地根据那种人工的语言来思想。（这种经验咱们也有的。咱们写现代文，自然是根据咱们的口语来思想。但是咱们也可以写文言；在初学的时候，是加一道转化的功夫，转化为根据文言来思想；到了熟习的时候，要写文言就径自根据文言来思想了。岂但本国文字，咱们还可以写外国文呢；在初学的时候，是加一道转化的功夫，转化为根据外国语来思想；到了熟习的时候，要写外国文就径自根据外国语来思想了。）

　　写作的方面且不多说，这一回单说理解的方面——理解文言的方面。咱们是根据现代的语言来思想的，而文言是根据以前若干时代的混合语言来思想的（咱们的语言里当然也混合着以前若干时代的语言；但是以前语言里的若干部分，咱们的语言里不用了，这是减；以前语言里所没有的部分，咱们的语言里却产生出来了，这是加；一减一加，这就成为与以前语言不一样的现代语言），这其间就有了距离。咱们要彻底地理解文言，须做到与那些文言的作者一样，能够根据文言来思想。凡是能够通畅地阅读文言的人都已达到了这个境界。他们在阅读文言的时候，抛开了从小学会的最熟习的口语，仿佛那文言就是他们从小学会的最熟习的语言，他们根据这个来领受作者所表达的一切。但是，初学文言的人就办不到这一层。他们还没有习惯根据文言来思想，对着根据文言来思想的文言，只觉得到处都是别扭似的。消除那些别扭须做一道转化的功夫。根据咱们的口语是怎么说的，根据文言就该怎么说，要一点一滴地问个清楚，搞个明白；反过来，自然也知道根据文言是怎么说的，根据咱们的口语就该怎么说。这就是转化的功夫。转化的功夫做到了家，口语与文言的距离消失了。遇见文言就可以根据文言来思想来理解，与平时根据口语来思想一样。其实这时候已经多熟习了一种语言（文言）了，正同熟习了一种外国语相仿。

那转化的功夫就是讲解。讲解其实就是翻译。不过就习惯说，翻译是指把外国语文化为本国语文，与讲解不一样。但是，现在学校里测验学生文言阅读的程度，往往选一段文言，让学生"翻译为口语"。这个"翻译"显然就是"讲解"。

作外国语文的翻译，须能够根据外国语来思想，理解他表达的是什么，然后在本国语言里挑选最切当的语言把他表达出来。无所谓"直译"与"意译"，翻译的正当途径就只有这么一条。文言的讲解也是如此。

这一回只说些抽象的话。下一回再举些具体的例子，继续谈文言的讲解。

1947 年 11 月 1 日发表

（本文原题为《讲解》）

养成两种好习惯

——《学习国文的新路》序

国文这门学科与其他学科不一样。其他学科都有特殊的材料,譬如,数学的材料是各种算法,历史的材料是以往人类活动的种种事迹,化学的材料是各种元素分析化合的种种关系。国文的特殊的材料是什么呢?很难回答。

就最广泛的方面说,凡是用我国文字写成的东西都是国文的材料,刻在龟甲牛骨上的殷墟文字是,"五经"与诸子的书是,历代的正史稗史是,所有的文集与笔记是,诗词歌赋是,唱本宝卷是,现代的新文艺作品也是。

就最狭窄的方面说,只有语文法的研究、写作技术的研究、修辞的研究才是国文的材料。读无论什么书籍文篇,都只作为着手研究的凭借,目的在从其中研究出一些法则来。因为研究不能凭空着手,必须有所凭借,譬如,研究化学必须凭借物质,离开物质就无从研究化学。

可是,如今各级学校里所谓国文以及一班从业青年口头嚷着的"学习国文"的国文没有那么广泛,也不能那么狭窄。理由很显然的。把从古到今所有用我国文字写成的东西一齐拿来阅读,加上研究的功夫,事实上没有这种必要,而且谁也办不到。至于语文法的研究、写作技术的研究、修辞的研究,那是少数人的专门之业,普通人各有负责做的、喜欢做的事情要做,不能抛开了倒去做这些。

普通人在国文方面,大概只巴望养成两种好习惯——吸收的好习惯与发表的好习惯。

吸收与发表并不是生活上的点缀，却是实实在在的必需。人既然生活在社会里，社会里既然有这么一种文字，作为交换经验思想情感的工具，苦不能"凭"文字吸收人家的经验思想情感，"用"文字发表自己的经验思想情感，吃亏之大是不必细说的。这吃亏而且不限于个人，因为社会仿佛一个有机体，一个人有了什么缺陷，牵连开来，往往会影响全社会。所以许多人意想中的理想社会，条件各各不同，却有一个条件几乎是共通的，就是：必须根绝文盲。全社会里没有一个文盲，就是人人能凭文字吸收人家的经验思想情感，人人能用文字发表自己的经验思想情感，人与人的交互影响更见密切，种种方面自然更易进展。

上面所说的"凭文字吸收"与"用文字发表"都是随时需用的事，也就是一辈子需用的事。大凡一辈子需用的事最需养成好习惯。在习惯没有养成之前，取个正当适宜的开端，集中心力，勉强而行之。渐渐地不大觉着勉强了，渐渐地习惯成自然，可以行所无事了。这就是好习惯已经养成，足够一辈子的受用。如果开端不怎么正当适宜，到后来就成了坏习惯。坏习惯染在身上，自己不觉察，永远地吃亏下去，自己觉察了，改掉他得费很大的劲儿，而且不一定完全改得掉。所以学习国文不能不取个正当适宜的开端，务求把吸收与发表的好习惯养成。

养成好习惯必须实践。换一句话说，那不仅是知识方面的事，心里知道该怎样怎样，未必就能养成好习惯，必须怎样怎样做去，才可以养成好习惯。向人家打听，听听人家的意见，当然是有益的，但是吸收的好习惯还得在继续不断的阅读中养成，发表的好习惯还得在继续不断的写作中养成。废书不观，搁笔不写，尽在那里问什么阅读方法写作方法，以为一朝听到了方法，事情就解决了，好习惯就养成了，那是决无之理。

起孟、翔勋两位先生的这一本书曾经在《中学生》上分期登载过，对于学习国文，我认为他们说的是个正当适宜的开端。末了一篇叫做《从全面生活学习》，这个题目揭出了全书的宗旨。学习国文不是为了博得"读书"的美名，学习国文不是为了做个"能文之士"。为了生活，为了要求生活的充实，不能不像他们所说的那样着手学习。可惜抱这样见解的国文老师不怎么多，不然，大家依据这样见解指导他们的学生，我国的国文教学可以改观了。对于看了这本书的，我还想提醒一句：必须把两位先生说的一一实践，才可以养成吸收与发表的好习惯。

1947年11月5日作
（本文题目是叶至善后拟的）

再谈文言的讲解

上一回谈文言的讲解，说了些抽象的话。这一回举些具体的例子，继续谈文言的讲解。

一个字往往有几个意义。在从前，几个意义都有人用。到后来，某一个或某几个意义很少人用了，咱们姑且叫它做"僻义"。如果凭着常义去理解僻义，那必然发生误会。例如《诗·豳风·七月》中有"八月剥枣"的话，咱们现在常说剥花生，剥瓜子，好似正与"剥枣"同例。但是这个"剥"字并不同于剥花生剥瓜子的"剥"，这个"剥"字是"攴"的假借字，"攴枣"是把枣树上结着的枣子打下来。又如《诗·小雅·渐渐之石》中有"月离于毕"的话，咱们现在说起来，"离"是离开，"月离于毕"是月亮离开了毕宿（星宿）。但是这个"离"字并不是离开，它的意义正与离开相反，是靠近。"月离于毕"是月亮行近了毕宿。屈原的《离骚》，《史记·屈原传》中解释道："离骚者，犹离忧也。"这两个"离"字都不是离开，是遭遇，遭遇与靠近是可以相贯的。

文言中常不免有些僻义的字。倒不一定由于作者故意炫奇，要读者迷糊，大都还是他们熟习了那些僻义，思想中想到了那些字，就用出来了。咱们遇到那些字，若照常义去理解，结果是不理解。欲求理解，就得自己发现那些僻义，多找些例句来归纳，或者查字典，再不然就去请教人家。如果自己研究既怕麻烦，请教人家又嫌啰嗦，不理解的亏还是自己吃的。

文言中有些词语与现在说法不同。如"犊"字，咱们说"小牛"，"与某某书"的"书"字，咱们说"信"或"书信"。这只要随时随字留意，明白某字现在该怎么说，从而熟习那些字，直到不用想现在该怎么说，看下去自然了悟。又如从前人文中常用"髫龀"，寻求字义，"髫"是小儿垂髫，"龀"

是小儿毁齿。可是咱们遇见"髫龀之年"四个字，如果死讲作"垂头髫毁牙齿的年纪"，这就别扭了。咱们思想中从来没有这么个想法，口头上也从来没有这么个说法。咱们应该知道这四个字只是说幼年时候，大约七八岁光景。从前人说"髫龀之年"，正同咱们说"七八岁光景"一样。"髫"字、"龀"字什么意义固然要问个明白，可是对于"髫龀之年"还得作整个的理解，不必垂头髫啊毁牙齿啊什么的。

又如"倚闾之情"，如果死讲作"倚靠着里门的心情"，简直不成话。"愿共赏析"讲作"愿意跟您一同欣赏分析"，"颇费推敲"讲作"着实要花一番考虑"，话是成一句话，可是不够透彻。原来"倚闾""赏析""推敲"都是有来历的。"倚闾"出于王孙贾的母亲口里，她说儿子不回家，她就"倚闾而望"（《战国策·齐六》）。"赏析"是简约陶渊明的两句诗组成的，那两句诗是"奇文共欣赏，疑义相与析"（《移居》）。"推敲"是韩愈和贾岛的故事，他们两个共同考虑一句诗中的一个字，用"推"好还是"敲"好。下笔的人知道这些来历，他们写"倚闾之情"，先记起王孙贾的母亲的话，就用这四个字来表达望儿心切的意思。他们写"愿共赏析"，先记起陶渊明那两句诗，所以"赏析"两个字中特别含着欣赏文章、解析文章的意思。他们写"颇费推敲"，先记起韩愈和贾岛的故事，所以用"推敲"两个字虽不一定说作诗，可特别含着认真考虑、反复考虑的意思。咱们遇见这些语句，当然也得知道"倚闾""赏析""推敲"的来历，才可以不发生误会，理解得透彻。这样的语句，文言中非常多。"不求甚解"，固然也可以对付过去。可是，如果要不发生误会，理解得透彻，就必须探求来历。最简捷的办法是勤查辞书。

文言中的单音词，咱们现在多数说成复音词。咱们看起来，单音词含混，复音词明确。在理解文言的当儿，得弄清楚文中的这个单音词等于现在的哪个复音词，待习惯成自然，就能够凭单音词理解，不至于含混。譬如一个"神"字："祭神如神在"的"神"，咱们现在说"神道"；"神品"的"神"，咱们现在说"神妙"；"神与古会"的"神"，咱们现在说"精神"；"了不惊愕，其神自若"的"神"，咱们现在说"神态"。初学的时候必须逐个逐个对译，以求理解得明确，而同时，目的在养成习惯，达到单看上下文就知道是哪个"神"字的境界。

文言语句中各部分的次序，有的和现在的口语一致，有的不一致。所谓一致，就是文言怎么排列，现在的口语也怎么排列。譬如"喜食草实"是文言句，咱们现在说起来就是"喜欢吃草的子儿"，排列的次序彼此相同，不过把"喜"说成"喜欢"，"食"说成"吃"，"草实"说成"草的子儿"罢了。在这一类古今次序相同的语句里，有一点可以注意的，就是文言常有略去的部分，须由读者意会，按现在的说法说起来，那略去的部分往往必须说出。譬如《礼记·檀弓》"苛政猛于虎"那一节中，那妇人说明了公公、丈夫、儿子都被虎害了，孔子就问她"何为不去也？"，妇人回答说"无苛政"。这在咱们说起来，就得说"这儿没有苛酷的政治"。《檀弓》的原文可没有相当于"这儿"的词语，须意会才能辨出。

　　所谓不一致，就是语法的不一致，文言的语法是这样，现在口语的语法却另是一样。这须得两两比较，求得贴切的讲解，最后目的还在习惯那些文言的语法。譬如文言"糊之以漆纸"也可以作"以漆纸糊之"，"覆之以布"也可以作"以布覆之"，现在口语却只说"用漆纸糊上它""用布盖着它"（次序与"以漆纸糊之""以布覆之"相同），若照"糊之以漆纸""覆之以布"的次序说成"糊上它用漆纸""盖着它用布"，就不成话。又如文言"子何好？""子何能？"，现在口语说成"您喜欢什么？""您会干什么？"，"何好"与"喜欢什么"，"何能"与"会干什么"，次序刚好颠倒。文言"吾不之惧""吾未之信"，现在口语说成"我不怕他""我没有相信这个"，"之惧"与"怕他"，"之信"与"相信这个"，次序也刚好颠倒。这些都属于语法研究的范围。研究了语法就知道通则，无论文言或现在的口语，这样说才合于约定俗成的通则，不这样说就违背了通则。熟习了种种通则，听人家的话，读人家的文章，自然不至于错解误会。自己发表些什么，或者用口，或者用笔，也可以正确精当，没有毛病。

　　关于讲解，可以说的还多。现在因为赶紧要付排，姑且在此截止，以后有机会再谈。

1948年1月1日发表
（本文原题为《再谈讲解》）

答学习国文该读些什么书

常常接到读者们来信问起：学习国文该读些什么书？我们很感惭愧，对于这个问题，总不能作一番令人满意的答复。我们只能说，就最广的方面而言，凡是用中国文字书写的书籍文篇，都可以用来学习国文。可是我们不能就最狭的方面而言，指出什么什么书特别适于学习国文。专供学习国文用的书是没有的，除了国文教科书。而来信询问的人大多已经读过教科书，显然想在教科书以外再读些专用书，可惜那是没有的。

恐怕来信询问的人对于所谓学习国文只存个含糊的观念，他们笼统地觉得自己的国文程度不怎么好，又笼统地认为只要读一些专用书就会有进境，于是写信来问我们了。现在我们要请他们想一想清楚，究竟为了什么要加紧学习国文。为了不大熟习我国语言文字的习惯法则吗？为了不很能够运用语言文字发表自己的意思情感吗？为了不很能够看懂各种各样的书籍报志吗？为了想写一些所谓文艺作品可是写来写去总不像个样儿吗？我们想除了以上几层，大概不再有加紧学习国文的需要了。

请先从看懂各种各样的书籍报志说起。没有一个人能够看懂所有的书籍报志的（单就用我国文字书写的而言）。各种各样的书籍报志的内容不同，用语和讲述的方式各异，一个人熟习了这些部分，未必能同样地熟习那些部分。譬如看杂志，对于普通杂志能够一目了然，对于专门研究经济的杂志也许就不甚了了。又如看史书，对于人物的传记能够通体理会，对于历律的书志也许就完全不晓。而且文字有古今的分别。在古代文字这个名称之下，包含的文字体式实在说不清有多少种。一个人怎么能完全通晓古今各种体式的文字？所以就一般人说，只能悬这么一个目标：能看懂普通的书籍报志也就够了。这里所谓普通，也只是个不很明确的形容词，大概常见的、习用的一些书籍报志，就叫它作普通的。一般国文教科书就根据这种见地编成的。教科书从普通的书籍报志选取样品，供学习的人阅读，其意以为你看得懂这些样品，也就看得懂这些样品所从取材的那些书籍报志了。不过教科书篇幅有限，虽说只收些普通的书籍报志的样品，到底缺漏还多。你要扩充范围，弥补缺漏，就得在教科书以外，直接阅读书籍报志。单就普通的而论，那范围也是无限制的，那缺漏也是补不完的，所以自好的人愿意经常阅读，从幼年直到老年。再就看懂两字而言，也有程度的差别，仅仅明晓字面，不能说他不懂，但是咀嚼得透，把内含的意味一一体会出来，那就懂得更多。世间不少谈读书方法的文篇与书籍，不能说全无用处，不过最重要的还在读书的人自己多读。读书是属于能力方面的事，凡能力必须继续不断地磨练，才会越来越精强。在读得不多的时候，也许只能达到明晓字面的境界，后来读得多了，熟能生巧，竟能作极深切的体会：这样的例子是常见的。综合以上两层，阅读范围的扩充，阅读能力的加强，都可以称为国文程度有进境。这种进境并不是读了什么专用书得来的，却在乎多读那些普通的书籍报志。

其次说运用语言文字发表自己的意思情感。胸中仿佛有些东西，可是表达不出来，就认为这是国文程度不好之故：这样想的人恐怕很多。我们以为有意思表达不出来固然也可以说他的国文程度不好，但是说他想心思的程度不好尤为确切，想心思就是心中说话，想得清清楚楚就是说得清清楚楚，不应该不能用文字表达出来（文盲当然不能）。那些表达不出来的意思大概是没有想清楚的，朦胧之中以为自己有个意思在，实则那个意思并未具体形成，怎么表达得出来？一个人假如经常这样不清不楚地想心思，他吃的亏倒不在国文程度不好上，而在处理自己的生活不得要领上。提高想心思的程度得从改变想心思的习惯入手。任何意思不让它朦朦胧胧而止，必须想得清清楚楚（也就是在心中说得清清楚楚）方罢休。经过一段刻意修炼的时期之后，表达不出来的苦闷即使不能全部解除，必将减轻不少。读书也有用处，书是人家所想的心思，揣摩人家怎么想心思，对于自家想心思当然多少有帮助。不过人家想心思以人家的生活作背景，自家想心思也该以自家的生活作背景，如果一味依傍人家，或许会丧失了自我。所以就提高想心思的程度而言，读书是一种办法，可不是顶好的办法，顶好的办法还是就事想事，生活中需要什么想什么，一定要想得完密明确，不容它含糊将就。完密明确的意思必然表达得出，因为心中的一番话已经说清楚，把它化为纸面的文字只是一种记录的工作罢了。表达得出就是国文程度好，可是达到这个好并不全靠读书，如前面所说。

又其次说熟习我国语言文字的习惯法则，这是不成什么大问题的。我们幼年不会听话，不会说话，后来渐渐会听会说了，就因为熟习了语言的习惯法则之故。欲求熟习得更广更精，唯有多听、多读、多应用而已。除了对于语文研究有特别兴味的而外，似可不必再作旁的功夫。

末了说写文艺作品。文艺作品不是一种奇奇怪怪的特殊东西。文艺作品中装载的也是人们的意思情感，不过那本质比一般的意思情感来得精妙，表达的方式又恰如其分，刚刚把那本质传出，可以使人家心领神会：这就给它取个名称叫做文艺，以便与一般普通文字有个分别。意思情感要精妙，表达方式要适宜，是硬做不来的，执着笔杆只管写，捧着书本只管揣摩，未必全无用处，可也不见得十分有用处。原来意思情感与表达方式都从一个人的整个生活而来，必须整个生活产生得出精妙的意思情感与适宜的表达方式，才有写出像样的文艺作品的希望。

平时写信答复写不详细，这回总答复写得多些，但是仍嫌抽象，恐怕对于投书的人没有多大帮助，惭愧得很。

1948 年 3 月 1 日发表
（本文原题为《答来问——关于"学习国文
该读些什么书"的问题》）

中学国文学习法

认 定 目 标

学习国文该认定两个目标：培养阅读能力，培养写作能力。培养能力的事必须继续不断地做去，又必须随时改善学习方法，提高学习效率，才会成功。所以学习国文必须多多阅读，多多写作，并且随时要求阅读得精审，写作得适当。

在课内，阅读的是国文教本。那用意是让学生在阅读教本的当儿，培养阅读能力。凭了这一份能力，应该再阅读其他的书，以及报纸杂志等等。这才可以使阅读能力越来越强。并且，要阅读什么就能阅读什么，才是真正的受用。

在课内，写作的是老师命题作文。那用意是让学生在按题作文的当儿，培养写作能力。凭了这一份能力，应该随时动笔，写日记，写信，写笔记，写自己的种种想要写的。这才可以使写作能力越来越强。并且，要写作什么就能写作什么，才是真正的受用。

就一个高中毕业生说，阅读能力和写作能力应该达到如下的程度。

阅读方面——（一）能读日报和各种并非专门性质的杂志；（二）能看适于中学程度的各科参考书；（三）能读国人创作的以及翻译过来的各体文艺作品的一部分；（四）能读如教本里所选的欧阳修、苏轼、归有光等人所作散文那样的文言；（五）能适应需要，自己查看如《论语》《孟子》《史记》《通鉴》一类的书；（六）能查看《国语辞典》《辞源》《辞海》一类的工具书。这里所说的"能"表示了解得到家，体会得透彻，至少要不发生错误。

眼睛在纸面上跑一回马,心里不起什么作用,那是算不得"能"的。

写作方面——(一)能作十分钟的演说;(二)能写合情合理合式的书信;(三)能把自己的所见所闻所思所感记下来;(四)能写类似现社会中通用的文言信那样的文言。这里所说的"能"指表达得正确明白而言,至少也得没有语法上论理上的错误。就演说和书信说,还得没有礼貌上的错误。为什么把演说也列在写作方面?因为演说和写作是同一源头的两条水流,演说是用口的写作,写作是用笔的演说。

以上虽只是个人的意见,我自以为很切实际,一个高中毕业生能够如此,国文程度也就可以了,自己也很够受用了。至于阅读不急需的古书如《尚书》《左传》《老子》《庄子》,写作不切用的体裁如骈文、古文、旧体诗,各人有各人的自由,旁人自然不便说他不对。可是就时代观点和教育立场说,这些都是不必教中学生操心思花工夫的。还有文艺创作,能够着手固然好,不能够也无须强求,因为这件事不是人人都近情的。

靠自己的力阅读

阅读要多靠自己的力,自己能办到几分务必办到几分;不可专等老师给讲解,也不可专等老师抄给字典辞典上的解释以及参考书上的文句。直到自己实在没法解决,才去请教老师或其他的人。因为阅读是自己的事,像这样专靠自己的力才能养成好习惯,培养真能力。再说,我们总有离开可以请教的人的时候,这时候阅读些什么,非专靠自己的力不可。

要靠自己的力阅读,不能不有所准备。特别划一段时期、特别定一个课程来准备,不但不经济,而且很无聊。也只须随时多用些心,不肯马虎,那就是为将来作了准备。譬如查字典,如果为了作准备,专看字典,从第一页开头,一页一页顺次看下去,这决非办法。只须在需要查某一字的时候看得仔细,记得清楚,以后遇到这个字就是熟朋友了,这就是作了准备。不但查字典如此,其他都如此。

应作的准备大概有以下几项。

(一)留心听人家的话。写在书上是文字,说在口里就是话。听话也是阅读,不过读的是"声音的书"。能够随时留心听话,对于阅读能力的长进大有帮助。听清楚，不误会，固然第一要紧；根据自己的经验加以衡量，人家的话正确不正确，有没有罅漏，也是必要的事。不然只是被动地听，那是很有流弊的。至于人家用词的选择，语调的特点，表现方法的优劣，也须加以考虑。他有长处，好在哪里？他有短处，坏在哪里？这些都得解答，对于阅读极有用处。

（二）留心查字典。一个字往往有几个意义，有些字还有几个读音。翻开字典一看，随便取一个读音一个意义就算解决，那实在是没有学会查字典。必须就读物里那个字的上下文通看，再把字典里那个字的释文来对勘，然后确定那个字何音何义。这是第一步。其次，字典里往往有些例句，自己也可以找一些用着那个字的例句，许多例句聚在一块儿，那个字的用法（就是通行这么用）以及限制（就是不通行那么用）可以看出来了。如果能找近似而不一样的字两相比较，辨明彼此的区别在哪里，应用上有什么不同，那自然更好了。

（三）留心查辞典。一个辞也往往有几个意义，认真查辞典，该与前一节说的一样。那个辞若是有关历史的，最好根据自己的历史知识，把那个时代的事迹想一回。那个辞若是个地名，最好把地图翻开来辨认一下。那个辞若是涉及生物理化等科的，最好把自己的生物理化的知识温习一遍，辞典里说的或许很简略，就查各科的书把它考究个明白。那个辞若是来自某书某义的典故或是有关某时某人的成语，如果方便，最好把某书某文以及记载某时某人的话的原书找来看看。那个辞若是一种制度的名称，一个专用在某种场合的术语，辞典里说的或许很简略，如果方便，最好找些相当的书来考究个详细。以上说的无非要真个弄明白，不容含糊了事。而且，这样将辞典作钥匙，随时翻检，阅读的范围就扩大了，阅读参考书的习惯也可以养成了。

（四）留心看参考书。参考书范围很广，性质不一，未可一概而论。可是也有可以说的。一种参考书未必需要全部看完，但是既然与它接触了，它的体例总得弄清楚。目录该通体一看，书上的序文，人家批评这书的文章，也该阅读。这样，多接触一种参考书就如多结识一个朋友，以后需要的时候，还可以向他讨教，与他商量。还有，参考书未必全由自己购备，往往要往图书馆借看。那么，图书分类法是必要的知识。某个图书馆用的什么分类法，其中卡片怎样安排，某一种书该在哪一类里找，必须认清搞熟，检查起来才方便。此外如各家书店的特点以及它们的目录，如果认得清，取得到，对于搜求参考书也有不少便利。

以上说的准备也可以换成"积蓄"两个字。积蓄得越多，阅读能力越强。阅读不仅是中学生的事，出了学校仍需要阅读。人生一辈子阅读，其实是一辈子在积蓄中，同时一辈子在长进中。

阅 读 举 要

如果经常作前面说的那些准备，阅读就不是什么难事。阅读时候的心情也得自己调摄，务需起劲、愉快。认为阅读好像还债务，那一定读不好。要保持着这么一种心情，好像腹中有些饥饿的人面对着甘美膳食的时候似的，才会有好成绩。

阅读总得"读"。出声念诵固然是读，不出声默诵也是读，乃至口腔喉舌绝不运动，只用眼睛在纸面上巡行，如古人所谓"目治"，也是读。无论怎样读，起初该用论理的读法，把文句中一个个词切断，读出它们彼此之间的关系来。又按各句各节的意义，读出它们彼此之间的关系来。这样读了，就好比听作者当面说一番话，大体总能听明白。最忌的是不能分解，不问关系，糊里糊涂读下去——这样读三五遍，也许还是一片朦胧。

读过一节停一停，回转去想一下这一节说的什么，这是个好办法。读过两节三节，又把两节三节连起来回想一下。这个办法可以使自己经常清楚，并且容易记住。

回想的时候，最好自己多多设问。文中讲的若是道理，问问是怎样的道理？用什么方法论证这个道理？文中讲的若是人物，问问是怎样的人物？用怎样的笔墨表现这个人物？有些国文读本在课文后面提出这一类的问题，就是帮助读者回想的。一般的书籍报刊当然没有这一类的问题，唯有读者自己来提出。

读一遍未必够，而且大多是不够的，于是读第二遍第三遍。读过几遍之后，若还有若干地方不明白不了解，就得做翻查参考的功夫。这在前面已经说过了，关于翻查字典辞典，以及阅读参考书，这儿不再重复。

总之，阅读以了解所读的文篇书籍为起码标准。所谓了解，就是明白作者的意思情感，不误会，不缺漏，作者表达些什么，就完全领会他那什么。必须做到这一步，才可以进一步加以批评，说他说得对不对，合情理不合情理，值不值得同情或接受。

在阅读的时候，标记全篇或者全书的主要部分、有力部分、表现最好的部分，这可以帮助了解，值得采用。标记或画铅笔线，或做别种符号，都一样。随后依据这些符号，可以总结全部的要旨，可以认清全部的警句，可以辨明值得反复玩味的部分。

说理的文章大概只需论理地读，叙事叙情的文章最好还要"美读"。所谓美读，就是把作者的情感在读的时候传达出来。这无非如孟子所说的"以意逆志"，设身处地，激昂处还他个激昂，委宛处还他个委宛，诸如此类。美读的方法，所读的若是白话文，就如戏剧演员读台词那个样子。所读的若是文言，就用各地读文言的传统读法，务期尽情发挥作者当时的情感。美读得其法，不但了解作者说些什么，而且与作者的心灵相感通了，无论兴味方面或受用方面都有莫大的收获。

读要不要读熟？这看自己的兴趣和读物的种类而定。心爱某篇文字，自然乐于读熟。对于某书中的某几段文字感觉兴趣，也不妨读熟。读熟了，不待翻书也可以随时温习，得到新的领会，这是很大的乐趣。

学习文言，必须熟读若干篇。勉强记住不算熟，要能自然成诵才行。因为文言是另一种语言，不是现代口头运用的语言，文言的法则固然可以从分析比较而理解，可是要养成熟极如流的看文言的习惯，非先熟读若干篇文言不可。

阅读当然越快越好，可以经济时间，但是得以了解为先决条件。糊里糊涂读得快，不如通体了解而读得慢。练习的步骤该是先求其无不了解，然后求其尽量地快。出声读须运动口腔喉舌，总比默读仅用"目治"来得慢些。为阅读多数书籍报刊的便利起见，该多多练习"目治"。

阅读之后该是作笔记了，如果需要记什么的话。关于作笔记，在后面谈写作的时候说。

最要紧的，阅读不是没事做闲消遣，无非要从他人的经验中取其正确无误的、于我有用的，借以扩充我的知识，加多我的经验，增强我的能力。就是读文艺作品如诗歌小说等，也不是没事做闲消遣。好的文艺作品中总含有一种人生见解和社会观察，这对于我的立身处世都有极大的关系。

写 作 须 知

写作必须把它看成一件寻常事，好比说话一样。但是又必须把它看成一件认真事，好比说话一样。

写作决不是无中生有。必须有了意思才动手写作，有了需要才动手写作。没意思，没需要，硬找些话写出来，这会养成不良的写作习惯，而且影响到思想方面。

写作和说话虽说同样是发表，可也有不同处。写作一定有个中心，写一张最简单的便条，写一篇千万字的论文，同样的有个中心，不像随便谈话那样可以东拉西扯，前后无照应。写作又得比说话正确些，齐整些，干净些。说话固然也不宜错误拖沓，可是听的人就在对面，不明白可以当面问，不心服可以当面驳，嫌啰嗦也可以说别太啰嗦了。写了下来，看的人可不在对面，如果其中有不周到不妥帖处，就将使他人不明白，不心服，不愉快，岂不违反了写作的本意？所以写作得比说话正确些，齐整些，干净些。

写作的中心问自己就知道。写一张便条，只要问为什么写这张便条，那答案就是中心，写一篇论文，只要问我的主要意思是什么，那答案就是中心。

所有材料（就是要说的事物或意思）该向中心集中，用得着的毫无遗漏，用不着的淘汰净尽。当然，用得着用不着只能以自己的知识能力为标准。按标准把材料审查一下总比不审查好，不审查往往会发生遗漏了什么或多余了什么的毛病。

还有一点，写作不仅是拿起笔来写在纸上那一段时间内的事情。如前面所说，意思的发生，需要的提出，都在动笔之前。认定中心，审查材料，也在动笔之前。提起笔来写在纸上，不过完成这工作的一段步骤罢了。有些人认为写作的工作在提起笔来的时候才开始，这显然是错误的。如果如此，写作就成为一种无需要、无目的、可做可不做的事了。

写作完毕之后，或需修改，或不需修改。不改，是自以为一切都写对了，没有什么遗憾了。至于修改，通常说由于自己觉得文字不好。说得确切一点，该是由于自己觉得还没有写透那意思，适合那需要。于是再来想一通，把材料增减一些，调动一些，把语句增减一些，变换一些，这就是修改。

　　练习写作，如果是课内作文，也得像前面所说的办。题目虽然是老师临时出的，可是学生写的意思要是平时有的，所需的材料又要是找得到的，不然就是无中生有的勾当了。（老师若出些超出学生能力范围的题目，学生只好交白卷，但是不必闹风潮。）练习是练习有意思有材料就写，而且写得像样，不是练习无中生有。

　　无论应用的或练习的写作，以写得像样为目标。记事物记清楚了，说道理说明白了，没有语法上的毛病了，没有论理上的毛病了，这就是像样。至于写得好，那是可遇而不可求的。经验积聚得多，情感蕴蓄得深，思想钻研得精，才可以写成好文章。换句话说，好文章是深度生活的产品，生活的深度不够，是勉强不来的。希求生活渐进于深度，虽也是人生当然之事，可是超出了国文学习的范围了。

　　要写得像样，除了审查材料以外，并得在语言文字上用心，这才可以表达出那选定的材料，不至于走样。所谓在语言文字上用心，实际也是极容易的事，试列举若干项。

　　（一）所用的词要熟习的，懂得他的意义和用法的。似懂非懂的词宁可不用，换一个熟习的来用。

　　（二）就一句句子说，那说法要通行的，也就是人家会这么说，常常这么说的。一句话固然可以有几样说法，作者有自由挑选那最相宜的使用，可是决不能独造一种教人家莫名其妙的说法。

　　（三）就一节一段说，前后要连贯，第二句接得上第一句，第三句接得上第二句。必须注意连词的运用，语气的承接，观点的转换不转换。一个"所以"、一个"然而"都不可随便乱用。陈述、判断、反诘、疑问等的语气都不可有一点儿含糊。观点如须转换，不可不特别点明。

　　（四）如果用比喻，要问所用的比喻是否恰当明白。用不好的比喻还不如不用比喻。

（五）如果说些夸张话，要问那夸张话是否必要。不必要的夸张不只是语言文字上的毛病，也是思想上修养上的毛病。

（六）不要用一些套语滥调如"时代的巨轮""紧张的心弦"之类。这些词语第一个人用来见得新鲜，大家都用就只有讨厌。

（七）运用成语以不改原样为原则，如"削足适履"不宜作"削足凑鞋"，"怒发冲冠"不宜作"怒发把帽子都顶起来了"。

（八）用标点符号必须要审慎。宜多用句号，把一句句话交代清楚。宜少用感叹号，如"以为很好""他怕极了"都不是感叹语气，用不着感叹号。用问号也得想一想。询问和反诘的语气才用问号，并不是含有疑问词的语句都要用问号。如"他不知道该怎么做""我问他老张哪一天到的"都不是问句，用不着问号。

写 作 举 要

练习写作，最好从记叙文入手。记叙文的材料是现成的，作者只须加上安排取舍的功夫，容易着手。

议论文也不是不必练习，但是所说的道理或意见必须明白透彻，最忌把不甚了了的道理或意见乱说一阵。因此，练习议论文该从切近自身的话题入手，如学习心得和见闻随感之类。

应用文如书信，如读书报告，往往兼包记叙和议论。写作这类东西，一方面固然应用，一方面也是练习。所以也得认真地写，多一回认真的练习，就多一分长进。

以下略说写作各类东西的大要。

（一）记物的文字须把那东西的要点记明。譬如记一幅图画，画的什么就是要点，必须记明。也许画面上东西很多，而以某一件东西为主，这某一件东西必须说明。

（二）叙事的文字须把那事件的始末和经过叙明。譬如叙一个文艺晚会，晚会的用意和开会的过程必须叙明。也许会中节目很多，几个重要的节目必须详叙，其余节目只说几句简单的话带过。

（三）书信须把自己要向对方说的话说清楚。不清楚，失了写信的作用，重复啰嗦，容易混淆对方的心思，都不能算写得适当。书信又须注意程式。程式不是客套，程式之中实在包含着情分和礼貌。不注意程式，在情分上礼貌上若有欠缺，就将使对方不快，这也违反写信的初意。

（四）日记最好能够天天写，对修养有好处，对写作也有好处。刻板式的日记比较没有意义。一天里头总有些比较新鲜的知识见闻和想头，就把那些记下来。

（五）读书笔记不只是把老师写在黑板上的注解表格等等抄上去，也不只是把一些书本上的美妙紧要的文句抄上去。除了这些，还有应该记的，如：翻了几种书，就可以把参照比较的结果记录下来；读了一篇文章一部书，自己有些想头，或属怀疑，或属阐发，或属欣赏，都可以记录下来。

（六）给壁报揭载的或投寄报纸杂志的文章与其他文章一样，也应该以写自己熟知的了解的东西为主。可是有点不同，这类文章是特地写给他人看的，写的时候，心目中就须顾到读者。既然顾到读者，人人知道的事物和道理就不必写。至于自己还没有弄清楚的大问题大道理，那非但不必写，简直不容写，写出来就是欺人，欺人是最要不得的。

写　　字

末了儿还得说一说写字。一般人只须讲求实用的写字，不必以练成书家为目标。实用的写字，除了首先求其正确之外，还须求其清楚匀整，放在眼前觉得舒服，至少也须不觉得难看。

临碑帖，一般人没有这么多闲工夫。只须逢写字不马虎，就是练习。写字是手的技能，随时留意，自然会做到心手相应的地步。

目前写字的工具不只毛笔，钢笔铅笔也常用，也许用得更多。无论用什么笔写，全都得不马虎，才可以养成好习惯。

就字体而论，一般人只须注意真书行书两种。行书写起来比真书快，所以应用更广。行书是真书的简化，基本还是真书。真书写得像样，行书就不会太差。

真书求其清楚匀整，大略有如下几点可以说的。

（一）笔笔交代清楚，横是横，撇是撇，一点不含糊。

（二）横平竖直，不要歪斜，这就端正了。

（三）就一个字而言，各笔的距离务须匀称，不太宽也不太挤。这须相度各个字的形状。偏旁占一半还是三分之一，头和底各占几分之几，中心又是哪一笔，相度清楚，然后照此落笔。距离匀称，不宽不挤，看在眼里就舒服。

（四）就一行的字而言，须求其上下连贯，无形中好像有一条直线穿着似的。还须认定各个字的中线，把中线放在一直线上。中线或是一竖，如"中"字、"草"字，或是虚处，如"非"字、"井"字，很容易辨明。

（五）就若干行的字而言，须求两行之间有一条空隙。次行的字的笔画触着前行的字的笔画固然不好看，就是几乎要触着也不好看。

（六）写一长篇的字须要前后如一。如果开头端端整整，到后来潦潦草草，这就通篇不一致，说不上匀整了。

如果有工夫练习实用的写字，可以按字的形体分类练习，如挑选若干"木"旁字来写，又挑选若干"雨"头字来写。"木"旁、"雨"头的字是比较容易的。比较烦难的尤宜如此，如"心"底的字、从"辶"的字。手写之外，宜乎多看，看人家怎样把这些字写得合适。看与写并行，心与手并用，自然会逐渐有进步。

1948 年 5 月发表

（本文原题为《中学各科学习法·国文》）

教学举例

今天同诸位老师谈两篇东西。并不是狂妄地来讲授这两篇东西；不过说，据我的看法，像这样两篇东西，大概可以如此预备去教导学生罢了。

这番讲话，两周前在工农中学师训班已经讲过一次，这是第二次了，虽然诸位老师还是第一次听到。这是我贪图省事，免得再准备材料。

咱们教语文的，讲起原理、原则、方法往往是一大套，其实也很简单，无非选几篇东西让学生看：咱们给他们指点，何处应当注意而已。学生认真地依咱们的指点去看，可以收到三种效果：

（一）受到思想政治教育。语文课和政治课同而不同，目标是相同的，可是程度不同。政治课教的是关于思想政治方面的理论和知识，希望学生领受下去，食而化之。语文课大半不讲理论，也并非思想政治方面的知识，大多数选用形象化的文章，使学生在不知不觉之间受到感染，自然而然在思想行动方面逐渐提高。

（二）提高读书能力。学生本来也可以看些书，但是在方法上也许不完备，因而不能透切地了解。咱们给学生指点以后，他们了解的范围推广了，了解的程度加深了。

（三）提高写作能力。对于所读的书真能了解，在写作方面不会不发生影响的。

我说得如此浅近，诸位能同意吗？我以为有些事情不贵乎求之太深。以上算是开场白。

选的这两篇东西，《"国家的"》和《三黑和土地》，都是我们新编的《语文课本》的材料。前一篇是散文，在第一册；后一篇是诗，在第三册。

教一篇文章，要学生预习，老师就先要费一点儿心，给他们若干提示。提示出得好，学生依着这些提示去预习，大概就能把这篇文章的内容方面形式方面的要点，以及含蓄在里头没有明说出来的东西全摸索出来。随便提示一些是不行的，必须提得完全，可能提出的一定要提出来。学生按着提示去想，去讨论，上课时报告一下，由老师加以纠正补充就得。逐句讲解，简直可以不必。教语体，教文言，都可以用这个办法。"白话文没法教"的顾虑，因此可以解除。

预习时要学生先读几遍，朗诵默诵都可以。这可以让他们自己考验了解的程度如何。也许第一遍念下去不顺，第二遍就顺得多了，念得顺就是粗略地了解了。有注释的，不要先看注释，实在不能自己解决时再看，然后按老师所出的提示逐一思考，作成答案。

老师给他们提示，先要自己想好，期望得到如何的答案，自己要有个数。要先检查自己，不要出没法回答和没法解决的问题。我现在以《"国家的"》为例，举些问题，希望诸位批评。

"在这篇文章里，开口说话，把一件事情告诉咱们的是谁？""'我们'。"——这就是正确的回答。

"所谓'我们'，是什么样人？"除了太笨的和不用心的，一定可以回答"开坦克的"，并且会知道"是解放军中的坦克部队"。

"这篇文章是不是'我们'的集体创作？"应当回答："不是，是'我'，是老头儿转过来问他'这辆铁甲车修好了，还能打仗吗'的那个'我'。"

接着再问："这篇文章以什么东西作范围？"看过的一定能够说："关于一辆坦克车的事情。"说得详细的就是："老乡们保护着的一辆坦克车，交给解放军拉走了。"

"这事情发生在什么地方？""北京西郊警备路。"

"这篇文章所叙的占多少时间？"这希望学生算一算。头一天遇到蹬三轮的，知道有这么一辆坦克，第二天看见了坦克，又过了两天拉走，应该回答"四天"。——"两天"有两个意义：一是不确定的"两天"，如"过两天再来看你"的"两天"；一是确定的"两天"。这里的"两天"该是确定的，所以一共是"四天"。

以上各问题，并非每篇文章都要如此发问。但是这几点，在看记叙文的时候（看一篇小说、一篇戏剧也一样），确乎很重要，一定要使学生经常留心，成为习惯。

往下再问：

"'我们'何以知道有这么一辆坦克？"

"这辆坦克怎么到了老乡手里？"

以上的问题用意在使学生把看明白了的，用自己的话回答出来。

"大家保护这辆坦克好几个月，给解放军拉走了，为什么没有舍不得的意思？"这个问题也许深了点儿，学生或者答不上来。老师可以告诉他们："物之所以可爱，因为它有用。老乡们知道这辆坦克是'国家的'，所以保护它，可是没有尽其用。现在拉走了，正可以尽其用，当然没有舍不得的意思。"

再可以问：

"老乡们虽然没有舍不得的意思，可是对这辆坦克已有了情感，从哪儿可以看出来？"回答是："从最后一句'车修好了，开到咱们村里来走走哇！'可以看出来。"

诸位老师要我说些关于语法文法的话。我不赞成单独教这个。新华书店出版的课本是有单独的语法课的，我听不少老师说："讲者无趣，听者头痛。"语法文法的名称有不同的说法。有人说："口语的法则为语法，文言的法则为文法。"又有人说："就其为语言说，都可以叫语法，文言的依据是古代语言。就其为写在纸面的文章说，都可以叫作文法。"这就弄不清了。我想将来总会有个一致的称谓的，现在我就叫它"语法"好了。我认为语法应当放在课文内教。在课文中指出一些有关语法的材料，让学生注意一下，能够触类旁通，就够了。不但语法，连修辞及作文法也可以随时教。这些东西并不艰深。例如"比喻""夸张"，就是修辞方法，任何人说话都是常用的。有人说："这样教太零碎，没有系统。"其实不然。单就语法来说，学生到毕业的时候，绝不会有只懂得名词、动词，可是不懂得形容词、副词是怎么回事的事。这些东西说简单真简单，只要教得得其法。死死板板地教，确乎不如随时遇见一点教一点的好。

现在举一个例，是关于作文法的。譬如问："那一天解放军去取坦克，至少有十个人，那个村子即使很小，出来看热闹的老乡总有二三十人，那么些人聚在一起，乱七八糟的话一定说得很多，为什么不都写下来？"这个问题，学生可能答不出。老师就可以告诉他们："那一天的话，当然记不胜记。写文章不是乱说话，要有中心。一切材料都得向中心集中。这篇文章的中心是什么呢？老乡们爱护公共财物，爱国家，不是挂在口头上的，也不是听了报告学来的，他们既痛恨国民党反动派，又多少和人民自己的解放军有了接触，遇见了反动派遗留下来的这辆坦克，就加意保护它，这是自发的一种爱国的行为。这是这篇文章的中心。所有对话，凡是跟中心有关的都记下来了，无关的，一句也不要。"所有的记叙文大多有对话，一篇小说，一篇传记，其中的对话全是这样来的。这一点必须使学生明白。

还可以让学生研究一下，这篇文章有没有毛病？从前教国文的老师总爱作文章的辩护律师，永远是"文章好呀，好文章！"，咱们现在不必再当这义务律师了。文章有不好处，就说不好。例如本文末一节，"正要开走，又听见那个老头儿……"，是哪个老头儿呢？有人说："前两天有过一个老头儿出场的。"但是事情隔了两天，作者至少应该说"两天前见过的那个老头儿"，这才没有漏洞。像这种地方，让学生练习眼光也好。

这篇文章，老师们必然同意它的政治性强。讲的时候，自然不妨提到"共同纲领"和爱护国家财物的必要等等。学生们念过，也一定会明白。要学生多读多了解，收到潜移默化的功效，在思想政治上提高一步。不必多发空论，只需教的态度认真，准备的材料充实就够了，也不必选若干篇有关的政治论文作为补充教材。要注意到坐在对面的是小学刚毕业的孩子，他们能不能接受政治性那么强的东西。分量合适，学生能够接受，可以收到营养的效果，那才是真的强。

下面，咱们来谈谈《三黑和土地》。

有人觉得教白话诗比教白话文更讨厌。其实也有办法，还是先让学生们预习。看诗，更要多用功夫多用心。坏的诗不说，好的有分量的诗，往往只说出一部分，另外一部分没有说出来，待读者自己去体会，这就不容易看了。咱们必须把可以体会的体会出来，才算真能了解。

开头问：

"全诗共十五节，是否全说的三黑?"假若学生看清楚了，马上可以回答："不，后十二节讲三黑，开头三节不是。"

"这首诗讲的是什么?"答："解放之后，三黑分到了土地，他生活改变了，心理上也改变了。"

"讲三黑的十二节和头三节是如何连接起来的?"应当答："连接在第四节第一行'三黑就是这样地翻着土地'一行中的'就是这样地'五个字上。假如不要开头三节，并把第四节第一行'就是这样地'五个字删掉，这首诗也可以成立。"

"所谓'这样'，是怎么样?"应当答："所谓'这样'，包括了开头三节，代替了开头三节。"

开头三节，老师可以引导学生来想一想：第一行看来平常得很，"农民""有了""土地"，就是这样三个意念。仔细一想就不怎么平常。"农民"和"土地"有一定的关系，农民种地，地归农民种，本是天经地义的事。中间插个"有了"，和从前向人家租地佃地也算是"有了"的不同；和自己没有地，只靠出卖劳动力，给地主当雇农，地主说"这块地归你种吧"，这样也算是"有了"的不同。那都不是真"有"，而现在才是的的确确、实实在在地"有了"土地所有权。由于这个不平常的"有了"，跟着来了新的情况，"就把整个生命投进了土地"。这是前三节的中心，接着下面三四两行，是打个比方的说法。

"二三两节说的是什么呢?"说的是农民真正有了土地之后，对土地的欢喜异常深切的情况。两节都用"恨不得"开头。"恨不得"是表示恨之深，也表示爱之深。（例如"我恨不得打死你"，是表示恨之深。男女相爱，"恨不得"打碎揉烂，两个团成一个，我里有了你，你里也有了我，是表示爱之深。）诗中的"恨不得把每一块土"都"尝一尝"，又"恨不得自己变成一粒种子，躺在土里试一试"，都是说农民希望知道自己的土地好到什么程度。庄稼是农民最后的目标，爱土地也无非为了庄稼，所以他们就想"变成一粒种子"去"试一试""温暖不温暖，合适不合适"。"尝"是味觉，"躺在土里试"是触觉，比较空说"想知道好到什么程度"不同，真实感丰富多了。总之，诗人用了这两节，表达了农民爱土地爱庄稼的心情。

"为什么要有说一般农民的开头三节呢？"因为三黑是一般农民中的一个。但是这三节假如删去了，也无不可。

"说三黑的十二节，应该怎样分段落？"我想学生大致会分的。"第四节到第八节是一段，说三黑翻地耙地，同时欣赏自己的土地和工作。第九节到第十二节，以蝈蝈儿为线索，把三黑幼年的心情和现在的心情作个对比。第十三、十四两节是他的打算。第十五节是结束。"

让学生读过几遍之后，再想一想，看有没有可以体会的地方。从第四节的"每一寸土都给翻起，每一块土疙瘩都给细细地打碎"，可以看出他现在工作的认真，是从前没有过的。从前翻地耙地，比较起来是马虎的。第五节的"看起来好像娘儿们刚梳的头"，这当然表示耙得又光又顺；自己的工作成绩这么好，是他的新发现、新经验，从前绝不是这样的。这是劳动力解放之后必然的现象。诗中虽无理论的话，但是咱们要注意这一点。因为有了"刚梳的头"这一个比方，三黑的心思就在欣赏自己的工作成绩方面了。以下，诗就向欣赏方面发展。第六节，"简直是一张软床。叫人想在上面打滚，想在上面多躺一躺。"——还是在欣赏刚耙的土地。"叫人"的"人"指三黑而言。第七节，"今天准备好了，叫麦籽儿睡上。"——继续欣赏，同时见出三黑把麦籽儿看得比自己还要宝贵。第八节替麦籽儿设想，整治得这么好的土地，它睡下去该如何舒服，如何与往年不同，甚至于"就想发芽，赶快钻出来吸些雨露"了。这一整段五节，写三黑在翻地耙地的工作中，产生了与往常绝不相同的感觉和心情。散文无此写法，这是诗的特点。

在第二个段落中，第九节写景最好。"看见自己种的荞麦已经开花"的"看见"二字，正像陶渊明诗中"悠然见南山"的"见"字，并非有意去看，而是无意之中看到了。我这是偶尔想起的，也许不必跟学生们说。"自己种的"值得注意。以往年年种荞麦，并不是给自己种的，今年种的才是给自己种的。第十节两个蝈蝈儿，"叫得人心里痒抓抓的好喜欢"，这一行的"人"字还是指三黑，不是泛指。第十一节中"爹娘骂""地主骂"的两个"骂"，描出了三黑的幼年时代。爹娘给人家种地，生活困难，只好强迫小孩劳动。贫苦农家的孩子在地主眼里是毫无地位的，地主骂"蹚坏了我的庄稼"，就是没有蹚坏，农家的孩子在"我的"地里乱跑也非骂不可。第十二节全节，我认为是这首诗的灵魂所在，假如得朗诵专家一念，感动人一定很深。简言之，三黑能设身处地地想，自己小时候爱捉蝈蝈儿，别的小孩必然也爱捉蝈蝈儿，这是一层。从前自己捉了，要挨地主的骂，现在自己有了地，人家的孩子来地里捉蝈蝈儿不会挨骂，这又是一层。"快去逮吧！"表现出农民与农民的爱，心情息息相通，这又是一层。像三黑当小孩时那样的时代已经过去了，这又是一层。此外该还可以体会出别的意思吧。读到这一节，就知道前几节都是给这一节作准备。

第三段落的第十三、十四两节，前一节是希望"跟人家合伙"，扩大生产，后一节是打算在收获之后"买头小毛驴"，先公后私，干一些称心事儿。从他这两个打算中，咱们可以想到翻身后的农民因为生活改变，心里的想头也改变了。在以前，农民是不知道什么"合伙"的，送公粮，迟一点儿好，能赖掉更好，哪儿有当作头一要紧事办的？这些都是土改以后的新情况，农民在实际生活中受到了教育的缘故。第十四节，用的是"阳"韵，这也表示喜欢的情绪。送公粮，看闺女，都是高兴的事，在韵脚和节奏上也可以体会出来。

最后第十五节，三黑想的"翻身的人儿心里真甜"，该是这首诗的中心，这首诗就是表现这一点。第一段落写三黑工作比往常好，而且自己欣赏那个"好"，是"甜"。第二段落写今昔大不同，今胜于昔，是"甜"。第三段落写两个打算，前途欢快无穷，是"甜"。最后的第四段落，明白写出了"甜"。"地里的蝈蝈儿，也叫得更欢"，更强调了这个"甜"，是三黑心里"甜"，便觉着蝈蝈儿叫得"更欢"、更有劲儿了。

诗与文的分别很难说。现在把两篇合在一起看，《"国家的"》是清清楚楚地叙明了一件事，《三黑和土地》呢，除了翻地耙地是实在的事以外，全是些意思、情感和感觉，这些东西适宜作诗的材料。如果把这些东西写成散文，那就是小品文，也还是诗的味道，可以称为散文诗。

未必个个老师都善于念诗。学生人多，总有几个念得比较好的。应当让他们好好地念几遍，念的人和听的人都可以有所得。

咱们还可以问学生：

"《'国家的'》一文中，'我们'在内，《三黑和土地》中，作者苏金伞在内吗？"学生一定会回答："《三黑和土地》中，苏金伞并不在内。"

"是不是三黑工作的时候，苏金伞在旁边看着他，然后写成这首诗的？"他们也会回答："就算苏金伞在三黑身旁看着他，也不会看到他心里想的心思。"

"是三黑把心中想的告诉了苏金伞，苏金伞才写出这首诗来吗？"回答也许是"是的"，也许是"不对"。大体说来，说"不对"的对了。就是三黑告诉了苏金伞，三黑也不会说得那么细致。那么是苏金伞自己知道了三黑的意思、情感、感觉等等，苏金伞简直像个仙人了。

到这儿，老师就可以告诉学生们：记叙文主要有两种写法，一种是第一人称的写法，如《"国家的"》，有"我们"在内，由"我们"说话，"我们"是第一人称。这一种写法绝不能写人家心里的东西。人们心里在想，你怎么知道呢？有时候从人家的外表推知人家的内心，那可以写，写起来自然需要加上"仿佛""好像"等猜度之词。

《三黑和土地》是另外一种第三人称的写法，作者不在内，讲的是三黑，用代名词是"他"，"他"是第三人称。这一种写法，作者好像仙人似的，无所不知，可以写张三李四的心事，也可以写北京和上海同一时间内的光景。对于某一对象，经过了了解，又加上想象，非用"无所不知"的写法写不可。那篇《"国家的"》也可以改用第三人称的写法写，写出来当然是另一局面了。

以上说的是关于作文方面的。关于修辞方面，在这首诗里可以提出四个比喻来谈谈。"活像旱天的鹅""好像娘儿们刚梳的头""白霎霎的像一地雪"，都说明了"像"，容易认出是比喻。还有个"简直是一张软床"，没有说明"像"，比较不容易认出。"是"是断定口气，说"是"比说"像"，力量重一点儿，"一张软床"还是个比喻。比喻的作用，谁都知道在叫人明白，可是不但在叫人明白，还在引起人家一种感觉的印象，就是听觉、视觉、触觉等等印象，看诗中四个比喻就可以证明这一点。

在《"国家的"》中，有"一看见我们是解放军"一句里的"一看见"，

《三黑和土地》第一节有"一有了"和"一见了",可以拿"一什么"来研究研究。"看见"和"一看见"意义不同,这个"一"绝非数目,而是表示迅速。说"看见",单凭这个"看见",一句话就可以完成,如"我看见三黑"。单凭一个"一看见",一句话可不能完成,底下还得有一种动作,并且用"马上""就"等词跟"一"照应,表示前一个动作一发生,后一个动作跟着就来。这一段话是关于语法方面的。

我今天就提出以上的一点材料,请诸位老师指教。

1950年8月11日讲

(本文原题为《教学一例》)

附录一:

"国家的"

(据1949年10月12日《人民日报》改写)

上个星期天,我们在马路上学习开坦克。休息的时候,有个蹬三轮车的告诉我们:"西郊警备路也有这么一辆车,你们怎么不去弄了来呢?"

第二天,我们就到那边去看。果然有一辆小坦克,拿草盖得严严的,停在一座庙的院子里。院子的一边有间厨房,一位老乡在里头筛米。我们就问他:"这辆坦克是谁的呀?"

"国家的!"他理直气壮地回答了一句,还是低着头干他的活儿。

"是国家的,我们也知道。我们问的是,谁扔在这儿的?谁给保管着的?"

这会儿,他抬起头来了,一看见我们是解放军,忙说:"哦,是同志。请坐,请坐。你们问这辆车吗?还是在围城的时候,反动派由丰台往城里头逃,到了我们村里,这辆车出了毛病,车上的人下来修理。不知谁家的孩子嚷了一声'八路来了',那些反动派就扔下了车,逃走了。

"大伙儿说,造一辆铁甲车得花不少的钱,扔着多可惜呀!头几天有几个开汽车的来偷过零件。大伙儿就商量好，每天晚上轮换着看管。后来觉得老停在外边还不大放心，就套上了几个驴把它拉到庙里来了。国家的东西嘛，总得大伙儿来保护，你们说，是不是？"

这时候，来了不少老乡。我们告诉他们，准备把这辆车拉回去修理。起头儿还怕他们不愿意：保管了这么些日子，一下子就给拉走了。谁知道他们都挺愿意。一位老头儿说："这再好也没有了。一来我们用不着再天天老花工夫看管，担心坏人来偷零件；二来这么好的东西扔在这儿也很可惜，解放军修好了正用得着。"他转过来问我："同志，这辆铁甲车修好了，还能打仗吗？"

过了两天，我们开一辆牵引车去拉。老乡们一听到机器的声音，都出来了，帮我们扫掉盖在车上的草。看见我们把坦克拉动了，大家都高兴得笑起来。还有人称赞："咱们解放军真有办法，一拉就拉动了。那天我们费多大的劲才拉了进来呀。这家伙搁在解放军手里，修理修理，准保能用的。"

我们对他们说："这几个月来，大家辛辛苦苦看管这辆车，这么爱护国家的财物，真得谢谢你们！"他们都连声说："国家的嘛，爱护是应该的。"

我们上了车，正要开走，又听见那个老头儿大声地说："同志，车修好了，开到咱们村里来走走哇！"

附录二：

三黑和土地

苏金伞

农民一有了土地，
就把整个生命投进了土地，
活像旱天的鹅
一见了水就连头带尾巴钻进水里。

恨不得把每一块土
都送到舌头上，
是咸是甜，
自个儿先来尝一尝。

恨不得自己变成一粒种子，
躺在土里试一试，
看温暖不温暖，
合适不合适。

三黑就是这样地翻着土地，
从东到西，从南到北，
每一寸土都给翻起，
每一块土疙瘩都给细细地打碎。

地翻好，又耙了几遍，
耙得又平又顺溜。
看起来
好像娘儿们刚梳的头。

这么松散的地
简直是一张软床。
叫人想在上面打滚，
想在上面多躺一躺。

三黑
从来没睡过这么好的床。
今天准备好了，
叫麦籽儿睡上。

这么好的床，
麦籽儿躺下去挺舒服，
就想发芽，
赶快钻出来吸些雨露。

三黑耙过地，
坐下来歇歇，
看见自己种的荞麦已经开花，
白霎霎的像一地雪。

荞麦地里
还有两个蝈蝈儿在叫唤，
吱吱吱……
叫得人心里痒抓抓的好喜欢。

小时候因为喜欢逮蝈蝈儿
常常挨骂。
爹娘骂：不好好地拾柴。
地主骂：蹚坏了我的庄稼。

现在
蝈蝈儿就在自己的地里叫
他想招呼从地头路过的那个孩子：
"快去逮吧！你听，叫得多么好！"

他又在打算：
明年要跟人家合伙，
把地浇得肥肥的，
让庄稼长得更好，收得更多。

再买头小毛驴,
打完场,赶着送公粮,
驮着老伴儿
看闺女,上东庄。

三黑一边耙地,
一边想着,翻身的人儿心里真甜。
他笑嘻嘻的,连嘴都合不上,
地里的蝈蝈儿,也叫得更欢。

认真地努力地把语文学好

咱们要了解别人的思想，必须听别人说话。要叫别人了解咱们的思想，必须向别人说话。一面听别人说，一面说给别人听，彼此的思想就见面了。

还有一个办法，不用嘴说，用笔把话写下来，也能使彼此的思想见面。咱们看别人写的东西，就能了解别人的思想。拿写的东西给别人看，就能叫别人了解咱们的思想。

不妨想一想，要是不说话，也不用笔把话写下来，还有什么办法能使彼此的思想见面？没有什么办法了。那时候，许多人无论聚集在一块儿或是散居在各地，总之是彼此不相了解的许多人，我不知道你在想些什么，你也不知道我在想些什么。

好在这样的情形是不会有的。咱们从小就学习听话说话，七岁进了小学，又在讲文课里学习认字读书，学习用笔把话写下来。靠着这些学习，咱们就跟别人打成了一片，能了解别人的思想，也能叫别人了解咱们的思想。

咱们生活，咱们劳动，咱们学各科知识，咱们做各种工作，非跟别人打成一片不可，非彼此互相了解不可。跟别人打成一片，彼此互相了解，全靠语文，语文的重要可想而知了。既然重要，不能学习了就算数，必须学好了才算数。因此，咱们从小学习了听话说话，进了小学学习了认字读书，学习了用笔把话写下来，到中学里还要学习语文。还要学习语文，目的何在呢？就在于把"听""说""读""写"四项本领学得更好。在社会主义社会里，在互相协作互相支援的时代里，人人都得学好这四项本领。谁不学好这四项本领，他个人吃亏还是小事，严重的是会使全社会受到或大或小的损失，那就是关系到公众的大事了。

就拿听话说话来说吧。同样是听,有仔细准确地听,有马马虎虎地听。同样是说,有恰当正确地说,有马马虎虎地说。要是听个重要报告,或者听别人谈先进经验,你不能仔细准确地听,只能马马虎虎地听,受到损失的不是你的工作吗?要是参加会议发表意见,或者跟别人辩论思想、政治、科学、技术方面的问题,你不能恰当正确地说,只能马马虎虎地说,受到损失的范围有多么广,你想得周全吗?

读和写也一样,你不能仔细准确地读,只能马马虎虎地读,不能恰当正确地写,只能马马虎虎地写,都不仅是你个人的事,都会使全社会受到或大或小的损失。

谁都要使用语文,干无论什么都要使用语文。不学好语文,会使全社会受到或大或小的损失,非把语文学好不可。学好语文就是学好"听""说""读""写"四项本领。这四项本领有连带的关系:"听"和"读"是一路,都为了了解别人的思想,"说"和"写"是一路,都为了表达思想叫别人了解。了解和表达又是互相影响的:提高了解的能力,表达的本领就能加强;提高表达的能力,了解的本领就能加强。因此,只要认真学习,努力学习,这四项本领必然能齐头并进,项项学好。

切不要说听话说话,从小就会,还学它干什么。要问问自己,听人家的话能够不误会,不遗漏,把主要意思完全抓住吗?能够辨明白哪些意思正确,哪些意思错误吗?说给人家听的话能够把事情说清楚,把道理说正确吗?能够有条有理,不多不少,说得恰如其分吗?要是自己觉得还不能够,这就是听话说话的本领还很差,怎么能不认真地努力地学习?

切不要说一些少年报刊已经会看,小说也看过好几本,这就差不多了,还希望语文课帮助些什么呢?要问问自己,看报刊和小说,还有其他的书,能够完全了解,彻底明白吗?能够把报刊上、小说上、其他的书上写的东西全部消化,使这些东西变为自己的知识、能力和道德吗?要是不能毫不迟疑地回答说能够,这就是看书看报的本领并没有到家,怎么能不认真地努力地学习?

切不要说将来不想当什么作家,干么要用功学语文。要知道语文不是作家才用得着,绝对不是,凡是公民都用得着。尤其是建设伟大的社会主义的时代的公民,非学好语文不可。你说将来不想当什么作家,不预备写诗歌小说这类的东西吗?诗歌小说之类的东西固然不一定要写,但是为了各方面的生活和工作,你必须写而且必须写好的东西非常之多,怎么能不认真地努力地学习?

切不要说将来不准备升学,语文程度差点儿又有什么关系。要知道不管升学不升学,你必须逐步提高,一天比一天进步,这就离不开语文。你经常要听讲,要参加讨论,要看书看报,要写一些非写不可的东西,请想一想,即使将来不升学,离得开语文吗?何况不升学并非停止学习,要学习,就离不开语文。这样想的时候,现在对于语文,怎么能不认真地努力地学习?

不妨重说一遍,谁都要使用语文,干无论什么都要使用语文。咱们必须认清语文的重要,认真地努力地把语文学好。

1959年6月5日发表

改变字风

　　常听人说起，写字潦草已成风气，为了工作和交际，不得不看连篇累牍的潦草字，实在头痛。我也有同感。读一篇稿子，看一封信，往往要顿住，因为好些字面生，一眼认不清，必须连着上下文猜详，跟本件中相似的字比照，一遍不成再来一遍，才认得清。少数几个字面生还不要紧。面生的字多到连篇累牍，当然要头痛了。

　　字怎么写，人人有自由。但是写出字来让别人头痛，未免自由过分了。我早就想向凡是写字给别人看的人呼吁。我的呼吁不过一句话，写字务恳为看的人着想。分别言之，就是写信要为收信人着想，起什么稿子要为商量这份稿子的人着想，写的稿子准备付印付排的要为打字员、排字工人着想。为看的人着想，是人与人的协作，对工作和交际有莫大好处。这些道理似乎无须多说，因为多数人都能说。重要的不在于能说，而在于真正能顾到看的人，真正能养成习惯，每逢写字决不潦草。那么，用一句简要的话点醒一下也就够了。每逢写字决不潦草，当然要多花些功夫，但是跟多花看的人的功夫相比，跟潦草字所引起的事故相比，多花些功夫还是非常值得的。这一层意思，我倒要附带地点醒。

　　学生写字大多潦草，也是人们常常皱着眉头说起的。皱着眉头，为的是从中看到一般潦草的局面势将继续下去。但是这个局面能让它继续下去吗？不能。必须赶快改变这个局面，造成写字端正的风气。而造成风气的主要阵地在学校。无论小学、中学、大学，出来的学生都写得一手端正的字，风气不就丕变吗？绝不说写几个字无关宏旨，绝不想潦草点儿也无所谓，教育工作者和学生共同努力，一边认真训练，以身作则，一边认真练习，积久成习,在这样情形之下,做到学生都写得一手端正的字又有何难呢?

所谓端正的字,说得具体些,无非个个字笔画清楚,间架匀称,整幅字行款整齐而已。工作上和交际上有这样的需要,所以人人要写这样的字。并不要求什么碑神帖意,钟王欧颜。那是艺术方面的事,有爱好有兴趣的人尽不妨努力追求,可不是人人所必需。既然如此,习字的范本不一定要出于名家之手,凡是笔画清楚,间架匀称,行款整齐的,都可以作范本,楷体铅字印的书也可以作范本。也不一定要用毛笔,只要养成认真写字的好习惯,钢笔同样可以写得清楚匀称整齐。没有好习惯,用了毛笔也可以写得很潦草。目前一般小学里正是在这样的认识之下训练学生写字的。学生写得不错的也不少,如兰州工人子弟小学的一位老师所教的学生,他们的文稿我见过十来篇,都够得上端正二字。

小学里教识字总要教笔顺,这就同时教了写字。单体字好比合体字的零件,单体字的笔顺教会了,合体字的笔顺就不须多教了。多数老师教写字又给学生指点,某个字的"言"旁占二分之一,某个字的"言"旁占三分之一,某个字的"竹"头占二分之一,某个字的"竹"头占三分之一,这就是教间架。至于行款,习字本子或者印着格子,或者印着一条条的直线,只要把字写在格子里,写在两条直线之间,自然不至于歪歪扭扭。可以这么说,属于教的方面的事差不多应有尽有了。但是学生写字的成绩大多不怎么好,叫人皱眉头,这又是什么缘由呢?

大凡传授技能技巧,讲说一遍,指点一番,只是个开始而不是终结。要待技能技巧在受教的人身上生根,习惯成自然,再也不会离谱走样,那才是终结。所以讲说和指点之后,接下去有一段必要的功夫,督促受教的人多多练习,硬是要按照规格练习。练成技能技巧不是别人能够代劳的,非自己动手,认真练习不可。如果只讲说指点,而疏于督促,要求技能技巧在他身上生根就很难说了。疏于督促,是不是学生写字的成绩不怎么好的缘由之一呢?如果是的,老师就可以在这上头多用些功夫,方法不妨多种多样,各有巧妙不同,总之,要学生多练,要严格要求。学生初学写字就注意督促,从早把底子打好,是事半功倍的法门。老师可以少为学生写字操许多心,而学生一开始就养成写字的好习惯,也将终身受用不尽。

还可以这样考虑，教的方面的事差不多应有尽有了，而学生写出字来潦潦草草，不按规格，这里头似乎不仅是写字的问题，而且是学习态度的问题。就是说，学习态度不够认真严肃。如果这个说法中肯的话，那就要在写字教学以外想办法了。字写得潦潦草草，演算草未必就端端正正吧，读课内课外各种书籍未必就仔仔细细吧。既然叫做态度，对于各方面自当一视同仁，不会薄于此而厚于彼。这是比写字潦草更为严重的事。学习态度本来非端正不可。而学习态度一端正，自然会把写字当一回事，又何况写得清楚些，匀称些，整齐些，究竟也没有什么难。要求端正学习态度，说道理，讲任务，固然不可少，但是督促实践，即知即行，蔚为风气，尤其是成功收效的关键。

　　写字潦草，缘由之一是求快，要写的字有那么多，慢慢地写来不及。求快是必然之势，毛病在带来了潦草。针对这个情形，最好开始教写字就多注意，先要求写得端正，成为习惯，在端正的基础上再要求写得快，成为习惯。这样就又端正又快，双方兼备。要是求快而不端正的习惯已经养成，把它扭转来当然要多费些功夫。但是为了长久的方便，多费些功夫也在所不惜，还得回到开始教写字的阶段上去，先要求端正再要求快。

　　孟子说的"引而置之庄岳之间"（《滕文公下》）的办法可能有些用处。就是说，让学生处在这样的环境里，只看见写得端正的，看不见写得潦草的，从而受到影响，练成写字的好习惯。在学校以内，造成这样的环境似乎不太难。凡是揭示的标语、指示的牌子、张贴的写件、刻蜡的印件、写在黑板上的粉笔字、批在作业本上的毛笔字或是钢笔字，全都端端正正，一笔不苟，这样的环境不就差不多了吗？课堂里、图书室里或是其他适宜的地方，既然可以挂画，自也不妨挂一些写得不错的字幅，那么环境就更见得美备了。教导和指点不一定要在课堂教学中进行，任何时候说说这一件写得多端正，那一件为什么那么好看，哪怕一句两句，也是教导和指点。学生耳濡目染，不知不觉鼓起了兴趣，提高了眼力，将会严格地要求自己，心到手到，非练成端正的字不可。学任何技能技巧，到了严格地要求自己的地步，成功的把握少说也有十之六七了。

　　现在一般的理解，小学毕业生要能写端正的字。这个要求切合实际，适应工作和交际的需要,所以必须达到。有好些小学毕业生已经达到了,又可见这个要求并不高,只要师生共同努力,所有小学毕业生能都达到。到中学阶段,按理说,写字不须再劳老师的神,再费学生的力了。但是实际情形并不然。那没有别的办法,只有补课,补应当在小学里完成的课。时间不妨抓紧些,要求不妨严格些,中学生比小学生大了,一定要在限定的时期内练成端正的字。老师不要怕给学生添麻烦,学生也不要嫌老师给添麻烦。现在麻烦点儿,写得一手端正的字,将来体会到好处,感觉到方便,将会永远珍爱这个麻烦呢。至于写字潦草的大学生,对他们提出呼吁,请他们务必为看的人着想,也就可以了。人与人要协作,写在纸上的字是工作和交际的必要工具,不能马虎,大学生哪有不明白的?只望他们前进一步,把这些道理贯彻在写字的实践中而已。再说,改变字风总比改变文风容易些吧,文风尚且要改变,字风不好,当然要改变。手头当心点儿,积久成习,也就改变过来了。

1961 年 6 月 24 日发表

说话训练决不该疏忽

几位朋友跑了好些地方，参观了不少学校，回来谈起，从语文教学中得到个总印象，对学生的说话训练，一般是注意得不够。比较起来，幼儿园最注意说话训练，但是幼儿园并非学校。小学和中学，语文教学适当注意说话训练的当然有，然而是少数。多数是注意得不够，其中还有根本不注意的，说它不够，其实并不确切。

对学生的说话训练注意得不够，影响到学生的学业成绩，不能看做小事。要改变这种情况，首先希望语文老师在教学实践中有所改变，适当注意说话训练。还希望跟教育有关的部门和人员全都重视这件事，经常倡导，不断督促，务期注意说话训练成为普遍的风气。像这一类事，突出一下，热闹一阵，总是无济的，必须日积月累，坚持不懈，成效方见，所以有蔚为风气的必要。

语文教学不仅是传授知识，尤其重要的，在乎培养学生听说读写的能力。分开来说，听和读是一类，说和写是一类。有了听和读的能力，就能吸取人家的东西，化为己有。有了说和写的能力，就能表达自己的心意，让人家完全明晓。这两类能力，无论在学习中，在工作中，在日常生活中，都是必需的，所以是最基本的能力；非着力培养不可。合起来说，这两类能力又是相辅相成的，就是说，听和读的能力的加强，有助于说和写的能力的提高，反过来亦然。因此，培养的时候宜乎双方兼顾，听、说、读、写四个字中间不偏废任何一个字，才能收相互促进、不断提高的成效。

前边说的这些道理，在广大的语文老师，在经常关心语文教学的人们，几乎是共同具有的常识了。然而实际情况是对学生的说话训练注意得不够，听、说、读、写四个字中间疏忽了说字，可见实践跟常识还没合到一块儿。

一句话，说话训练决不该疏忽。

不要以为幼儿园阶段既有说话训练，这就够了。要知道幼儿园的训练只是个最起码的基础，而在这个基础上逐步扩充，逐步提高，莫说小学阶段，就是中学阶段也不能放松。

不要以为学生自己能说话，而且时时刻刻在那里说，少顾及些也无碍于事。要知道说话训练所以称为训练，在乎利用种种有效的办法，养成学生自觉地说话的好习惯。自觉地说话的反面是自发地说话，就是随随便便说，这也会成为习惯，当然是不好的习惯。假如不甚注意说话训练，就无异放开学生不管，任他们养成不好的习惯，这能说无碍于事吗？

不要以为说话这件事未必像一般说的那么重要吧，把学生读和写的能力培养好，也就可以了。谁要是这样想的话，谁就有重新把听、说、读、写四个字的关系郑重考虑一下的必要。先说说和写。这两件事同出一源，而说先于写，必须能说然后能写，决不会能写而不能说。说的能力如果发展到高度，写的事就只剩把话记下来罢了。这样看来，说跟写怎么能拆开？再说听和读。听是用耳朵听人家的话，读是用眼睛和嘴"听"人家写下来的话，取径虽然不同，其为听人家的话则一。而听得仔细不仔细，辨得明白不明白，跟听的人的说话习惯大有关系。就是说，听的人具有自觉地说话的好习惯，对人家的话就听得仔细，辨得明白，否则只是草草听过而已，虽说听了，却说不上真正听了。这样看来，说跟听和读又怎么能拆开？竟可以这么说，听、说、读、写四个字中间，说最为基本，说的功夫差不多，听、读、写三项就容易办了。因此说话这件事硬是有一般说的那么重要，说话训练决不该疏忽。

随时留心学生说的话，听见意义不正确的、语句不完整的、用词用语不恰当的，就指出来让他们自己考虑改正，或直接给他们纠正，这对学生当然有好处。不过这是消极的办法，说话训练不宜仅止于此，还得多用些积极的有效的办法。无论课内课外，不放过可以利用的机会，运用适当的启发或暗示，使学生乐于说话，而又不肯随便说话，哪怕三句五句，总要尽可能说得有头有尾：该是个积极的有效的办法。无论读课文或是课外读物，无论出声朗读或是轻轻讽诵，严格要求学生口到心到，务使口头的轻重徐疾、抑扬顿挫，跟心里的领会和感受相印合：该是个积极的有效的办法。还有，造成有利于养成说话的好习惯的环境，也该是个积极的有效的办法。如果造成这样一个环境，多数人知道说话不宜随随便便，都把说话当一回事，那就非常有利于说话训练。说话训练在这样的环境中进行，将会事半功倍。环境以一个班为范围，还嫌狭小，最好以全校为范围，要是能扩展到学生的家庭，当然更好。而造成这样的环境，老师的示范作用和熏染作用极关重要。在一切教育工作中，老师以身作则总归是主要的原则，而且是最易见效的方法，进行说话训练自然不会是例外。倘如以身作则，注意说话的，不仅以语文老师为限，其他老师也跟语文老师相配合，课内课外全都注意到说话给与学生的影响，那么这个环境就有扎实的底子了。影响逐渐扩大，再加上积极的训练，从少数学生到多数学生，逐渐养成自觉地说话的好习惯，那么这个环境就成坚强的阵地了。孟子说训练说话需要"引而置之庄岳之间"，是个很有道理的见解，教育工作者应该深刻体会。

积极的有效的办法决不愁其少，只要认真研求，志在必得。从教学实践中总结经验，总可以得到好些切实的办法。同业之间互通声气，广泛地交流经验，办法将会更多。

训练训练，分开来说，训是老师的事，练是学生的事。就老师的方面说，采用种种有效的办法，循序渐进地教导学生练，固然极为重要，而督促学生认真练，经常练，尤其是奏功收效的关键。一暴十寒，办法再好也没有多大用处，因为在学生身上得不到巩固，养不成习惯。必须督促学生循规蹈矩地练，积日累月地练，练到非常纯熟，再也丢不了了，学生身上才真正有了这项能力了。凡属训练的事都如此，说话训练当然包括在内。

我这篇短文希望引起大家的注意，说话训练决不该疏忽，如有疏忽，就得有所改变。因为大家在切盼把语文教学提高一步，而注意说话训练，正是提高语文教学的重要途径之一。此外，不妨看看咱们的社会主义社会，在工作中，在交际中，说话的切需超过过去时代何止十倍百倍，谁的说话能力差，不仅是他个人的吃亏，往往间接又间接会造成社会的损失。这样看来，说话训练的重要还不清楚吗？

1961 年 7 月 8 日作

怎样教语文课
——在呼和浩特跟语文教师的讲话

今天我只对语文教学问题谈一些个人的想法和看法，供同志们参考。如果有不对的地方，请大家提出来，以便彼此补充，互相纠正，得出比较正确的意见。

在语文教学中，近年来提出一个"文与道"的问题，大家讨论得很起劲，《文汇报》和《光明日报》上发表了很多文章。"文与道"的问题，原来不是语文教学方面的问题，而是文学创作方面的问题，即为什么要写文章和写些什么的问题。古代韩愈曾主张"文以载道"，也就是说作文章无非是要阐明"道"。古代所谓的"道"，具体内容是什么，我们且不去管它。用现代的话说，"道"就是政治思想。那么"文以载道"，就是说文章要表达政治思想，要为政治服务。另外有一派人不作这样想，他们从孔子的话"盍各言尔志"中取两个字，主张"文以言志"。他们认为写文章是表达自己的思想情感，不一定要讲什么大道理，有什么思想情感，就表达什么思想情感。一派"载道"，一派"言志"。但是实际上，主张"言志"的人所写的文章，谈的也是他们自己的"道"。可以这么说，没有无"道"的文章。换句话说，写文章总是反映作者的世界观。说得浅显一点，世界观就是人们对事物和周围环境的看法，大至宇宙世界，小至一花一草。有什么样的世界观就会写出什么样的文章，决不能脱离自己的世界观而写出文章来。在一篇文章中，或者明显地、直接地，或者曲折地、隐晦地，归根结底都是反映作者的看法。写山水的诗，也是反映作者的看法。写文章不比简单的拍照。即使以拍照来说，为什么要取这样一个场面，不取另外一个场面，为什么要从这个角度拍，不从另外一个角度拍，也都反映拍照的人的看法。因此，可以说文章没有不反映作者的看法的。

我们在学校中教语文，应如何对待"文与道"的问题呢？报纸上登的文章很多了。有些文章似乎把作者和教学工作者混起来了，好像是在谈创作问题。我认为对语文教学来说，只要把文章讲透了，也就是"文"与"道"兼顾了。那么怎样才算把文章讲透了呢？所谓讲透，就是让学生充分领会和消化文章的内容，变成他们自身的东西，化为他们生活中的一部分。比如教了某篇讲公社的文章。文章把公社描写得很好。老师把这篇文章讲了以后，仅使学生对公社的性质、组织有更明确的认识还不够，还应通过这篇文章使学生思想情感上有所变化和提高，从内心受到感染，更加热爱公社。同时还应把这篇文章的思维方法、语言的运用方法讲透，使学生学习了这篇文章以后，在思维方法和语言运用上也有变化和提高，能在生活中运用这种思维方法思考问题，运用这种语言说话写文章。在讲解的时候，一定要靠讲明语言的运用和作者的思路——思维的发展来讲内容。要知道作者为什么要这么说而不那么说，为什么用这一个词而不用那一个词，为什么用这种口气而不用那种口气，所有这些，都跟文章表达的内容密切相关的。不能把两者分开来讲，这一堂讲思想内容，另一堂专门讲语言；只有把两者结合起来，这堂课才算成功。总之，讲一课书，不仅是使学生多知道一些东西而已，重要的在使学生真实受用，不只是一天两天受用，而是一辈子受用。实际上，不仅是教语文如此，教其他各科都如此，要使学生一辈子受用。

讲透课文，这件事的本身就是一项重要的政治工作。在学校里，历史、地理、物理、化学等课是分科教学的；而在语文课本中，也选入一些关于社会科学和自然科学的文章。这些文章与各科的课本不同，往往富有文学意味。学校中单设有政治课，而语文教材中也选入一些政论文。因此，语文课除了该科本身的教学任务外，还要使学生获得各科的知识和教养，又不是代替各科。再说，人从会说话起就开始动脑筋，想心思，能养成良好习惯，终身受用不尽。如果我们通过语文课，训练学生从小就好好动脑筋，提高他们的思维能力和说话能力，这对他们的学习和将来的工作都有极大的好处。我们常说某人的语文水平跟不上知识水平，就是指思维能力和说话能力跟不上。因此，中央和各级教育部门都很注意语文训练，并已收到了一定的效果，但是还不够。有些人写不好工作中需用的文稿，有些人大学毕业了，当了助教，不能独立阅读必需参考的古籍，还得请人教。如果我们能在普通教育阶段，就把学生的语文水平提高到应有的水平，那不就是完成了一项很大的政治工作吗？至于讲一篇课文是否要外加政治思想内容，我想不需要了，把课文本身讲透就尽够了。刚解放的几年，很盛行离开课文讲一些大致与课文相同的政治道理。这个风气直到现在还没有完全改变。上半年我在四川参观一所学校，教师讲一篇诗《一家人》，这一家的成员都是公社的先进模范人物。教师的讲法并不是通过讲透课文使学生受到感染，有动于衷，发出"唔！""啊！"的感叹，真正爱慕这一家人，从而更热爱公社。教师的讲法是离开了课文大讲其公社，而把课文作为公社如何美好的例证。这位老师实际上是忘记了自己是在教语文课了。

有些教师往往说，"某篇文章看不出它有什么政治思想意义"，实际上是把政治思想意义看得太狭窄了。我是参加编课本的工作的，在编辑工作中也有类似的情形。总认为只有和当前形势和中心任务有关的文章才富有政治思想意义。要多一些政治，用心当然是好的。但是实际上，这样做不是政治多了而是政治少了，直到最近听了几次报告，才明白这个道理。再说，这种必须结合当前形势和中心任务的要求，报纸可以作到，杂志也可以作到，教科书是很难作到的，因为从编辑到出版总得花一年的时间。政治思想的范围是很广的。我们需要记住，我们所培养的是建设社会主义的接班人。他们要担当各方面的工作，所需要的知识是很广的。只要这样想，就可以跳出狭窄的小圈子，选材的范围自然会扩大了，凡是有助于培养合格的接班人的有教育意义的文章都可以选。而且除了课本之外，还有补充教材和乡土教材的教学时间，各地可以根据具体情况，选一些有关当前形势和中心任务的教材来讲授。看来这个想法，将会成为大家共同的想法。

语文课和其他课程有所不同，比如数学，不能没有加减乘除，比如历史，不能短少汉朝唐朝，而语文课则不然。中学六年，假定要教三百篇文章，是否非教课本上所选的三百篇不可呢？不一定。不教课本上这三百篇，而另选三百篇也可以，只要文章是好的，同样可以提高学生的政治思想和语文水平。这是说语文课的教材不像数学、历史等课的教材那样固定。当然，选入语文课本的文章，通过教学实践的检验，教学效果好的会越来越多，可以固定下来的篇目也会越来越多。

上边的话是从讲透说起的。现在再说说这个"讲"字。过去的所谓"讲"，就是教师讲给学生听。私塾中讲"四书""五经"。"四书"大概先讲《论语》。"五经"大概先讲《左传》。讲的办法是逐句逐句地讲。到清末兴办新学堂，新学堂里分设各门课程，其中有一门就是国文。国文的讲法继承了讲"四书""五经"的传统，也是逐句逐句地讲。这种讲法是不好的，只有少数优秀的教师不采用这种讲法。讲文言文，用逐句逐句讲的办法似乎还过得去，到了五四运动以后，小学课本全换成了语体文，中学里是语体文文言文都教，再用逐句逐句讲的办法，问题就出来了。比如"一天早上"该怎么讲呢？所以当时语文教师说语体文没法教。有的教师干脆把课本里的语体文放过不讲，只讲文言文，因为逐句逐句地讲还可以消磨四十五分钟。现在一部分学校中还在用逐句逐句讲的办法。我认为教文言文也不应该逐句逐句讲，至于逐句逐句讲语体文，那简直是浪费学生的时间和精力。所谓讲，应当理解为给学生以指点和引导，使学生逐步达到能自己阅读。假如一篇文章，学生能充分理解，那么教师就用不着讲了。解放后有一个时期，有些人反对学生预习，认为学生预习了，教师的主导作用就不能发挥了。现在是大部分人倾向于主张预习，我也主张预习。学生预习而领会了的就不必再讲。去年教育部派人到各地了解语文教学情况，也找了一些学生座谈。有一个学生说："老师讲得太多了，对我们没有好处。我们预习《粮食的故事》一课，读过几遍非常感动，几乎掉下泪来。后来老师在课堂上讲解，左分析，右分析，把一篇文章拆得零零碎碎，讲了些空泛道理，我们听了，反而把感动冲淡了。"这样看来，学生能够理解和领会的东西，教师完全可以不讲。学生了解不透领会不深的地方，才需要教师给以指点和引导，但是也不宜讲得很多很琐碎。教师要善于引导学生自己多动脑筋。适当地多动脑筋，脑筋是不会受伤的。学生自己动脑筋，得到的东西格外深刻，光听老师讲，自己不思考，得到的东西就不太深刻。经过老师指导，学生还是不能自己了解自己领会，那就只好由老师讲了，还得注意讲得多而啰嗦不如讲得少而精。总之，讲的目的，在于达到不需要讲。如果一个老师能作到上课不需要讲，只作一些指点和引导，学生就能深刻理解，透彻领会，那就是最大的成功。这样作能使学生读了若干文章以后，能触类旁通，自己去领会别的文章。学生必须会自己读书，不能老是带着一位老师给他讲，所以我们要培养学生独立读书的能力。

要作到讲好，教师只熟悉一套课本是很不够的。你要讲透一篇文章，首先自己要喜爱这篇文章，知道这篇文章好在什么地方，对这篇文章有深刻的感受。作者写一篇文章，来源是多方面的，如思想修养、生活经验、组织能力、写作技巧等等。在这种种方面，教师如果有和作者相差不太远的水平，就能很好地理解这篇文章，把文章讲透，根据学生的实际指导学生阅读。死守一套课本就做不到这样。因此，要求教师多多读书，不断提高自己，力求达到与作者相差不远的水平。有的教师说："我只有一杯水，要教给学生一杯水，那是很难教好的。要教给学生一杯水，我至少要有一桶水，这样才能随机肆应，左右逢源。"这个意思很好。当然并不意味着教师要留一手，而是说只有教师自己懂得多，懂得广，懂得深，才能真正教好课文。

各地都有老师提出：政论文应该如何教？我认为政论文也和其他课文一样地教。现在觉得政论文不容易教，恐怕是有些老师对政治理论、方针政策和当前形势的学习不够，政治和历史知识还嫌欠缺的缘故。还有些人说教政论文怕讲错了犯错误，实际上你并不是写政论文而是讲人家的政论文，要是你能像其他文章一样地理解透彻，怎么会讲错呢？所以说，认为政论文不容易教，主要是个学习问题。学习要看怎样学，如果没有很好地动脑筋，真正下功夫去学，即使经常捧着书本还是得不到什么东西。有些人不看《人民日报》的社论，有些人看了，可是不求甚解，有些人不关心党的政策，不关心国内外的形势，这就很难怪对政论文觉得无从下手了。要能够很好地理解和分析政论文，非得加强学习下苦功不可。

政论文往往有一百个字以上的长句子，这就需要运用语法知识把它剖析清楚，看哪是主语，哪是主要动词，哪些是句子的主要成分，哪一个词语是修饰哪一部分的，限制哪一部分的。然后再看第二句和第一句是什么关系，第三句和第二句又是什么关系，第二段和第一段是什么关系，第三段和第二段又是什么关系，以至通篇是如何结构的。重要的地方可以用红笔蓝笔分别划出来。只要经常这样练习，有几个月的功夫就熟练了。碰到一篇文章，一看就会知道这篇文章为什么提出这个问题，论点论据有哪些，思路是怎样展开的，怎样推理和得出结论的。这个办法并不难做，大家不妨试试看。

现在大家都很注意语文课中的基本训练。基本训练确然要加强。在基本训练中，最重要的还是思维的训练，不要只顾到语言文字方面，忽略了思维的训练。各门功课都和思维的训练有关，特别是语文课是着重训练思维的。语言是和思维分不开的。语言是思维的固定形式。只有想清楚了才能说清楚。我们常说某人说话写文章没有条理。没有条理，就因为他没有养成很好的思维习惯，乱七八糟地想了，也就乱七八糟地说了写了。所以教语文的一项很重要的任务就是训练学生的思维，训练思维的材料就是课文。一篇篇的课文都是作者动了脑筋写出来的。在学习一篇文章时，就要学习作者是怎样动他的脑筋的，看作者是怎样想和怎样写的。教师一方面给学生指点和引导，一方面督促学生练习，这就是训练。语言的训练，要让学生在语言实践中去领会，去比较，这从小学阶段起就应注意。小孩从小就学会说话，说一些简单的话是不会违反语法的，但是说一些复杂的话，就不免要犯语法上的错误。我们给学生一些语法训练，目的就在使他们由不自觉达到自觉，即使说复杂的话也能百分之百地准确，不犯语法错误。如果使学生自觉地知道为什么这句问话后边该用"吗"，那句问话后边该用"呢"，那么他们在任何时候用"吗"用"呢"都不会用错了。在中学里还要教一些修辞的知识、篇章结构的知识，这些方面的知识化为思维和语言的习惯了，运用的时候就会自觉地不犯错误。对于我们当老师的来说，应当系统地学习语法修辞等知识，达到非常熟练。但是在教学生时，不宜像你自己学习的时候一个样，只要教一些最简要的，主要在使学生能实际运用。我们过去编的一部汉语课本就没有注意这一点。学生不是专门研究语法修辞的，所以教师不需要把自己所知道的全都教给学生，只要让学生知道和掌握所需要的最基本的东西就够了。前边说过，在语文课的基本训练中，语言文字的训练和思维的训练关系很密切，所以我希望老师们把心理学中语言和思维的关系问题好好地看看。这也不是为了教给学生，而是为了指导学生和改进我们的语文教学工作。

在基本训练方面，有人说有些老师要求得不严格。所谓要求严格，并不是说要留很多作业，让学生连吃饭睡觉和玩的时间都没有，而是说学生应该掌握的东西如果还没有掌握，教师就决不放手，直到学生切实把这些知识变成生活里的东西才罢休，不能认为教过一次就算了。比如写字问题，现在有些学生写字很不认真，潦潦草草，一篇文章里有几十个错别字。这不仅是基本训练不够的问题，也是学习态度不够端正的问题。如果一个学校的风气好，各科老师都注意这个问题，学生的学习态度端正，写起字来就不会那么潦草，不会那么错误。兰州职工子弟小学有一位李景兰老师。她教的学生个个写字都好，错字也很少。原因是这位老师把学生的学习态度培养好了。假若一个班的学生学习态度好，不仅写字写得好，读书也一定认真仔细。反之，写字马虎潦草的学生，他们读起书来难道会认真仔细吗？对于一个个字，你要是不动脑筋去分辨，写字时不能心到手到，那总是容易写错的。仔细辨认，养成手到心到的习惯，那就不会错了。对于错别字问题，大家很伤脑筋。这个问题要从根本上解决，就是端正学习态度，造成事事认真的风气。我们对写字的要求很简单，只要求笔画清楚，不错，无论横写竖写，行款整齐，这就够了，并不要求学生成为书法家。写字的基础在小学就应该打好。

作文教学应当和阅读教学联系起来。把课文讲好，使学生学习每篇文章的思路是怎样发展的，语言怎样运用的，这就是很好的作文指导。不要把指导阅读和指导作文看成两回事。平时让学生作文，出题非常重要。要让学生写他们知道的或者经历过的事物。如组织学生到什么地方去参观，就让学生写参观所看到的东西。总之，要让学生写脑子里有的东西。现在学校里，老师和学生经常接触，不像旧社会的学校那样，师生只在课堂上见见面，现在的老师是完全有条件知道学生脑子里有什么没有什么的。

作文教学要收效，我认为首先要做到以下两点。第一，让学生深刻理解作文的重要。在现代的社会里，光靠口说是不够的，处处需要动笔写。动笔写文章应该是人人必须具备的一种技能。第二，让学生喜欢作文，对作文深感兴趣。现在有些学生怕作文，我家几个孙子里就有怕作文的。学生怕作文，不能完全怪学生，恐怕老师也有责任。比如出的作文题，学生没有什么可说的，或者学生作文中有些优点，没有适当地给他鼓励，这些都会使学生扫兴，渐渐讨厌作文。如果学生觉得作文并不重要，又没有兴趣，作文还能作好吗？所以教师应千方百计地引导学生，使他们懂得作文的重要，使他们喜欢作文。至于如何做到这两点，请老师们多想办法。

要教好作文，老师自己也要常常动笔，深切体会作文的甘苦。这样才能作切实的指导，光给学生讲一些作文的方法是不够的。

再说作文的批改问题。在作文教学中，事先指导得好，批改就容易，事先指导得不好，那高高的一叠作文本，批改起来真有点儿可怕。批改的时候，通行在学生的作文后边加批语，这是旧社会传下来的，不管是否需要，往往空空洞洞地批八个大字，如"清畅流利"之类。这实在没有多大意义，不如实事求是，在横头加一些小批语，指出学生作文中的优点或毛病。对全篇确有可说的，就加批语，如学生进步很快，总的优点在哪儿等。如没有什么可说的，就可以不批。

教师改作文，对于那些改动的地方，必须说得出所以改动的理由来。为什么这几个字多了？为什么这句话不通顺？为什么这个词用得不对？为什么要添几个字或者去掉几个字？老师要想清楚了再改动。所谓改动，实际是改学生的思维，是帮助学生把那些想得不完整的地方改正过来。教师不要替学生写文章，不要把学生的文章勾掉抹掉，再大段大段地替他说些话。假如学生作文中出现了一些反动的话，这就不是怎么给他改的问题了。必须引起所有学校教师的注意，共同来找一下原因，研究这个学生为什么会说出这样的话来。这应当是全校教育工作中的问题，不只是语文教学中的问题。在批改方面还有很重要的一点，就是必须想种种办法使学生注意和了解他的作文为什么要这么改。这一点要是做不到，学生对改过的地方毫不理会，那么你辛辛苦苦的批改功夫就白下了。每个学生如果能每个学期轮到一回，当面看老师批改，或者与老师共同商量着改，那是很有好处的。或者老师和几个学生在一起改，让一个学生读，大家来听。看哪里多了字，哪里少了字，哪个词用得不确切，哪里不通顺，毛病在什么地方。找出这些毛病以后，如果学生经过思索自己能改正，教师就不用改了。如果学生感到困惑，不知道该怎改才合适，教师再给他启发指导，或帮助他改。这个办法对学生的帮助很大，不仅在学校里，对自己的子弟也可以试一试。如果能多来几回，学生的作文一定会进步很快。

还有一个问题，如果学生喜欢写文艺作品，教师是没有理由反对的，应该帮助他。但是必须明确，语文课并不是要学生搞创作，并不是培养作家的。那是另外一回事。

我说了很多，不甚有条理，占用大家很多时间，对大家帮助不大，非常抱歉。

1961年9月8日讲

（本文题目是叶至善后拟的）

当语文教师的准备
——跟北师大中文系学生讲话的提纲

师范生自己宜为研究者,并为熟习者。但出而任教,不宜令学生亦为研究者。能令学生于阅读时多所练习,知道最重要的几条规律,养成敏捷的语感,即可。

例如:语音——自己要掌握语音学知识,可是作教时不必讲这些知识,能口耳授受,使发音准确,即可。尤其教方言区学生,要掌握对应规律,使能扼要练习,举一反三。

语法——自己要掌握较系统之语法知识。作教时尽可从观察语言现象入手,令作练习。如一句分两部分,两部分都可以加上修饰或限制,各种附加语都是修饰或限制之扩大,前后呼应之不可忽略,等等。出习题固是练习,随时留心,察其正误,也是练习。练习多了,熟了,敏捷的语感即养成了。

修辞——自己亦须略有系统知识。作教时首先要使学生知道修辞并非"外加",而是表达的本身的要求。如反诘语、重叠语,如比喻,如拟人,都是谁都经常用的。学生在读写中,应学会体会得透,应用得适当,如此而已。

逻辑——自己亦须略有系统知识。首先宜令注意概念(用词)之正确与一致,判断之确切(成句),推理之合理(联成若干句)。四个律恐亦不必抽象地讲,唯须于指导时运用其精神即可。

篇章结构——要令学生看出作者之思路。不唯议论文如此,文艺性文章亦宜察其思路,如何创造境界,描绘形象。总之,无非要领会其中心意旨,根本思想。阅读如此，令学生作文，则在引导他们自己整理思路，编成大纲。大纲或许是粗线条，在动笔之际，在成篇之后，还得周密地整理。凡是修改，全是修改思想。思想须修改，语言当然须修改。因为思想不是凭空的，是用语言的形式来固定的。

以上说的都是语言训练方面的事，但是也牵涉到思维训练。总之，教师要教这些，必须有比较全面的知识，而且有熟练的运用技能。如果仅仅知道三四分或一二分，那就连三四分或一二分也教不好。又如作文，教师要教好作文，固然要研究些方法，如何指导，如何批改，如何评讲，但是尤其重要的，教师自己有丰富的作文经验，深知其中甘苦。假如自己经验不多，指导和评讲或将是公式化的，批改也可能不中要害。你们将来要教学生作文，改作文，现在作文要特别留意。现在知道其中甘苦，将来对于学生就能多所助益。

"以身作则"说到此为止。换言之，先求诸己而后求诸人，必须充实自己，才能教好学生，在教育工作中尽光荣的责任。

以下再说一些。所谓教师之主导作用，其义在"引导"，并非一切由教师主动，学生处于被动地位，只听教师讲说。譬如走路，教师指点一下，或者在前边走，路还是要学生自己走。引导之后，学生能自己理解，自己练习，教师又何必多事口说？要在学生走不通的时候，才给他们扼要点明。老师不能一辈子跟着学生，学生必须随时读写，直到老年，这又是必须让学生自动发挥他们积极性、创造性的理由。所以，径直讲课不如布置预习，径直说明不如提出适当的问题，安排适当的练习，让他们自求得之，如有不合，才给他们纠正或补充。这些常识或许你们的老师早经说过，我以为当任何学科的教师都宜如此，所以在此说一说。

你们要多多参观，最近去过五个中学，听十三位教师讲课和发文课，这是最好的事。不要参观了就算，要细心考虑，他们的长处在哪儿。所谓长处，就是对学生非常有益的教学活动。你们还可以设想，要是我去教这堂课，我去发这些作文本儿，还有什么地方可以改进。

你们要多多接触中学生。自己是中学生过来的，家里的弟妹现在或许正是中学生，了解当前中学生的精神面貌，你们并不困难。现在在师院，你们应当为准备当教师而了解中学生。

你们要更深更透地体会教育方针的精神。无产阶级政治,是怎样的意思?服务,怎样才服务得好?教育与生产劳动相结合,究竟怎样结合?从在校的学习,从自己的实践,从学习毛泽东著作,从看书看报,从参观访问,只要随时记住,随时都会有新的体会。而这些体会,都将影响你们将要从事的教学工作,会使你们左右逢源,当成具有积极性、创造性的语文教师。

教育革命,浪潮掀动全国。学科中,教学中,少慢差费之现象不少,势在必改。现在的教师,将来的教师(你们),都要在"改"的高潮中贡献全力,这也就是"为无产阶级政治服务"。祝你们加强努力,做奋勇当先的促进派。

1963 年 2 月 26 日讲

(本文题目是叶至善后拟的)

认真写字

接到好几封来信,问起写字的事,现在作个总答复,供来信的同志参考。

除了只准备自己看的日记笔记,咱们写些什么都是给别人看的。写封信,给收信人看。起个文件稿,给有关的同志看。老师写板书,批作业,给学生看。编辑者写付排的稿子,给排字工人看。只要相信随时随地给人方便是正当的态度,咱们就得把字写得好些,因为写得不好就叫人不方便。不容易认清,要猜详大半天,不方便。不干不净,满纸错乱,看上去毫无快感,不方便。看了大半天还是有些字认不清,或者以为认清了而实际是认错了,那就不仅是不方便了。写字好像只是一件小事,照前边所说的那样一想,就知道涉及对人的态度,其实并非小事。

什么叫写得好些?好的标准是什么?从怎样叫人方便着想,就明白了。笔画清楚,间架合式,一看认得清,决不会认错,人家就方便。行款整齐,通体匀称,看着很舒服,乐于看下去,人家就方便。笔画清楚,间架合式,行款整齐,通体匀称,做到这十六个字很够了,简直可以说写得好了。

做到前边所说的十六个字,难吗?不难,谁都做得到。不过写字是一种技能,凡是技能,不能要它会就会,更不能要它好就好,一定要经过练习才能会,一定要经过认真练习才能好。练习写字当然用手,可是同时要用心,心到手到,持之以恒,习惯成自然,写字的技能就掌握住了。

形近的字如"己"和"已","处"和"外",辨清楚分别在哪儿。形近的偏旁如"氵"和"讠","礻"和"衤",想明白怎样才不混。至于行书,几笔怎样连起来的,点画转折怎样才适当,尤其要熟悉那约定俗成的规格,因为差一点儿可能是另外一个字，也可能不成字。辨清楚了，想明白了，认熟悉了，这算是心到。还要手到。拿起笔来写，硬是分别得很清楚，一点儿也不混，完全合乎约定俗成的规格，这就是手到。这样心手俱到，就能做到笔画清楚。

同样是"讠"旁的字，"讨"字的"讠"旁占二分之一，"谢"字的"讠"旁占三分之一。同样是"心"底的字，"态"字的"心"底占二分之一，"愁"字的"心"底占三分之一。"中""年""皮""也"之类，一竖都居正中。"王""佳""真""青"之类，几画距离均匀。"呼"字的"口"在左上，"和"字的"口"在右下。"乡""勿"的几笔一顺往左斜，"常""墨"的两竖上下相承贯。"里""周""帝""章"天生长形，"也""比""以""归"天生扁形。"口""日""白""主"形体较小，"园""盛""隆""顾"形体较大。也说不尽许多。总之，在这方面注意，就是注意字的间架。间架本来指房子的宽窄的格式，借用到字上，指各个字的结构格式。能够注意这些方面，这算是心到。还要手到。拿起笔来写，硬是按照所知的办，占多占少，该正该斜，是长是扁，较大较小，都合乎字的本形，这就是手到。这样心手俱到，就能做到间架合式。

字是一行一行写的，无论横行直行，行与行之间要有适当的距离。就一行说，横行要左右齐平，直行要笔直到底。这就叫行款。为什么要这样？也无非要看起来方便。如果行与行挤得很紧，各行又写得弯弯扭扭，看起来就很不方便。字写在有格子的纸上，行款当然有了保证，但是也不一定。如果不受格子的约束，行与行之间的距离就可能不显明了或者没有了，左右齐平或者笔直到底就可能谈不上了。所以写字在有格子的纸上，一定要受格子的约束，不要向格子争自由。进一步说，写字在没有格子的纸上，心目中也要在纸上打无形的格子，受它的约束。没有格子的纸是常常要用的，不能说没有格子就不写。而且练习正该用没有格子的纸，没有格子而能写得跟有格子一样，行款就真有把握了。还有一点要说的。一封信，一份稿子，前后字迹一样，行款一律，看着就很悦目。叫人看着悦目，也是写字的人应该做到的，并非过分的要求。因此，有一些容易犯的毛病要注意克服。开头留心笔画间架，写到后来就不怎么留心了，开头注意行和行距，写到后来就不怎注意了，这些都是容易犯的毛病。知道容易犯，就必须时时警惕，直到养成习惯，无论写一千字一万字，总是通体如一，功夫才算到家。前边所说的道理非常简单，重要在知而能行。任何时候拿起笔来写，不管纸上有格子没格子，硬是当心行款，硬是写得一落匀，这样心手俱到，就能做到行款整齐，通体匀称。

辨别容易缠误的笔画，认清各个字的本形，明白行款和通体匀称的必要，都不须特别花时间。只要心思放在上头，有几分钟空闲就可以看一看，想一想，日积月累，所知就丰富了，印象也深刻了。花时间的是练字，不要说多，认认真真练三百个字，就得花二十分钟。如果每天有二三十分钟的时间练字，当然很好，但是没有也不妨事。前边不是屡次说过拿起笔来写吗？所谓拿起笔来写，指一切写字的时候。写信，写笔记，写板书，写稿子，全是拿起笔来写。信、笔记、板书、稿子，固然为了实际需要而写，但是写这些东西同样是一个字一个字地写，跟练字并无分别，故而也就是练字。咱们天天为了实际需要而写字，其实是天天在练字，更不必特别划出练字的时间。假如特别划出时间练字，可能引起这样的想法，练字是"练"，要认认真真，为实际需要而写字不是"练"，无妨马虎点儿。这样的想法显然很不对头，练字的唯一目的，不正是要在实际应用的时候写得好些吗？假如"练"跟实际应用不分开，认定拿起笔来写的时候全是练字的时候，这样的想法就决不会引起了。

也许有人要说，为了实际需要而写字总要写得快些，都像练字那样写，不嫌太慢吗？这里头仿佛看出了写得好与写得快之间有点儿矛盾。果真有矛盾吗？可以说有，也可以说没有。要是在实际应用的时候图快随便写，久而久之，成为习惯，那么即使特别安排时间练字，而且认认真真地练，快与好还是有矛盾。实际应用的时候写得快，可是不好，练字的时候写得比较好，可是不快，这不是矛盾吗？要是实际应用的时候跟练字的时候一样认认真真地写，固然慢一点儿，但是久而久之，成为习惯，写得比较好就靠得住了，而熟能生巧，越熟越快，这就达到快与好没有矛盾。从此可知，要达到快与好没有矛盾，不能先讲快，要在好的基础上求快，不能忘了好，随你写得怎么快也要留神写得好，因为写得好是没有止境的。

还有一个问题:练字要不要看看碑帖,临临欧褚颜柳,研究研究执笔法"永字八法"之类?假如有兴趣,有时间,干这些事当然也可以。不过要知道,这些事虽然属于练字的范围,跟咱们所说的练字却是两回事。干这些事,是把写字看成一种艺术,目的在继承传统而又能推陈出新,成为写字的艺术家。艺术家自然很好,但是人人当写字的艺术家,似乎不必。咱们所说的练字是把写字看成一种技能,这种技能涉及对人的态度,因而人人必须学好。学好并不难,只要做到前边所说的十六个字。记住一句话,拿起笔来的时候决不马虎,就一定能做到这十六个字。

1963 年 7 月 5 日发表

认真学习语文

学习语文很重要

学习语文的确很重要。近几年来，越来越多的人觉得自己的语文程度不够高。语文程度不够高，大约指两个方面。一方面是阅读。比方看《人民日报》社论，有些人看是看下去了，可是觉得不甚了然，抓不住要点，掌握不住精神。另一方面是写作。写了东西，总觉得词不达意，仿佛自己有很好的意思，只因写作能力差，不能充畅地表达出来。这就可见阅读和写作两方面的能力都要提高。

阅读是什么一回事？是吸收。好像每天吃饭吸收营养料一样，阅读就是吸收精神上的营养料。要做一个社会主义时代的公民，吸收精神上的营养料比任何时代都重要。写作是什么一回事？是表达。把脑子里的东西拿出来，让人家知道，或者用嘴说，或者用笔写。阅读和写作，吸收和表达，一个是进，从外到内，一个是出，从内到外。这两件事，无论做什么工作都是经常需要的。这两件事没有学好，不仅影响个人，还会影响社会。说学习语文很重要，原因就在这里。

对学习语文要有正确的认识

什么叫语文？平常说的话叫口头语言，写到纸面上叫书面语言。语就是口头语言，文就是书面语言。把口头语言和书面语言连在一起说，就叫语文。这个名称是从一九四九年下半年用起来的。解放以前，这个学科的名称，小学叫"国语"，中学叫"国文"，解放以后才统称"语文"。

语言是一种工具。工具是用来达到某个目的的。工具不是目的。比如锯子、刨子、凿子是工具，是用来做桌子一类东西的。我们说语言是一种工具：就个人说，是想心思的工具，是表达思想的工具；就人与人之间说，是交际和交流思想的工具。思想和语言是分不开的，想心思得靠语言来想，不能凭空想。可以说，不凭借语言的思想是不存在的。固然，绘画、音乐、舞蹈表达思想内容是不凭借语言的，绘画凭借线条和色彩，音乐凭借声音和旋律，舞蹈凭借动作和姿态，可是除了这些以外，表达思想都要依靠语言。

　　就学习语文来说，思想是一方面，表达思想内容的工具又是一方面。工具有好有坏，有的是锋利的，有的是迟钝的，有的合用，有的不合用，这是一方面。思想也有好有坏，有的是正确的，有的是错误的，有的很周密，很深刻，有的很粗糙，很肤浅，这又是一方面。学习语文，这两方面都要正确对待。

　　有些人认为只要思想内容好，用来表达的语言好不好无所谓。有些人甚至认为语文是雕虫小技，细枝末节，不必多注意。既然这样，看书无妨随随便便，写文章无妨随随便便。文章写出来半通不通，不认为不对，反而认为只要思想内容好，写得差些没有关系。实际上，看书，马马虎虎地看，书上的语言还不甚了然，怎么能真正理解书的内容？写文章，马马虎虎地写，用词不当，语句不通，怎么能说思想内容好？文章写不通，主要由于没想通，半通不通的文章就反映半通不通的思想。

　　有些人认为只要学好了语文，思想内容的问题也会随之解决，因而就想专在字词语句方面下功夫。这个想法也不对。有人写工作总结写不好，写调查研究的报告写不好，认为这只是"写"的问题。学好了语文，工作总结和调查报告是不是一定写得好？不一定。为什么？工作总结必须参加了某项工作，对这一项工作比较全面地了解，知道这一项工作的优点和缺点、经验和教训，再加上语文程度不错，才能写好。调查报告也一样，一定要切切实实地调查，材料既充分而又有选择，还要能恰当地安排，才能写好。

　　这样说起来，要写好工作总结和调查报告，既要在语文方面下功夫，也要在实践方面下功夫。两方面的功夫都要认真地做，切实地做。

　　学语文为的是用，就是所谓学以致用。经过学习，读书比以前读得透彻，写文章比以前写得通顺，从而有利于自己所从事的工作，这才算达到学习语文的目的。进一步说，学习语文还可以养成想得精密的习惯，理解人家的意思务求理解得透彻，表达自己的意思务求表达得准确；还有培养品德的好处，如培养严肃认真、一丝不苟的态度等。这样看来，学习语文的意义更大了，对于从事工作和培养品德都有好处。

学习语文不能要求速成

我常常接到这样的信，信上说："我很想学语文，希望你来封信说说怎样学。"意思是，去一封回信，他一看，就能学好语文了。又常常有这样的请求，要我谈谈写作的方法。我谈了，谈了三个钟头。有的人在散会的时候说："今天听到的很能解决问题。"解决问题哪有这么容易？哪有这么快？希望快，希望马上学到手，这种心情可以理解；可是学习不可能速成，不可能画一道符，吞下去就会了。学习是急不来的。为什么？学习语文目的在运用，就要养成运用语文的好习惯。凡是习惯都不是几天工夫能够养成的。比方学游泳。先看看讲游泳的书，什么蛙式、自由式，都知道了。可是光看书不下水不行，得下水。初下水的时候很勉强，一次勉强，两次勉强，勉强浮起来了，一个不当心又沉了下去。要等勉强阶段过去了，不用再想手该怎么样，脚该怎么样，自然而然能浮在水面上了，能往前游了，这才叫养成了游泳的习惯。学语文也是这样，也要养成习惯才行。习惯是从实践里养成的，知道一点做一点，知道几点做几点，积累起来，各方面都养成习惯，而且全是好习惯，就差不多了。写完一句话要加个句号，谁都知道，一年级小学生也知道。但是偏偏有人就不这么办。知道是知道了，就是没养成习惯。

一定要把知识跟实践结合起来，实践越多就知道得越真切，知道得越真切就越能起指导实践的作用。不断学，不断练，才能养成好习惯，才能真正学到本领。

有人说，某人"一目十行"，眼睛一扫就是十行。有人说，某人"倚马万言"，靠在马旁边拿起笔来一下子就写一万字。读得快，写得快，都了不起。一目十行是说读书很熟练，不是说读书马马虎虎；倚马万言是说写得又快又好，不是说乱写一气，胡诌不通的文章。这两种本领都是勤学苦练的结果。

要学好语文就得下功夫。开头不免有点勉强，不断练，练的功夫到家了，才能得心应手，心里明白，手头纯熟。离开多练，想得到什么秘诀，一下子把语文学好，是办不到的。想靠看一封回信，听一回演讲，就解决问题，是办不到的。

有好习惯，也有坏习惯。好习惯养成了，一辈子受用；坏习惯养成了，一辈子吃它的亏，想改也不容易。譬如现在学校里不少学生写错别字，学校提出要纠正错别字，要消灭错别字。错别字怎么来的呢？不会写正确的形体吗？不见得。有的人写错别字成了习惯，别人告诉他写错了，他也知道错，可是下次一提笔还是错了。最好是开头就不要错，错了经别人指出，就勉强一下自己，硬要注意改正。比方"自己"的"己"和"已经"的"已"搞不清楚，那就下点儿功夫记它一记，随时警惕，直到不留心也不会错才罢休。

学习语文要练基本功

学习语文要练基本功。写一篇文章，就语文方面说，用一个字，用一个词，写一个句子，打一个标点，以及全篇的结构组织，全篇的加工修改，这些方面都要做到家才算好。这些方面都得下功夫，都得养成好的习惯。这样，写起文章来就很自由，没有障碍，能够从心所欲。培养这些方面的能力，养成好的习惯，就叫练基本功。

一出戏要唱工做工都好是不容易的。最近我看周信芳、于连泉（筱翠花）几位总结他们表演艺术经验的书，讲一个动作如何做，一句唱词如何唱，都有很多道理。道理不是嘴上说说的，是从实践里归结出来的。我们学习语文，看文章和写文章也能达到他们那样程度，就差不多了。学戏的开始，不是从整出戏入手的，一定要练基本功。唱腔、道白、身段、眼神、一举手一投足，都要严格训练，一丝不苟。起初当然勉强，后来逐渐熟练，表演起来就都合乎规矩。然后再学一出一出的戏。学绘画，要先练习写生，画茶杯，画花瓶，进一步练速写，这些都是基本功。学音乐、舞蹈也一样，都要练基本功。木工做一张桌子也不简单，锯子、刨子和凿子，使用要熟练，要有使用这些工具的好习惯，桌子才能做得合规格。总之，无论学什么，练基本功是很重要的。

学语文的基本功是什么？大体上说有以下几方面。

第一，识字写字。可能有人想，谁还不识字，这个功夫没有什么可练的。可是一个字往往有几个意义，几种用法，要知道得多些，个个字掌握得恰当，识字方面还得下功夫。譬如"弃甲曳兵而走"，这是《孟子》上的一句话。小学生可能不认识"曳"字，其余都是认识的。可是小学生只学过"放弃""抛弃"等词，没学过单用的"弃"字。至于"甲"知道是"甲、乙"的"甲"，"兵"知道是"炮兵""伞兵"的"兵"，"走"知道是"走路"的"走"。他们不知道"甲"是古代的军装，"兵"在古代语言中是武器，古人说"走"，现代人说"逃跑"。"曳"这个字现代不用了，只说"拖"。"而"字在现代语言中是有的，如"为……而奋斗"。可是照"弃甲曳兵而走"这句话的意思说，"而"字就用不着了。用现代话说，这句话就是"丢了铠甲拖着武器逃跑"。到高中程度，识字当然要比小学比初中更进一步，对某些字知道更多的意义和用法。中国字太多，太复杂，谁也不能夸口说念字不会念错。字要念得正确，不要念别字，这也是识字方面应该下的功夫。

写字也要下些功夫。不一定要去买什么碑帖，天天临它几小时，这不需要；可是字怎么写，总要有个规矩。写下的字是让人家看的，不是使人家看不清楚，看得很吃力。有时候我接到些信，字写得不清楚，要看好些时间，看得很吃力。不要自己乱造字，简化字有一定的规范，不要只管自己易写，不管别人难认。字要写得正确，一笔一画都辨得很明白；还要写得熟练，如果写一个字要想三分钟，这怎么能适应需要？要把字写得正确熟练，这就是基本功。

第二，用字用词。用词要用得正确，贴切，就要比较一些词的细微的区别。这是很要紧的。譬如与"密"字配合的，有"精密""严密""周密"等词，粗粗看来好像差不多，要细细辨别才辨得出彼此的差别。"精密"跟"周密"有何不同，"精密"该用在何处，"周密"该用在何处，都要仔细想一想。想过了，用起来就有分寸。如果平时不下功夫，就不知道用哪一个才合适。

用词，有时也表示一个人的立场。立场，就是站在哪一方面；比方有人说，在土地改革的时候，某村地主很"活跃"，这就是立场不对头。"活跃"

往往用在对一件事表示赞美的场合。对地主用"活跃"不合适，要用"猖獗"。否则人家会认为你是站在地主的立场呢。这些地方如果平时不注意，就会出错。用词还有个搭配的问题。比方"成绩"，可以说"取得成绩""做出成绩"，如果说"造出成绩"就不合适。前边的词跟后边的词，有搭配得上的，有搭配不上的，把不相配合的硬配在一起，就不行。所以用词也是基本功，无论阅读或是写作都要注意。

第三，辨析句子。句子是由许多词组成的，许多词当中有主要的部分和附加的部分。读句子，写句子，要分清主要部分和附加部分，还要辨明附加部分跟主要部分是什么关系。比方"在党的领导下，我们取得了中国革命的胜利"。这句话的主要部分是什么？是"我们取得了胜利"。取得了什么胜利？取得了"中国革命的"胜利。还要弄清楚，"在党的领导下"是"取得"的条件，虽然放在头里，却关系到后面的"取得"。读一句话，写一句话，要能马上抓住主要的部分，能弄清楚其他的部分跟主要的部分的关系，这就是基本功。长句子尤其要注意。有些人看文章，又像看得懂，又像看不懂，原因之一就是弄不清楚长句子的各个组成部分的关系。

读文章，写文章，最好不要光用眼睛看，光凭手写，还要用嘴念。读人家的东西，念出来，比光看容易吸收。有感情的文章，念几遍就更容易领会。自己写了东西也要念，遇到念来不顺的地方，就是要修改的地方。好的文章要多读，读到能背。一边想一边读，有好处。这好处就是自己脑子里的想法好像跟作者的想法合在一起了，自己的想法和语言运用能力就从而提高不少。长的文章可以挑出精彩的段落来多读，读到能背。读的时候不要勉强做作，要读得自然流畅。大家不妨试试。

第四，文章结构。看整篇文章，要看明白作者的思路。思想是有一条路的，一句一句，一段一段，都是有路的，这条路，好文章的作者是决不乱走的。看一篇文章，要看它怎样开头的，怎样写下去的，跟着它走，并且要理解它为什么这样走。譬如一篇议论文，开头提出问题，然后从几个方面来说，而着重说的是某一个方面，其余几个方面只说了一点儿。为什么要这样安排呢？一定有道理。读的时候就得揣摩这个道理。再往细处说，第二句跟头一句是怎样连接的，第三句跟第二句又是怎样连接的，第二段跟第一段有什么关系，第三段跟第二段又有什么关系，诸如此类，都要搞清楚。这些就叫基本功。练，就是练这个功夫。

总起来一句话，许多基本功都要从多读多写来练。读人家的文章，要学习别人运用语言的好习惯。自己写文章，要养成自己运用语言的好习惯。要多读，才能广泛地吸取。要多写，越写越熟，熟极了才能从心所欲。多写，还要多改。文章不好，原因之一就是自己不改或者少改。有人写了文章，自己不改，却对别人说："费你的心改一改吧。"自己写了就算，不看不改，叫别人改，以为这就过得去，哪有这么容易的事？

写之前要多想想，不要就动笔写。想得差不多了，有了个轮廓了，就拟个提纲。提纲可以写在纸上，也可以记在脑子里。总之，想得差不多了然后写。写好以后，念它几遍，至少两三遍，念给自己听，或者念给朋友听。凡是不通的地方，有废话的地方，用词不当的地方，大致可以听出来。总之，要多念多改，作文的进步才快。请别人改，别人可能改得不怎么仔细，或者自己弄不明白别人这样那样改的道理，这就没有多大好处。当然，别人改得仔细，自己又能精心领会，那就很有好处。

认真不认真，是学得好不好的关键

希望学得好，先要树立认真的态度。看书，不能很快地那么一翻；看文章，不能眼睛一扫了事。写文章，不能想都不想，就动笔写，写完了自己又懒得改。这些都是不认真的态度。如果这样，一定学不好。某个中学举行过一次测验，有一道题里学生需用"胡同"这个词，竟有不少学生把极容易的"同"字写错了。从这上头可以看出学生学习态度不认真。这应该由老师负责，老师没有用种种办法养成学生认真的习惯。大事情是由无数小事情加起来的，小事情不注意，倒能注意大事情，这是不能令人相信的。

有的人写了文章，别人给他指出某处是思想认识上的错误，某处是语言文字上的错误，他笑了笑就算了，这也是不认真的态度的表现。写个请假条，写封信，也要注意。无论读或是写，都不能马虎。马虎是认真的反面。马虎的风气在学校里和机关里都有，要想办法改变这种坏风气。

有的老师有的家长往往说，某某孩子两天就看完了《红岩》，真了不起。

我认为这不很好。这样大的一本书两天就看完，可能只看见些影子，只记得几个人名，别的很难领悟。这样的读书法是不该提倡的。先要认真读，有了认真读的习惯，然后再求读得快。

一句话，希望同志们认真自学。在这里听到的，只能给同志们一些启发，一些帮助，重要的还在自学。再说，在这里听到的不一定全接受，要自己认真想过，认为确然有些道理，才接受。

1963 年 10 月 5 日发表

大力研究语文教学
尽快改进语文教学

讨论语言学科的研究规划，我想，规划里总得有一项，研究中小学的语文教学，给语文教学提供切实有效的帮助。

我跟中小学语文教师有所接触。他们在砸碎了"四人帮""两个估计"的精神枷锁之后，思想得到解放，急切盼望投入教育革命的行列，把自己担任的语文教学工作搞好。但是，对于怎样提高语文教学的效率，他们感到缺少办法。问我有什么办法，我很惭愧，我没有。

近来几个月里，各地方出版了一些有关语文教学的刊物，多是师范院校办的。刊物的编辑同志给我来信，问我做好语文教学工作有什么窍门，我很惭愧，我答不出。

我为什么不能满足语文教师和编辑同志的期望，就得说到我当教师的经历和感想。

我开始当教师在民国元年（一九一二年），担任的是初等小学二年级的级任教员，教国文和算术。当时的小学国文课本是文言，教国文，就是教认字，用本地方言讲课本上的文言。这个办法跟私塾一个样。

我小时候读私塾，先读《三字经》《千字文》，然后是"四书"、《诗经》、《易经》。都要读熟，都要在老师跟前背诵，背得出了，老师才教下去。每天还要理书，就是把先前背熟了的书轮替温理一部分，背给老师听。这样读书是怎么一回事呢？一是广泛地认字，二是学说古代的书面语言，那是跟任何地方的方言都不相同的一种语言。然后读《左传》，这才开始听老师讲。《左传》开头是"郑伯克段于鄢",什么叫"克",什么叫"于",老师给讲成苏州方言,我明白了。

我开始当教师,干的就是跟私塾老师同样的事。不过也有所不同,一是并不先教学生广泛地认字,二是一开头就讲,就用本地方言讲课本上的文言。

我想,这样教法大概很古了吧。汉朝的大师传经授书,讲究声音训诂,后代人看来似乎很了不起,可是按实际一想,跟私塾老师教我、我教小学生相差并不多,无非是讲书。

从清朝末年废止科举,开办新式学校,直到民国初年我当小学教员的时候,小学中学教国文跟古代一脉相承,还是讲书。因为小学国文课本是文言(前面已经说过),也选些短篇古文,中学国文教材几乎全是名家古文。其他各科的课本也用文言编写。是文言,就得讲。因而各科教员都讲书,数学教师讲数学书,理化教师讲理化书,史地教师讲史地书。因而各种功课几乎都是国文课。

白话文(又叫语体文,就是用现代语写录的书面语言)从什么时候起用作小学教材,我记不确切了,大概在五四运动前后。白话文开始在中学课本里占地位,我记得是一九二三年的事,那一年公布新学制中小学各科的课程标准(相当于现在的教学大纲)。当时小学的"国语"、中学的"国文"相当于现在的语文课。中学国文课程标准是这样规定的:初中阶段,白话文和文言文掺合着教,各年级比率不同,低年级白多文少,高年级文多白少;高中阶段完全教文言。三个年级选教材的方法不同,一年级按记叙文、说明文等文体来选,二年级按《诗经》《楚辞》等文学史的顺序来选,三年级按《老子》《荀子》等思想史上的流派来选。这可见那时候的教些白话文只是顺应潮流,主要目的是归结到古文,而且诗词歌赋、诸子百家都要叫中学生尝一尝,大大超过了科举时代的童生的阅读范围。

那时候我主要做编辑工作了,先后兼教几所中学的高年级,教材是文言文,当然照老办法讲。白话文没教过,可是我想,如果教,大概还是照老办法讲。白话文里很有些文言成分,可以讲。白话文大体是现在所谓普通话,普通话跟本地方言不同的部分也可以讲。但是可讲之处总不及文言文那么多。因此有些教师常常说，文言文"有讲头"，白话文"没讲头"。

从一九二三年到如今，五十五年了，编选教材的办法屡次变更，可是有一点没有变，就是中学里白话文和文言文掺合着教。教法也有所变更，从逐句讲解发展到讲主题思想，讲时代背景，讲段落大意，讲词法、句法、篇法，等等，大概有三十来年了。可是也可以说有一点没有变，就是离不了教师的"讲"，而且要求讲"深"，讲"透"，那才好。教师果真是只管"讲"的吗？学生果真是只管"听"的吗？一"讲"一"听"之间，语文教学就能收到效果吗？我怀疑好久了，得不到明确的答案。还有，对于白话文和文言文掺合着教，我也怀疑已久。学文言文究竟是什么目的？掺合着学会不会彼此相妨而不是彼此相成？问题还有好些，我当然也得不到答案。我说到这里，同志们就可以知道我开头说的不能满足语文教师和编辑同志的期望的所以然了。我的经历只是讲书，有什么可以贡献的呢？

前些日子《人民日报》登载吕叔湘同志的《语文教学中两个迫切问题》，引起广大读者的注意，尤其是教育工作者和担任语文课的教师。文章里说："十年的时间，二千七百多课时，用来学本国语文，却是大多数不过关，岂非咄咄怪事！"文章里说："少数语文水平较好的学生，你要问他的经验，异口同声说是得益于课外看书。"文章里问："是不是应该研究研究如何提高语文教学的效率，用较少的时间取得较好的成绩？"就这几句话，尽够发人深省的了。

我想，从前读书人十年窗下，从师读书，不管他们后来入不入仕途，单说从老师那里真得到益处，在读书作文方面真打下基础，不至于成为似通非通的孔乙己的，不知道占多少比率。向来没有作过统计，当然没法知道占多少比率。但是我武断地想，恐怕不会很多吧。从前那些读书读通了的人，那些成为学问家、著作家的人，可能是像叔湘同志所说的"得益于课外看书"（就是说，脱出塾师教读的范围），或者是碰巧遇到个高明的塾师，受到他高明的引导，因而打下了坚实的基础的吧。

假如我的猜想有点儿对头，那么咱们如今的语文教学再不能继承或者变相继承从前塾师教读的老传统了。从前读书人读不通，塾师可以不负责任，如今普通教育阶段的语文教学却非收到应有的成绩不可。语文是工具，自然科学方面的天文、地理、生物、数、理、化，社会科学方面的文、史、哲、经，学习、表达和交流都要使用这个工具。要做到个个学生善于使用这个工具（说多数学生善于使用这个工具还不够），语文教学才算对极大地提高整个中华民族的科学文化水平尽了分内的责任，才算对实现"四个现代化"尽了分内的责任。以往少慢差费的办法不能不放弃，怎么样转变到多快好省必须赶紧研究，总要在不太长的时期内得到切实有效的改进。

实践出真知，语文教学的实践者是教师，因此研究语文教学如何改进，语文教师责无旁贷。个人研究总不及集体研究，学校里已经恢复了教研组，集体研究就很方便。几个学校的教研组互相联系，交流研究和实践的结果，那是集思广益的好途径。

语言学科的工作者有的兼任语文教师，就是不任教师的，研究的东西往往跟语文教学有关联。因此，语言学科的工作者是语文教师最亲密的伙伴，义不容辞，要为改进语文教学尽力，提供切实有效的帮助。

我在这里恳切地呼吁，愿语文教师和语言学科的工作者通力协作研究语文教学，做到尽快地改进语文教学！

至于我，以往的经历只是讲书，跟从前的塾师一个样，够可笑的。后来不当教师了，讲主题思想、讲时代背景之类我都没干过，只在不多几所中学小学里参观过语文的课堂教学，只看过些中学生小学生的作文本子。参观了，看了，不免有些感想。是感想，不能不主观，又难免片面，但是也不妨说出来请同志们指教。

我还要说教师只管"讲"这回事。我想，这里头或许有个前提在，就是认为一讲一听之间事情就完成了，像交付一件东西那么便当，我交给你了，你收到了，东西就在你手里了。语文教学乃至其他功课的教学，果真是这么一回事吗？

我想，课堂教学既然是一讲一听的关系，教师当然是主角了，学生只处在观众的地位，即使偶尔举举手答个问题，也不过是配角罢了。这在学生很轻松，听不听可以随便。但是，想到那后果，可能是很不好的。学生会不会习惯了教师都给讲，变得永远离不开教师了呢？永远不离开教师是办不到的，毕业了，干什么工作去了，决不能带一位教师在身边，看书看报的时候请教师给讲讲，动笔写什么的时候请教师给改改。那时候感到不能独自满足当前的实际需要，岂不是极大的苦恼？

我又想，口耳授受本来是人与人交际的通常渠道之一，教师教学生也是人与人交际，"讲"当然是必要的。问题可能在如何看待"讲"和怎么"讲"。说到如何看待"讲"，我有个朦胧的想头。教师教任何功课（不限于语文），"讲"都是为了达到用不着"讲"，换个说法，"教"都是为了达到用不着"教"。怎么叫用不着"讲"用不着"教"？学生入了门了，上了路了，他们能在繁复的事事物物之间自己探索，独立实践，解决问题了，岂不是就用不着给"讲"给"教"了？这是多么好的境界啊！教师不该朝这样的好境界努力吗？再说怎么"讲"。我也曾经朦胧地想过，知识是教不尽的，工具拿在手里，必须不断地用心地使用才能练成熟练技能的，语文教材无非是例子，凭这个例子要使学生能够举一而反三，练成阅读和作文的熟练技能；因此，教师就要朝着促使学生"反三"这个标的精要地"讲"，务必启发学生的能动性，引导他们尽可能自己去探索。倾筐倒箧容易，画龙点睛艰难，确是事实，可是为了学生的长远利益，似乎不应该怕难而去走容易的途径。这就需要研究。此外如布置作业，出些练习题，指定些课外阅读书，着眼在巩固学生的记忆固然有其必要，可是尤其重要的是要考虑到如何启发学生，把所学的应用到实际生活的各方面去。这就需要研究。说也说不尽，总而言之，我以为学生既然要一辈子独自看书作文，语文教学就得着眼在这一点上，为他们打下坚实的基础。如何打下这样的基础是研究的总题目。

关于中学里教不教文言文，我们少数几个朋友曾经商谈过，得到几个想法，现在简单说说。

一个想法是中学里不教文言文。什么理由呢？回答是：绝大多数中学毕业生只要把现代语文学通学好就可以了，往后他们在工作中、在进修中都用不着文言文。至于少数进大学学古代史、古典文学之类的，当然要跟古代语文打交道，只要他们真的把现代语文学通学好了，只要他们有足够的常识，进了大学花一年的时间集中学习古代语文，应该就能管用。如果问：现代语文里有一些古代语文的成分，怎么办？回答是：这就在学习现代语文的时候学，不必为了那么点东西花费许多功夫去学古代语文。凡是古代书籍对现代人普遍有用的，应当组织力量把它正确地改写成现代语文，让读者直截爽快地接触它的实质，而不是凭不容易认清楚的古代语文的外貌而去揣摩它的实质。西方有中等文化程度的人都多少知道些古典的东西，荷马的神话故事，亚里斯多德的哲学，莎士比亚的《哈姆莱特》，等等，他们都不是读这些作者的原著才知道的，他们是从改写成现代语文的书本里知道的。而咱们要学生都来学古代语文，这里头仿佛含有这么个意思：你要接受古来的遗产吗？好，你们学习古代语文吧，学通了古代语文，然后自己想办法去了解那些古东西吧。假如果真是这么个用意，距离"现代"岂止十万八千里？

我们几个朋友再一个想法是中学的语文课本全是现代文，另外编一种文言读本，供一部分学生选修。假如学制变更，文理分科，那么这个文言读本在文科是必修。

再一个想法是语文课本里还是编入一部分文言文，但是不像现在这样"雨夹雪"似的，要相对地集中（这又可以有几种集中的办法）。

至于教文言文，我们几个朋友都相信，像我曾经干过的那样逐句逐句翻译成现代语或当地方言就算了事的办法必须坚决放弃。教文言文和教现代文当然有共通之点，也必然有教文言文的特殊之点，我想，什么是特殊之点又是需要研究的一个题目。

关于作文教学，我想，大概先得想想学生为什么要学作文。要回答似乎并不难，当然是：人在生活中、在工作中随时需要作文，所以要学作文，在从前并不是人人需要，在今天却人人需要。写封信，打个报告，写个总结，起个发言稿，写一份说明书，写一篇研究论文，诸如此类，不是各行各业的人经常要做的事吗？因此要求学生要学好作文，在中学阶段打下坚实的基础。至于作诗、作小说，并不是人人所需要，学生有兴致去试作，当然绝对不宜禁止，但是这并非作文教学的目标。

从前读书人学作文，最主要的目标在考试，总要作得能使考官中意，从而取得功名。现在也有考试，期中考试，期末考试，还有升学考试。但是，我以为现在学生不宜存有为考试而学作文的想头。只要平时学得扎实，作得认真，临到考试总不会差到哪里，推广开来说，人生一辈子总在面临考试，单就作文而言，刚才说的写封信、打个报告之类其实也是考试，不过通常叫作"考验"不叫作"考试"罢了。学生学作文就是要练成一种熟练技能，一辈子能禁得起这种最广泛的意义的"考试"即"考验"，而不是为了一时的学期考试和升学考试。假如我的想头有点儿对头，那么该如何给学生做思想工作，使他们有个正确的认识，也是需要研究的。

说到做思想工作，还得加说一段。粉碎"四人帮"以前的几年里，中小学也是重灾区，若干学校的课堂秩序乱了，课都上不成了，哪还顾得上什么作文？即使是勉强还能上课、还能叫学生作文的学校，有一种现象并不是个别的，就是学生作文尽找当时受"四人帮"控制的《人民日报》来乱抄，不仅中学生，小学的高年级生就如此。这个极端恶劣的影响决不可忽视，不要以为"四人帮"被粉碎了，影响就消失了。在作文教学中，首先要求学生说老实话，绝不容许口是心非，弄虚作假。譬如学生作文说他自己学雷锋，曾经搀扶一位老太太过马路，就首先要问有没有这回事，其次才看写得好不好。要是根本没有这回事，那就可见这个学生所受"四人帮"的影响还在他身上作怪，那就必须恳切地严肃地对他做思想工作，直到彻底消毒才罢休。"教学工作"也就是"教育工作"，认真负责的教师不该如此吗？说假话之外，还有说套话，说废话，说自己也莫名其妙的话，等等，都是"四人帮"的歪文风，谁沾上了，谁就不能作成适用的文，在生活中、在工作中禁得起随时遇到的考验。因此，当前作文教学有一项迫切的任务，就是杜绝"四人帮"的歪文风的一切影响。请教同志们，我这么说对不对？

现在说一说命题作文。咱们平时作文，总是为了实际需要，刚才已经说过。而教师出个题目让学生作文的时候，学生并没有作文的实际需要，只因为要他们练习作文，才出个题目让他们作。就实际说，这有点儿本末倒置，可是练习又确乎必不可少。因此，命题作文只是个不得已的办法，不是合乎理想的办法。

我曾经想，我当教师的时候师生只在课堂里见面，出了课堂就难得碰头了；现在可不然，在课外师生也常在一块儿，因此，学生平时干些什么，玩些什么，想些什么，教师都多少有个数。有个数，出题目就有了考虑的范围；就叫学生把干的、玩的、想的写出来，他们决不会感到没有什么可写。再加上恰当的鼓动，引起他们非写出来不可的强烈欲望。那么，他们虽然按教师的题目作文，同时也是为了实际需要而作文了。命题作文既然是不得已的办法，总要经常顾到学生有什么可写，总要想方设法鼓动他们的积极性，使他们觉得非写出来不可。我料想，必然有好些教师已经这么做，而且有了具体而有效的方法了；那是很值得提供给大家研究观摩的。

我又曾经想，能不能从小学高年级起，就使学生养成写日记的习惯呢？或者不写日记，能不能养成写笔记的习惯呢？凡是干的、玩的、想的，觉得有意思就记。一句两句也可以，几百个字也可以，不勉强拉长，也不硬要缩短。总之实事求是，说老实话，对自己负责。这样的习惯如何养成，我说不出方法和程序来。我只觉得这样的习惯假如能够养成，命题作文的办法似乎就可以废止，教师只要随时抽看学生的日记本或笔记本，给他们一些必要的指点就可以了。不知道我这样想是不是太偏了。

最后说一说改作文。我当过教师，改过学生的作文本不计其数，得到个深切的体会：徒劳无功。我先后结识的国文教师、语文教师不在少数，这些教师都改过不计其数的作文本，他们得到的体会跟我相同，都认为改作文是一种徒劳无功的工作；有的坦率地说，有的隐约地说，直到最近，还听见十几位教师对我坦率地说。徒劳无功，但是大家还在干，还要继续干下去，不是很值得想一想吗？

改作文不知道始于何朝何代，想来很古了吧。从来读书人笔下有通有不通，因教师给改而通了的究竟占百分之几，当然没有统计过。我想，自古以来肯定作文必得由教师改，大概有个作为前提的设想在，那就是教师费心费力地改，学生必然能完全理解，而且全部能转化为作文的实际能力。这样的设想，如今在四五十人的班级里实在是难以实现的。首先得算算，四五十本作文本全都给"精批细改"要花多少时间和精力，教师办得到吗？即使办得到，把作文本发还学生就完事了吗？假如学生不完全理解你的用意，岂不就是白费？那就还得给四五十个学生说明为什么这么改，这又要花多少时间和精力？教师办得到吗？即使办得到，可是学生听了教师这一回的说明，知道了该这样写不该那样写，未必就能转化为作文的实践能力，因而下一回作文又那样写了；那岂不是照旧要给他"精批细改"，再来个循环？再说，任何能力的锻炼总是越频繁越好，而教师的时间和精力有限；因而中小学的作文每学期不过五六次，有些学校有大作文和小作文，加起来也不过十次光景。就学生作文能力的锻炼说，实在太少了；就教师改作文的辛劳说，实在太重了。尽管费心费力，总收不到实效，于是来了"徒劳无功"的共同感慨。

我想，学生作文教师改，跟教师命题学生作一样，学生都处于被动地位。能不能把古来的传统变一变，让学生处于主动地位呢？假如着重在培养学生自己改的能力，教师只给些引导和指点，该怎么改让学生自己去考虑去决定，学生不就处于主动地位了吗？养成了自己改的能力，这是终身受用的。在生活和工作中，谁都经常有作文的需要。作文难得"一次成功"，往往要改几次才算数。作了文又能自己改，不用请别人改，这就经常处于主动地位，岂不是好？

"改"究竟是怎么一回事呢？改的是写在纸上的稿子，实际上是审核并修订所想的东西，使它尽可能切合当前的需要。正确不正确当然是首先要审核的。此外如有什么不必说的，有什么没有说明白的，有没有换个说法更恰当的，有没有叫人家看了会发生误会的，等等，也是需要审核之点。审核过后在需要修订的处所作修订，通常的说法就叫"改"。"改"与"作"关系密切，"改"的优先权应该属于作文的本人，所以我想，作文教学要着重在培养学生自己改的能力。教师该如何引导和指点学生，使他们养成这种能力，是很值得共同研究的项目。

动笔之前想定个简要的提纲，写在纸上也好，记在头脑里也好，这是一种好习惯。写完了，从头至尾看一遍，马上自己审核，自己修订，这也是一种好习惯。写完了，站在读者的地位把自己的文念一遍，看它是不是念起来上口，听起来顺耳，这样做是从群众观点审核自己的文，也是一种好习惯。这些好习惯养成了，一辈子受用不尽。要不要让学生养成这些好习惯？我看要。那么，如何养成这些好习惯，似乎也是个研究的项目。凡属于养成习惯的事项，光反复讲未必管用。一句老话，要能游泳必须下水。因此，教师的任务就是用切实有效的方法引导学生下水，练成游泳的本领。

我说我的感想到此为止。感谢同志们听我的发言。

1978 年 3 月 21 日讲

去年高考的语文试题

去年全国高等学校举行统一招生考试的时候，我刚动过手术，躺在病床上。有人来看我，把语文试题给我大略说了一遍。我听了很高兴，认为这份试题出得比较好，尤其是作文一项，出的题打破了历来的传统。

过去的入学考试，作文一项总是出个题目，让考生作一篇文章。这一回却选了一篇一千七百多字的论文，让考生仔细阅读之后缩写成五六百字，要求缩写以后仍然是一篇完整的论文，还要求突出原文的中心思想，全面地、准确地反映原文的主要论点。要求提得具体、明确，考生就有所遵循，不至于对着考卷发愣，胡诌一篇了事。

入学考试要考语文，目的是什么呢？目的是测验考生的阅读能力和写作能力，也就是理解语文的能力和运用语文的能力，看他们够得上够不上大学所要求的水平。这一回的作文题兼顾这两方面，因此我认为值得称赞。这当然不是唯一的方式，只要认真想，别的比较好的方式一定还有。

尤其值得称赞的，这一回的作文题打破了命题作文的老传统，是思想上的大突破、大解放。

用命题作文（还有命题作诗，且不说它）的方式举行考试，真可以说源远流长了。封建时代的考试全都是命题作文。读书人"十载寒窗"下苦功夫，无非为了应付考试，企图通过命题作文这个关得到录取。因此，他们平时要作种种揣摩。揣摩当时文章的风尚。揣摩当前的考试官员喜爱哪一派哪一路的文章。揣摩此时此际此考试官员可能出什么样的题目。一方面揣摩，一方面实习。挑选若干份先前被录取的人的考卷，把它读得烂熟，这是实习。自己写若干篇文章，请老师或名家琢磨修改，然后把它读得烂熟，这也是实习。这样实习做什么？目的在临到考试的时候碰碰运气。如果考试的题目凑巧，可以套用读熟的文章交卷，岂不便当？如果考试的题目正好是自己作过的题目，那真是天大的喜事，只要把先前作的又经过老师或名家修改的文章抄上去就成，这当儿短不了在心里喊一声："这回可押中了宝了！"

科举制度废掉了，开办了新式学校，用命题作文的方式举行考试的办法却继承了下来。在高考的语文（过去叫国文）试题中，命题作文所占评分的比率比较大，因而从前那种揣摩和实习的办法也延续下来了。

去年年初，想去投考高等学校的学生就开始作准备。准备当然是必要的。检查一下各科的学习成绩，有不熟练的，复习一下，有不明白的，补习一下，且不问考上考不上，对自己总有实在的好处。可惜我知道，为语文考试作准备的时候，有些考生并不是这样做的。他们收集了前年各省高考的语文试题，看命题作文项下出了些什么样的题目，用来揣摩这一回可能出什么样的题目。他们还收集些前年得分较多的试卷，用来揣摩该怎么样写才能得到较多的分数。经过揣摩，还有人拟了一二十个题目，每个题目写一篇，请人修改，记在心里，还有请别人代写的，都是想去碰碰运气。这种心理和封建时代读书人的想法没有多大区别。像这样作准备，就不是什么复习和补习，而是近乎弄虚作假，投机取巧，跟品德有关的事项了。我非常不愿意这么说，可是事实正是这样。至于碰上运气的考卷不表示考生的真水平，那是用不着说的。

但是，作这样准备的考生决不该受到责备。语文试题中既有命题作文这一项，所占评分的比率又比较大，就必然会产生这样的后果。

去年高考不再命题作文，不是出个题目让考生发挥一通，可能把千百年来不良的老传统从此杜绝了，所以我认为值得大大称赞。

1979 年 3 月 16 日作

重视调查研究
——祝贺中学语文教学研究会成立

中学语文教学研究会举行成立大会,我很抱歉,不能去参加。请允许我遥致祝愿,祝会议成功,愿这次会议成为今后深入研究语文教学问题和认真改革语文教学工作的良好的开端。

这个会叫作研究会,顾名思义,就是要对语文教学做些研究。研究很必要。多少年来,语文教学的效果不怎么好,很重要的一个原因就在于没有认真做些研究。要研究,首先就得调查。我希望咱们多做些实况调查,不要提出一些抽象空泛的题目,找些人来泛泛地议论一通。议论议论固然也需要,但是更重要的是了解实际;并且,不论听起来多么好的议论,都得放到实践中去检验,才能判断这种议论是不是切合实际,确有实效。"实践是检验真理的唯一标准",这个原则同样适用于语文教学。

要了解学生,看看他们实际的语文能力怎么样。他们说话是不是清楚明白,有条有理;能不能透彻理解跟他们的文化程度相当的书籍报刊(不光是文科方面的,还有理科方面的);能不能写日常应用的文字,做到文从字顺,没有大毛病;会不会使用适合他们程度的工具书,自己解决读书和作文的时候遇到的问题,等等。能力高的,要了解他是怎么学的,能力是怎么高起来的;能力差的,要了解他在听、说、读、写的时候有些什么毛病,有些什么困难,这些毛病和困难是怎么来的。

要了解教师,看看他们实际的工作情况怎么样。他们是怎样训练学生听话说话的,怎样训练学生读书作文的;他们这些办法对学生起了什么作用,有些什么效果——好的,坏的,不好不坏的。还要看看他们自己的语文能力(说话、写字、读书、作文的能力)怎么样;他们的这些能力在教学当中发挥了什么作用,对学生有些什么影响。

这些调查要做得切实。好,不好,都要举出实例;凡是能够得出数据,做出统计的,要有翔实可靠的统计数字。这样的调查成果才能对进一步研究提供可靠的依据。

汉语和汉字有自己的特点。这种语言和文字,从教和学的角度看,有比别的语言文字容易的地方,也有比别的语言文字难的地方。究竟什么地方容易,什么地方难,这些难点现在正用什么办法去对付,这也是应当调查的项目。还有一个特殊的问题——文言文问题。究竟五年之中要教多少篇,教哪些篇,怎么教才管用,才能收到预期的效果;不教行不行,是不是会影响学生掌握现代语言的能力。这些也是需要调查、需要研究的项目。

特别需要调查和研究的是语文训练的项目和步骤。为了培养学生具备应有的听、说、读、写的能力,究竟应当训练哪些项目,这些项目应当怎样安排组织,才合乎循序渐进的道理,可以收到最好的效果。对这个问题,咱们至今还是心里没有数。——至于教材选多少篇,选哪些篇,这些文篇怎么编排,我看未必是关键问题,也未必说得出多少道理来。选些文篇让学生读,无非是进行那些训练的凭借而已。不读这几十篇几百篇,换读另外的几十篇几百篇,也未尝不可。当然不是说选和编完全不必讲究。不过,要想从这里头找出非此不可的道理来,恐怕不容易。咱们一向在选和编的方面讨论得多,在训练的项目和步骤方面研究得少,这种情形需要改变。

做上边说的这些调查和研究,要打破一些习惯势力造成的框框。这个话说说容易,实行起来可不怎么容易。几百年科举制度的影响是很深的。有些不见得好甚至很不好的做法,咱们习以为常,不觉得里边有什么问题。譬如写的训练,一说作文,咱们往往不期然而然地会让学生写《春雨》《秋霁》之类的散文,或者《为实现"四化"而努力学习》之类的议论文,倘若真能摆脱旧时的影响,就会想到,不管学生平日注意过春天下雨或者秋天雨过天晴的景色没有,不管学生平日想过怎样为实现"四化"努力学习没有,硬让他们临时编一些话来写,或者把平日在书上报上看见过的话拼凑起来写一遍，这究竟是培养学生的什么本领呢？还会想到，在现实生活里，在参加农业、工业、科学技术各项工作里，人们有什么必需，有多少闲工夫写这些东西呢？一个现代青年，为什么要会写，他要写些什么，他需要具备什么样的写作能力，这个问题得从实际出发，冷静地认真地去调查和研究。顺着旧时习惯势力形成的思路去考虑，是想不明白的。这只是一个例子，类乎此的问题可能还有不少。

调查和研究只能解剖几只麻雀，不能一下子全面铺开。根据调查和研究所得，要找出些具体的改进办法，拿来做实验。办法不妨有好几种，但是每种办法都得有根有据，不是想当然。实验一个学期，一个学年，再调查，再研究，看结果怎么样，有什么成效，还有什么缺陷，再改，再实验。以两三年为期，找出一套两套或三套确实行之有效的办法来，真正扭转语文教学"少慢差费"的状况。这件事当然不能性急，不能指望明天早晨就一切改观，但是也决不能慢吞吞，讨论来讨论去就是不见动静。语文课成效好坏，跟学习一切功课，干一切工作，密切相关，也就是跟实现"四个现代化"密切相关。"四个现代化"要求高速度，高效率，慢吞吞是不行的。

这次开会，如果有几份调查报告或者研究成果提出来，大家必然欢迎。如果有几个可以试试的改革方案提出来，那更值得欢迎。假如都没有，那么，至少应当商量出一些切切实实的调查办法和研究项目来，大家回去之后，有组织有计划地做起来，在不太长的时间里分别拿出点成品来交流，来商讨。

研究会每年不过开一两次会。除了开会，平时最好有些互相访问、观摩、交流、探讨的活动。访问和观摩要干些切实的事，商量些切要的问题，不要光是听课。要是听课，也得着重在学生，看怎样的教法使学生得到了实益。听课决不是去欣赏老师怎样"表演"。假如为了有人来听课先搞"彩排"，那对学生、教师和听课者三方面都没有好处，也可以说是有害处。至于交流经验和探讨问题，最好办些会刊、通讯、简报什么的。办这类刊物，目的在于互相启发，大家都能吸取别人的意见和做法，使自己不断提高。认准这个目的去办，语文教学工作会一年比一年好，刊物的水平也就一年比一年高。假如只是反反复复发表些大同小异的"课文分析"，请恕我直说，有些老师会认为很好，可以省事，而另外一些老师却觉得看了毫无所得，终于不想看了。

上边说的这些意思，供诸位同志参考，不一定都对，只不过表示我对成立这个研究会的赞同和希望而已。出于对改进语文教学的迫切愿望，有些话也许说得重了些，敬恳诸位同志原谅。

祝诸位同志身体健康，心情愉快。

1979年12月24日作

（本文原题为《探讨语文教学问题要重视调查研究》）

语文是一门怎样的功课

——在小学语文教学研究会成立大会上的发言

"语文"作为学校功课的名称,是一九四九年开始的。解放以前,这门功课在小学叫"国语",在中学叫"国文"。为什么有这个区别?因为小学的课文全都是语体文,到了中学,语体文逐步减少,文言文逐步加多,直到把语体文彻底挤掉。可见小学"国语"的"语"是从"语体文"取来的,中学"国文"的"文"是从"文言文"取来的。

一九四九年改用"语文"这个名称,因为这门功课是学习运用语言的本领的。既然是运用语言的本领的,为什么不叫"语言"呢?口头说的是"语",笔下写的是"文",二者手段不同,其实是一回事。功课不叫"语言"而叫"语文",表明口头语言和书面语言都要在这门功课里学习的意思。"语文"这个名称并不是把过去的"国语"和"国文"合并起来,也不是"语"指语言,"文"指文学(虽然教材里有不少文学作品)。

口头语言和书面语言都有两方面的本领要学习:一方面是接受的本领,听别人说的话,读别人写的东西;另一方面是表达的本领,说给别人听,写给别人看。口头语言的说和听,书面语言的读和写,四种本领都要学好。有人看语文课的成绩光看作文,这不免有点儿片面性;听、说、读、写四种本领同样重要,应该作全面的考查。有人把阅读看作练习作文的手段,这也不很妥当;阅读固然有助于作文,但是练习阅读还有它本身的目的和要求。忽视口头语言,忽视听和说的训练,似乎是比较普遍的情况。希望大家重视起来,在小学尤其应该重视。

现在大家都说学生的语文程度不够，推究起来，原因是多方面的。而语文教学还没有形成一个周密的体系，恐怕是多种原因之中相当重要的一个。不知道我说得对不对。语文课到底包含哪些具体的内容；要训练学生的到底有哪些项目，这些项目的先后次序该怎么样，反复和交叉又该怎么样；学生每个学期必须达到什么程度，毕业的时候必须掌握什么样的本领；诸如此类，现在都还不明确，因而对教学的要求也不明确，任教的老师只能各自以意为之。如果大家认为我的看法大致不错，现在小学语文教学研究会成立了，是否可以把我所说的作为研究的课题，在调查、研究、设计、试验各方面花它两三年的工夫，给小学语文教学初步建立起一个较为周密的体系来。

祝同志们工作顺利，身体健康，精神愉快。

1980 年 7 月 14 日作

听、说、读、写都重要

这回比赛——初中语文听、说、读、写邀请赛是个创举,我听到了十分高兴。请允许我向参加比赛的同学们表示祝贺,向同学们的老师表示祝贺,向举办这回邀请赛的《语文学习》编辑部表示祝贺。

学校里为什么要设语文课?这个问题好像挺简单,但是各人的认识并不一致,甚至有很大的不同。有一种看法认为语文课的目的是让学生掌握语言文字这种工具,培养他们的接受能力和发表能力。我同意这种看法。

接受和发表,表现在口头是听(听人说)和说(自己说),表现在书面是读和写。在接受方面,听和读同样重要,在发表方面,说和写同样重要。所以,听、说、读、写四项缺一不可,学生都得学好。这是生活的需要,工作的需要,也是参加祖国"四个现代化"建设的需要。

有人认为语文课就是教学生写文章,读也是为了写。在过去的社会里确实是这样,读书只是为写文章作准备,能写文章才可以去参加科举考试。现在教学生可不是让他们去应付考试,咱们是要让他们掌握生活和工作必要的本领。所以听、说、读、写四项应该同样看重,都要让学生受到最好的训练。

祝这回比赛获得成功,能引起语文教育界足够的重视。

1980 年 7 月 20 日发表

端正教育思想　改进教学方法

今天，我还要向大家呼吁，对于单纯追求升学率的问题，我们能不能大家都来关心，从各个方面来解决。这个问题不是教育部一个部门能解决得了的，要各个方面共同努力，花上若干年的时间，才能把这种不好的社会风气真正转变过来。在这个问题上，我想说两点意见。

一点是端正教育思想。我们的教育方针很明确，从教育方针作推论，无论如何总推不出如下的观点，以为学生受了普通教育，往后唯有去考大学这一条路子可走。所以这个观点是很不恰当的。可是好些人怀有这种观点，已经成为风气。要根本转变这种风气，就需要各个方面都来端正教育思想，认清学生为什么要受教育，教育究竟是怎么一回事。不仅是教育部门的同志和学校里的领导和教师，还有学生和学生的家长，还有社会上各方面的人，大家都认清了教育究竟是何事，风气才会转变过来。

再一点是改进教学方法。现在学生的学习负担很重，老师备课教课，随时督促，批改大量作业，负担也很重，彼此都苦不堪言。要减轻双方的沉重负担，就需要改进现行的若干教学方法。去掉那些徒劳而少功的，采取那些不至于过劳而确乎有实效的，逐渐达到老师从容不迫、学生身心双健的境界，再也听不到《中国青年》刊载的中学生发出的那种呼声。

我希望教育行政方面大力提倡改进，鼓励试验，按调查、研究、检查、督促四个步骤切切实实地倡导，那么教育界的积极性必将蓬勃发扬，负担减轻而收效更好的目的是能够达到的。

1981 年 12 月 7 日讲

（本文发表时无标题）

写好钢笔字

我赞成小学生中学生练习钢笔字,因为写好钢笔字是工作、学习和生活的需要。

在多数情况下,字是写给别人看的,所以练习写字,一要写得正确,二要写得清楚。字写错了,别人就认不得;字写得糊里糊涂,别人看起来就费劲:都使别人不方便。咱们要从小养成事事认真的好习惯,养成处处为别人着想的好习惯。

除了正确和清楚,还要讲究格式,讲究美观。拿信封作例子来说:收信人的地址该写在哪儿,地址的字数如果比较多该怎么分行,收信人的姓名该写在哪儿,寄信人的地址和姓名该写在哪儿,都有社会上共同的定规。按照定规写,信封就美观,拣信员和邮递员也得到方便;如果随便写,难看且不说,必然给拣信员和邮递员增加麻烦,甚至实在看不明白而无法投递。

最后还得练习写得快,在写得好的基础上练习写得快;因为写得快也是工作、学习和生活的需要。

1982 年 8 月 14 日作

对于中学语文教学研究的意见
——在中学语文教学研究会第三届年会开幕式上的讲话

我是这个研究会的会员,参加会议还是第一次,来向同志们表示歉意。

我总算当过语文教师,开始教小学,后来教中学。时间是从一九一二年到二十年代上半期。那时候教的是文言课本。文言课本教起来很容易。为什么呢?我是江苏苏州人,在本乡教书,学生都说苏州话;课本里的课文是文言文。苏州话和文言文的区别很大,学生看不懂文言文,做教师就很容易了,只要把书本上的文言句子一句一句讲下来,这个字、这个词是什么意思,在我们苏州话里该怎么说,整个句子在苏州话里又该怎么说,这就行了。这就是教师,教师就干这个。到一九二二年,各省的教育会在一起商量,订出了一个"课程标准",把小学的语文课叫做"国语",中学的语文课叫做"国文"。"国语"的课文是白话文;"国文"的课文逐步从白话文过渡到文言文,初一白话文多一些,文言文少一些,逐步逐步白话文少下去,文言文多起来。高中又是另外一套,高一学各体文,高二学文学史,高三学诸子百家。"课程标准"这样定法,意思是文言文太难,所以让小学生读白话文,到了初中逐步转到文言文,总之到中学毕业,各朝各代的古文,诸子百家的书,都要让学生读一点。这是一九二二年定的,解放前一直是这个办法。那时候,教师最不欢喜白话文,说白话文"没教头"。很多教师干脆不教,叫学生自己看看就算了。"有教头"的是文言文。为什么?两个字的一个词,可以讲它十分钟,一篇五六百字的文章,可以讲它三课时,很容易应付。所以，当时的教师喜欢教文言文，对白话文实在害怕："为什么课本里要有白话文？""白话文有什么讲头？"——我这是讲古话了，相当古，几十年了。

可是，诸位同志，这种情形现在还没有完全改变。教师总爱挑一点"有讲头"的来讲讲。"有讲头"的是啥东西呢？文言文！你不懂呀！无论学生是什么地方的人，是西南云南的，还是东北黑龙江的，总之你不懂，我懂，我来讲给你听，你听我的。你听了我的，懂了；你给我讲讲看，讲出来不错，一百分。这样做，教师很方便。可是，丢开了课本，学生自己去读文言，例如读了韩愈的《师说》，懂了（其实，《师说》里很有些地方并不容易懂），学生自己去看韩愈的别的文章，能看懂吗？仍旧看不懂。这样的学法对学生有好处吗？我看不大有好处。每一篇东西都要听老师讲了才懂，那怎么行呢？你不能一辈子把老师带在背后，你要看什么了，"哎，老师，你给我讲一讲"。这是办不到的。我说这些话，好像是回顾以前的情况，但是，现在并没有完全改变。

然而，现在是什么时代呢？八十年代！现在需要什么呢？要建设中国特色的社会主义，要建设高度的社会主义物质文明和精神文明。语文课再这样教下去行不行？不行！要改，非改革不可！这是我的头一点意见。

怎么改法？恐怕十个同志有十个意见，一百个同志有一百个意见。所以要开会，要中学语文教学研究会来研究研究！诸位知道，我年纪相当大了，过了八十九了。年纪越大的人，心越急。去年中国共产党开第十二次代表大会，闭幕词是李先念同志讲的，末了说了三个"根本好转"，国民经济情况的根本好转，党风的根本好转，社会风气的根本好转。我听了很高兴，我希望活到九十四岁，能够亲眼看到这三个"根本好转"！我看我们中学语文教学研究会也不能今年研究，明年研究，研究它二十年。太慢了！能不能快一点儿？语文教学到底是干什么的？要研究。大家要一致点；完全一致大概办不到，总要大体上一致。这是我的又一点意见。

还有一点意见。从前语文教学只有两件事，一个叫读，一个叫写。实际上读还不大注重，只注重写，注重怎么样让学生写出好文章。我常想，读和写到底哪一样重要？我看都重要，要并重。可是在实际教学中大家往往只注重写,这是传统的影响。从前,写文章是为了考试,不预备参加考试的人用不着写通文章,一个人能写写家信,写写账,就过得去了。现在要写的东西多了,什么说明书、报告书、请示汇报、调查报告、工作总结,名目繁多。现在写这些东西和从前为考试而写也不同了,你非得把想写的东西搞清楚不可,搞清楚了才可以写。写不是像从前那样地写,读也不是像从前那样地读。不仅要用眼睛读,还得会用耳朵听。例如你去听报告。报告人讲了两个小时,难道句句是精要的东西吗?不见得。你就要善于听,听明白这两小时的报告里最精要的到底是什么意思。你要会听,回到本机关才可以向同志向领导汇报:今天我听了某某同志的讲话,他说了几点,第一点是什么,第二点是什么,我现在汇报给你们听。假使不善于听,把一些不相干的东西都汇报了出来,精要的东西却忘了,没有抓住,没有说出来,那你的汇报等于零,你的工作没有做好。总之,现在听很重要。我们一方面要让学生善于说,一方面要使他善于听。读和写呢?读就是用眼睛来听,写就是用笔来说;反过来,听就是读,用耳朵来读,说就是写,用嘴巴来写。所以现在的语文教学,要把听、说、读、写这四个字连起来。我不知道,认为这四个字应该连起来的老师有多少。是认为要连起来的人多呢,还是认为不必连起来的人多?我很希望来这里开会的同志研究研究,调查调查。在现在的时代,听、说、读、写非连起来不可了!这算第三点。

一定要我说话,我就说这么三点意思吧。

1983 年 11 月 28 日讲

阅读教学

精读的指导

——《精读指导举隅》前言

在指导以前，得先令学生预习。预习原很通行，但是要收到实效，方法必须切实，考查必须认真。现在请把学生应做的预习工作分项说明于下。

一、通读全文

理想的办法，国文教本要有两种本子：一种是不分段落，不加标点的，供学生预习用；一种是分段落，加标点的，待预习过后才拿出来对勘。这当然办不到。可是，不用现成教本而用油印教材的，那就可以在印发的教材上不给分段落，也不给加标点，令学生在预习时候自己用铅笔画分段落，加上标点。到上课时候，由教师或几个学生通读，全班学生静听，各自拿自己预习的成绩来对勘；如果自己有错误，就用墨笔订正。这样，一份油印本就有了两种本子的功用了。现在的书籍报刊都分段落，加标点，从著者方面说，在表达的明确上很有帮助；从读者方面说，阅读起来可以便捷不少。可是，练习精读，这样的本子反而把学者的注意力减轻了。既已分了段落，加了标点，就随便看下去，不再问为什么要这样分，这样点，这是人之常情。在这种常情里，恰恰错过了很重要的练习机会。若要不放过这个机会，唯有令学生用一种只有文字的本子去预习，在怎样分段、怎样标点上用一番心思。预习的成绩当然不免有错误，然而不足为病。除了错误以外，凡是不错误的地方都是细心咀嚼过来的，这将是终身的受用。

假如用的是现成教本，或者虽用油印教材，而觉得只印文字颇有不便之处,那就只得退一步设法,令学生在预习的时候,对于分段标点作一番考核的功夫。为什么在这里而不在那里分段呢?为什么这里该用逗号而那里该用句号呢?为什么这一句该用惊叹号而不该用疑问号呢?这些问题,必须自求解答,说得出个所以然来。还有,现成教本是编辑员的产品,油印教材大都经教师加过工,"智者千虑,必有一失",岂能完全没有错误?所以,不妨再令学生注意,不必绝对信赖印出来的教本与教材,最要紧的是用自己的眼光通读下去,看看是不是应该这样分段,这样标点。

要考查这一项预习的成绩怎样,得在上课时候指名通读。全班学生也可以借此对勘,订正自己的错误。读法通常分为两种:一种是吟诵,一种是宣读。无论文言白话,都可以用这两种读法来读。文言的吟诵,各地有各地的调子,彼此并不一致;但是都为了传出文字的情趣,畅发读者的感兴。白话一样可以吟诵,大致与话剧演员念台词差不多,按照国语的语音,在抑扬顿挫、表情传神方面多多用功夫,使听者移情动容。现在有些小学校里吟诵白话与吟诵文言差不多,那是把"读"字呆看了。吟诵白话必须按照国语的语音,国语的语音运用得到家,才是白话的最好的吟诵。至于宣读,只是依照对于文字的理解,平正地读下去,用连贯与间歇表示出句子的组织与前句和后句的分界来。这两种读法,宣读是基本的一种;必须理解在先,然后谈得到传出情趣与畅发感兴。并且,要考查学生对于文字理解与否,听他的宣读是最方便的方法。比如《泷冈阡表》的第一句,假如宣读作"呜呼!唯我皇——考崇公卜——吉于泷冈——之六十年,其子修始——克表于其阡,非——敢缓也,盖有待也",这就显然可以察出,读者对于"皇考""崇公""卜吉""六十年"与"卜吉于泷冈"的关系,"始"字、"克"字、"表"字及"非"字、"敢"字、"缓"字缀合在一起的作用,都没有理解。所以,上课时候指名通读,应该用宣读法。

二、认识生字生语

通读全文,在知道文章的大概;可是要能够通读下去没有错误,非先把每一个生字生语弄清楚不可。在一篇文章里,认为生字生语的,各人未必一致,只有各自挑选出来,依赖字典辞典的翻检,得到相当的认识。所谓认识,应该把它解作最广义。仅仅知道生字生语的读音与解释，还不能算充分认识；必须熟习它的用例，知道它在某一种场合才可以用，用在另一种场合就不对了，这才真个认识了。说到字典辞典，我们真惭愧，国文教学的受重视至少有二十年了，可是还没有一本适合学生使用的字典辞典出世。现在所有的，字典脱不了《康熙字典》的窠臼，辞典还是《辞源》称霸，对学习国文的学生都不很相宜。通常英文字典有所谓"求解""作文"两用的，学生学习国文，正需要这一类的国文字典辞典。一方面知道解释，另一方面更知道该怎么使用，这才使翻检者对于生字生语具有彻底的认识。没有这样的字典辞典，学生预习效率就不会很大。但是，使用不完善的工具总比不使用工具强一点；目前既没有更适用的，就只得把属于《康熙字典》系统的字典与称霸当世的《辞源》将就应用。这当儿，教师不得不多费一点心思，指导学生搜集用例，或者搜集了若干用例给学生，使学生自己去发现生字生语的正当用法。

　　学生预习，通行写笔记，而生字生语的解释往往在笔记里占大部分篇幅。这原是好事情，记录下来，印象自然深一层，并且可以备往后的考查。但是，学生也有不明白写笔记的用意的；他们因为教师要他们交笔记，所以不得不写笔记。于是，有胡乱抄了几条字典辞典的解释就此了事的；有遗漏了真该特别注意的字语而仅就寻常字语解释一下拿来充数的。前者胡乱抄录，未必就是那个字语在本文里的确切意义；后者随意挑选，把应该注意的反而放过了；这对于全文的理解都没有什么帮助。这样的笔记交到教师手里，教师辛辛苦苦地把它看过，还要提起笔来替它订正，实际上对学生没有多大益处，因为学生并没有真预习。所以，须在平时使学生养成一种观念与习惯，就是：生字生语必须依据本文，寻求那个字语的确切意义；又必须依据与本文相类和不相类的若干例子，发现那个字语的正当用法。至于生字生语的挑选，为了防止学生或许会有遗漏，不妨由教师先行尽量提示，指明这一些字语是必须弄清楚的。这样，学生预习才不至于是徒劳，写下来的笔记也不至于是循例的具文。

　　要考查学生对于生字生语的认识程度怎样，可以看他的笔记，也可以听他的口头回答。比如《泷冈阡表》第一句里"始克表于其阡"的"克"字，如果解作"克服"或"克制"，那显然是没有照顾本文，随便从字典里取了一个解释。如果解作"能够",那就与本文切合了,可见是用了一番心思的。但是还得进一步研求:"克"既然作"能够"解,"始克表于其阡"可不可以写作"始能表于其阡"呢?对于这个问题,如果仅凭直觉回答说,"意思也一样,不过有点不顺适",那是不够的。这须得研究"克"和"能"的同和异。在古代,"克"与"能"用法是一样的,后来渐渐分化了,"能"字被认为常用字,直到如今;"克"字成为古字,在通常表示"能够"意义的场合上就不大用它。在文句里面,丢开常用字不用,而特地用那同义的古字,除了表示相当意义以外,往往还带着郑重、庄严、虔敬等等情味。"始克表于其阡"一语,用了"能"字的同义古字"克"字,见得作者对于"表于其阡"的事情看得非常郑重,不敢随便着手,这正与全文的情味相应。若作"始能表于其阡",就没有那种情味,仅仅表明方始"能够"表于其阡而已。所以直觉地看,也辨得出它有点不顺适了。再看这一篇里,用"能"字的地方很不少,如"吾何恃而能自守邪""然知汝父之能养也""吾不能知汝之必有立""故能详也""吾儿不能苟合于世""汝能安之"。这几个"能"字,作者都不换用"克"字,因为这些语句都是传述母亲的话,无须带着郑重、庄严、虔敬等等情味;并且,用那常用的"能"字,正切近于语言的自然。用这一层来反证,更可以见得"始克表于其阡"的"克"字,如前面所说,是为着它有特别作用才用了的。——像这样的讨究,学生预习时候未必人人都做得来;教师在上课时候说给他们听,也嫌烦琐一点。但是简单扼要地告诉他们,使他们心知其故,还是必需的。

学生认识生字生语,往往有模糊笼统的毛病,用句成语来说,就是"不求甚解"。曾见作文本上有"笑颜逐开"四字,这显然是没有弄清楚"笑逐颜开"究竟是什么意义,只知道在说到欢笑的地方仿佛有这么四个字可以用,结果却把"逐颜"两字写颠倒了。又曾见"万卷空巷"四字,单看这四个字,谁也猜不出是什么意义;但是连着上下文一起看,就知道原来是"万人空巷";把"人"字忘记了,不得不找一个字来凑数,而"卷"字与"巷"字字形相近,因"巷"字想到"卷"字,就写上了"卷"字。这种错误全由于当初认识的时候太疏忽了,意义不曾辨明,语序不曾念熟,怎得不闹笑话?所以令学生预习,必须使他们不犯模糊笼统的毛病;像初见一个生人一样，一见面就得看清他的形貌，问清他的姓名职业。这样成为习惯，然后每认识一个生字生语，好像积钱似的，多积一个就多加一分财富的总量。

三、解答教师所提示的问题

一篇文章，可以从不同的观点去研究它。如作者意念发展的线索，文章的时代背景，技术方面布置与剪裁的匠心，客观上的优点与疵病，这些就是所谓不同的观点。对于每一个观点，都可以提出问题，令学生在预习的时候寻求解答。如果学生能够解答得大致不错，那就真个做到了"精读"两字了——"精读"的"读"字原不是仅指"吟诵"与"宣读"而言的。比较艰深或枝节的问题，估计起来不是学生所必须知道的，当然不必提出。但是，学生应该知道而未必能自行解答的，却不妨预先提出，让他们去动一动天君，查一查可能查到的参考书。他们经过了自己的一番摸索，或者是略有解悟，或者是不得要领，或者是全盘错误，这当儿再来听教师的指导。印入与理解的程度一定比较深切。最坏的情形是指导者与领受者彼此不相应，指导者只认领受者是一个空袋子，不问情由把一些叫做知识的东西装进去。空袋子里装东西进去，还可以容受；完全不接头的头脑里装知识进去，能不能容受却是说不定的。

这一项预习的成绩，自然也得写成笔记，以便上课讨论有所依据，往后更可以覆按、查考。但是，笔记有敷衍了事的，有精心撰写的。随便从本文里摘出一句或几句话来，就算是"全文大意"与"段落大意"；不贼不备地列几个项目，挂几条线，就算是"表解"；没有说明，仅仅抄录几行文字，就算是"摘录佳句"：这就是敷衍了事的笔记。这种笔记，即使每读一篇文字都做，做上三年六年，实际上还是没有什么好处。所以说，要学生作笔记自然是好的，但是仅仅交得出一本笔记，这只是形式上的事情，要希望收到实效，还不得不督促学生凡作笔记务须精心撰写。所谓精心撰写也不须求其过高过深，只要写下来的东西真是他们自己参考与思索得来的结果，就好了。参考要有路径，思索要有方法，这不单是知识方面的事，而且是习惯方面的事。习惯的养成在教师的训练与指导，学生拿了一篇文章来预习，往往觉得茫然无从下手。教师要训练他们去参考，指导他们去思索，最好给他们一种具体的提示。比如读《泷冈阡表》，这一篇是作者叙述他的父亲，就可以教他们取相类的文章归有光的《先妣事略》来参考，看两篇的取材与立意上有没有异同；如果有的话，为什么有。又如《泷冈阡表》里有叙述赠封三代的一段文字，好像很啰嗦，就可以教他们从全篇的立意上思索，看这一段文字是不是不可少的；如果不可少的话，为什么不可少。这样具体地给他们提示，他们就不至于茫然无从下手，多少总会得到一点成绩。时时这样具体地给他们提示，他们参考与思索的习惯渐渐养成，写下来的笔记再也不会是敷衍了事的了。即使所得的解答完全错误，但是在这以后得到教师或同学的纠正，一定更容易心领神会了。

上课时候令学生讨论，由教师作主席、评判人与订正人，这是很通行的办法。但是讨论要进行得有意义，第一要学生在预习的时候准备得充分，如果准备不充分，往往会与虚应故事的集会一样，或是等了好久没有一个人开口，或是有人开口了只说一些不关痛痒的话。教师在无可奈何的情形之下，只得不再要学生发表什么，只得自己一个人滔滔汩汩地讲下去。这就完全不合讨论的宗旨了。第二还得在平时养成学生讨论问题、发表意见的习惯。听取人家的话，评判人家的话，用不多不少的话表白自己的意见，用平心静气的态度比勘自己的与人家的意见，这些都要历练的。如果没有历练，虽然胸中仿佛有一点儿准备，临到讨论是不一定敢于发表的。这种习惯的养成不仅是国文教师的事情，所有教师都得负责。不然，学生成为只能听讲的被动人物，任何功课的进步至少要减少一半。——学生事前既有充分的准备，平时又有讨论的习惯，临到讨论才会人人发表意见，不至于老是某几个人开口；所发表的意见又都切合着问题，不至于胡扯乱说，全不着拍。这样的讨论，在实际的国文教室里似乎还不易见到；然而要做到名副其实的讨论，却非这样不可。

讨论进行的当儿，有错误给与纠正，有疏漏给与补充，有疑难给与阐明，虽说全班学生都有份儿，但是最后的责任还在教师方面。教师自当抱着客观的态度，就国文教学应有的观点说话。现在已经规定要读白话了，如果还说白话淡而无味，没有读的必要；或者教师自己偏爱某一体文字，就说除了那一体文字都不值一读；就都未免偏于主观，违背了国文教学应有的观点了。讲起来，滔滔汩汩连续到三十五十分钟，往往不及简单扼要讲这么五分十分钟容易使学生印入得深切。即使教材特别繁复，非滔滔汩汩连续到三十五十分钟不可，也得在发挥完毕的时候，给学生一个简明的提要。学生凭这个提要，再去回味那滔滔汩汩的讲说，就好像有了一条索子，把散开的钱都穿起来了。这种简明的提要，当然要让学生写在笔记本上；尤其重要的是写在他们心上，让他们牢牢记住。

课内指导之后，为求涵咀得深，研讨得熟，不能就此过去，还得有几项事情要做。现在请把学生应做的练习工作分项说明如下。

一、吟诵

在教室内通读，该用宣读法，前面已经说过。讨究完毕以后，学生对于文章的细微曲折之处都弄清楚了，就不妨指名吟诵。或者先由教师吟诵，再令学生仿读。自修的时候，尤其应该吟诵；只要声音低一点，不妨碍他人的自修。原来国文和英文一样，是语文学科，不该只用心与眼来学习；须在心与眼之外，加用口与耳才好。吟诵就是心、眼、口、耳并用的一种学习方法。从前人读书，多数不注重内容与理法的讨究，单在吟诵上用功夫，这自然不是好办法。现在国文教学，在内容与理法的讨究上比从前注重多了；可是学生吟诵的功夫太少，多数只是看看而已。这又是偏向了一面，丢开了一面。唯有不忽略讨究，也不忽略吟诵，那才全而不偏。吟诵的时候，对于讨究所得的不仅理智地了解，而且亲切地体会，不知不觉之间，内容与理法化而为读者自己的东西了，这是最可贵的一种境界。学习语文学科，必须达到这种境界，才会终身受用不尽。

一般的见解，往往以为文言可以吟诵，白话就没有吟诵的必要。这是不对的。只要看戏剧学校与认真演习的话剧团体，他们练习一句台词，不惜反复订正，再四念诵，就可以知道白话的吟诵也大有讲究。多数学生写的白话为什么看起来还过得去，读起来就少有生气呢？原因就在他们对于白话仅用了心与眼，而没有在口与耳方面多用功夫。多数学生登台演说，为什么有时意思还不错，可是语句往往杂乱无次，语调往往不合要求呢？原因就在平时对于语言既没有训练，国文课内对于白话又没有好好儿吟诵。所以这里要特别提出，白话是与文言一样需要吟诵的。白话与文言都是语文，要亲切地体会白话与文言的种种方面，都必须花一番功夫去吟诵。

吟诵的语调，有客观的规律。语调的差别，不外乎高低、强弱、缓急三类。高低是从声带的张弛而来的分别。强弱是从肺部发出空气的多少而来的分别。缓急是声音与时间的关系，在一段时间内，发音数少是缓，发音数多就是急。吟诵一篇文章，无非依据对于文章的了解与体会，错综地使用这三类语调而已。大概文句之中的特别主眼，或是前后的词彼此关联照应的，发声都得高一点。就一句来说，如意义未完的文句，命令或呼叫的文句，疑问或惊讶的文句，都得前低后高。意义完足的文句，祈求或感激的文句，都得前高后低。再说强弱。表示悲壮、快活、叱责或慷慨的文句，句的头部宜加强。表示不平、热诚或确信的文句，句的尾部宜加强。表示庄重、满足或优美的文句，句的中部宜加强。再说缓急。含有庄重、畏敬、谨慎、沉郁、悲哀、仁慈、疑惑等等情味的文句，须得缓读。含有快活、确信、愤怒、惊愕、恐怖、怨恨等等情味的文句，须得急读。以上这些规律，都应合着文字所表达的意义与情感，所以依照规律吟诵，最合于语言的自然。上面所说的三类声调，可以用符号来表示，如把"·"作为这个字发声须高一点的符号，把"◁"作为这一句该前低后高的符号，把"△"作为这一句该前高后低的符号，把">"作为句的头部宜加强的符号，把"<"作为句的尾部宜加强的符号，把"〈〉"作为句的中部宜加强的符号，把"—"作为急读的符号，把"——"作为缓读的符号，把"～～"作为不但缓读而且须摇曳生姿的符号。在文字上记上符号，练习吟诵就不至于漫无凭依。符号当然可以随意规定，多少也没有限制，但是应用符号总是对教学有帮助的。

吟诵第一求其合于规律，第二求其通体纯熟。从前书塾里读书，学生为了要早一点到教师跟前去背诵，往往把字句勉强记住。这样强记的办法是要不得的，不久连字句都忘记了，还哪里说得上体会？令学生吟诵，要使他们看作一种享受而不看作一种负担。一遍比一遍读来入调，一遍比一遍体会亲切，并不希望早一点能够背诵，而自然达到纯熟的境界。抱着这样享受的态度是吟诵最易得益的途径。

二、参读相关的文章

精读文章,每学年至多不过六七十篇。初中三年,所读仅有两百篇光景,再加上高中三年,也只有四百篇罢了。倘若死守着这几百篇文章,不用旁的文章来比勘,印证,就难免化不开来,难免知其一不知其二。所以,精读文章,只能把它认作例子与出发点;既已熟习了例子,占定了出发点,就得推广开来,阅读略读书籍,参读相关文章。这里不谈略读书籍,单说所谓相关文章。比如读了某一体文章,而某一体文章很多,手法未必一样,大同之中不能没有小异;必须多多接触,方能普遍领会某一体文章的各方面。或者手法相同,而相同之中不能没有个优劣得失;必须多多比较,方能进一步领会优劣得失的所以然。并且,课内精读文章是用细琢细磨的功夫来研讨的;而阅读的练习,不但求其理解明确,还须求其下手敏捷,老是这样细磨细琢,一篇文章研讨到三四个钟头,是不行的。参读相关文章就可以在敏捷上历练;能够花一两个钟头把一篇文章弄清楚固然好,更敏捷一点只花半个钟头一个钟头尤其好。参读的文章既与精读文章相关,怎样剖析,怎样处理,已经在课内受到了训练,求其敏捷当然是可能的。这种相关文章可以从古今"类选""类纂"一类的书本里去找。学生不能自己置备,学校的图书室不妨多多陈列,供给学生随时参读。

请再说另一种意义的相关文章。夏丏尊先生在一篇说给中学生听的题目叫作《阅读什么》的演讲辞里,有以下的话:

> 诸君在国文教科书里读到了一篇陶潜的《桃花源记》,……这篇文字是晋朝人做的,如果诸君觉得和别时代人所写的情味有些两样,要想知道晋代文的情形,就会去翻中国文学史;这时文学史就成了诸君的参考书。这篇文字里所写的是一种乌托邦思想,诸君平日因了师友的指教,知道英国有一位名叫马列斯的社会思想家,写过一本《理想乡消息》,和陶潜所写的性质相近,拿来比较;这时《理想乡消息》就成了诸君的参考书。这篇文字是属于记叙一类的,诸君如果想明白记叙文的格式,去翻看记叙文作法;这时记叙文作法就成了诸君的参考书。还

有，这篇文字的作者叫陶潜，诸君如果想知道他的为人，去翻《晋书·陶潜传》或陶集；这时《晋书》或陶集就成了诸君的参考书。

这一段演讲里的参考书就是这里所谓另一种意义的相关文章。像这样把精读文章作为出发点，向四面八方发展开来，那么，精读了一篇文章，就可以带读许多书，知解与领会的范围将扩张到多么大啊！学问家的广博与精深差不多都从这个途径得来。中学生虽不一定要成学问家，但是这个有利的途径是该让他们去走的。

其次，关于语调与语文法的揣摩，都是愈熟愈好。精读文章既已到了纯熟的地步，再取语调与语文法相类似的文章来阅读，纯熟的程度自然更进一步。小孩子学说话，能够渐渐纯熟而没有错误，不单是从父母方面学来的；他从所有接触的人方面去学习，才会成功。在精读文章以外，再令读一些相类似的文章，比之于小孩子学说话，就是要他们从所有接触的人方面去学习。

三、应对教师的考问

学生应对考问是很通常的事情。但是对于应对考问的态度未必一致。有尽其所知所能，认真应对的；有不负责任，敷衍应对的；有提心吊胆，战战兢兢地只着眼于分数的多少的。以上几种态度，自然第一种最可取。把所知所能尽量拿出来，教师就有了确实的凭据，知道哪一方面已经可以了，哪一方面还得督促。考问之后，教师按成绩记下分数；分数原是备稽考的，分数多不是奖励，分数少也不是惩罚，分数少到不及格，那就是学习成绩太差，非赶紧努力不可。这一层，学生必须明白认识。否则误认努力学习只是为了分数，把切己的事情看作身外的事情，就是根本观念错误了。

教师记下了分数，当然不是指导的终结，而是加工的开始。对于不及格的学生，尤须设法给他们个别的帮助。分数少一点本来没有什么要紧；但是分数少正表明学习成绩差，这是热诚的教师所放心不下的。

考查的方法很多，如背诵、默写、简缩、扩大、摘举大意、分段述要、说明作法、述说印象，也举不尽许多。这里不想逐项细说，只说一个消极的原则，就是：不足以看出学生学习成绩的考问方法最好不要用。比如教了《泷冈阡表》之后，考问学生说："欧阳修的父亲做过什么官？"这就是个不很有意义的考问。文章里明明写着"为道州判官，泗绵二州推官，又为泰州判官"，学生精读了一阵，连这一点也不记得，还说得上精读吗？学生回答得出这样的问题，也无从看出他的学习成绩好到怎样。所以说它不很有意义。

考问往往在精读一篇文章完毕或者月考期考的时候举行；除此之外，通常不再顾及，一篇文章讨论完毕就交代过去了。这似乎不很妥当。从前书塾里读书，既要知新，又要温故，在学习的过程中，匀出一段时间来温理以前读过的，这是个很好的办法。现在教学国文，应该采取它。在精读几篇文章之后，且不要上新的；把以前读过的温理一下，回味那已有的了解与体会，更寻求那新生的了解与体会，效益决不会比上一篇新的来得少。这一点很值得注意，所以附带在这里说一说。

1940 年 9 月 17 日作
（本文题目是叶至善后拟的）

附录：

《精读指导举隅》例言
朱自清

一、本书是郭子杰馆长委托我们写的，专供各中学国文教师参考用。

二、本书专重精读指导，书中选了六篇文作例子。计叙述文一篇，短篇小说一篇——小说也是叙述文的一种，抒情文一篇，说明文一篇，议论文二篇；其中《泷冈阡表》和《封建论》都是教科书里常见的。……

三、本书没有选诗歌。但《谈新诗》一篇的"指导大概"里谈的都是诗歌；诗歌的指导方法大致不外乎此。

四、本书的"前言"是向各位中学教师说的。我们力求各项建议切实可行，而且相信如此。我们知道事实上能作到"前言"里所说各项的还不太多，但希望大家继续努力，达到那些标准。那些标准决不只是理想的。

五、本书各篇"指导大概"是用教师的口气向学生说的。我们所注重是分析文篇，提示问题，因而进行讨论。"前言"的第三项有详细的说明，六篇"指导大概"便是实例。这六篇"大概"都是完整的成篇的文字。我们可并不是说"指导"就是由教师一个人这样从头至尾演讲下去。"指导"得在讨论里。讨论时自然有许多周折，有许多枝节。但若将讨论的结果写成报告，自然该成为一篇完整的文字。这六篇"指导大概"就是这种报告。倘使各位教师能细心研读我们的报告，能采纳这些报告里分析文篇提示问题的态度和方法，应用在别的文篇的精读指导里，郭馆长和我们的目的便达到了。

六、本书各篇，我们虽都谨慎地用心地写出，但恐怕还有见不到的错误。盼望各位教师多多指教，非常感谢！

论国文精读指导不只是逐句讲解

教书逐句讲解，是从前书塾里的老法子。讲完了，学生自去诵读；以后是学生背诵，还讲，这就完成了教学的一个单元。从前也有些不凡的教师，不但逐句讲解，还从虚字方面仔细咬嚼，让学生领会使用某一些虚字恰是今语的某一种口气；或者就作意方面尽心阐发，让学生知道表达这么一个意思非取这样一种方式不可；或者对诵读方面特别注重，当范读的时候，把文章中的神情理趣，在声调里曲曲传达出来，让学生耳与心谋，得到深切的了解。这种教师往往使学生终身不忘；学生想到自己的受用，便自然而然感激那给他实益的教师。这种教师并不多，一般教师都只逐句讲解。

逐句讲解包括解释字词的意义、说明成语典故的来历这两项预备工作；预备工作之后，把书面的文句译作口头的语言，便是主要工作了。应用这样办法，论理必作如下的假定：假定学生无法了解那些字词的意义，假定学生无法考查那些成语典故的来历，假定学生不能把书面的文句译作口头的语言。不然，何必由教师逐一讲解？假定读书的目标只在能把书面的文句译作口头的语言；译得来，才算读懂了书。不然，何以把这一项认为主要工作而很少顾及其他？还有，假定教学只是授受的关系，学生是没有能力的，自己去探讨也无非徒劳，必待教师讲了授了，他用心地听了受了，才会了解他所读的东西。不然，何不让学生在听讲之外，再做些别的工作？——教师心里固然不一定意识到以上的假定；可是，如果只做逐句讲解的工作，就不能不承认有这几个假定。而从现代教育学的观点，这几个假定都是不合教学的旨趣的。

从前书塾教书，不能说没有目标。希望学生读通了，写通了，或者去应科举，取得功名；或者保持传统，也去教书；或者写作书信，应付实用：这些都是目标。但是能不能达到目标，教师似乎不负什么责任。一辈子求不到功名的，只怨自己命运不济，不怪教师；以误传误当村馆先生的，似是而非写糊涂书信的，自己也莫名其妙，哪里会想到教师给他吃的亏多么大？在这样情形之下，教师对于怎样达到目标（也就是对于教学方法），自然不大措意。现在的国文教学可不同了。国文教学悬着明晰的目标：养成阅读书籍的习惯，培植欣赏文学的能力，训练写作文章的技能。这些目标是非达到不可的，责任全在教师身上；而且所谓养成、培植、训练，不仅对一部分学生而言，必须个个学生都受到了养成、培植、训练，才算达到了目标。因此，教学方法须特别注重。如果沿袭从前书塾里的老法子，只逐句讲解，就很难达到目标。可是，熟悉学校情形的人都知道现在的国文教学，一般地说，正和从前书塾教书差不多。这不能说不是一个相当严重的问题。

阅读书籍的习惯不能凭空养成，欣赏文学的能力不能凭空培植，写作文章的技能不能凭空训练。国文教学所以要用课本或选文，就在将课本或选文作为凭借，然后种种工作得以着手。课本里收的，选文入选的，都是单篇短什，没有长篇巨著。这并不是说学生读一些单篇短什就够了。只因单篇短什分量不多，要做细琢细磨的研读功夫正宜从此入手；一篇读毕，又来一篇，涉及的方面既不嫌偏颇，阅读的兴趣也不致单调，所以取作精读的教材。学生从精读方面得到种种经验，应用这些经验，自己去读长篇巨著以及其他的单篇短什，不再需要教师的详细指导（不是说不需要指导），这就是略读。就教学而言，精读是主体，略读只是补充；但就效果而言，精读是准备，略读才是应用。精读与略读的关系如此，试看，只做逐句讲解的工作，是不是就尽了精读方面的指导责任？

所谓阅读书籍的习惯，并不是什么难能的事，只是能够按照读物的性质作适当的处理而已。需要翻查的，能够翻查；需要参考的，能够参考；应当条分缕析的，能够条分缕析；应当综观大意的，能够综观大意；意在言外的，能够辨得出它的言外之意；义有疏漏的，能够指得出它的疏漏之处；到此地步，阅读书籍的习惯也就差不多了。一个人有了这样的习惯，一辈子读书，一辈子受用。学生起初当然没有这样的习惯，所以要他们养成；而养成的方法，唯有让他们自己去尝试。按照读物的性质，作适当的处理，教学上的用语称为"预习"。一篇精读教材放在面前，只要想到这是一个凭借，要用来养成学生阅读书籍的习惯，自然就会知道非教他们预习不可。预习的事项无非翻查、分析、综合、体会、审度之类；应该取什么方法，认定哪一些着眼点，教师自当测知他们所不及，给他们指点，可是实际下手得让他们自己动天君，因为他们将来读书必须自己动天君。预习的事项一一做完了，然后上课。上课的活动，教学上的用语称为"讨论"，预习得对不对，充分不充分，由学生与学生讨论，学生与教师讨论，求得解决。应当讨论的都讨论到，须待解决的都得到解决，就没有别的事了。这当儿，教师犹如集会中的主席，排列讨论程序的是他，归纳讨论结果的是他，不过他比主席还多负一点责任，学生预习如有错误，他得纠正，如有缺漏，他得补充，如有完全没有注意到的地方，他得指示出来，加以阐发。教师的责任不在把一篇篇的文章装进学生脑子里去；因为教师不能一辈子跟着学生，把学生所要读的书一部部装进学生脑子里去。教师只要待学生预习之后，给他们纠正，补充，阐发；唯有如此，学生在预习的阶段既练习了自己读书，在讨论的阶段又得到切磋琢磨的实益，他们阅读书籍的良好习惯才会渐渐养成。如果不取这个办法，学生要待坐定在位子上，听到教师说今天讲某一篇之后，才翻开课本或选文来；而教师又一开头就读一句，讲一句，逐句读讲下去，直到完篇，别无其他工作：那就完全是另一回事了。

第一，这里缺少了练习阅读最主要的预习的阶段。学生在预习的阶段，固然不能弄得完全头头是道；可是教他们预习的初意本来不要求弄得完全头头是道，最要紧的还在让他们自己动天君。他们动了天君，得到理解，当讨论的时候，见到自己的理解与讨论结果正相吻合，便有独创成功的快感；或者见到自己的理解与讨论结果不甚相合，就作比量短长的思索；并且预习的时候决不会没有困惑，困惑而没法解决，到讨论的时候就集中了追求解决的注意力。这种快感、思索与注意力，足以鼓动阅读的兴趣，增进阅读的效果，都有很高的价值。现在不教学生预习，他们翻开课本或选文之后又只须坐在那里听讲，不用做别的工作；从形式上看，他们太舒服了，一切预习事项都由教师代劳；但是从实际上说，他们太吃亏了，几种有价值的心理过程都没有经历到。第二，这办法与养成阅读书籍的习惯那个目标根本矛盾。临到上课，才翻开课本或选文中的某一篇来；待教师开口讲了，才竖起耳朵来听；这个星期如此，下个星期也如此，这个学期如此，下个学期也如此，还不够养成习惯吗？可惜养成的习惯恰是目标的反面。目标要学生随时读书，而养成的习惯却要上课才翻书；目标要学生自己读书，而养成的习惯却要教师讲一句才读一句书。现在一般学生不很喜欢而且不很善于读书，如果说，原因就在国文教学专用逐句讲解的办法，大概也不是过火的话吧。并且逐句讲解的办法，对于一篇中的文句是平均看待的，就是说，对于学生能够了解的文句，教师也不惮烦劳，把他译作口头的语言，而对于学生不甚了解的文句，教师又不过把他译作口头的语言而止。如讲陶潜《桃花源记》，开头"晋太元中，武陵人捕鱼为业"，就说："太元是晋朝孝武帝的年号，武陵是现在湖南常德县；晋朝太元年间，武陵地方有个捕鱼的人。"凡是逢到年号，总是说是某朝某帝的年号；凡是逢到地名，总是说是现在某地；凡是逢到与今语不同的字或词，总是说是什么意思。如果让学生自己去查一查年表、地图、字典、辞典，从而知道某个年号距离如今多少年；某一地方在他们居处的哪一方，距离多远；某一字或词的本义是什么，引申义又是什么：那就非常亲切了，得到很深的印象了。学生做了这番功夫，对于"晋太元中，武陵人捕鱼为业"那样的文句，自己已能了解，不须再听教师的口译。现在却不然，不管学生了解不了解，见文句总是照例讲，照例口译；学生听着听着，非但没有亲切之感与很深的印象，而且因讲法单调，不须口译的文句也要口译，而起厌倦之感。我们偶尔听人演说，说法单调一点，内容平凡一点，尚且感到厌倦，学生成月成年听类似那种演说的讲解与口译，怎得不厌倦呢？厌倦了的时候，身子虽在坐位上，心神却离开了读物，或者"一心以为有鸿鹄将至"，或者什么都不想，像禅家的入定。这与养成读书习惯的目标不是相去很远吗？曾经听一位教师讲曾巩《越州赵公救灾记》，开头"熙宁八年夏，吴越大旱；九月，资政殿大学士、右谏议大夫、知越州赵公，前民之未饥，为书问属县……"在讲明了"熙宁""吴越""资政殿大学士""右谏议大夫""知"之后，便口译道："熙宁八年的夏天，吴越地方遇到大旱灾；九月间，资政殿大学士……赵公，在百姓没有受到灾患以前，发出公文去问属县……"若照逐句讲解的原则，这并没有错。可是学生听了，也许会发生疑问：（一）遇到大旱灾既在夏天，何以到了九月间还说"在百姓没有受到灾患以前"呢？（二）白话明明说"在百姓没有受到灾患以前"，何以文句中的"前"字装到"民"字的前头去呢？这两个疑问，情形并不相同：（一）是学生自己糊涂，没有辨清"旱"和"饥"的分别；（二）却不是学生糊涂，他正看出了白话和文言的语法上的异点。而就教师方面说，对于学生可能发生误会的地方不给点醒，对于学生想要寻根究底的地方不给指导，都只是讲如未讲。专用逐句讲解的办法，不免常常有这样的情形，自然说不上养成读书习惯了。

其次，就培植欣赏文学的能力那个目标来说。所谓欣赏，第一步还在透切了解整篇文章，没有一点含糊，没有一点误会。这一步做到了，然后再进一步，体会作者意念发展的途径及其辛苦经营的功力。体会而有所得，那踌躇满志，与作者完成一篇作品的时候不相上下；这就是欣赏，这就是有了欣赏的能力。而所谓体会，得用内省的方法，根据自己的经验，而推及作品；又得用分析的方法，解剖作品的各部，再求其综合；体会决不是冥心盲索、信口乱说的事。这种能力的培植全在随时的指点与诱导。正如看图画听音乐一样，起初没有门径，只看见一堆形象，只听见一串声音，必得受了内行家的指点与诱导，才渐渐懂得怎么看，怎么听；懂得怎么看怎么听，这就有了欣赏图画与音乐的能力。国文精读教材固然不尽是文学作品，但是文学与非文学，界限本不很严，即使是所谓普通文，他既有被选为精读教材的资格，多少总带点文学的意味；所以，只要指点与诱导得当，凭着精读教材也就可以培植学生的欣赏文学的能力。如果课前不教学生预习，上课又只做逐句讲解的工作，那就谈不到培植。前面已经说过，不教学生预习，他们就经历不到在学习上很有价值的几种心理过程；专教学生听讲，他们就渐渐养成懒得去仔细咀嚼的习惯。综合起来，就是他们对于整篇文章不能做到透切了解。然而透切了解正是欣赏的第一步。再请用看图画、听音乐来比喻，指点与诱导固然仰仗内行家，而看与听的能力的长进，还靠用自己的眼睛实际去看，用自己的耳朵实际去听。这就是说，欣赏文学要由教师指一点儿门径，给一点儿暗示，是预习之前的事。实际与文学对面，是预习与讨论时候的事。现在把这些事一概捐除，单教学生逐句听讲，那么，纵使教师的讲解尽是欣赏的妙旨，在学生只是听教师欣赏文学罢了。试想，只听内行家讲他的对于图画与音乐的欣赏，而始终不训练自己的眼睛与耳朵，那欣赏的能力还不是只属于内行家方面吗？何况前面已经说过，逐句讲解，把它译作口头的语言而止，结果往往是讲如未讲，又怎么能是欣赏的妙旨？如归有光《先妣事略》末一句"世乃有无母之人，天乎痛哉！"，要与上面的话联带体会，才知道是表达孺慕之情的至性语。上面说母亲死后十二年，他补了学官弟子；这是一件重要事，必须告知母亲的，母亲当年责他勤学，教他背书，无非盼望他能得上进；然而母亲没有了，怎么能告知她呢？又说母亲死后十六年，他结了婚，妻子是母亲所聘定的，过一年生了个女儿；这又是一件重要事，必须告知母亲的，母亲当年给他聘定妻子，就只盼望他们夫妇和好，生男育女；然而母亲没有了，怎么能告知她呢？因为要告知而无从告知，加深了对于母亲的怀念。可是怀念的结果，对于母亲的生平，只有一二"仿佛如昨"，还记得起，其余的却茫然了；这似乎连记忆之中的母亲也差不多要没有了。于是说："世乃有无母之人，天乎痛哉！"好像世间不应当有"无母之人"似的。由于怀念得深，哀痛得切，这样痴绝的话、不同平常的话正是流露真性情的话。这是所谓欣赏的一个例子。若照逐句讲解的原则，轮到这一句，不过口译道："世间竟有没有母亲的人，天啊！哀痛极了！"讲是讲得不错。但是，这篇临了，为什么突兀地来这么一句呢？母亲比儿子先死的，世间尽多，为什么这句中含着"世间不应当有的'无母之人'似的"的意思呢？对于这两个疑问都不曾解答。学生听了，也不过听了了"世间竟有没有母亲的人，天啊！哀痛极了！"这么一句不相干的话而已；又哪里会得到什么指点与暗示，从而训练他们的欣赏能力？

　　再其次，就训练写作文章的技能那个目标来说。所谓写作，也不是什么了不得的事。从外面得来的见闻知识，从里面发出的意思情感，都是写作的材料；哪些材料值得写，哪些材料值不得写，得下一番选剔的功夫。材料既选定，用什么形式表现它才合式，用什么形式表现它就不合式，得下一番斟酌的功夫。斟酌妥当了，便连布局、造句、遣辞都解决了。写作不过是这么一个过程，粗略地说，只要能识字能写字的人就该会写作。写作的技能所以要从精读方面训练，无非要学生写作得比较精一点。精读教材是挑选出来的，它的写作技能当然有可取之处；阅读时候看出那些可取之处，对于选剔与斟酌就渐渐增进了较深的识力；写作时候凭着那种识力来选剔与斟酌，就渐渐训练成较精的技能。而要看出精读教材的写作技能的可取之处，与欣赏同样（欣赏本来含有赏识技能的意思），第一步在对于整篇文章有透切的了解；第二步在体会作者意念发展的途径及其辛苦经营的功力。真诚的作者写一篇文章，决不是使花巧，玩公式，他的功力全在使情意与文字达到个完美的境界；换句话说，就是使情意圆融周至，毫无遗憾，而所用文字又恰正传达出那个情意。如范仲淹作《严先生祠堂记》，末句原作"先生之德，山高水长"，李泰伯看了，教他把"德"字改为"风"字；又如欧阳修作《醉翁亭记》，开头历叙滁州的许多山，后来完全不要，只作"环滁皆山也"五字：历来传为写作技能方面的美谈。这些技能都不是徒然的修饰。根据《论语》"君子之德风"那句话，用个"风"字不但可以代表"德"字，并且增多了"君子之"的意思；还有，"德"字是呆板的，"风"字却是生动的，足以传达德被世人的意思，要指称高风亮节的严先生，自然用"风"字更好。再说《醉翁亭记》，醉翁亭既在滁州西南琅琊山那方面，何必历叙滁州的许多山？可是不说滁州的许多山，又无从显出琅琊山，唯有用个说而不详说的办法作"环滁皆山也"，最为得当。可见范仲淹的原稿与欧阳修的初稿都没有达到完美的境界，经李泰伯的代为改易与欧阳修的自己重作，才算达到了完美的境界。要从阅读方面增进写作的识力，就该在这等地方深切地注意。要从实习方面训练写作的技能，就该效法那些作者的求诚与不苟。无论写一个便条，记一则日记，作一篇《我的家庭》或《秋天的早晨》，都像李泰伯与欧阳修一样的用心。但是，国文教学仅仅等于逐句讲解的时候，便什么都谈不到了。逐句讲解既不足以培植欣赏文学的能力，也不足以训练写作文章的技能。纵使在讲过某一句的时候，加上去说"这是点题"或"这是题目的反面"，"这是侧击法"或"这是抑宾扬主法"，算是关顾到写作方面；其实于学生的写作技能并没有什么益处。因为这么一说，给与学生的暗示将是：写作只是使花巧、玩公式的事。什么"使情意圆融周至"，什么"所用文字恰正传达那个情意"，他们心中却没有一点影子。他们的写作技能又怎么训练得成功？

因为逐句讲解的办法仅仅包含解释字词的意义，说明成语典故的来历，把书面的文句译作口头的语言三项工作，于是产生了两个不合理的现象：（一）认为语体没有什么可讲，便撇开语体，专讲文言；（二）对于语体，也像文言一样读一句讲一句。语体必须精读，在中学国文课程标准里素有规定；现在撇开语体，一方面是违背规定，另一方面是对不起学生——使他们受不到现代最切要的语体方面的种种训练。至于讲语体像讲文言一样，实在是个可笑的办法。除了各地方言偶有差异而外，纸面的语体与口头的语言几乎全同；现在还要把它口译，那无非逐句复读一遍而已。语体必须教学生预习，必须在上课时候讨论；逐句复读一遍决不能算精读了语体。关于这一点，拟另外作一篇文章细谈。

逐句讲解是最省事的办法；如要指导学生预习，主持课间讨论，教师就麻烦得多。但是专用逐句讲解的办法达不到国文教学的目标，如前面所说；教师为忠于职责忠于学生，自该不怕麻烦，让学生在听讲之外，多做些事，多得些实益。教师自己，在可省的时候正不妨省一点讲解的辛劳，腾出功夫来给学生指导，与学生讨论，也就绰有余裕了。

1941 年 1 月 7 日作

略读的指导

——《略读指导举隅》前言

　　国文教学的目标，在养成阅读书籍的习惯，培植欣赏文学的能力，训练写作文字的技能。这些事不能凭空着手，都得有所凭借。凭借什么？就是课本或选文。有了课本或选文，然后养成、培植、训练的工作得以着手。课本里所收的，选文中入选的，都是单篇短什，没有长篇巨著。这并不是说学生读了一些单篇短什就足够了。只因单篇短什分量不多，要做细磨细琢的研读功夫，正宜从此入手，一篇读毕，又读一篇，涉及的方面既不嫌偏颇，阅读的兴趣也不致单调；所以取作"精读"的教材。学生从精读方面得到种种经验，应用这些经验，自己去读长篇巨著以及其他的单篇短什，不再需要教师的详细指导，这就是"略读"。就教学而言，精读是主体，略读只是补充；但是就效果而言，精读是准备，略读才是应用。学生在校的时候，为了需要与兴趣，须在课本或选文以外阅读旁的书籍文章；他日出校之后，为了需要与兴趣，一辈子须阅读各种书籍文章：这种阅读都是所谓应用。使学生在这方面打定根基，养成习惯，全在国文课的略读。如果只注意于精读，而忽略了略读，功夫便只做得一半。其弊害是想象得到的，学生遇到需要阅读的书籍文章，也许会因没有教师在旁作精读那样的详细指导，而致无所措手。现在一般学校，忽略了略读的似乎不少，这是必须改正的。

　　略读不再需要教师的详细指导，并不等于说不需要教师的指导。各种学科的教学都一样，无非教师帮着学生学习的一串过程。略读是国文课程标准里面规定的正项工作，哪有不需要教师指导之理？不过略读指导与精读指导不同。精读指导必须纤屑不遗，发挥净尽；略读指导却需提纲挈领，期其自得。何以需提纲挈领？唯恐学生对于当前的书籍文章摸不到门径，辨不清路向，马马虎虎读下去，结果所得很少。何以不必纤屑不遗？因为这一套功夫在精读方面已经训练过了，照理说，该能应用于任何时候的阅读；现在让学生在略读时候应用，正是练习的好机会。学生从精读而略读，譬如孩子学走路，起初由大人扶着牵着，渐渐地大人把手放了，只在旁边遮拦着，替他规定路向，防他偶或跌跤。大人在旁边遮拦着，正与扶着牵着一样地需要当心；其目的唯在孩子步履纯熟，能够自由走路。精读的时候，教师给学生纤屑不遗的指导，略读的时候，更给学生提纲挈领的指导，其目的唯在学生习惯养成，能够自由阅读。

仅仅对学生说，你们随便去找一些书籍文章来读，读得越多越好；这当然算不得略读指导。就是斟酌周详，开列个适当的书目篇目，教学生自己照着去阅读，也还算不得略读指导。因为开列目录只是阅读以前的事；在阅读一事的本身，教师没有给一点儿帮助，就等于没有指导。略读如果只任学生自己去着手，而不给他们一点儿指导，很容易使学生在观念上发生误会，以为略读只是"粗略地"阅读，甚而至于是"忽略地"阅读；而在实际上，他们也就"粗略地"甚而至于"忽略地"阅读，就此了事。这是非常要不得的，积久养成不良习惯，就终身不能从阅读方面得到多大的实益。略读的"略"字，一半系就教师的指导而言：还是要指导，但是只须提纲挈领，不必纤屑不遗，所以叫做"略"。一半系就学生的功夫而言：还是要像精读那样仔细咀嚼，但是精读时候出于努力钻研，从困勉达到解悟，略读时候却已熟能生巧，不需多用心力，自会随机肆应，所以叫做"略"。无论教师与学生都须认清楚这个意思，在实践方面又须各如其分，做得到家，略读一事才会收到它预期的效果。

略读既须由教师指导，自宜与精读一样，全班学生用同一的教材。假如一班学生同时略读几种书籍，教师就不便在课内指导；指导了略读某种书籍的一部分学生，必致抛荒了略读别种书籍的另一部分学生；各部分轮流指导固也可以，但是每周略读指导的时间至多也只能有两小时，各部分轮流下来，必致每部分都非常简略。况且同学间的共同讨论是很有帮助于阅读能力的长进的，也必须阅读同一的书籍才便于共同讨论。一个学期中间，为求精详周到起见，略读书籍的数量不宜太多，大约有二三种也就可以了。好在略读与精读一样，选定一些教材来读，无非"举一隅"的性质，都希望学生从此学得方法，养成习惯，自己去"以三隅反"；故数量虽少，并不妨事。学生如果在略读教材之外，更就兴趣选读旁的书籍，那自然是值得奖励的；并且希望能够普遍地这么做。或许有人要说，略读同一的教材，似乎不能顾到全班学生的能力与兴趣。其实这不成问题。精读可以用同一的教材，为什么略读就不能？班级制度的一切办法，总之以中材为标准；凡是忠于职务、深知学生的教师，必能选取适合于中材的教材，供学生略读；这就没有能力够不够的问题。同时，所取教材必能不但适应学生的一般兴趣，并且切合教育的中心意义；这就没有兴趣合不合的问题。所以，略读同一的教材是无弊的，只要教师能够忠于职务，能够深知学生。

　　课内略读指导，包括阅读以前对于选定教材的阅读方法的提示，及阅读以后对于阅读结果的报告与讨论。作报告与讨论的虽是学生，但是审核他们的报告，主持他们的讨论，仍是教师的事；其间自不免有需要订正与补充的地方，所以还是指导。略读教材若是整部的书，每一堂略读课内令学生报告并讨论阅读那部书某一部分的实际经验；待全书读毕，然后令作关于全书的总报告与总讨论。至于实际阅读，当然在课外。学生课外时间有限，能够用来自修的，每天至多不过四小时。在这四小时内，除了温理旁的功课，作旁的功课的练习与笔记外，分配到国文课的自修的，至多也不过一小时。一小时够少了，而精读方面也得自修、预习、复习、诵读、练习，这些都是非做不可的；故每天的略读时间至多只能有半小时。每天半小时，一周便是三小时（除去星期放假）。每学期上课时间以二十周计，略读时间仅有六十小时。在这六十小时内，如前面所说的，要阅读二三种书籍，篇幅太多的自不相宜；如果选定的书正是篇幅太多的，那只得删去若干，选读它的一部分。不然，分量太多，时间不够，学生阅读势必粗略，甚而至于忽略；或者有始无终，没有读到完篇就丢开；这就会养成不良习惯，为终身之累。所以漫无计算是要不得的。与其贪多务广，以致发生流弊，不如预作精密估计，务使在短少时间之内把指定的教材读完，而且把应做的工作都做到家，绝不草率从事，借此养成阅读的优良习惯，来得有益得多。学生有个很长的暑假，又有个相当长的寒假；在这两个假期内，可以自由阅读很多的书。如果略读时候养成了优良习惯，到暑假寒假期间，各就自己的需要与兴趣去多多阅读，那一定比不经略读的训练多得吸收的实效。归结起来说，就是：略读的分量不宜过多，必须顾到学生能用上的时间；多多阅读固宜奖励，但是得为时间所许可，故以利用暑假寒假最为适当。

书籍的性质不一，因而略读指导的方法也不能一概而论。就一般说，在阅读以前应该指导的有以下各项。

一、版本指导

一种书往往有许多版本。从前是木刻，现在是排印。在初刻初排的时候或许就有了错误，随后几经重刻重排，又不免辗转发生错误；也有逐渐地增补或订正。读者读一本书，总希望得到最合于原稿的，或最为作者自己惬意的本子；因为唯有读这样的本子才可以完全窥见作者的思想感情，没有一点儿含糊。学生所见不广，刚与一种书接触，当然不会知道哪种本子较好；这须待教师给他们指导。现在求书不易，有书可读便是幸事，更谈不到取得较好的本子。正唯如此，这种指导更不可少；哪种本子校勘最精审，哪种本子是作者的最后修订稿，都得给他们说明，使他们遇到那些本子的时候，可以取来覆按、对比。还有，这些书经各家的批评或注释，每一家的批评或注释自成一种本子，这中间也就有了优劣得失的分别。其需要指导，理由与前说相同。总之，这方面的指导，宜运用校勘家、目录家的知识，而以国文教学的观点来范围它。学生受了这样的熏陶，将来读书不但知道求好书，并且能够抉择好本子，那是受用无穷的。

二、序目指导

读书先看序文，是一种好习惯。学生拿到一部书，往往立刻看本文，或者挑中间有趣味的部分来看，对于序文，认为与本文没有关系似的；这是因为不知道序文很关重要的缘故。序文的性质常常是全书的提要或批评，先看一遍，至少对于全书有个概括的印象或衡量的标准；然后阅读全书，就不至于茫无头绪。通常读书，其提要或批评不在本书而在旁的地方的，尚且要找来先看；对于具有提要或批评的性质的本书序文，怎能忽略过去？所以在略读的时候，必须教学生先看序文，养成他们的习惯。序文的重要程度，各书并不一致。属于作者的序文，若是说明本书的作意、取材、组织等项的，那无异于"编辑大意""编辑例言"，借此可以知道本书的规模，自属非常重要。有些作者在本文之前作一篇较长的序文，其内容并不是本文的提要，却是阅读本文的准备知识，犹如津梁或门径，必须通过这一关才可以涉及本文；那就是"导言"的性质，重要程度也高。属于编订者或作者师友所作的序文，若是说明编订的方法，抉出全书的要旨，评论全书的得失的，都与了解全书直接有关，重要也不在上面所说的作者自序之下。无论作者自作或他人所作的序文，有些仅仅叙一点因缘，说一点感想，与全书内容关涉很少；那种序义的本身也许是一篇好文字，对于读者就比较不重要了。至于他人所作的序文，有专事赞扬而过了分寸的，有很想发挥而不得要领的；那种序文实际上很不少，诗文集中尤其多，简直可以不必看。教师指导，要教学生先看序文，更要审查序文的重要程度，与以相当的提示，使他们知道注意之点与需要注意力的多少。若是无关紧要的序文，自然不教他们看，以免浪费时力。

目录表示本书的眉目，也具有提要的性质。所以也须养成学生先看目录的习惯。有些书籍，固然须顺次读下去，不读第一卷就无从着手第二卷。有些书籍却不然，全书分做许多部分，各部分自为起讫，其前后排列或仅大概以类相从，或仅依据撰作的年月，或竟完全出于编排时候的偶然；对于那样的书籍，就不必顺次读下去；可以打乱全书的次第，把有关某一方面的各卷各篇聚在一起读，读过以后，再把有关其他方面的各卷各篇聚在一起读，或许更比顺次读下去方便且有效得多。要把有关的各卷各篇聚在一起，就更有先看目录的必要。又如选定教材若是长篇小说，假定是《水浒》，因为分量太多，时间不够，不能通体略读，只好选读它的一部分，如写林冲或武松的几回。要知道哪几回是写林冲或武松的，也得先看目录。又如选定教材的篇目若是非常简略，而其书又适宜于不按照次第来读的，假定是《孟子》，那就在篇目之外，最好先看赵岐的"章指"。"章指"并不编列在目录的地位；用心的读者不妨抄录二百几十章的"章指"，当它是个详细的目录提要。有了这样详细的目录提要，因阅读的目标不同，就可以把二百几十章作种种的组合，为某一目标取某一组合来精心钻研。目录的作用当然还有，可以类推，不再详说。教师指导的时候，务须相机提示，使学生能够充分利用目录。

三、参考书籍指导

参考书籍，包括关于文字的音义、典故成语的来历等所谓工具书，以及与所读书有关的必须借彼而后明此的那些书籍。从小的方面说，阅读一书而求其彻底了解，从大的方面说，做一种专门研究，要从古今人许多经验中得到一种新的发现，一种系统的知识，都必须广博地翻检参考书籍。一般学生读书，往往连字典词典也懒得翻，更不用说跑进图书室去查阅有关书籍了。这种"读书不求甚解"的态度，一时未尝不可马虎过去；但是这就成了终身的病根，将不能从阅读方面得到多大益处；若做专门研究工作，更难有满意的成就。所以，利用参考书籍的习惯，必须在学习国文的时候养成。精读方面要多多参考，略读方面还是要多多参考。起初，学生必嫌麻烦，这要翻检，那要搜寻，不如直截读下去来得爽快；但是渐渐成了习惯，就觉得必须这样多多参考，才可以透彻地了解所读的书，其味道的深长远胜于"不求甚解"；那时候，让他们"不求甚解"也不愿意了。

国文课内指导参考书籍，当然不能如专家做研究工作一样，搜罗务求广博，凡有一语一条用得到的材料都舍不得放弃，开列个很长的书目。第一，须顾到学生的能力。参考书籍用来帮助理解本书，若比本书艰深，非学生能力所能利用，虽属重要，也只得放弃。譬如阅读某一书，须做关于史事的参考，与其教学生查"二十四史"，不如教他们翻一部近人所编的通史；再退一步，不如教他们看他们所读的历史课本。因为通史与历史课本的编辑方法适合于他们的理解能力；而"二十四史"本身还只是一堆材料，要在短时期间从中得到关于一件史事的概要，事实上不可能。曾见一些热心的教师给学生开参考书目，把自己所知道的，巨细不遗，逐一开列，结果是洋洋大观，学生见了唯有望洋兴叹；有些学生果真去按目参考，又大半不能理解，有参考之名，无参考之实。这就是以教师自己为本位，忽略了学生能力的弊病。第二，须顾到图书室的设备。教师提示的书籍，学生从图书室立刻可以检到，既不耽误工夫，且易引起兴趣。如果那参考书的确必要，又为学生的能力所能利用，而图书室没有，学生只能以记忆书名了事；那就在阅读上短少了一分努力，在训练上错过了一个机会。因此，消极的办法，教师提示参考书籍，应以图书室所具备的为限；积极的办法，就得促图书室有计划地采购图书——各科至少有最低限度的必要参考书籍，国文科方面当然要有它的一份。这件事很值得提倡。现在一般学校，不是因经费不足，很少买书，就是因偶然的机缘与教师的嗜好，随便买书；有计划地为供学生参考而采购的，似乎还不多见。还有个补救的办法，图书室没有那种书籍，而地方图书馆或私家藏书却有，教师不妨指引学生去借来参考。

图书室购备参考书籍，即使有复本，也不过两三本；一班学生同时要拿来参考，势必争先恐后，后拿到手的，已经浪费了许多时间。为解除这种困难，可以用分组参考的办法：假定阅读某种书籍需要参考四部书，就分学生为四组，使每组参考一部；或待相当时间之后互相交换，或不再交换，就使每组报告参考所得，以免他组自去参考。

指定了参考书籍，教师的事情并不就此完毕。如果那种书籍的编制方法是学生所不熟悉的，或者分量很多，学生不容易找到所需参考的部分的，教师都得给他们说明或指示。一方面要他们练习参考，一方面又要他们不致茫无头绪，提不起兴趣；唯有如上所说相机帮助他们，才可以做到。

四、阅读方法指导

各种书籍因性质不同,阅读方法也不能一样。但是就一般说,总得像精读时候的阅读那样,就其中的一篇或一章一节,逐句循诵,摘出不了解的处所;然后应用平时阅读的经验,试把那些不了解的处所自求解答;得到了解答,再看注释或参考书,以检验解答得对不对;如果实在无法解答,那就径看注释或参考书。不了解的处所都弄清楚了,又复读一遍,明了全篇或全章全节的大意。最后细读一遍,把应当记忆的记忆起来,把应当体会的体会出来,把应当研究的研究出来。全书的各篇或各章各节,都该照此办法。略读原是用来训练阅读的优良习惯,必须脚踏实地,毫不苟且,才有效益;决不能让学生胡乱读过一遍就算。唯有开始脚踏实地,毫不苟且,到习惯既成之后才会"过目不忘","展卷自得"。若开始就草草从事,说不定将一辈子"过目辄忘","展卷而无所得"了。还有一层,略读既是国文功课方面的工作,无论阅读何种书籍,都宜抱着研究国文的态度。平常读一本数学课本,不研究它的说明如何正确;读一本史地课本,也不研究它的叙述如何精当。数学课本与史地课本原可以在写作技术方面加以研究;因作者的造诣不同,同样是数学课本与史地课本,其正确与精当的程度实际上确也大有高下。但是在学习数学、学习史地的立场,自不必研究那些;如果研究那些,便转移到学习国文的立场,抱着研究国文的态度了。其他功课的阅读都只须顾到书籍的内容。国文功课训练阅读,独须内容形式兼顾,并且不把内容形式分开来研究,而认为不可分割的两方面;经过了国文功课方面的训练,再去阅读其他功课的书籍,眼力自也增高。认清了这一层,对于选定的略读书籍自必一律作写作技术的研究。被选的书总有若干长处;读者不仅在记得那些长处,尤其重要的在能看出为什么会有那些长处。同时不免或多或少有些短处;读者也须能随时发现,说明它的所以然,这才可以做到读书而不为书所蔽。——这一层也是就一般说的。

现在再分类来说,有些书籍,阅读它的目的在从中吸收知识,增加自身的经验;那就须运用思考与判断,认清全书的要点,不歪曲也不遗漏,才得如愿。若不能抉择书中的重要部分，认不清全书的要点，或忽略了重要部分，却把心思用在枝节上，所得结果就很少用处。要使书中的知识化为自身的经验，自必从记忆入手；记忆的对象若是阅读之后看出来的要点，因它条理清楚，印入自较容易。若不管重要与否，而把全部平均记忆，甚至以全部文句为记忆的对象，那就没有纲领可凭，徒增不少的负担，结果或且全部都不记忆。所以死用记忆决不是办法，漫不经心地读着读着，即使读到烂熟，也很难有心得；必须随时运用思考与判断，接着择要记忆，才合于阅读这一类书籍的方法。

又如小说或剧本，一般读者往往只注意它的故事；故事变化曲折，就感到兴趣，读过以后，也只记住它的故事。其实凡是好的小说和剧本，故事仅是迹象；凭着那迹象，作者发挥他的人生经验或社会批判，那些才是精魂。阅读小说或剧本而只注意它的故事，专取迹象，抛弃精魂，决非正当方法。在国文课内，要培植欣赏文学的能力，尤其不应如此。精魂就寄托在迹象之中，对于故事自不可忽略；但是故事的变化曲折所以如此而不如彼，都与作者发挥他的人生经验和社会批判有关，这一层更须注意。初学者还没有素养，一时无从着手；全仗教师给他们易晓的暗示与浅明的指导，渐渐引他们入门。穿凿附会固然要不得，粗疏忽略同样要不得。凭着故事的情节，逐一追求作者要说而没有明白说出来的意思，才会与作者的精神相通，才是阅读这一类书籍的正当方法。有些学生喜欢看低级趣味的小说之类，教他们不要看，他们虽然答应了，一转身还是偷偷地看。这由于没有学得阅读这类书籍的方法，注意力仅仅集中在故事上的缘故。他们如果得到适当的暗示与指导，渐渐有了素养，就会觉得低级趣味的小说之类在故事之外没有东西，经不起咀嚼；不待他人禁戒，自然就不喜欢看了。——这可以说是消极方面的效益。

又如诗集，若是个人的专集，按写作年月，顺次看诗人意境的扩大或转换，风格的确立或变易，是一种读法。按题材归类，看诗人对于某一题材如何立意，如何发抒，又是一种读法。按体式归类，比较诗人对于某一类体式最能运用如意，倾吐诗心，又是一种读法。以上都是分析研究方面的事，而文学这东西，尤其是诗歌，不但要分析地研究，还得要综合地感受。所谓感受，就是读者的心与诗人的心起了共鸣，仿佛诗人说的正是读者自己的话，诗人宣泄的正是读者自己的情感似的。阅读诗歌的最大受用在此。通常说诗歌足以陶冶性情，就因为深美玄妙的诗歌能使读者与诗人同其怀抱。但是这种受用不是没有素养的人所能得到的；素养不会凭空而至，还得从分析的研究入手。研究愈精，理解愈多，才见得纸面的文字——是诗人心情动荡的表现；读它的时候，心情也起了动荡，几乎分不清那诗是诗人的还是读者自己的。所读的若是总集，也可应用类似前说的方法，发现各代诗人取材的异同、风格的演变，比较各家各派意境的浅深、抒写的技巧；探讨各种体式如何与内容相应，如何去旧而谋新：这些都是研究的事，唯有经过这样研究，才可以享受诗歌。我国历代诗歌的产量极为丰富；读诗一事，在知识分子中间差不多是普遍的嗜好。但是就一般说，因为研究不精，感受不深，往往不很了然什么是诗。无论读和写，几乎都认为凡是五字一句，七字一句，而又押韵的文字便是诗；最近二十年通行了新体诗，又都认为凡是分行写的白话便是诗。连什么是诗都不能了然，哪里还谈得到享受？更哪里谈得到写作？中学生固然不必写诗，但是有享受诗的权利；要使他们真能享受诗，自非在国文课内认真指导不可。

又如古书，阅读它而要得到真切的了解，必须明了古人所处的环境与所怀的抱负。陈寅恪先生作审查一本中国哲学史的报告，中间说："古人著书立说，皆有所为而发；故其所处之环境，所受之背景，非完全明了，则其学说不易评论。而古代哲学家去今数千年，其时代之真相极难推知。吾人今日可依据之材料，仅为当时所遗存最小之一部；欲借此残余断片以窥测其全部结构，必须备艺术家欣赏古代绘画雕刻之眼光及精神，然后古人立说之用意与对象始可以真了解。所谓真了解者，必神游冥想，与立说之古人处于同一境界，而对于其持论所以不得不如是之苦心孤诣，表一种之同情，始能批评其学说之是非得失，而无隔阂肤廓之论。否则数千年前之陈言旧说，与今日之情势迥殊，何一不可以可笑可怪目之乎？"这里说的是专家研究古代哲学应持的态度，并不为中学生而言；要达到这种境界，必须有很深的修养与学识，一般知识分子尚且不易做到，何况中学生？但是指导中学生阅读古书，不可不酌取这样的意思，以正他们的趋向——尽浅不妨，只要趋向正，将来可以渐求深造。否则学生必致辨不清古人的是非得失，或者一味盲从古人，成个不通的"新顽固"，或者一味抹杀古人，骂古人可笑可怪，成个浅薄的妄人。这岂是教他们阅读古书的初意？所谓尽浅不妨，意思是就学生所能领会的，给他们适当的指导。如读《孟子·许行章》"或劳心，或劳力；劳心者治人，劳力者治于人；治于人者食人，治人者食于人：天下之通义也"一节，若以孟子这个话为天经地义，而说从前君主时代竭尽天下的人力物力以供奉君主是合理的，现代的民权思想与民主政治是要不得的；这便是糊涂头脑。若以孟子这个话为胡言乱语，而说后代劳心者与劳力者分成两个阶级，劳心阶级地位优越，劳力阶级不得抬头，都是孟子的遗毒；这也是偏激之论。要知道孟子这一章在驳许行的君臣并耕之说，他所持的论据是与许行相反的"分工互助"。劳力的百工都有专长，劳心的"治人者"也有他的专长，各出专长，分任工作，社会才会治理：这是孟子的政治理想。时代到了战国，社会关系渐趋繁复，许行那种理想当然行不通。孟子看得到这一点，自是他的识力。要怎样才是他理想中的"治人者"？看以下"当尧之时"一大段文字便可明白，就是：像尧舜那样一心为民，干得有成绩，才算合格。这是从他"民为贵"的根本观点而来的；正因"民为贵"，所以为民除疾苦，为民兴教化的人是"治人者"的模范。于此可见他所谓"治人者"至少含有"一心为民，干政治具有专长的人"的意思，并不泛指处在君位的人，如古代的酋长或当时的诸侯。至于"食人""食于人"，在他的意想中，只是表示互助的关系而已，并不含有"注定被掠夺""注定掠夺人家"的意思。——如此看法，大概近于所谓"了解的同情"，与前面说起的糊涂头脑与偏激之论全然异趣。这未必深奥难知，中材的高中二三年生也就可以领会。多做类似的指导，学生自不致走入泥古诬古的歪路了。

五、问题指导

无论阅读何种书籍，要把应当记忆的记忆起来，把应当体会的体会出来，把应当研究的研究出来，总得认清几个问题——也可以叫做题目。如读一个人的传记，这个人的学问、事业怎样呢？或读一处地方游记，那地方的自然环境、社会情形怎样呢？都是最浅近的例子。心中存在着这些问题或题目，阅读就有了标的，辨识就有了头绪。又如阅读《爱的教育》，可以提出许多问题或题目：作为书中主人翁的那个小学生安利柯，他的父亲常常勉励他，教训他——父亲希望他成个怎样的人呢？书中写若干小学生，家庭环境不同，品性习惯各异——品性习惯受不受家庭环境的影响呢？书中很有使人感动的地方，为什么能使人感动呢？诸如此类，难以说尽。又如阅读《孟子》，也可以提出许多问题或题目：孟子主张"民为贵"，书中的哪些篇章发挥这个意思呢？孟子的理想中，把政治分为王道的与霸道的两种，两种的区别怎样呢？孟子认为"王政"并不难行，他的论据又是什么呢？诸如此类，难以说尽。这些是比较深一点的。善于读书的人，一边读下去，一边自会提出一些问题或题目来，作为阅读的标的、辨识的头绪，或者初读时候提出一些，重读时候另外又提出一些。教学生略读，当然希望学生也能如此；但是学生习惯未成，功力未到，恐怕他们提不出什么，只随随便便地胡读一阵了事，就有给他们提示问题的必要。对于一部书，可提出的问题或题目，往往如前面说的，难以说尽。提得太深了，学生无力应付；提得太多了，学生又无暇兼顾。因此，宜取学生能力所及的，分量多少又得顾到他们的自修时间。凡所提示的问题或题目，不只教他们"神游冥想"，以求解答；还要让他们利用所有的凭借，就是序目、注释、批评及其他参考书。在教师提示之外，学生如能自己提出，当然大可奖励。但是提得有无价值，得当不得当，还须由教师注意与指导。为养成学生的互助习惯与切磋精神起见，也可分组研究；令每组解答一个问题或题目，到上课时候报告给大家知道，再听同学与教师的批判。

以上说的，都是教师给学生的事前指导。以后就是学生的事情了——按照教师所指导的去阅读，去参考，去研究。在这一段过程中，学生应该随时作笔记。说起笔记，现在一般学生似乎还不很明白它的作用；只因教师吩咐要作笔记，他们就在空白本子上胡乱写上一些文字交卷。这种观念必须纠正。要让他们认清，笔记不是教师向他们要的赋税，而是他们读书学习不能不写的一种记录。参考得来的零星材料，临时触发的片段意思，都足以供排比贯穿之用，怎能不记录？极关重要的解释与批评，特别欣赏的几句或一节，就在他日还值得一再检览，怎能不记录？研究有得，成了完整的理解与认识，若不写下来，也许不久又忘了，怎能不记录？这种记录都不为应门面，求分数，讨教师的好；而只为于他们自己有益——必须这么做，他们的读书学习才见得切实。从上面的话看，笔记大概该有两个部分：一部分是碎屑的摘录；一部分是完整的心得——说得堂皇一点，就是"读书报告"或"研究报告"。对于初学，当然不能求其周密深至；但是敷衍塞责的弊病必须从开头就戒除，每抄一条，每写一段，总得让他们说得出个所以然。这样成了习惯，终身写作读书笔记，便将受用无穷，无论应付实务或研究学问，都可以从笔记方面得到许多助益。而在上课讨论的时候，这种笔记就是参加讨论的准备；有了准备，自不致茫然无从开口，或临时信口乱说了。

学生课外阅读之后，在课内报告并讨论阅读一书某一部分的实际经验；待全书读毕，然后作全书的总报告与总讨论，前面已经说过。那时候教师所处的地位与应取的态度，《精读指导举隅》曾经提到，不再多说。现在要说的是成绩考查的事。教师指定一本书教学生阅读，要他们从书中得到何种知识或领会，必须有个预期的标准；那个标准就是判定成绩的根据。完全达到了标准，成绩很好，固然可喜；如果达不到标准，也不能给他们一个不及格的分数就了事，必须研究学生所以达不到标准的原因——是教师自己的指导不完善呢，还是学生的资质上有缺点，学习上有疏漏？——竭力给他们补救或督促，希望他们下一次阅读的成绩比较好，能渐近于标准。一般指导自然愈完善愈好；对于资质较差，学习能力较低的学生的个别指导，尤须有丰富的同情与热诚。总之，教师在指导方面多尽一分力，无论优等的次等的学生必可在阅读方面多得一分成绩。单是考查，给分数，填表格，没有多大意义；为学生的利益而考查，依据考查再打算增进学生的利益，那才是教育家的存心。

以上说的成绩，大概指了解、领会以及研究心得而言。还有一项，就是阅读的速度。处于事务纷繁的现代，读书迟缓，实际上很吃亏；略读既以训练读书为目标，自当要求他们速读，读得快，算是成绩好，不然就差。不用说，阅读必须以精细正确为前提；能精细正确了，是否敏捷迅速却是判定成绩应该注意的。

1941年3月1日作
（本文题目是叶至善后拟的）

附录：

《略读指导举隅》例言

朱自清

一、本书与《精读指导举隅》一样，专供各中学国文教师参考用。

二、本书专重略读指导，书中举了七部书作例子。计经籍一种，名著节本一种，诗歌选本一种，专籍两种，小说两种。其中《孟子》《史记菁华录》《唐诗三百首》《胡适文选》适于高中学生阅读，《蔡孑民先生言行录》《呐喊》《爱的教育》适于初中学生阅读。

三、本书的"前言"是向各位中学教师说的，我们以为对于学生"略读"要做到"指导"二字，至少有这些工作。否则便是让学生随便看书，不是"指导"他们阅读。

四、本书各篇"指导大概"是用教师的口气向学生说的。我们按照"前言"所提出的，对于每一部书，作了指导的实例。这七篇"大概"都是完整的成篇的文字，只因写下来不得不如此，并不是说每指导一部书，就得向学生作一番这样长长的演讲，讲过了就完事。"指导"得在讨论里；每篇"大概"中的每一节，都该是讨论的结果，这结果该是学生自己研求之后，在讨论时间，又经教师的纠正或补充，才得到的。我们希望各位教师能将这样的态度和方法，应用在别的书籍的略读指导里。

五、本书各篇，我们虽都谨慎地用心地写出，但恐怕还有见不到的错误。盼望各位教师多多指教，非常感谢！

读些什么书

本志这一期出版的时候，读者诸君已经放了寒假了。平时在学校里，因为课程多，各科的练习忙，很少有阅读课外书籍的时间；心里虽然想阅读，可是事实上办不到，很觉得难受。寒假没有暑假那么长，但是也有几个星期，正好用来弥补这个缺憾；就是说，在寒假里应该有头有尾阅读几本书。

阅读什么书呢？读者诸君或许要这样问。我们以为举出一些具体的书来回答，是不很妥当的。第一，这中间或许会掺杂着我们的偏见；第二，不一定适合读者诸君的口味；第三，举出的书，读者诸君未必就弄得到手。因此我们只能提出几个项目，给读者诸君作为选书的参考。

关于各科的参考书是可以选读的。在学校里只读教科书；教科书是各科知识的大纲，详细的项目和精深的阐发，都没有包容进去。例如本国史教科书，对于一代的政治、文化、人情、风俗，至多用几百个字来叙述就完事了；少的时候，只用一句两句话就带过了。单凭那几百个字或一句两句话，固然也可以算知道了历史；但是知道的只是些笼统的概念，或者知其然而不知其所以然，实在不能算知道了历史；如果选一些专讲某代的政治、文化、人情、风俗的参考书来读，由于已经知道了大纲，决不至于摸不着头脑，而阅读的结果就是明白得详细而且透彻。

关于当前种种问题的书是可以选读的。教科书中大多说些原理原则的话，对于随时遇到的具体问题，或者附带提到，或者简直不说。例如日本是我国的大敌，我国与它作战已经四年半，最近它又发动太平洋大战，与一切民主国家为敌；它的凭借究竟怎样，它那狂妄的欲念怎样才可以扑灭，这些都是我国人亟待解答的具体问题；但是本国史、外国史和外国地理的教科书中，对于这些仅有简略的叙述，没有综合的解答。如果选一些专谈日本问题的书来读，就可以得到许多精确的认识，从精确的认识发而为种种行动，自然会有切实的力量。日本问题只是例子罢了，此外如建国问题、大战后世界秩序问题等等，现代青年都得郑重注意。必须注意当前的问题，青年才能够认识时代；认识了时代，自身才能够参加进去，担负推动时代的任务。

关于修养的书是可以选读的。所谓修养，其目的无非要明了自己与人群的关系，要应用合理的态度和行为来处理一切。修养的发端在于"知"；如果不"知"，种种关系就不会明了，怎样才是合理也无从懂得。修养的完成在于"行"；如果"知"而不"行"，所知就毫无价值。读关于修养的书，假定是《论语》，好比与修养很有功夫的孔子面对面，听他谈一些修养方面的话，在"知"的扩展上是很有益处的。"知"了，又能化而为"行"，那就一辈子受用不尽了。

关于文学的书是可以选读的。文学的对象是人生。文学的特点是把意念形象化，不用抽象的表达。所以读文学可以认识人生，感知人生。善于读文学的人，他所见的人生一定比不读文学的人来得深广。这当然指上品的文学而言。同样是诗，有优劣的分别；同样是小说，也大有好坏。我们没有这么多的精力和时间来读一切坏的、劣等的作品（就是有这么多的精力和时间也无须读那些），自应专选上品的来读。还有，不要以为自己准备学工学农，就无须理会文学。要知道学工学农也是人生；无论是谁，能够接触以人生为对象的文学，是一种最为丰美、最有价值的享受。

就以上提出的几个项目来选择，至少可以选到三四本书，尽够寒假中阅读了。如果能够认真阅读的话，除了吸收书中的内容而外，阅读和写作的能力也自然会长进。常常有人这样问：要使国文程度长进，该读些什么书？我们的回答是：认真读前面提到的几类书，就可以了；专为要人家长进国文程度而写作的书是没有的。

1942 年 1 月作

读《经典常谈》

学校国文教室的黑板上常常写着如下一类的粉笔字："三礼：《周礼》《仪礼》《礼记》。""三传：《公羊传》《榖梁传》《左传》。"学生看了，就抄在笔记簿上。

学期考试与入学考试，国文科常常出如下一类的测验题目："《史记》何人所作？《资治通鉴》何人所作？""什么叫'四书'？什么叫'四史'？""司马相如何代人？杜甫何代人？他们有哪一方面的著作？"与考的学生只消写上人名、书名、朝代名就是。写错了或者写不出当然没有分数。

曾经参观一个中学，高中三年级上"中国文学史"课，用的是某大学的讲义《中国文学史要略》，方讲到隋唐。讲义中提及孔颖达的《五经正义》、杜佑的《通典》、王通的《中说》等，没有记明卷数，教师就一一写在黑板上，让学生一一抄在本子上。在教室里立了大约半点钟，没听见教师开一声口，只看见他写的颇为老练的一些数目字。

书籍名、作者名、作者时代、书籍卷数，不能不说是一种知识。可是，学生得到了这种知识有什么受用，咱们不妨想一想。参与考试，如果遇到这一类的测验题目，就可以毫不迟疑地答上去，取得极限的分数，这是一种受用。还有呢？似乎没有了。在跟人家谈话的当儿，如果人家问你"什么叫'四史'？"，你回答得出"就是《史记》《汉书》《后汉书》《三国志》"，你的脸上自然也会有一副踌躇满志的神色。可惜实际上谈话时候把这种问题作话题的并不多。

另外一派人不赞成这种办法，说这种办法毫无道理，不能叫学生得到真实的受用。这个话是千真万确的。他们主张，学生必须跟书籍直接打交道，好比朋友似的，你必须跟他混在一块，才可以心心相通，彼此影响，仅仅记住他的尊姓大名，就与没有这个朋友一样。这个话当然也没有错。可是他们所说的书籍范围很广，差不多从前读书人常读的一些书籍，他们主张现在的学生都应该读。而且，他们开起参考书目来就是一大堆。就说《史记》吧，关于考证史事的有若干种，关于评议体例的有若干种，关于鉴赏文笔的有若干种。他们要学生自己去摸索，把从前人走过的路子照样走一遍，结果才认识《史记》的全貌。这儿就有问题了。范围宽广，从前读书人常读的一些书籍都拿来读，跟现代的教育宗旨合不合，是问题。每一种书籍都要由学生自己去摸索，时间跟能力够不够，又是问题。这些问题不加注意，徒然苦口婆心地对学生说"你们要读书啊！"，其心固然可敬，可是学生还是得不到真实的受用。

现代学生的功课，有些是从前读书人所不做的，如博物、理化、图画、音乐之类。其他的功课，就实质说，虽然就是从前读书人学的那一些，可是书籍不必再用从前人的本子了。一部历史教本就可以摄取历代史籍的大概、经籍子籍的要旨。这自然指编撰得好的而言；现在有没有这样好的教本，那是另一问题。试问为什么要这么办？为的是从前书籍浩如烟海，现代的学生要做的功课多，没有时间一一去读他。为的是现代切用的一些实质，分散在潜藏在各种书籍里，让学生淘金似的去淘，也许淘不着，也许只淘着了一点儿。尤其为的是从前的书籍，在现代人看来，有许多语言文字方面的障碍；先秦古籍更有脱简错简，传抄致误，清代学者校勘的贡献虽然极大，但是否完全恢复了各书的原样，谁也不敢说定；现代学生不能也不应个个劳费精力在训诂校勘上边，是显而易见的。所以，为实质的吸收着想，可以干脆说一句，现代学生不必读从前的书。只要历史教本跟其他学生用书编撰得好，教师和帮助学生的一些人们又指导得法，学生就可以一辈子不读《论语》《庄子》，却能知道孔子、庄子的学说；一辈子不读《史记》《汉书》，却能明晓古代的史迹。

可是，有些书籍的实质和形式是分不开的，你要了解它，享受它，必须面对它本身，涵泳得深，体味得切，才有得益。譬如《诗经》，就不能专取其实质，翻为现代语言，让学生读"白话《诗经》"。翻译并不是不能做，并且已经有人做过，但到底是另外一回事；真正读《诗经》还得直接读"关关雎鸠"。又如《史记》，作为历史书，尽可用"历史教本""中国通史"之类来代替；但是它同时又是文学作品，作为文学作品，就不能用"历史教本""中国通史"之类来代替，从这类书里知道了楚汉相争的史迹，并不等于读了《项羽本纪》。我想，要说现代学生应该读些古书，理由应该在这一点上。

还有一点。如朱自清先生在这本《经典常谈》的序文里说的，"在中等以上的教育里，经典训练应该是一个必要的项目。经典训练的价值不在实用，而在文化。有一位外国教授说过，阅读经典的用处，就在教人见识经典一番。这是很明达的议论。再说做一个有相当教育的国民，至少对于本国的经典，也有接触的义务"，一些古书，培育着咱们的祖先，咱们跟祖先是一脉相承的，自当尝尝他们的营养料，才不至于无本。若讲实用，似乎是没有，有实用的东西都收纳在各种学科里了；可是有无用之用，这可以打个比方。有些人不怕旅行辛苦，道路几千，跑上峨眉金顶看日出，或者跑到甘肃敦煌，看石窟寺历代的造像跟壁画。在专讲实用的人看来，他们干的完全没有实用，只有那股傻劲儿倒可以佩服。可是他们从金顶下来，打敦煌回转，胸襟扩大了，眼光深远了，虽然还是各做他们的事儿，却有了一种新的精神。这就是所谓无用之用。读古书读得得其道，也会有类似的无用之用。要说现代学生应该读些古书，这是又一个理由。

这儿要注意，"现代学生应该读些古书"，万不宜忽略"学生"两字跟一个"些"字。说"学生"，就是说不是专家，其读法不该跟专家的一样。（大学里专门研究古书的学生当然不在此限。）说"些"，就是说分量不能多，就是从前读书人常读的一些书籍也不必全读。就阅读的本子说，最好辑录训诂校勘方面简明而可靠的定论，让学生展卷了然，不必在一大堆参考书里自己去摸索。就阅读的范围说，最好根据前边说的两个理由来选定，只要精，不妨小，只要达到让学生见识一番这么个意思就成。这本《经典常谈》的序文里说："我们理想中一般人的经典读本——有些该是全书，有些只该是选本节本——应该尽可能地采取他们的结论；一面将本文分段，仔细地标点，并用白话文作简要的注释。每种读本还得有一篇切实而浅明的白话文导言。"现代学生要读些古书，急切需用这样的读本。口口声声嚷着学生应该读古书的先生们，似乎最适宜负起责任来，编撰这样的读本。可是他们不干，只是"读书啊！读书啊！"地直嚷；学生实在没法接触古书，他们就把罪名加在学生头上："你们自己不要好，不爱读书，教我有什么办法？"我真不懂得他们的所以然。

朱先生的《经典常谈》却是负起这方面的责任来的一本书。它是一些古书的"切实而浅明的白话文导言"。谁要知道某书是什么，它就告诉你这个什么，看了这本书当然不就是读了古书，可是古书的来历，其中的大要，历来对于该书有什么问题，直到现在为止，对于该书已经研究到什么程度，都可以有个简明的概念。学生如果自己在一大堆参考书里去摸索，费力甚多，所得未必会这么简明。因这本书的导引，去接触古书，就像预先看熟了地图跟地理志，虽然到的是个新地方，却能头头是道。专家们未必看得起这本书，因为"这中间并无编撰者自己的创见，编撰者的工作只是编撰罢了"（序文中语）；但是这本书本来不是写给专家们看的，在需要读些古书的学生，这本书正适合他们的理解能力跟所需分量。尤其是"各篇的讨论，尽量采择近人新说"（序文中语），近人新说当然不单为它"新"，而为它是最近研究的结果，比较可作定论；使学生在入门的当儿，便祛除了狭陋跟迂腐的弊病，是大可称美的一点。

这本书所说经典，不专指经籍；是用的"经典"二字的广义，包括群经，先秦诸子，几种史书，一些集部，共十三篇。把目录抄在这儿：《说文解字》第一；《周易》第二；《尚书》第三；《诗经》第四；"三礼"第五；"《春秋》三传"第六（《国语》附）；"四书"第七；《战国策》第八；《史记》《汉书》第九；诸子第十；辞赋第十一；诗第十二；文第十三。前头十一篇都就书讲；末了"诗""文"两篇却只叙述源流，不就书讲，"因为书太多了，没法子一一详论，而集部书的问题也不像经、史、子那样重要，在这儿也无需详论"（序文中语）。

1943 年 8 月 5 日发表

阅读是写作的基础

在中小学语文教学中，基础知识和基本训练都重要，我看更要着重训练。什么叫训练呢？就是要使学生学的东西变成他们自己的东西。譬如学一个字，要他们认得，不忘记，用得适当，就要训练。语文方面许多项目都要经过不断练习，锲而不舍，养成习惯，才能变成他们自己的东西。现在语文教学虽说注意练习，其实练得不太多，这就影响学生掌握基础知识。老师对学生要求要严格。严格不是指老师整天逼着学生练这个练那个，使学生气都透不过来，而是说凡是要学生练习的，不要练过一下就算，总要经常引导督促，直到学的东西变成他们自己的东西才罢手。

有些人把阅读和写作看做不甚相干的两回事，而且特别着重写作，总是说学生的写作能力不行，好像语文程度就只看写作程度似的。阅读的基本训练不行，写作能力是不会提高的。常常有人要求出版社出版"怎样作文"之类的书，好像有了这类书，依据这类书指导作文，写作教学就好办了。实际上写作基于阅读。老师教得好，学生读得好，才写得好。这样，老师临时指导和批改作文既可以少辛苦些，学生又可以多得到些实益。

阅读课要讲得透。叫讲得透，无非是把词句讲清楚，把全篇讲清楚，作者的思路是怎样发展的，感情是怎样表达的，诸如此类。有的老师热情有余，可是本钱不够，办法不多，对课文不能透彻理解，总希望求助于人，或是请一位高明的老师给讲讲，或是靠集体备课。这不是从根本上解决问题的办法。功夫还在自己。只靠从别人那里拿来，自己不下功夫或者少下功夫，是不行的。譬如文与道的问题。人家说文与道该是统一的，你也相信文与道该是统一的，但是讲课文，该怎样讲才能体现文道统一，还得自辟蹊径。如果词句不甚了解，课文内容不大清楚，那就谈不到什么文和道了。原则可以共同研究商量，怎样适当地应用原则还是靠自己。根本之点还是透彻理解课文。所以靠拿来不行，要自己下功夫钻研。

我去年到外地，曾经在一些学校听语文课。有些老师话说得很多，把四十五分钟独占了。其实许多话是大可不讲的。譬如课文涉及农村人民公社，就把课文放在一旁，大讲农村人民公社的优越性。这个办法比较容易，也见得热情，但是不能说完成了语文课的任务。

在课堂里教语文，最终目的在达到"不需要教"，使学生养成这样一种能力，不待老师教，自己能阅读。学生将来经常要阅读，老师能经常跟在他们背后吗？因此，一边教，一边要逐渐为"不需要教"打基础。打基础的办法，也就是不要让学生只是被动地听讲，而要想方设法引导他们在听讲的时候自觉地动脑筋。老师独占四十五分钟固然不适应这个要求，讲说和发问的时候启发性不多，也不容易使学生自觉地动脑筋。怎样启发学生，使他们自觉地动脑筋，是老师备课极重要的项目。这个项目做到了，老师才真起了主导作用。

听见有些老师和家长说，现在学生了不起，一部《创业史》两天就看完了，颇有点儿沾沾自喜。我想，且慢鼓励，最要紧的是查一查读得怎么样，如果只是眼睛在书页上跑过，只知道故事的极简略的梗概，那不能不认为只是马马虎虎地读。马马虎虎地读是不值得鼓励的。一部《创业史》没读好，问题不算大，养成了马马虎虎的读书习惯，可要吃一辈子的亏。阅读必须认真，先求认真，次求迅速，这是极重要的基本训练。要在阅读课中训练好。

阅读习惯不良，一定会影响到表达，就是说，写作能力不容易提高。因此，必须好好教阅读课。譬如讲文章须有中心思想。学生听了，知道文章须有中心思想，但是他说："我作文就是抓不住中心思想。"如果教好阅读课，引导学生逐课逐课地体会，作者怎样用心思，怎样有条有理地表达出中心思想，他们就仿佛跟作者一块儿想过考虑过，到他们自己作文的时候，所谓熟门熟路，也比较容易抓住中心思想了。

总而言之，阅读是写作的基础。

作文出题是个问题。最近有一个学校拿来两篇作文让我看看，是初中三年级学生写的,题目是《伟大鲁迅的革命精神》。两篇里病句很多,问我该怎样教学生避免这些病句。我看,病句这么多,毛病主要出在题目上。初中学生读了鲁迅的几篇文章,就要他们写鲁迅的革命精神。他们写不出什么却要勉强写,病句就不一而足了。

有些老师说《难忘的一件事》《我的母亲》之类的题目都出过了,要找几个新鲜题目,搜索枯肠,难乎其难。我想,现在老师都是和学生经常在一起的,对学生了解得多,出题目该不会很困难。

有些老师喜欢大家挂在口头的那些好听的话,学生作文写上那些话,就给圈上红圈。学生摸准老师喜欢这一套,就几次三番地来这一套,常常得五分。分数是多了,可是实际上写作能力并没提高多少。特别严重的是习惯于这一套,往深处想和写出自己真情实意的途径就给挡住了。

老师改作文是够辛苦的。几十本,一本一本改,可是劳而少功。是不是可以改变方法呢?我看值得研究。要求本本精批细改,事实上是做不到的。与其事后辛劳,不如事前多作准备。平时不放松口头表达的训练,多注意指导阅读,钻到学生心里出题目,出了题目作一些必要的启发,诸如此类,都是事前准备。作了这些准备,改作文大概不会太费事了,而学生得到的实益可能多些。

1962年1月22日作

写作教学

对于小学作文教授之意见

  此篇就著者平日之经验之理想撰述之。篇中多为平易朴实之理论，少陈类似教案之方法。盖理论乃根本，乃原则，根本定，原则立，自能左右逢源，自由肆应。方法则随事而变，难以隅反也。著者见解具如此篇所述。但欲期一事之进于优善，尤贵多人之共同讨究。著者颇抱为此种期望。深望教育界诸君子审查一过，或将此种理论付诸试验而评其成绩。于此或为赞许，或加匡正，务请不吝赐教。（通讯处：吴县甪直镇县立第五高等小学校。）

处今日之时势，小学生所需智识至多。若以悠久之岁月而练习不可限程收效之作文，实非今日所应有之事。宜以最经济之时间练成其最能切实应用之作文能力。

小学作文教授之目的在令学生能以文字直抒情感，了无隔阂；朴实说理，不生谬误。至于修词之工，谋篇之巧，初非必要之需求。能之固佳，不能亦不为病。（按文字大别，不出抒情论叙二类。故但言抒情及说理。）

目的既如上述，则选择读物殊为必要。必与以模范，始得有着手之方。其不能学及不必学之读物亟当屏绝，而选读古文自亦属不可能。古文于现时代小学生扞格颇多。请胪举之：

（一）陈义过高，所关至大，或学问家之所事，或谋国者之所究，与小学生现时处境绝不相关。

（二）时代不同，即思想互异。诵而习之，或且为推究事理之障碍。境遇不同，即感想各殊。在彼以为真切有味者，在此未必一一领略。若强令诵习，必然无益。（以上二端犹指古文之无谬点者。）

（三）古人持论，喜为联想，少事归纳。究其结果，赘词累幅。效此推理论事，谬误必多。

（四）牢愁写恨，避地鸣高，实居抒情之古文之大部分。此于学生孟晋之气必生障碍。

（五）古文中每有不落边际，不可捉摸者。读之终篇，唯觉文字缴绕，茫无所得。苟取法于此，其弊为徒好虚论，语无实质。

或谓诵习古文，盖欲辨别历代文学之变迁，推究各种体制之沿革，反今人于古人，而体其著作之旨趣耳。殊不知此乃文学家事，而非小学生事。且文学家下此功夫，亦不过证古察变，以为自创新文学地步，并非欲舍弃自身态度，步趋古人也。令今日之小学生而模仿古人之文，决无是处。

今日小学作文之教授殊无把握。毕业而去者，或已臻通顺，则由于学生之努力与习性，未必为教授之效；或尚未通顺，则教者学者俱已殚精竭力，咎亦均非其所愿任。其实根本解决此问题，还当改换读物选择之方针。著者前已言小学作文教授之目的及古文之不宜选择矣。总之，小学生作文，初不欲求其高雅典丽，肖于古文。然则但避古文不读，遽即收效耶？此殊未必。国人习惯，酷好摹古，有所撰述，其结体琢句，亦喜力追古人。小学生得此种读物，自好者便力思仿效，不知功力未到，转成牵强不通；自弃者惮仿效之多艰，径自舍去，任意挥洒，既无独立撰述之力，而类乎自身思想之文字又无从得而仿效。其结果亦成浅陋不通。我国文字之难习，言文之异致实为其主因。方为文之际，初则搜索材料，编次先后，其所思考固与口说一致，然欲笔之于纸，则须译为文言。于是手之所写非即心之所思。其间移译之手续殊为辛苦。求胜摹古之心弥炽，则辛苦弥甚。颇有一种人，亦尝识字，亦能运思，亦富情感，而不能下笔成文者，即此手续为之障碍。欲去此障碍，唯有直书口说，当前固尚难能，而将来终当期其达到。为今之计，使之较近口说，俾易练习，则未始不可。试思口之所说，其故为雕琢，几经烹炼者几何？即夙擅文学之人，吾知其寥寥也。然则小学生之读物亦唯求其为较近口说之文字耳。至其内容，固不因此而有所改易也。教者果能随处留意，于学生之读物，或自编，或修改，务使十分平易，有类口说，则学生临文之际，得此模范，但就情意所至，举笔照录，不必移译，便成文字矣。或谓如此为教，则学生为文必无典丽裔皇峭拔奇突之观。则答之曰：此言似是而实非。盖思想正确，情感真挚，实质上未始不堂皇正则，初不关文字间之典丽裔皇峭拔奇突也。诚著者之说，持之勿懈，则限程收效，目的必达，固敢自信也。

作文之形式为文字，其内容实不出思想情感两端。以言思想，则积理必富而为文始佳。若但读物得宜，便令仿其词句，握管撰作，则收效犹薄。夫文无本体，必附丽于事物而后成其为文。读物之实质固亦为种种之事物；而读物之处，事物正多，尤贵实际探求。宜令学者随时随地探求事物之精蕴，且必经己之思考而得答案。然后陈事说理自能确切而畅达。以言情感，则因人而异，岂能强求其同。他人抒情之作，以为酣畅淋漓者，自我视之，或竟索然。又或言过其分，转为饰伪，读者对之亦不生情感。是以选择抒情之读物，须真切有味，确具至情，可以激发学生情感者。而于平日训练能注意学生个性，因势利导而陶冶之，收效自必更巨。

心有所思，情有所感，而后有所撰作。唯初学作文，意在练习，不得已而采命题作文之办法。苟题意所含非学生所克胜，勉强成篇，此于其兴味及推理力摧残殊甚。是以教者命题，题意所含必学生心所能思。或使推究，或使整理，或使抒其情绪，或使表其意志。至于无谓之翻案，空泛之论断，即学生有作，尚宜亟为矫正；若以之命题，自当切戒。

文题取材应广博。不特学校中之所诵习所闻见可以命题，即家庭社会之事，苟学生能思议及之者，亦无不可命题。事事物物，与学生接触而引起其思想情感者，均可为文题之材料。如是，既能收各科联络之效，亦能练随遇肆应之才。不知此义，弊即随生。学生遂以为作文乃国文科中独有之事，其作用但在虚理缴绕，修词琢句，而于应用转不甚措意。迨夫事物当前，宜有所撰录，斯正应用之机会矣，而欲求应用之具竟不可得。庸讵知向以为独有之事者，正普通应用之利器耶？犯此弊者正夥，初非好为过言也。能史论不能书札，能拟古写景不能就眼前景曲曲为之传神，即缘受此流毒。习染益深，其弊益甚，虚而无实，文字之功用失矣。

总之，作文命题及读物选择，须认定作之者读之者为学生，即以学生为本位也。教者有思想欲发挥，有情感欲抒写，未必即可命题，因学者未必有此思想有此情感也。教者心赏某文，玩索有素，未必即可选为教材，因学生读此文，其所摄受未必同于我也。必学生能作之文而后命题，必学生宜读之文而后选读，则得之矣。

教者或于学生作文之际示以意义，此最非所宜。教者之言动恒有一种暗示性质，势将予学生以限制。虽不强学生必从，而学生往往从之。意义既先讲出，则作文之效果充其量不过复述师言而止。甚者，学生于师意未能领解，更不免强为牵合。此习既成，其论事也，可以反无理为有理，我矛我盾萃于一篇。此于期望学生思考自由推理正确之初愿大相刺谬矣。但须讲题明白，使学生认题确切。此外手续均不必用。

学生作文，须令分段，每段之先标明含义。此法之利有二：

（一）作者起题，必先审定含义应有几段，方能扼要标明。经此手续，则一篇大体，动笔之先早已成立。意义明画，文字自然清楚。庶可免捉笔辄书，不自知其所云之弊。

（二）谈话演说，推理论事，往往一段已完，则语气停顿。下一段即不连属于前，初不必用联词为之介也。文字本济语言之穷者，彼此自当一例。而每见学生作文，有于段与段之间强用联词，转成文字之累者，有欲其一贯，强改前后两段意义，使迁就而联络者。今令分段，则遇含义多端，说理须精之文题，可逞臆直书，无牵强之弊。

今之评量文字者，往往高谈句调高古，词华典赡，而不问思想之精确完整与否。故其言作文进境每分三段：初则寥寥数十语，但求文从字顺；继则力求充畅，扩为数百语以至千语；终乃缩之使短，返于初状，而词句自古茂凝练。颇有人持此见解以觇学生之进程。不知文字作用端在达意。意已完足，虽短何害？意犹未尽，则当长以畅言之。若必故为擒纵，则意本无多，衍充篇幅；语有未尽，强为收敛。在若辈视之，未尝不谓极行文之能事；而自我观之，殊不谓然。盖举枉错直，离实已甚，充类发达，亦不过游戏笔墨耳。著者以为小学生作文，既慎择读物以积理，则作法自当注意其意义是否精确，语句是否完整。必求合乎论理，而不贵乎虚衍。篇幅短长固应随顺意义也。即主张小学生作文必求典雅，亦须先注意于此。然后自求得之，庶不致人云亦云。若必罗列典雅语句，奇拗笔法，一一注入学生脑海，正恐劳而无功，适足助长学生之依赖性耳。

觇学生作文之进步与否，当视其推理能否正确，抒情能否绵美。果日累月积，思想益正确而完善，情感益恳挚而缜密，即可断定为确有进步。此全属作文内容之事，而非形式之事。是以收效在作文者，用功决非仅在练习作文。盖文之所载者实质，而文之所以成者方术也。质之不存，术将焉用？昧乎此而但以作文练习作文，不及其他，其卒无成效，固应得之果矣。或者乃专务形式方术，以文篇之峭拔波折，字句之研炼雕琢，为作文之进步，而于内容实质转无所措意，亦舍本而逐末矣。其实所谓峭拔波折研炼雕琢者亦何足道？夫文，凭理推事，准情抒写，心之所至，即文之结构矣。果理真而情切，直截写来，宁有弗当？自经文家强命篇法，斟酌章句，一若吾既有真理至情可供抒写，又必顾及其所谓峭拔波折研炼雕琢者。于是改易实质以就篇章者有之；强造语句以成开合者有之；好为艰深，原意滋晦者有之；喜用僻字，意涉含糊者有之。求善反弊，究何取焉？或曰：子之所称，盖其流于弊，涉于歧途者耳。其不然者，固文家之上材也。答之曰：即不流于弊，不涉于歧途，亦何必于理真情切之外别加互易改换之功乎？小学生练习作文之要求，唯在理真情切而意达，即文学亦未能外此。不此之图，而务他求，即非无关，亦属旁义。小学生作文，练习既无多暇，目的又在应用；务其本，手段犹须经济；若骛旁义，虽非背道，已成异趋。终其身弗达理真、情切、意达之目的，亦未可知也。

作者于为文之实质既已理真、情切，犹未必遽能意达。吾人临文之先，往往觉有真切之理、绵妙之情可供挥洒。一俟脱稿，试自讽诵，辄觉未能尽写我怀，因此不自惬意。更以示他人，而他人所摄受又未必即吾所思考。若此者，文字之效用可谓失其大部。夫一种情意必有一种最适切之语句表示之。此最适切之语句不可借用，不可互易；当机恰合，自然意达。今于作文教授，欲期其意达，亦只须令学生注意于此。盖初学者往往有语涉含糊意若两可之文字。苟迁就放过，致成素习，终其身且有情意满腔莫能卒达之苦。故教者须一一为之辨别，若何之情意，必以若何最适切之语句表示之。一衷名理，莫为强就，则意达之的庶几可达。

批改实为作文教授之要着，自须认定标的。批改固非教者自己作文，乃修正学生所作之意义及字句也。其意义不谬误而尚有不完全之处者，不必为之增；字句已通顺而尚欠凝练高古者，不必为之改。意义不完，乃由于学生识力之未至，而非由于推理之谬误。夫识力之程度至无定限。今时教者所见，增之于作文簿者，他日学生识力进步或竟更造其深，而觉教者所增为意有未尽。然则于学生所作增加意义，已非妥善之方法；况一为增益，又足阻遏学生当时之精究心耶！至于字句之凝练高古，本非必要之需求。己意既达，人亦共喻，虽不凝练高古何害？苟字句可通，而必易之以同义异构之字句，此殊足减学生之兴味及精究心。况凝练高古，厥义虚玄，以此责之，徒使生神秘之感。是以批改只应注意于谬误之推理，不通之字句。外此之事，不妨于发还时评论及之。如某处意义有未完之处，补入如何如何一层，则较完整而周密；某处字句有粗疏之嫌，倘作如何如何说法，则较精当而经济。如是，既重视学生精究之心，亦不失教者辅导之旨矣。

学生作文，意义有谬误，须为修改，前已言之。或全篇谬误，苟为之拟作，则学者既嫌文非己作，教者亦感不胜其烦。于是又有一法，指出其谬误之点，巧譬善导，使之领会，而后令之重作。令之重作，苟不授以意义，则前既谬误，或不能另辟途径；如告以如何作法，又将侵犯其思考之自由。但告以趋向，当从某方面着想，意在启发，而非限制，则重作之效果当有可观矣。意义不为增损，谬误促之自省，则于学生之推理及行文必多裨益，固不仅批改之足以尽事也。

综上所论，著者认为小学作文之教授，当以顺应自然之趋势而适合学生之地位为主旨。于读物则力避艰古，求近口说；于命题则随顺其推理之能力而渐使改进；于作法则不拘程式，务求达意，只须文字与情意相吻合；于批改则但为词句之修正，不为情意之增损。

1919 年 1 月 1 日发表

（本文系与王钟麒合作）

作文论

一、引言

　　人类是社会的动物，从天性上，从生活的实际上，有必要把自己的观察、经验、理想、情绪等等宣示给人们知道，而且希望愈广遍愈好。有的并不是为着实际的需要，而是对于人间的生活、关系、情感，或者一己的遭历、情思、想象等等，发生一种兴趣，同时仿佛感受一种压迫，非把这些表现成为一个完好的定形不可。根据这两个心理，我们就要说话、歌唱，做出种种动作，创造种种艺术；而效果最普遍、使用最利便的，要推写作。不论是愚者或文学家，不论是什么原料什么形式的文字，总之，都是由这两个心理才动手写作，才写作成篇的。当写作的时候，自然起一种希望，就是所写的恰正宣示了所要宣示的，或者所写的确然形成了一个完好的定形。谁能够教我们实现这种希望？只有我们自己，我们自己去思索关于作文的法度、技术等等问题，有所解悟，自然每逢写作，无不如愿了。

　　但是，我们不能只思索作文的法度、技术等等问题，而不去管文字的原料——思想、情感等等问题，因为我们作文，无非想着这原料是合理的，是完好的，才动手去作。而这原料是否合理与完好，倘若不经考定，或竟是属于负面的也未可知，那就尽管在法度、技术上用功夫，也不过虚耗心力，并不能满足写作的初愿。因此，我们论到作文，就必须联带地论到原料的问题。思想构成的径路，情感凝集的训练，都是要讨究的。讨究了这些，才能够得到确是属于正面的原料，不致枉费写作的劳力。

　　或许有人说："这样讲，把事情讲颠倒了。宣示思想情感本来是目的，而作文是手段,现在因作文而去讨究思想、情感,岂不是把它们看做作文的手段了么?"固然,宣示思想、情感是目的,是全生活里的事情,但是,要有充实的生活,就要有合理与完好的思想、情感;而作文,就拿这些合理与完好的思想、情感来做原料。思想、情感的具体化完成了的时候,一篇文字实在也就已经完成了,余下的只是写下来与写得适当不适当的问题而已。我们知道有了优美的原料可以制成美好的器物,不曾见空恃技巧却造出好的器物来。所以必须探到根本,讨究思想、情感的事,我们这工作才得圆满。顺着自然的法则,应当是这么讨究的,不能说这是目的与手段互相颠倒。

所以在这本小书里,想兼论"怎样获得完美的原料"与"怎样把原料写作成文字"这两个步骤。

这个工作不过是一种讨究而已,并不能揭示一种唯一的固定的范式,好像算学的公式那样。它只是探察怎样的道路是应当遵循的,怎样的道路是能够实现我们的希望的;道路也许有几多条,只要可以达到我们的目的地,我们一例认为有遵循的价值。

至于讨究的方法,不外本之于我们平时的经验。自己的,他人的,一样可以用来作根据。自己或他人曾经这样地作文而得到很好的成绩,又曾经那样地作文而失败了,这里边一定有种种的所以然。如能寻出一个所以然,我们就探见一条道路了。所以我们应当寻得些根据(生活里的情况与名作家的篇章一样地需要),作我们讨究的材料。还应当排除一切固执的成见与因袭的教训,运用我们的智慧,很公平地从这些材料里做讨究的功夫,以探见我们的道路。这样,纵使所得微少,不过一点一滴,而因为得诸自己,将永远是我们的财宝,终身用之而不竭;何况我们果能努力,所得未必仅止一点一滴呢?

凡事遇到需求,然后想法去应付,这是通常的自然的法则。准此,关于作文的讨究似应在有了写作需要之后,没有写作需要的人便不用讨究。但是我们决不肯这样迟钝,我们能够机警地应付。凡是生活里重要的事情,我们总喜欢一壁学习一壁应用,非特不嫌多事,而且务求精详。随时是学,也随时是用。各学科的成立以此;作文的所以成为一个题目,引起我们讨究的兴趣,并且鼓动我们练习的努力,也以此。何况"想要写作"真是个最易萌生的欲望，差不多同想吃想喝的欲望一样。今天尚未萌生的，说不定明天就会萌生；有些人早已萌生，蓬蓬勃勃得几乎不可遏止了；又有些人因为不可遏止，已经做了许多回写作这件事了。不论是事先的准备，或是当机的应付，或是过后的衡量，只要是希望满足写作的愿望的，都得去做一番作文的讨究的功夫。可以说这也是生活的一个基本条件。

再有一个应当预先解答的问题，就是："这里所讨究的到底指普通文而言还是指文学而言？"这是一个很容易发生的疑问，又是一个不用提出的疑问。普通文与文学，骤然看来似乎是两件东西；而究实细按，则觉它们的界限很不清楚，不易判断划分。若论它们的原料，都是思想、情感。若论技术，普通文要把原料表达出来，而文学也要把原料表达出来。曾经有许多人给文学下过很细密很周详的界说，但是这些条件未尝不是普通文所期望的。若就成功的程度来分说，"达意达得好，表情表得妙，便是文学"①。则是批评者的眼光中才有这程度相差的两类东西。在作者固没有不想竭其所能，写作最满意的文字的；而成功的程度究竟怎样，则须待完篇以后的评衡，又从哪里去定出所作的是什么文而后讨究其作法？况且所谓好与妙又是很含糊的，到什么程度才算得好与妙呢？所以说普通文与文学的界限是很不清楚的。

又有一派的意见，以为普通文指实用的而言。这样说来，从反面着想，文学是非实用的了。可是实用这个词能不能做划分的标准呢？在一般的见解，写作一篇文字，发抒一种情绪，描绘一种景物，往往称之为文学。然而这类文字，在作者可以留迹象，取快慰，在读者可以兴观感，供参考，何尝不是实用？至于议论事情、发表意见的文字，往往被认为应付实际的需用的。然而自古迄今，已有不少这类的文字被认为文学了。实用这个词又怎能做划分的标准呢？

既然普通文与文学的界限不易划分，从作者方面想，更没有划分的必要。所以这本小书，不复在标题上加什么限制，以示讨究的是凡关于作文的事情。不论想讨究普通文或文学的写作，都可以从这里得到一点益处，因为我们始终承认它们的划分是模糊的，泉源只是一个。

---

① 见《胡适文存》卷一第二九七页。

二、诚实的自己的话

我们试问自己,最爱说的是哪一类的话?这可以立刻回答,我们爱说必要说的与欢喜说的话。语言的发生本是为着要在人群中表白自我,或者要鸣出内心的感兴。顺着这两个倾向的,自然会不容自遏地高兴地说。如果既不是表白,又无关感兴,那就不必鼓动唇舌了。

作文与说话本是同一目的,只是所用的工具不同而已。所以在说话的经验里可以得到作文的启示。倘若没有什么想要表白,没有什么发生感兴,就不感到必要与欢喜,就不用写什么文字。一定要有所写才写。若不是为着必要与欢喜,而勉强去写,这就是一种无聊又无益的事。

勉强写作的事确然是有的,这或者由于作者的不自觉,或者由于别有利用的心思,并不根据所以要写作的心理的要求。有的人多读了几篇别人的文字,受别人的影响,似乎觉得颇欲有所写了;但是写下来的与别人的文字没有两样。有的人存着利用的心思,一定要写作一些文字,才得达某种目的;可是自己没有什么可写,不得不去采取人家的资料。像这样无意的与有意的勉强写作,犯了一个相同的弊病,就是模仿。这样说,无意而模仿的人固然要出来申辩,说他所写的确然出于必要与欢喜;而有意模仿的人或许也要不承认自己的模仿。但是,有一个尺度在这里,用它一衡量,模仿与否将不辩而自明,这个尺度就是"这文字里的表白与感兴是否确实是作者自己的"。拿这个尺度衡量,就可见前者与后者都只是复制了人家现成的东西,作者自己并不曾拿出什么来。不曾拿出什么来,模仿的讥评当然不能免了。至此,无意而模仿的人就会爽然自失,感到这必要并非真的必要,欢喜其实无可欢喜,又何必定要写作呢?而有意模仿的人想到写作的本意,为葆爱这种工具起见,也将遏抑利用的心思,直到确实有了自己的表白与感兴才动手去写。

像那些著述的文字,是作者潜心研修,竭尽毕生精力,获得了一种见解,创成了一种艺术,然后写下来的,写的自然是自己的东西。但是人间的思想、情感往往不甚相悬;现在定要写出自己的东西,似乎他人既已说过的,就得避去不说,而要去找人家没有说过的来说。这样,在一般人岂不是可说的话很少了么？其实写出自己的东西并不是这个意思；按诸实际，也决不能像这个样子。我们说话、作文，无非使用那些通用的言词；至于原料，也免不了古人与今人曾经这样那样运用过了的，虽然不能说决没有创新，而也不会全部是创新。但是，我们要说这席话，写这篇文，自有我们的内面的根源，并不是完全被动地受了别人的影响，也不是想利用来达到某种不好的目的。这内面的根源就与著述家所获得的见解、所创成的艺术有同等的价值。它是独立的；即使表达出来恰巧与别人的雷同，或且有意地采用了别人的东西，都不应受到模仿的讥评；因为它自有独立性，正如两人面貌相似、性情相似，无碍彼此的独立，或如生物吸收了种种东西营养自己，却无碍自己的独立。所以我们只须自问有没有话要说，不用问这话是不是人家说过的。果真确有要说的话，用以作文，就是写出自己的东西了。

更进一步说，人间的思想、情感诚然不甚相悬，但也决不会全然一致。先天的遗传，后天的教育，师友的熏染，时代的影响，都是酿成大同中的小异的原因。原因这么繁复，又是参伍错综地来的，这就形成了各人小异的思想、情感。那么，所写的东西只要是自己的，实在很难得遇到与人家雷同的情形。试看许多文家一样地吟咏风月，描绘山水，会有不相雷同而各极其妙的文字，就是很显明的例子。原来他们不去依傍别的，只把自己的心去对着风月山水；他们又绝对不肯勉强，必须有所写才写。主观的情思与客观的景物揉和，组织的方式千变万殊，自然每有所作都成独创了。虽然他们所用的大部分也只是通用的言词，也只是古今人这样那样运用过了的，而这些文字的生命是由作者给与的，终竟是唯一的独创的东西。

讨究到这里，可以知道写出自己的东西是什么意义了。

既然要写出自己的东西，就会连带地要求所写的必须是美好的：假若有所表白，这当是有关于人间事情的，则必须合于事理的真际，切乎生活的实况；假若有所感兴，这当是不倾吐不舒快的，则必须本于内心的郁积，发乎情性的自然。这种要求可以称为"求诚"。试想假如只知写出自己的东西而不知求诚，将会有什么事情发生？那时候，臆断的表白与浮浅的感兴，因为无由检验，也将杂出于笔下而不自觉知。如其终于不觉知，徒然多了这番写作，得不到一点效果，已是很可怜悯的。如其随后觉知了，更将引起深深的悔恨，以为背于事理的见解怎能够表白于人间，贻人以谬误，浮荡无着的偶感怎值得表现为定形，耗己之劳思呢？人不愿陷于可怜的境地，也不愿事后有什么悔恨，所以对于自己所写的文字，总希望确是美好的。

虚伪、浮夸、玩戏，都是与诚字正相反对的。在有些人的文字里，却犯着虚伪、浮夸、玩戏的弊病。这个原因同前面所说的一样，有无意的，也有有意的。譬如论事，为才力所限，自以为竭尽智能，还是得不到真际。就此写下来，便成为虚伪或浮夸了。又譬如抒情，为素养所拘，自以为很有价值，但其实近于恶趣。就此写下来，便成为玩戏了。这所谓无意的，都因有所蒙蔽，遂犯了这些弊病。至于所谓有意的，当然也如上文所说的那样怀着利用的心思，借以达某种的目的。或者故意颠倒是非，希望淆惑人家的听闻，便趋于虚伪；或者谀墓、献寿，必须彰善颂美，便涉于浮夸；或者作书牟利，迎合人们的弱点，便流于玩戏。无论无意或有意犯着这些弊病，都是学行上的缺失、生活上的污点。假如他们能想一想是谁作文，作文应当是怎样的，便将汗流被面，无地自容，不愿再担负这种缺失与污点了。

我们从正面与反面看，便可知作文上的求诚实含着以下的意思：从原料讲，要是真实的、深厚的，不说那些不可征验、浮游无着的话；从写作讲，要是诚恳的、严肃的，不取那些油滑、轻薄、卑鄙的态度。

我们作文，要写出诚实的、自己的话。

三、源头

"要写出诚实的、自己的话"，空口念着是没用的，应该去寻到它的源头，有了源头才会不息地倾注出真实的水来。从上两章里，我们已经得到暗示，知道这源头很密迩，很广大，不用外求，操持由己，就是我们的充实的生活。生活充实，才会表白出、发抒出真实的深厚的情思来。生活充实的涵义，应是阅历得广，明白得多，有发现的能力，有推断的方法，情性丰厚，兴趣饶富，内外合一，即知即行，等等。到这地步，会再说虚妄不诚的话么？我们欢喜读司马迁的文，认他是大文家，而他所以致此，全由于修业、游历以及伟大的志操。我们欢喜咏杜甫的诗，称他是大诗家，而他所以致此，全由于热烈的同情与高尚的人格。假若要找反面的例，要找一个生活空虚的真的文家，我们只好说无能了。

　　生活的充实是没有止境的，因为这并非如一个瓶罐，有一定的容量，而是可以无限地扩大，从不嫌其过大过充实的。若说要待充实到极度之后才得作文，则这个时期将永远不会来到。而写作的欲望却是时时会萌生的，难道悉数遏抑下去么？其实不然。我们既然有了这生活，就当求它充实。（这是论理上的话，这里单举断案，不复论证。）在求充实的时候，也正就是生活着的时候，并不分一个先，一个后，一个是预备，一个是实施。从这一点可以推知只要是向着求充实的路的，同时也就不妨作文。作文原是生活的一部分呵。我们的生活充实到某程度，自然要说某种的话，也自然能说某种的话。譬如孩子，他熟识了人的眨眼，这回又看见星的妙美的闪耀，便高兴地喊道："星在向我眨眼了。"他运用他的观察力、想象力，使生活向着充实的路，这时候自然要倾吐这么一句话，而倾吐出来的又恰好表达了他的想象与欢喜。大文家写出他每一篇名作，也无非是这样的情形。

　　所以我们只须自问，我们的生活是不是在向着求充实的路上？如其是的，那就可以绝无顾虑，待写作的欲望兴起时，便大胆地、自信地写作。因为欲望的兴起这么自然，原料的来源这么真切，更不用有什么顾虑了。我们最当自戒的就是生活沦没在虚空之中，内心与外界很少发生关系，或者染着不正当的习惯，却要强不知以为知，不能说、不该说而偏要说。这譬如一个干涸的源头，哪里会倾注出真实的水来？假若不知避开，唯有陷入模仿、虚伪、浮夸、玩戏的弊病里罢了。

　　要使生活向着求充实的路，有两个致力的目标，就是训练思想与培养情感。从实际讲，这二者也是互相联涉，分割不开的。现在为论列的便利，姑且分开来。看它们的性质，本应是一本叫作《做人论》里的章节。但是，因为作文是生活的一部分，所以它们也正是作文的源头，不妨在这里简略地讨究一下。

　　请先论训练思想。杜威一派的见解以为："思想的起点是实际上的困难，因为要解决这种困难，所以要思想；思想的结果，疑难解决了，实际上的活动照常进行；有了这一番思想作用，经验更丰富一些，以后应付疑难境地的本领就更增长一些。思想起于应用，终于应用；思想是运用从前的经验来帮助现在的生活，更预备将来的生活。"① 这样的思想当然会使生活的充实性无限地扩大开来。它的进行顺序是这样："（一）疑难的境地；（二）指定疑难之点究竟在什么地方；（三）假定种种解决疑难的方法；（四）把每种假定所涵的结果，一一想出来，看哪一个假定能够解决这个困难；（五）证实这种解决使人信用，或证明这种解决的谬误，使人不信用。"② 在这个顺序里，这第三步的"假设"是最重要的，没有它就得不到什么新东西。而第四、第五步则是给它加上评判和证验，使它真能成为生活里的新东西。所以训练思想的涵义，"是要使人有真切的经验来作假设的来源；使人有批评判断种种假设的能力；使人能造出方法来证明假设的是非真假"③。

至此，就得归根到"多所经验"上边去。所谓经验，不只是零零碎碎地承受种种见闻接触的外物，而是认清楚它们，看出它们之间的关系，使成为我们所有的东西。不论愚者和智者，一样在生活着，所以各有各的自得的经验。各人的经验有深浅广狭的不同。所谓愚者，只有很浅很狭的一部分，仅足维持他们的勉强的生活；除此以外就没有什么了。这个原因当然在少所接触；而接触的多少不在乎外物的来不来，乃在乎主观的有意与无意；无意应接外物，接触也就少了。所以我们要经验丰富，应该有意地应接外物，常常持一种观察的态度。这样，将见环绕于四围的外物非常多，都足以供我们认识、思索，增加我们的财富。我们运用着观察力，明白它们外面的状况以及内面的情形，我们的经验就无限地扩大开来。譬如对于一个人，如其不加观察，摩肩相值，瞬即东西，彼此就不相关涉了。如其一加观察，至少这个人的面貌、姿态在意念中留下一个印象。若进一步与他结识，更可以认识他的性情、品格。这些决不是无益的事，而适足以使我们获得关于人的种种经验，于我们持躬论人都有用处。所以随时随地留意观察，是扩充经验的不二法门。由多所观察，方能达到多所经验。经验愈丰富，则思想进行时假设的来源愈广，批评、判断种种假设的能力愈强，造出方法以证明假设的是非真假也愈有把握。

---

①②③　见《胡适文存》卷二第一二六、一二〇、一二七页。

假如我们作文是从这样的源头而来的，便能表达事物的真际，宣示切实的意思，而且所表达、所宣示的也就是所信从、所实行的，所以内外同致，知行合一。写出诚实的话不是做到了么？

其次，论培养情感。遇悲喜而生情，触佳景而兴感，本来是人人所同的。这差不多是莫能自解的，当情感兴起的时候，浑然地只有这个情这个感，没有功夫再去剖析或说明。待这时候已过，才能回转去想。于是觉得先前的时候悲哀极了或者喜悦极了，或者欣赏了美的东西了。情感与经验有密切的关系。它能引起种种机会，使我们留意观察，设法试证，以获得经验；它又在前面诱导着，使我们勇往直进，全心倾注，去享用经验。它给我们极大恩惠，使我们这世界各部互相关联而且固结不解地组织起来；使我们深入生活的核心，不再去计较那些为什么而生活的问题。它是粘力，也是热力。我们所以要希求充实的生活，而充实的生活的所以可贵，浅明地说，也就只为我们有情感。

情感的强弱周偏各人不同。有些人对于某一小部分的事物则倾致他们的情感，对其他事物则不然。更有些人对于什么都淡漠，不从这方面倾致，也不从那方面倾致，只是消极地对待，觉得什么东西总辨不出滋味，一切都是无边的空虚，世界是各不相关联的一堆死物，生活是无可奈何的消遣。所以致此的原因，在于与生活的核心向来不曾接近过，永久是离开得远远；而所以离开，又在于不多观察，少具经验，缺乏切实的思想能力。（因此，在前面说思想情感是"互相联涉，分割不开的"，原来是这么如环无端，迭为因果的呵。）于此可见我们如不要陷入这一路，就得从经验、思想上着手。有了真切的经验、思想，必将引起真切的情感；成功则喜悦，失败则痛惜，不特限于一己，对于他人也会兴起深厚的同情。而这喜悦之情的享受与痛惜之后的奋发，都足以使生活愈益充实。人是生来就怀着情感的核的，果能好好培养，自会抽芽舒叶，开出茂美的花，结得丰实的果。生活永远涵濡于情感之中，就觉这生活永远是充实的。

现在回转去论到作文。假如我们的情感是在那里培养着的，则凡有所写，都属真情实感；不是要表现于人前，便是吐其所不得不吐。写出诚实的话不是做到了么？

我们要记着，作文这件事离不开生活，生活充实到什么程度，才会做成什么文字。所以论到根本，除了不间断地向着求充实的路走去，更没有可靠的预备方法。走在这条路上，再加写作的法度、技术等等，就能完成作文这件事了。

必须寻到源头，方有清甘的水喝。

四、组织

我们平时有这么一种经验：有时觉得神思忽来，情意满腔，自以为这是值得写而且欢喜写的材料了。于是匆匆落笔，希望享受成功的喜悦。孰知成篇以后，却觉这篇文字并不就是我所要写的材料，先前的材料要胜过这成篇的文字百倍呢。因此，爽然自失，感到失败的苦闷。刘勰说："方其搦翰，气倍辞前；暨乎篇成，半折心始。何则？意翻空而易奇，言征实而难巧也。"[①] 他真能说出这种经验以及它的来由。从他的话来看，可知所以致此，一在材料不尽结实，一在表达未得其道。而前者更重于后者。表达不得当，还可以重行修改；材料空浮，那就根本上不成立了。所以虽然说，如其生活在向着求充实的路上，就可以绝无顾虑，待写作的欲望兴起时，便大胆地、自信地写作，但不得不细心地、周妥地下一番组织的功夫。既经组织，假如这材料确是空浮的，便立刻会觉察出来，因而自愿把写作的欲望打消了。假如并非空浮，只是不很结实，那就可以靠着组织的功能，补充它的缺陷。拿什么来补充呢？这唯有回到源头去，仍旧从生活里寻找，仍旧从思想、情感上着手。

有人说，文字既然源于生活，则写出的时候只须顺着思想、情感之自然就是了。又说组织，岂非多事？这已在前面解答了，材料空浮与否，结实与否，不经组织，将无从知晓，这是一层。更有一层，就是思想、情感之自然未必即与文字的组织相同。我们内蓄情思，往往于一刹那间感其全体；而文字必须一字一句连续而下，仿佛一条线索，直到终篇才会显示出全体。又，蓄于中的情思往往有累赘、凌乱等等情形；而形诸文字，必须不多不少、有

[①] 见《文心雕龙·神思》。

条有理才行。因此，当写作之初，不得不把材料具体化，使成为可以独立而且可以照样拿出来的一件完美的东西。而组织的功夫就是要达到这种企图。这样才能使写出来的正就是所要写的；不致被"翻空"的意思所引诱，徒然因"半折心始"而兴叹。

所以组织是写作的第一步功夫。经了这一步，材料方是实在的，可以写下来，不仅是笼统地觉得可以写下来。经过组织的材料就譬如建筑的图样，依着兴筑，没有不成恰如图样所示的屋宇的。

组织到怎样才算完成呢？我们可以设一个譬喻，要把材料组成一个圆球，才算到了完成的地步。圆球这东西最是美满，浑凝调合，周遍一致，恰是一篇独立的、有生命的文字的象征。圆球有一个中心，各部分都向中心环拱着。而各部分又必密合无间，不容更动，方得成为圆球。一篇文字的各部分也应环拱于中心（这是指所要写出的总旨，如对于一件事情的论断，蕴蓄于中而非吐不可的情感之类），为着中心而存在。而且各部分应有最适当的定位列次，以期成为一篇圆满的文字。

至此，我们可以知道组织的着手方法了。为要使各部分环拱于中心，就得致力于剪裁。为要使各部分密合妥适，就得致力于排次。把所有的材料逐部审查，而以是否与总旨一致为标准，这时候自然知所去取，于是检定一致的、必要的，去掉不一致的、不切用的，或者述补充上遗漏的、不容少的，这就是剪裁的功夫。经过剪裁的材料方是可以确信的需用的材料。然后把材料排次起来，而以是否合于论理上的顺序为尺度，这时候自然有所觉知。于是让某部居开端，某部居末梢，某部与某部衔接；而某部与某部之间如其有复叠或罅隙，也会发现出来，并且知道应当怎样去修补。到这地步，材料的具体化已经完成了；它不特是成熟于内面的，而且是可以照样宣示于外面的了。

一篇文字的所以独立，不得与别篇合并，也不得剖分为数篇，只因它有一个总旨，它是一件圆满的东西；据此以推，则篇中的每一段虽是全篇的一部分，也必定自有它的总旨与圆满的结构，所以不能合并，不能剖分，而为独立的一段。要希望一段果真达到这样子，当然也得下一番组织的功夫，就一段内加以剪裁与排次。逐段经过组织，逐段充分健全，于是有充分健全的整篇了。

若再缩小范围，每节的对于一段，每句的对于一节，也无非是这样情形。唯恐不能尽量表示所要写出的总旨，所以篇、段、节、句都逐一留意组织。到每句的组织就绪，作文的事情也就完毕了。因此可以说，由既具材料到写作成篇，只是一串组织的功夫。

要实行这种办法，最好先把材料的各部分列举出来，加以剪裁，更为之排次，制定一个全篇的纲要。然后依着写作，同时再注意于每节每句的组织。这样才是有计划有把握的作文；别的且不讲，至少可免"暨乎篇成，半折心始"的弊病。

或以为大作家写作，可无须组织，纯任机缘，便成妙文。其实不然。大作家技术纯熟，能在意念中组织，甚且能不自觉地组织，所谓"腹稿"，所谓"宿构"，便是；而决非不须组织。

作文的必须组织，正同作事的必须筹划一样。

五、文体

写作文字，因所写的材料与要写作的标的不同，就有体制的问题。文字的体制，自来有许多分类的方法。现存的最古的总集要推萧统的《文选》，这部书的分类杂乱而琐碎，不足为据。近代完善的总集要数姚鼐的《古文辞类纂》，分文字为十三类。① 这十三类或以文字写列的地位来立类,② 或以作者与读者的关系来立类,③ 或又以文字的特别形式来立类,④ 标准纷杂，也不能使我们满意。

分类有三端必须注意的：一要包举，二要对等，三要正确。包举是要所分各类能够包含该事物的全部分，没有遗漏；对等是要所分各类性质上彼此平等，决不能以此涵彼；正确是要所分各类有互排性，决不能彼此含混。其次须知道要把文字分类，当从作者方面着想，就是看作者所写的材料与要写作的标的是什么，讨究作文，尤其应当如此。我们知道论辨文是说出作者的

---

① 十三类是论辨、序跋、奏议、书说、赠序、诏令、传状、碑志、杂记、箴铭、颂赞、辞赋、哀祭。

② 如序跋、碑志。

③ 如奏议、诏令。

④ 如箴铭、辞赋。

见解，而序跋文也无非说出作者对于某书的见解，则二者不必判分了。又知道颂赞文是倾致作者的情感，而哀祭文也无非倾致作者对于死者的情感，则二者可以合并了。我们要找到几个本质上的因素，才可确切地定下文字的类别。

要实现上面这企图，可分文字为叙述、议论、抒情三类。这三类所写的材料不同，要写作的标的不同，即可包举一切的文字，复彼此平等，不相含混，所以可认为本质上的因素。叙述文的材料是客观的事物（有的虽也出自虚构，如陶潜的《桃花源记》之类，但篇中人、物、事实所处的地位实与实有的客观的无异），写作的标的在于传述。议论文的材料是作者的见解，写作的标的在于表示。抒情文的材料是作者的情感，写作的标的在于发抒。

要指定某文属某类，须从它的总旨看。若从一篇的各部分看，则又往往见得一篇而兼具数类的性质。在叙述文里，常有记录人家的言谈的，有时这部分就是议论。① 在议论文里，常有列举事实作例证的，这等部分就是叙述。② 在抒情文里，因情感不可无所附丽，常要借述说或推断以达情，这就含有叙述或议论的因素了。③ 像这样参伍错综的情形是常例，一篇纯粹是叙述、议论或抒情的却很少。但只要看全篇的总旨，它的属类立刻可以确定。虽然所记录的人家的言谈是议论，而作者只欲传述这番议论，所以是叙述文。虽然列举许多事实是叙述，而作者却欲借此表示他的见解，所以是议论文。虽然述说事物、推断义理是叙述与议论，而作者却欲因以发抒他的情感，所以是抒情文。

文字既分为上述的三类，从写作方面讲，当然分为叙述、议论、抒情三事。这些留在以后的几篇里去讨究，在这里先论这三事相互间的关系。

第一，叙述是议论的基本，议论是从叙述进一步的功夫。因为议论的全部的历程就是思想的历程，必须有根据，才能产生假设，并且证明假设；所根据的又必须是客观的真实，方属可靠。而叙述的任务就在说出客观的真实。所以议论某项事物，须先有叙述所根据的材料的能力；换一句说，就是

---

① 如《史记·鲁仲连列传》仲连、新垣衍的言谈，便是议论文。
② 如《吕氏春秋·察征》列述许多故事，便是叙述文。
③ 如韩愈《祭十二郎文》差不多全是述说与推断。

对于所根据的材料认识得正确清楚；即使不必把全部写入篇中，而意念中总须能够全部叙述。不然，对于所根据的材料尚且弄不明白，怎能议论呢？不能议论而勉强要议论，所得的见解不是沙滩上的建筑么？写作文字，本乎内面的欲求，有些时候，叙述了一些事物就满足了，固不必再发什么议论。但发议论必须有充分的叙述能力做基本。叙述与议论原来有这样的关系。

第二，叙述、议论二事与抒情，性质上有所不同。叙述或议论一事，意在说出这是这样子或者这应当是这样子。看这类文字的人只要求知道这是这样子或者这应当是这样子。一方面说出，一方面知道，都站在自己的静定的立足点上。这样的性质偏于理知。至于抒情，固然也是说出这是这样子或者这应当是这样子，但里面有作者心理上的感受与变动做灵魂。看这类文字的人便不自主地心理上起一种共鸣作用，也有与作者同样的感受与变动。一方面兴感，一方面被感，都足使自己与所谓这是这样子或者这应当是这样子融合为一。这样的性质偏于情感。若问抒情何以必须借径于叙述、议论而不径直发抒呢？这从心理之自然着想，就可以解答了。我们决没有虚悬无着的情感；事物凑合，境心相应，同时就觉有深浓的情感凝集拢来。所以抒情只须把事物凑合、境心相应的情况说出来。这虽然一样是叙述、议论的事，但已渗入了作者的情感，抒情化了。若说径直发抒，这样就是径直发抒。否则只有去采用那些情感的词语，如"哀愁""欢乐"之类。就是写上一大串，又怎样发抒出什么呢？

六、叙述①

供给叙述的材料是客观的事物，上章既已说过了。所谓客观的事物包含得很广，凡物件的外形与内容，地方的形势与风景，个人的状貌与性情，事件的原委与因果，总之离开作者而依然存在的，都可以纳入。在这些里面，可以分为外显的与内涵的两部：如外形、形势、状貌等，都是显然可见的；而内容的品德、风景的佳胜、性情的情状、原委因果的关系等都是潜藏于内面的，并不能一望而知。

---

① 此章持论与举例，多数采自梁启超《中学以上作文教学法》，见《改造》第四卷九、十两号。

要叙述事物，必须先认识它们，了知它们。这唯有下功夫去观察。观察的目标在得其真际，就是要观察所得的恰与事物的本身一样。所以当排除一切成见与偏蔽，平心静气地与事物接触。对于事物的外显的部分固然视而可见，察而可知，并不要多大的能耐，对于内涵的部分也要认识得清楚，了知得明白，就不很容易了。必须审查周遍，致力精密，方得如愿以偿。其中尤以观察个人的性情与事件的原委、因果为最难。

个人的性情，其实就是这个人与别人的不同处；即非大不相同，也应有微异处。粗略地观察，好像人类性情是共通的，尤其在同一时代同一社会的人是这样。但再进一步，将见人与人只相类似而决非共通。因为类似，定有不同之点。不论是大不同或者微异，这就形成各人特有的个性。非常人如此，平常人也如此。所以要观察个人的性情，宜从他与别人不同的个性着手。找到他的个性，然后对于他的思想言动都能举约御繁，得到相当的了解。

简单的事件，一切经过都在我们目前，这与外显的材料不甚相差，尚不难观察。复杂的事件经过悠久的时间，中间包含许多的人，他们分做或合做了许多的动作，这样就成为一组的事，互相牵涉，不可分割。要从这里边观察，寻出正确的原委、因果，岂非难事？但是凡有事件必占着空间与时间。而且凡同一时间所发生的事件，空间必不相同；同一空间所发生的事件，时间必不相同。能够整理空间时间的关系，原委、因果自然会显露出来了。所以要观察复杂的事件，宜从空间时间的关系入手。

我们既做了观察的功夫，客观的事物就为我们所认识、所知了，如实地写录下来，便是叙述。也有一类叙述的文字是出于作者的想象的，这似乎与叙述必先观察的话不相应了。其实不然。想象不过把许多次数、许多方面观察所得的融和为一，团成一件新的事物罢了。假若不以观察所得的为依据，也就无从起想象作用。所以虚构的叙述也非先之以观察不可。

我们平时所观察的事物是很繁多的。要叙述出来，不可不规定一个范围。至若尚待临时去观察的，尤须划出范围，致力方能精审。划范围的标准就是要写作的总旨：要记下这件东西的全部，便以这件东西的全部为范围；要传述这人所作的某事，便以某事为范围。这是极自然的事，然而也是极重要的事。范围规定之后，才能下组织的功夫，剪裁与排次才有把握。凡是不在这范围以内的，就是不必叙述的，若偶有杂入，便当除去。而在范围以内的，就是必须叙述的，若尚有遗漏，便当补充。至于怎样排次才使这范围以内的事物完满叙出，也可因以决定。假如不先规定范围，材料杂乱，漫无中心，决不能写成一篇完整的文字。犯这样弊病的并不是没有，其故在忘记了要写作的总旨。只须记着总旨，没有不能规定所写材料的范围的。

假若规定以某事物的全部为范围而加以叙述，则可用系统的分类方法。把主从轻重先弄明白；再将主要的部分逐一分门立类，使统率其余的材料。这样叙述，有条有理，细大不遗，就满足了我们的初愿了。① 使我们起全部叙述的意念的材料，它的性质往往是静定的，没有什么变化；它的范围又出于本然，只待我们认定，不待我们界划。静定而不变化，则观察可以纤屑无遗；范围自成整个，则观察可以不生混淆。既如此，应用系统的分类叙述，自然能够胜任愉快了。

有些时候，虽然也规定以某事物的全部为范围，而不能逐一遍举；则可把它分类，每类提出要领以概其余。只要分类正确，所提出的要领决然可以概括其余的材料。这样，虽不遍举，亦叙述了全部了。②

更有些时候，并不要把事物的全部精密地叙述出来，只须有一个大略（但要确实是全部的大略），则可用鸟瞰的眼光把各部分的位置以及相互的关系弄清楚，然后叙述。只要瞻瞩得普遍，提挈得的当，自能得一个全部的影子。③

至于性质多变化，范围很广漠的材料，假如也要把全部分纤屑不遗、提纲挈领地叙述下来，就有点不可能了。然而事实上也决不会起这种意念；如欲叙述一个人，决不想把他每天每刻的思想言动叙下来；叙述一件事，决不

---

① 如韩愈《画记》用分类的方法，把画上人、马及其他动物、杂器物全部叙入，便是一个适例。教科书也往往用这一种叙述法。

② 如《史记·西南夷列传》把西南夷分为三大部，用土著、游牧及头发的装束等等做识别。每一大部中复分为若干小部，每小部举出一个或两个部落为代表。代表者的特殊地位固然见出，其余散部落亦并不遗漏。

③ 这可举《史记·货殖列传》为例。此篇从"汉兴海内为一"起，至"燕代田畜而事蚕"止，讲的是当时经济社会的状况。虽然只是一个大概，但物的方面，把各地主要都市所在以及物产的区划、交通的脉络，人的方面，把各地历史的关系，人民性质遗传上好处坏处、习惯怎样养成、职业怎样分布都讲到了。

想把它时时刻刻的微细经过叙下来；很自然地，只要划出一部分来做叙述的范围，也就满足了。范围既已划定，就认这部分是中心，必须使它十分圆满。至若其余的部分，或者带叙以见关系，或者以其不需要而不加叙述。这是侧重的方法。① 大部分的叙述文都是用这个方法写成的。这正如画家的一幅画，只能就材料丰富、顷刻迁变的大自然中，因自己的欢喜与选择，描出其中一部分的某一时令间的印象。虽说"只能"，但是在画家也满足了。

以上所述，叙述的范围始终只是一个。所以作者的观点也只须一个；或站在旁侧，或升临高处，或精密地观察局部，或大略地观察全体，不须移动，只把从这观点所见的叙述出来就是了。但是有时候我们想叙述一事物的几方面或几时期，那就不能只划定一个范围，须得依着方面或时期划定几个范围。于是我们的观点就跟着移动，必须站在某一个适宜的观点上，才能叙述出某一范围的材料而无遗憾。这犹如要画长江沿途的景物，非移舟前进不可；又如看活动电影，非跟着戏剧的进行，一幕一幕看下去不可。像这样的，可称为复杂的叙述文，分开来就是几篇。但是并不把它们分开，仍旧合为一篇，那是因为它们彼此之间有承接，有影响，而环拱于一个中心之故。②

叙述的排次，最常用的是依着自然的次序；如分类观察，自会列出第一类第二类来，集注观察，自会觉着第一层第二层来，依着这些层次叙述，就把作者所认识、了知的事物保留下来了。但也有为了注重起见，并不依着自然的次序的。这就是把最重要的一类或一层排次在先，本应在先的却留在后面补叙。如此，往往增加文字的力量，足以引起读者的注意。但既已颠乱了自然的次序，就非把前后关系接笋处明白且有力地叙出不可，③ 否则成为求工反拙了。

---

① 如《史记·廉颇蔺相如列传》中叙廉颇，只侧重在与蔺相如倾轧而终于交欢的一件事；其余攻城破邑之功，仅是带叙而已。但就从这一件事，我们认识了廉颇了。

② 如《汉书·西域传》，先叙西域交通的两条大路；再入本文，就依着路线叙去。作者的观点与叙述的范围固然随地变更，但自有一个中心统摄着，就是叙述西域。

③ 如《域外小说集》中《灯台守》一篇，先叙与本篇相关重要的老人应募守灯台事；及老人登台眺望，方追叙他的往事。其由说明他"回念前此漂流忧患，直可付之一笑"，因而追叙往事，由往事的最后，在"心冀安居"，因而接到现在的竟得安居，都是极完美的接笋方法。

七、议论

议论的总旨在于表示作者的见解。所谓见解,包括对于事物的主张或评论,以及驳斥别人的主张而申述自己的主张。凡欲达到这些标的,必须自己有一个判断,或说"这是这样的",或说"这不是那样的"。既有一个判断,它就充当了中心,种种的企图才得有所着力。所以如其没有判断,也就无所谓见解,也就没有议论这回事了。

议论一件事物只能有一个判断。这里所谓一个,是指浑凝美满,像我们前此取为譬喻的圆球而言。在一回议论里固然不妨有好几个判断,但它们总是彼此一致、互相密接的;团结起来,就成为一个圆球似的总判断。因此,它们都是总判断的一部分,各各为着总判断而存在。如其说有两个或两个以上的判断,一定有些部分与这个总判断不相关涉,或竟互相矛盾;彼此团结不成一个圆球,所以须另外分立。不相关涉的,何必要它?互相矛盾的,又何能要它?势必完全割弃,方可免枝蔓、含糊的弊病。因而议论一件事物只有而且只能有一个判断了。①

议论的路径就是思想的路径。因为议论之先定有实际上待解决的问题,这就是所谓疑难的境地。而判断就是既已证定的假设。这样,岂不是在同一路径上么?不过思想的结果应用于独自的生活时,所以得到这结果的依据与路径不一定用得到。议论的判断,不论以口或以笔表示于外面时,那就不是这样了。一说到表示,就含有对人的意思,而且目的在使人相信。假若光是给人一个判断,人便将说:"判断不会突如其来的,你这个判断何所依据呢?为什么不可以那样而必须这样呢?"这就与相信差得远了。所以发议论的人于表示判断之外,更须担当一种责任:先把这些地方交代明白,不待人发生疑问。换一句说,就是要说出所以得到这判断的依据与路径来。譬如判断是目的地,这一种工作就是说明所走的道路。人家依着道路走,末了果真到了目的地,便见得这确是自然必至的事,疑问无从发生,当然唯有相信了。

---

① 如《胡适文存》卷三第四六页一表,示一个总判断,说文言中"凡询问代词用作止词时,都在动词之前"。以上论"何、谁、孰、奚、胡、曷"诸字的判断,都只是总判断的一部分。

议论里所用的依据当然和前面所说思想的依据一样，须是真切的经验，所以无非由观察而得的了知与推断所得的假设。论其性质，或者是事实，或者是事理。非把事实的内部外部剖析得清楚，认识得明白，事理的因果含蕴推阐得正确，审核得的当，就算不得真切的经验，不配做议论的依据。所以前边说过，"叙述是议论的基本"，这就是议论须先有观察功夫的意思。在这里又可以知道这一议论的依据有时就是别一议论（或是不发表出来的思想）的结果，所以随时须好好地议论（或者思想）。

所用的依据既然真切了，还必须使他人也信为真切，才可以供议论的应用。世间的事物，人己共喻的固然很多，用来做依据，自不必多所称论。但也有这事实是他人所不曾观察、没有了知的，这事理是他人所不及注意、未经信从的，假若用作依据，不加称论，就不是指示道路、叫人依着走的办法了。这必得叙述明白，使这事实也为他人所了知；论证如式，使这事理也为他人所信从。这样，所用的依据经过他人的承认，彼此就譬如在一条路上了。依着走去，自然到了目的地。①

至于得到判断的路径，其实只是参伍错综使用归纳演绎两个方法而已。什么是归纳的方法？就是审查许多的事实、事理，比较、分析，求得它们的共通之点。于是综合成为通则，这通则就可以包含且解释这些事实或事理。什么是演绎的方法？就是从已知的事实、事理，推及其他的事实、事理。因此所想得的往往是所已知的属类，先已含在所已知之中。关于这些的讨论，有论理学担任。现在单说明议论时得到判断的路径，怎样参伍错综使用这两个方法。假如所用的一个依据是人己共喻的，判断早已含在里边，则只须走一条最简单的路径，应用演绎法就行了。② 假如依据的是多数的事实事理，得到判断的路径就不这么简单了。要从这些里边定出假设，预备作为判断，就得用归纳的方法。要用事例来证明，使这假设成为确实的判断，就得用演

---

① 如汪荣宝论证歌、戈、鱼、虞、模韵的字，古时读 a 音（见北京大学《国学季刊》第一卷第二号），而列叙日本所译汉字的音、古代西人所译汉字的音、六朝及唐译佛经关于声音的义例以及当时译外国人名地名关于声音的义例，无非因别人不曾观察这些地方，须得详述，才能使人也信为真切。

② 这就如普通论理学书中所常用的例："凡人必死，故某必死。"岂非最简单么？

绎的方法。① 有时，多数的依据尚须从更多数的事实、事理里归纳出来。于是须应用两重的归纳、再跟上演绎的方法，方才算走完了应走的路径。② 这不是颇极参伍错综之致么？

在这里有一事应得说及，就是议论不很适用譬喻来做依据。通常的意思，似乎依据与譬喻可以相通的。其实不然，它们的性质不同，须得划分清楚。依据是从本质上供给我们以意思的，我们有了这意思，应用归纳或演绎的方法，便得到判断。只须这依据确是真实的，向他人表示，他人自会感觉循此路径达此目的地是自然必至的事，没有什么怀疑。至若譬喻，不过与判断的某一部分的情状略相类似而已，彼此的本质是没有关涉的；明白一点说，无论应用归纳法或演绎法，决不能从譬喻里得到判断。所以议论用譬喻来得出判断，即使这判断极真确，极有用，严格地讲，只能称为偶合的武断，而算不得判断；因为它没有依据，所用的依据是假的。③ 用了假的依据，何能使人家信从呢？又何能自知必真确、必有用呢？我们要知譬喻本是一种修辞的方法（后边要讨究到），用作议论的依据，是不配的。

现在归结前边的意思，就是依据、推论、判断这三者是议论的精魂。这三者明白切实，有可证验，才是确当的议论。把这三者都表示于人，次第井然，才是能够使人相信的议论。但是更有一些事情应得在这些部分以前先给人家。第一，要提示所以要有这番议论的缘由，说出实际上的疑难与解决的需要。这才使人家觉得这是值得讨究的问题，很高兴地要听我们下个怎样的判断。第二，要划定议论的范围，说关于某部分是议论所及的；同时也可以撇开以外一切的部分，说那些是不在议论的范围以内的。这才使人家认定了议论的趋向，很公平地听我们对于这趋向所下的判断。第三，要把预想中应

---

① 如胡适《中国哲学史大纲》第二篇，论中国哲学的发生，先从《诗经》《国语》《左传》几部书中看出当时社会状态的不安，足以引出哲学思想，用的是归纳法；又说在这样的社会状态之下，便有忧时、愤世等等思潮，为哲学的先导，这就是演绎法了。

② 如《胡适文存》卷三第四六页一表，从许多文篇的摘句归纳出"何"字"谁"字等的用法；又从这些结果归纳出一个总判断，便是两重的归纳。

③ 如《孟子》"饥者易为食，渴者易为饮……德之流行，速于置邮而传命"，不过说"德之流行很快"而已。饥渴的情形，并不是它的依据，因为彼此不相关涉。这只是一种譬喻，作用在使人家易于了解，而且感兴趣。

有的敌论列举出来，随即加以评驳，以示这些都不足以摇动现在这个判断。这才使人家对于我们的判断固定地相信。（在辩论中，这就成为主要的一部分，否则决不会针锋相对。）固然，每一回议论都先说这几件事是不必的，但适当的需要的时候就得完全述说；而先说其中的一事来做发端，几乎是议论文的通例。这本来也是环拱于中心——判断——的部分，所以我们常要用到它来使我们的文字成为浑圆的球体。

还要把议论的态度讨究一下。原来说话、作文都以求诚为归，而议论又专务发见事实、事理的真际，则议论的目标只在求诚，自是当然的事。但是我们如为成见所缚，意气所拘，就会变改议论的态度；虽自以为还准对着求诚，实则已经移易方向了。要完全没有成见是很难的；经验的缺乏，熏染的影响，时代与地域的关系，都足使我们具有成见。至于意气，也难消除净尽；事物当前，利害所关，不能不生好恶之心，这好恶之心譬如有色的眼镜，从此看事物，就不同本来的颜色。我们固然要自己修养，使成见意气离开我们，不致做议论的障碍；一方面更当抱定一种议论的态度，逢到议论总是这样，庶几有切实的把握，可以离开成见与意气。

凡议论夹着成见、意气而得不到切当的判断的，大半由于没有真个认清议论的范围；如论汉字的存废问题，不以使用上的便利与否为范围，而说汉字是中国立国的精华，废汉字就等于废中国，这就是起先没有认清范围，致使成见、意气乘隙而至。所以议论的最当保持的态度，就是认清范围，就事论事，不牵涉到枝节上去。认清范围并不是艰难的功课，一加省察，立刻觉知；如省察文字本是一种工具，便会觉知讨论它的存废，自当以使用上的便利与否为范围。觉知之后，成见、意气更何从掺入呢？

又，议论是希望人家信从的，人家愿意信从真实确当的判断，尤愿意信从这判断是恳切诚挚地表达出来的，所以议论宜取积极的、诚恳的态度。这与前面所说是一贯的，既能就事论事，就决然积极而诚恳，至少不会有轻薄、骄傲、怒骂等等态度。至于轻薄、骄傲、怒骂等等态度的不适于议论，正同不适于平常的生活一样，在这里也不必说明了。

八、抒情

抒情就是发抒作者的情感。我们心有所感，总要发抒出来，这是很自然的。小孩子的啼哭，可以说是"原始的"抒情了。小孩子并没有想到把他的不快告诉母亲，只是才一感到，就啼哭起来了。我们作抒情的文字，有时候很像小孩子这样自然倾吐胸中的情感，不一定要告诉人家。所谓"不得其平则鸣"，平是指情感的波澜绝不兴起的时候。只要略微不平，略微兴起一点波澜，就自然会鸣了。从前有许多好诗，署着"无名氏"而被保留下来的，它们的作者何尝一定要告诉人家呢？也只因情动于中，不能自已，所以歌咏出来罢了。

但是，有时我们又别有一种希望，很想把所感的深浓郁抑的情感告诉人，取得人家的同情或安慰。原来人类是群性的，我有欢喜的情感，如得人家的同情，似乎这欢喜的量更见扩大开来；我有悲哀的情感，如得人家的同情，似乎这悲哀不是徒然的孤独的了；这些都足以引起一种快适之感。至于求得安慰，那是怀着深哀至痛的人所切望的。无论如何哀痛，如有一个人，只要一个人，能够了解这种哀痛，而且说，"世界虽然不睬你，但是有我在呢；我了解你这哀痛，你也足以自慰了"，这时候，就如见着一线光明，感着一缕暖气，而哀痛转淡了。有许多抒情文字就为着希望取得人家的同情或安慰而写作的。

前面说过，抒情无非是叙述、议论，但里面有作者心理上的感受与变动做灵魂。换一句说，就是于叙述、议论上边加上一重情感的色彩，使它们成为一种抒情的工具。其色彩的属于何种则由情感而定；情感譬如彩光的灯，而叙述、议论是被照的一切。既是被照，虽然质料没有变更，而外貌或许要有所改易。如同一的材料，当叙述它时，应该精密地、完整地写的，而用作抒情的工具，只须有一个粗略的印象已足够了；当议论它时，应该列陈依据、指示论法的，而用作抒情的工具，只须有一个判断已足够了。① 这等情形在抒情文字里是常有的。怎样选择取舍，实在很难说明；只要情感有蕴蓄，自会有适宜的措置，正如彩光的灯照耀时，自会很适宜地显出改易了外

---

① 如李陵《答苏武书》中"凉秋九月，塞外草衰，夜不能寐；侧耳远听，胡笳互动，牧马悲鸣，吟啸成群，边声四起"，只叙述个粗略的印象，但居此境界中的人情感何似，已可见了。又如同篇中"人之相知，贵相知心"，乃是一个判断。但惟其这样，弥觉彼此之情亲密。

貌的被照的一切一样。

抒情的工作实在是把境界、事物、思想、推断等等，凡是用得到的、足以表出这一种情感的，一一抽出来，融和混合，依情感的波澜的起伏，组成一件新的东西。可见这是一种创造。但从又一方面讲，工具必取之于客观，组织又合于人类心情之自然，可见这不尽是创造，也含着摹写的意味。王国维说："自然中之物互相关系，互相限制……然其写之于文字及美术中也，必遗其关系、限制之处。故虽写实家亦理想家也。又虽如何虚构之境，其材料必求之于自然，而其构造亦必从自然之法则。故虽理想家亦写实家也。"①他虽然不是讲抒情的情形，但如其把"自然"一词作广义讲，兼包人的心情在内，则这几句话正好比喻抒情的情形。

从读者方面说，因为抒情文字含着摹写的意味，性质是普遍的，所以能够明白了解；又因它是以作者的情感为灵魂而创造出来的，所以会觉着感动。所谓感动，与听着叙述而了知、听着议论而相信有所不同，乃是不待审度、思想，而恍若身受，竟忘其为作者的情感的意思。人间的情感本是相类似的，这人以为喜乐或哀苦的，那人也以为喜乐或哀苦。作者把自己的情感加上一番融凝烹炼的功夫，很纯粹地拿出来，自然会使人忘却人己之分，同自己感到的一样地感受得深切。这个感动可以说是抒情文的特性。

抒情以什么为适当的限度呢？这个不比叙述，有客观的事物可据，又不比议论，有论理的法则可准。各人的情感有广狭、深浅、方向的不同，千差万殊，难定程限，惟有反求诸己，以自己的满足为限度；抒写到某地步，自己觉得所有的情感倾吐出来了，这就是最适当的限度。而要想给人家读的，尤当恰好写到这限度而止。如或不及，便是晦昧、不完全，人家将不能感受其整体；如或太过，便是累赘、不显明，人家也不会感受得深切。

抒情的方法可以分为两种：如一样是哀感，痛哭流涕、摧伤无极地写出来也可以，微歔默叹、别有凄心地写出来也可以；一样是愉快，欢呼狂叫、手舞足蹈地写出来也可以，别有会心、淡淡着笔地写出来也可以。一种是强烈的，紧张的；一种是清淡的，弛缓的。紧张的抒写往往直抒所感，不复节

---

① 见《人间词话》。

制，想到什么就说什么，毫不隐匿，也不改易。这只要内蕴的情感真而且深，自会写成很好的文字。它对人家具有一种近乎压迫似的力量，使人家不得不感动。① 弛缓的抒写则不然，往往涵蕴的情感很多很深，而从事于敛抑凝集，不给它全部拿出来，只写出似乎平常的一部分。其实呢，这一部分正就摄取了全情感的精魂。这样的东西，对读者的力量是暗示的而不是压迫的。读者读着，受着暗示，同时能动地动起情感来，于是感到作者所有的一切了。所以也可以说，这是留下若干部分使人家自己去想的抒写方法。②

刘勰论胜篇秀句："并思合而自逢，非研虑之所求也。或有晦塞为深，虽奥非隐；雕削取巧，虽美非秀矣。"③ 我们可以借这话来说明抒情文怎么才得好。所谓"思合而自逢"，乃是中有至情，必欲宣发，这时候自会觉得应当怎样去抒写；或是一泻无余地写出来，或是敛抑凝集地写出来，都由所感的本身而定，并不是一种后加的做作功夫。这样，才成为胜篇秀句。至于"晦塞为深""雕削取巧"则是自己的情感不深厚，或竟是没有什么情感，而要借助于做作功夫。但是既无精魂，又怎么能得佳胜，感动人家呢？于此可知惟情感深厚，抒情文才得好；如其不从根本上求，却去做雕斫藻饰的功夫，只是徒劳而已。

取浑然的情感表现于文字，要使恰相密合，人家能览此而感彼，差不多全是修词的效力。这归入第十章中讨究。

九、描写

描写一事，于叙述、抒情最有关系，这二者大部是描写的功夫；即在议论，关于论调的风格、趣味等等，也是描写的事：所以在这一章里讨究描写。

描写的目的是把作者所知所感密合地活跃地保存于文字中。同时对于读者就发生一种功效，就是读者得以真切了知作者所知，如实感受作者所感，没有误会、晦昧等等缺憾。

---

① 如李陵《答苏武书》、司马迁《报任安书》都属此类。
② 如曹丕《与吴质书》便属此类。
③ 见《文心雕龙·隐秀》。

我们对于一切事物，自山水之具象以至人心之微妙，时相接触，从此有所觉知，有所感动，都因为有一个印象进入我们的心。既然如此，要密合而且活跃地描写出来，惟有把握住这一个印象来描写。描写这个印象，只有一种最适当的说法，正如照相器摄取景物，镜头只有一个最适当的焦点一样；除了这一种说法，旁的说法就差一点了。所以找到这一种最适当的说法，是描写应当努力的。

先论描写当前可见的境界。当前可见的境界给与我们一个什么印象呢？不是像一幅画图的样子么？画家要把它描写出来，就得相定位置，审视隐现，依光线的明暗、空气的稀密，使用各种彩色，适当地涂在画幅上。如今要用文字来描写它，也得采用绘画的方法，凡是画家所经心的那些条件，也得一样地经心。我们的彩色就只是文字；而文字组合得适当，选用得恰好，也能把位置、隐现等等都描写出来，保存个完美的印象。①

史传里边叙述的是以前时代的境界。如小说里边叙述的是出于虚构的境界，都不是当前可见的。但是描写起来也以作者曾有的印象为蓝本。作者把曾有的印象割裂或并合，以就所写的题材，那是有的，而决不能完全脱离印象。完全脱离了便成空虚无物，更从哪里去描写呢？②

以上是说以静观境界，也以静写境界。也有些时候，我们对于某种境界起了某种情感，所得的印象就不单是一幅画图了，这画图中还掺和着我们的情感的分子。假如也只像平常绘画这样写出来，那就不能把捉住这个印象。必须融和别一种彩色在原用的彩色里（这就是说把情感融入描写用的文字），

---

① 我们读柳宗元的《小石潭记》："……伐竹取道。下见小潭，水尤清冽。全石以为底，近岸，卷石底以出，为坻，为屿，为嵁，为岩。青树、翠蔓蒙络摇缀，参差披拂。潭中鱼可百许头，皆若空游无所依。日光下澈，影布石上，怡然不动。俶而远逝，往来翕忽，似与游者相乐。潭西南而望，斗折蛇行，明灭可见，其岸势犬牙参互，不可知其源。……"哪有不觉得他所得的印象鲜明地展示在我们面前呢？

② 如《域外小说集》中《月夜》一篇中，写月夜郊园，非常妙美，其实是作者曾有的印象："小园浴月，果树成行，小枝无叶，疏影横路。有忍冬一树，攀附墙上，即发清香，仍有花魂，——飞舞温和夜气中也……瞻望四野，皎然一白，碧空无云，夜气柔媚。蛙蛤乱鸣，声声相继，如击金石。月光冶美，足移人情……更进，则有小溪曲流，水次列白杨数树。薄雾朦胧，承月光转为银白，上下弥漫，遍罩水曲，若被冰绡。"

才能把它适当地表现出来。①

次论描写人物。人有个性，各各不同，我们得自人物的印象也各各不同。就显然的说，男女、老幼、智愚等等各有特殊的印象给我们；就是同是男或女，同是老或幼，同是智或愚，也会给我们特殊的印象。描写人物，假若只就人的共通之点来写，则只能保存人的类型，不能表现出某一个人。要表现出某一个人，须抓住他给予我们的特殊的印象。如容貌风度、服饰等等，是显然可见的。可同描写境界一样，用绘画的方法来描写。至于内面的性情、理解等等，本是拿不出本体来的，也就不会直接给我们什么印象。必须有所寄托，方才显出来，方才使我们感知。而某一个人的性情、理解等等往往寄托于他的动作和谈话。所以要描写内面，就得着力于这二者。

在这里论描写而说到动作，这动作不是指一个人做的某一件事。在一件事里，固然大可以看出一个人的内面，但保存一件事在文字里是叙述的事情。这里的动作单指人身的活动，如举手、投足、坐、卧、哭、啼之类而言。这些活动都根于内面的活动，所以不可轻易放过，要把它们仔细描写出来。只要抓得住这人的特殊的动态，就把这人的内面也抓住了。②

描写动作，要知道这人有这样的动作时所占的空间与时间。如其当前描写，空间与时间都是明白可知的，那还不十分重要。但是作文里的人物往往不能够当前描写，如历史与小说中的人物，怎么能够当前描写呢？这就非注意空间与时间不可了。关于空间，我们可于意想中划定一处地方，这个地方的方向、设置都要认清楚；譬如布置一个舞台，预备演剧者在上面活动。然后描写主人翁的动作。他若是坐，就有明确的向背，他若是走，就有清楚的踪迹。这还是就最浅的讲呢。总之，唯能先划定一个空间，方使所描写的主人翁的动作——都有着落，内面的活动——与外面的境界相应。关于时间，我们可于意想中先认定一个季节、一个时刻，犹如编作剧本，注明这幕戏发

---

① 如《水经注》描写巫峡这地方："每至晴初霜旦，林寒涧肃，常有高猿长啸，属引凄异，空谷传响，哀转久绝。"说到"肃、凄异、哀转"，就融入作者的情感了。

② 如《史记·项羽本纪》写樊哙："哙即带剑拥盾入军门。交戟之卫士欲止不内。樊哙侧其盾以撞，卫士仆地。哙遂入，披帷西向立，瞋目视项王，头发上指，目眦尽裂。"我们读此，就认识了樊哙了。

生于什么时候一样。然后描写主人翁的动作。一个动作占了若干时间,一总的动作是怎样的次第,就都可以有个把握。这才合乎自然,所描写的确实表现了被描写的。①

在这里论到的谈话,不是指整篇的谈话,是指语调、语气等等而言。在这些地方正可以表现出各人的内面,所以我们不肯放过,要仔细描写出来。这当儿最要留意的:我们不要用自己谈话的样法来写,要用文中主人翁谈话的样法来写,使他说自己的话,不蒙着作者的色彩。就是描写不是当前的人物,也当想象出他的样法,让他说自己的话。在对话中,尤其用得到这一种经心。果能想象得精,把捉得住,往往在两三语中就把人物的内面活跃地传状出来了。②

至于议论文,那就纯是我们自己说话了。所以又只当用自己的样法来写,正同描写他人一样。

以上是分论描写境界和人物。而在一些叙述文里,特别是在多数的抒情文里,境界与人物往往是分不开的。境界是人物的背景;人物是境界的摄影者,一切都从他的摄取而显现出来。于是描写就得双方兼顾。这大概有两种趋向。一是境界与人物互相调和的:如清明的月夜,写情人的欢爱;苦雨的黄昏,写寄客的离绪。这就见得彼此成个有机的结合,情与境都栩栩有生气。一是境界与人物不相调和的:如狂欢的盛会,中有感愤的独客;肮脏的社会,却有卓拔的佳士。这就见得彼此绝然相反,而人物的性格却反衬得十分明显。这二者原没有优劣之别,我们可就题材之自然,决定从哪一种趋向。描写对应当注意的范围却扩大了;除却人物的个性以外,如自然界的星、月、风、云、气候、光线、声音、动物、植物、人为的建筑、器物等等,都要出力地描写,才得表现出这个调和或不调和来。

末了,我们要记着把握住印象是描写的根本要义。恰当地把握得住,具

---

① 描写人物也有笼统地写,不划定空间、时间的,那又当别论。
② 如《史记·平原君列传》写毛遂定从一段:"十九人谓毛遂曰:'先生上。'毛遂按剑历阶而上,谓平原君曰:'从之利害,两言而决耳。今日出而言从,日中不决,何也?'楚王谓平原君曰:'客何为者也?'平原君曰:'是胜之舍人也。'楚王叱曰:'胡不下?吾乃与而君言,汝何为者也?'毛遂按剑而前曰:'……吾君在前,叱者何也?……吾君在前,叱者何也?'"诸人的短语都能表现出内面的心情。

体地诉说得出，描写的能事已尽了。从反面看，就可知不求之于自己的印象，却从别人的描写法里学习描写，是间接的、寡效的办法。如其这么做，充其量也不过成了一件复制品。而自己的印象仿佛一个无尽的泉源，时时会有新鲜的描写流出来。①

十、修词

现在要讨究造句用词了。我们所有的情思化成一句句话，从表现的效力讲，从使人家明了且感动的程度讲，就有强弱、适当不适当的差异。有的时候，写作的人并不加什么经心，纯任自然，直觉地感知当怎么写便怎么写，却果真写到刚合恰好的地步。但是有的时候，也可特意地经心去发见更强、更适当的造句用词的方法。不论是出于不自觉的或是出于特意的，凡是使一句句的话达到刚合恰好的地步，我们都称为修词的功夫。

修词的功夫所担负的就是要一句话不只是写下来就算，还要成为表达这意思的最适合的一句话。如是说明的话，要使它最显豁；如是指象的话，要使它最妙肖；意在激刺，则使它具有最强的刺激力；意在描摹，则使它含着最好的生动态；……因为要达到这些目的，往往把平常的说法改了，别用一种变格的说法。②

变格的说法有一种叫取譬。拿别一件事物来譬喻所说的事物，拿别一种动态来譬喻所说的动态，就是取譬。因为有时我们所说及的事物是不大容易指示的，所说及的动态是不能直接描绘的，所以只有用别的、不同的事物和动态来譬喻。从此就可以悟出取譬的条件。所取譬的虽然与所说的不同，但从某一方面看，它们定须有极相似处，否则失却譬喻的功用，这是一。③ 所取譬的定须比所说的明显而具体，这才合于取譬的初愿，否则设譬而转入晦

---

① 如《现代日本小说集》中《金鱼》一篇中"一到街上卖金鱼的这样青的长雨的时节"，这"青的雨"是作者从自己的印象中得来的新鲜的描写。
② 如"素月流天"一语，这"流"字就是变格的说法。
③ 《史记·刺客列传》载樊於期逃亡到燕国，太子丹容纳了他。鞠武以为不可。当时燕国这么弱，此事又足以激起秦国欲吞之心，正如投肉引虎，以毛抵火。所以鞠武用"委肉当饿虎之蹊""以鸿毛燎于炉炭之上"两语为喻。

味，只是无益的徒劳而已，这是二。凡能合于这两个条件的就是适合的好譬喻。①

怎么能找到这等适合的好譬喻呢？这全恃作者的想象力；而想象力又不是凭空而至的，全恃平时的观察与体味而来。平时多为精密的观察、深入的体味，自会见到两件不同的事物的极相似处、两种不同的动态的可会通处，而且以彼视此，则较为明显而具体。于是找到适合的好譬喻了。

有的时候，我们触事接物，仿佛觉得那些没有知觉、情感的东西都是有知觉、情感的。有的时候，我们描写境界，又觉得环绕我们的境界都被着我们的情感的色彩。有的时候，我们描写人物，同时又给所写的境界被上人物的情感的色彩。这些也都来源于想象力：说出具体的话，写成征实的文句，就改变了平常的法则。② 从事描写，所谓以境写人、以境写情等等，就在能够适当地使用这类的语句。

更有一种来源于想象的修辞法，可以叫做夸饰，就是言过其实，涉于夸大。这要在作者的意中先存着"差不多这样子"的想象；而把它写下来，又会使文字更具刺激和感动的力量，才适宜用这个方法。尤当注意的，一方面要使读者受到它的刺激和感动，一方面又要使读者明知其并非真实。③ 唯其如此，所以与求诚不相违背，而是修辞上可用的方法。

变格的说法有时是从联想来的。因了这一件，联想到那一件，便不照这一件本来的说，却拿联想到的那一件来说，这是常有的事。但从修辞的观点讲，也得有条件才行。条件无非同前边取譬、夸饰一样，要更明显，更具

---

① 只看上一个例，觉得两句譬喻把危险的情形明显且具体地达出来了。所以它们是好譬喻。

② 如说"天容愁惨"，这就把天真当做有情感的东西了。从实际讲，天容哪有愁惨不愁惨呢？又如说"胡笳互动，牧马悲鸣"，李陵把声音被上自己的情感的色彩了。从实际讲，他哪里会知道牧马因悲而鸣、鸣得很悲呢？

③ 如鲁迅《一件小事》，叙述一个车夫扶着受伤的老女人向巡警分驻所去，接着写作者的感想："我这时突然感到一种异样的感觉，觉得他满身灰尘的后影，刹时高大了，而且愈走愈大，须仰视才见。"这是夸大的说法，可使读者感到作者对于这"满身灰尘的后影"的感动，同时又使读者明知其并非真实，所以是好的修辞。

体,更有刺激和感动的力量,才可以用。① 唯其得自作者真实的联想,又合于增加效力的条件,就与所谓隶事、砌典不同。因为前者出于自然,后者出于强饰。出于强饰的隶事、砌典并非修词,只是敷衍说话而已。王国维论作词用代字,说:"其所以然者,非意不足,则语不妙也。"又说:"果以是为工,则古今类书具在,又安用词为耶?"② 最是痛切的议论。

要在语句的语气、神情中间达出作者特殊的心情、感觉,往往改变了平常的说法,这也是修词。如待读者自己去寻思,则出于含蓄,语若此而意更深;不欲直截地陈说,则出于纤婉,语似淡而意却挚;意在讽刺,则出以反语、舛辞;情感强烈,则出以感叹、叠语。③ 这些都并非出于后添的做作,而是作者认理真确,含情恳切,对于这等处所,都会自然地写出个最适合的说法。

看了上面一些意思,可以知道从事修词,有两点必须注意。一点是求之于己;因为想象、联想、语句的语气、神情等等,都是我们自己的事情。又一点是估定效力;假若用了这种修词而并不见得达到刚合恰好的地步,那就宁可不用。现成的修词方法很多,在所有的文篇里都含蓄着;但是我们不该采来就用,因为它们是别人的。求之于己,我们就会铸出许多新鲜的为我们所独有的修词方法;有时求索的结果也许与别人的一样,我们运用它,却与贸然采用他人者异致。更因出于自己,又经了估计,所以也不致有陈腐、不切等等弊病。

1929 年 10 月发表

---

① 如不说老人而说联想到的"白头",不说稚子而说联想到的"垂髫",很可把老和幼的特点明显且具体地达出来,类此的都可用。

② 见《人间词话》。

③ 如不说"贵在能行",而说"非知之艰,行之惟艰",便是含蓄。弦高不向秦军说"你们将去袭取郑国",而说"寡君闻吾子将步师出于敝邑……"便是纤婉。《史记·滑稽列传》优孟谏楚庄王以大夫礼葬所爱马,而说"以大夫礼葬之,薄,请以人君礼葬之",优旃谏秦二世漆其城,而说"佳哉,漆城荡荡,寇来不得上",都是反语。感叹语之例可以不举。

写作杂话

一、作自己要作的题目

一篇文，一首诗，一支歌曲，总得有个题目。从作者方面说，有了题目，可以表示自己所写的中心。从读者方面说，看了题目，可以预知作品所含的内容。题目的必要就在乎此。从前有截取篇首的几个字作题目的，第一句是"学而时习之"，就称这一篇为《学而》；有些人作诗，意境惝恍迷离，自己也不知道该题作什么，于是就用《无题》两字题在前头。这些是特殊的例子，论到作用，只在便于称说，同其他的篇章有所区别，其实用甲、乙、丙、丁来替代也未尝不可；所以这样办的向来就不多。

题目先文章而有呢，还是先有了文章才有题目？这很容易回答。可是问题不应该这样提。我们胸中有了这么一段意思，一种情感，要保留下来，让别人知道，或者备自己日后覆按，这时候才动手写文章。在写下第一个字之前，我们意识着那意思那情感的全部。在意思的全部里必然有论断或主张之类，在情感的全部里至少有一个集注点；这些统称为中心。把这些中心写成简约的文字，不就是题目么？作者动手写作，总希望收最大限的效果。如果标明白中心所在，那是更能增加所以要写作的效果的（尤其是就让别人知道这一点说）。所以作者在努力写作之外，不惮斟酌尽善，把中心写成个适切的题目。这功夫该在文章未成之前做呢，还是在已成之后做？回答是在前在后都一样，因为中心总是这么一个。那么，问题目先文章而有还是文章先题目而有，岂不是毫无意义？我们可以决定地说的，是先有了意思情感才有题目。

胸中不先有意思情感，单有一个题目，而要动手写文章，我们有这样的时机么？没有的。既没有意思情感，写作的动机便无从发生。题目生根于意思情感，没有根，那悬空无着的题目从何而来呢？

但是，我们中学生确有单有一个题目而也要动手写文章的时机。国文教师出了题目教我们作文，这时候，最先闯进胸中的是题目，意思情感之类无论如何总要迟来这么一步。这显然违反了一篇文章产生的自然程序。若因为这样就不愿作文，那又只有贻误自己。作文也同诸般技术一样，要达到运用自如的境界，必须经过充分的练习。教师出题目，原是要我们练习，现在却说不愿练习，岂非同自己为难？所以我们得退一步，希望教师能够了解学生的生活，能够设身处地地想象学生内部的意思和情感，然后选定学生能够作的愿意作的题目给学生作。如果这样，教师出题目就等于唤起学生作文的动机，也即是代学生标示了意思情感的中心，而意思情感原是学生先前固有的。从形迹讲，诚然题目先有；按求实际，却并没违反一篇文章产生的自然程序。贤明的教师选题目，一定能够这样做。

我们还要说的是作文这件事情既须练习，单靠教师出了题目才动笔，就未免回数太少，不能收充分的效果。现在通行的不是两星期作一回文么？一学年在学四十星期，只作得二十篇文章。还有呢，自己有了意思情感便能动手写出来，这是生活上必要的习惯，迟至中学时代须得养成。假若专等教师出了题目才动手，纵使教师如何贤明，所出题目如何适切，结果总不免本末倒置，会觉得作文的事情单为应付教师的练习功课，而与自己的意思情感是没有关涉的。到这样觉得的时候，这人身上便已负着人生的缺陷，缺陷的深度比哑巴不能开口还要利害。

要练习的回数多，不用说，还须课外作文。要养成抒写意思情感的习惯，那只须反问自己，内部有什么样的意思情感，便作什么样的文。两句话的意思合拢来，就是说除了教师出的题目以外，自己还要作文，作自己要作的题目。

自己要作的题目似乎不多吧？不，决不。一个中学生，自己要作的题目实在很多。上堂听功课，随时有新的意想、新的发现，是题目。下了课，去运动，去游戏，谁的技术怎样，什么事情的兴趣怎样，是题目。读名人的传记，受了感动，看有味的小说，起了想象，是题目。自然科学的实验和观察，如种树，如养鸡，如窥显微镜，如测候风、雨、寒、温，都是非常有趣的题目。校内的集会，如学生会、交谊会、运动会、演说会，校外的考查，如风俗、人情、工商状况、交通组织，也都是大可写作的题目。这些岂是说得尽的？总之，你只要随时反省，就觉得自己胸中决不是空空洞洞的；随时有一些意思情感在里头流衍着，而且起种种波澜。你如果不去把捉住这些，一会儿就像烟云一样消散了，再没痕迹。你如果仗一枝笔把这些保留下来，所成文字虽未必便是不朽之作，但因为是你自己所想的所感的，在你个人的生活史上实有很多的价值。同时，你便增多了练习作文的回数。

一个教师会出这样一个题目：《昨天的日记》。这题目并没不妥，昨天是大家度过了的。一天里总有所历、所闻、所思、所感，随便取一端两端写出来就得了。但是，一个学生在他的练习簿上写道："昨日晨起夜眠，进三餐，上五课，皆如前日，他无可记。"教师看了没有别的可说，只说："你算是写了一条日记的公式！"这个学生难道真个无可记么？哪有的事？他不是不曾反省，便是从什么地方传染了懒惰习惯，不高兴动笔罢了。一个中学生一天的日记，哪会没有可写的呢？

就教师出的题目作文，虽教师并不说明定须作多少字，而作者自己往往立一个约束，至少要作成数百字的一篇才行，否则似乎不像个样儿。这是很无谓的。文篇的长短全视内容的多少，内容多，数千字尽管写，内容少，几十字也无妨；或长或短，同样可以成很好的文章。不问内容多少，却先自规定至少要作多少字，这算什么呢？存着这样无谓的心思，会错过许多自己习作的机会。遇到一些片段的意想或感兴时，就觉这是不能写成像模样的一篇的，于是轻轻放过。这不但可惜，并且昧于所以要作文的意义了。

作文不该看作一件特殊的事情，犹如说话，本来不是一件特殊的事情。作文又不该看作一件呆板的事情，犹如泉流，或长或短，或曲或直，自然各异其致。我们要把生活与作文结合起来，多多练习，作自己要作的题目。久而久之，将会觉得作文是生活的一部分，是一种发展，是一种享受，而无所谓练习：这就与文章产生的自然程序完全一致了。

1930 年 1 月 20 日发表

二、"通"与"不通"

讲到一篇文章，我们常常用"通"或"不通"的字眼来估量。在教师批改习作的评语里，这些字眼也极易遇见。我们既具有意思情感，提笔写作文章，到底要达到怎样的境界才算得"通"？不给这"通"字限定一个界域，徒然"通"啊"不通"啊大嚷一通，实在等于空说。假若限定了"通"字的界域，就如作其他事情一样定下了标准，练习的人既有用功的趋向，评判的人也有客观的依据。同时，凡不合乎这限定的界域的，当然便是"不通"。评判的人即不至单凭浑然的感觉，便冤说人家"不通"；而练习的人如果犯了"不通"的弊病，自家要重复省察，也不至茫无头绪。

从前有一些骄傲的文人，放眼当世文坛，觉得很少值得称数的人，便说当世"通"人少极了，只有三五个；或者说得更少，就只有一个——这一个当然是自己了。这些骄傲的文人把个"通"字抬得那么博大高深，决不是我们中学生作文的标准。我们只须从一般人着想，从一般人对自己的写作能力的期望着想，来限定"通"字的界域，这样的界域就很够我们应用。我们中学生不一定要作文人，尤其不要作骄傲的文人。

我们期望于我们的写作能力，最初步而又最切要的，是在乎能够找到那些适合的"字眼"，也就是适合的"词"。怎样叫作适合呢？我们内面所想的是这样一件东西，所感的是这样一种情况，而所用的"词"刚好代表这样一件东西、这样一种情况，让别人看了不至感到两歧的意义，这就叫作适合。同时，我们还期望能够组成调顺的"语句"、调顺的"篇章"。怎样叫作调顺呢？内面的意思情感是浑凝的，有如球，在同一瞬间可以感知整个的含蕴；而语言文字是联续的，有如线，须一贯而下，方能表达全体的内容。作文同说话一样，是将线表球的功夫，能够经营到通体妥帖，让别人看了便感知我们内面的意思情感，这就叫作调顺。适合的"词"犹如材料，用这些材料，结构为调顺的"篇章"，这才成功一件东西。

动笔写作之前，谁不抱着上面所说的期望呢？这种期望是跟着写作的欲望一同萌生的。唯有"词"适合，"篇章"调顺，方才真个写出了我们所想写的。否则只给我们的意思情感铸了个模糊甚至矛盾的模型而已。这违反所以要写作的初意,绝非我们所甘愿的。

在这里,所谓"通"的界域便可限定了。一篇文章怎样才算得"通"?"词"使用得适合,"篇章"组织得调顺,便是"通"。反过来,"词"使用得乖谬,"篇章"组织得错乱,便是"不通"。从一般人讲,只用这么平淡的两句话就够了。这样的"通"没有骄傲的文人所说的那样博大高深,所以是不论何人都可能达到的,并且是必须达到的。

既已限定了"通"的界域,我们写成一篇文章,就无妨自家来考核,不必待教师的批订。我们先自问,使用的"词"都适合了么?要回答这个问题,先得知道不适合的"词"怎样会参加到我们的文章里来。我们想到天,写了"天"字,想到汹涌的海洋,写下"汹涌的海洋"几个字,这其间,所写与所想一致,决不会有不适合的"词"闯入。但在整篇的文章里,情形并不全是这么简单。譬如我们要形容某一晚所见的月光,该说"各处都像涂上了白蜡"呢,还是说"各处都浸在碧水一般的月光里"?或者我们要叙述足球比赛,对于球员们奔驰冲突的情形,该说"拼死斗争"呢,还是说"奋勇竞胜"?这当儿就有了斟酌的余地。如果我们漫不斟酌,或是斟酌而决定得不得当,不合适的"词"便溜进我们的文章来了。漫不斟酌是疏忽,疏忽常常是贻误事情的因由,这里且不去说它。而斟酌过了何以又会决定得不得当呢?这一半源于平时体认事物未能真切,一半源于对使用的"词"未能确实了知它们的义蕴。就拿上面的例来讲,"涂上白蜡"不及"浸在碧水里"能传月光的神态,假若决定的却是"涂上白蜡",那就是体认月光的神态尚欠功夫;"拼死斗争"不及"奋勇竞胜"合乎足球比赛的事实,假若决定的却是"拼死斗争",那就是了知"拼死斗争"的义蕴尚有未尽。我们作文,"词"不能使用得适合,病因全在这两端。关于体认的一点,只有逐渐训练我们的思致和观察力。这是一步进一步的,在尚不曾进一步的当儿,不能够觉察现在一步的未能真切。关于义蕴的一点,那是眼前能多用一些功夫就可避免毛病的。曾见有人用"聊寞"二字,他以为"无聊"和"寂寞"意义相近,拼合起来大概也就是这么一类的意义,不知这是使人不解的。其实他如果翻检过字典辞书,明白了"无聊"和"寂寞"的义蕴,就不至写下这新铸而不通的"聊寞"来了。所以勤于翻检字典辞书,可使我们觉察哪些"词"

在我们的文章里是适合的而哪些是不适合的。他人的文章也足供我们比照。在同样情形之下,他人为什么使用这个"词"不使用那个"词"呢?这样问,自会找出所以然,同时也就可以判定我们自己所使用的适合或否了。还有个消极的办法,凡义蕴和用法尚不能确切了知的"词",宁可避而不用。不论什么事情,在审慎中间往往避去了不少的毛病。

其次,我们对自己的文章还要问,组织的"语句"和"篇章"都调顺了么?我们略习过一点儿文法,就知道在语言文字中间表示关系神情等,是"介词""连词""助词"等的重要职务。这些词使用得不称其职,大则会违反所要表达的意思情感,或者竟什么也不曾表达出来,只在白纸上涂了些黑字;小也使一篇文章琐碎涩拗,不得完整。从前讲作文,最要紧"虚字"用得通,这确不错;所谓"虚字"就是上面说的几类词。我们要明白它们的用法,要自己检查使用它们得当与否,当然依靠文法。文法能告诉我们这一切的所以然。我们还得留意我们每天每时的说话。说话是不留痕迹在纸面的文章。发声成语,声尽语即消逝,如其不经训练,没养成正确的习惯,随时会发生错误。听人家演说,往往"那么,那么""这个,这个"特别听见得多,颇觉刺耳。仔细考察,这些大半是不得当的,不该用的。只因口说不妨重复说,先说的错了再说个不错的,又有人身的姿态作帮助,所以仍能使听的人了解。不过错误终究是错误。说话常带错误,影响到作文,可以写得教人莫明所以。蹩脚的测字先生给人代写的信便是个适宜的例子;一样也是"然而""所以"地写满在信笺上。可是你只能当它神签一般猜详,却不能确切断定它说的什么。说话常能正确,那就是对于文法所告诉我们的所以然不单是知,并且有了遵而行之的习惯。仅靠文法上的知是呆板的,临到作文,逐处按照,求其不错,结果不过不错而已。遵行文法成为说话的习惯,那时候,怎么恰当地使用一些"虚字",使一篇文章刚好表达出我们的意思情感,几乎如灵感自来,不假思索。从前教人作文,别的不讲,只教把若干篇文章读得烂熟。我们且不问其他,这读得烂熟的办法并不能算坏。读熟就是要把一些成例化为习惯。现在我们写的是"今话文",假若说话不养成正确的习惯,虽讲求文法,也难收十分的效果。一方讲求文法,了知所以然,同时把了知的化为说话的习惯,平时说话总不与之相违背,这才于作文上大有帮助。我们写成一篇文章,只消把它诵读几遍,有不调顺的所在自然会发现,而且知道应该怎样去修改了。

"词"适合了,"篇章"调顺了,那就可以无愧地说,我们的文章"通"了。

这里说的"通"与"不通",专就文字而言,是假定内面的思想情感没有什么毛病了的。其实思想情感方面的毛病尤其要避免。曾见小学生的练习簿,说到鸦片,便是"中国的不强皆由于鸦片",说到赌博,便是"中国的不强皆由于赌博"。中国不强的缘由这样简单么?中国不强果真"皆由"所论到的一件事物么?这样一反省,便将自觉意思上有了毛病。要避免这样的毛病在于整个的生活内容的充实,所以本篇里说不到。

1930 年 2 月 1 日发表

三、"好"与"不好"

提笔作文,如果存心这将是"天地间之至文",或者将取得"文学家"的荣誉,就未免犯了虚夸的毛病。"天地间之至文"历来就有限得很,而且须经时间的淘汰才会被评定下来——岂是写作者动笔的时候自己可以判定的?"文学家"呢,依严格说,也并不是随便写一两篇文章可以取得的——只有不注重批评的社会里才到处可以遇见"文学家",这样的"文学家"等于能作文完篇的人而已。并且,这些预期与写作这件事情有什么关系呢?存着这些预期,文章的本身不会便增高了若干的价值。所以"至文"呀,"文学家"呀,简直不用去想。临到作文,一心一意作文就是了。

作文是我们生活里的一件事情,我们作其他事情总愿望作得很好,作文当然也不愿望平平而止。前此所说的"通",只是作文最低度的条件。文而"不通",犹如一件没制造完成的东西,拿不出去的。"通"了,这其间又可以分作两路:一是仅仅"通"而已,这像一件平常的东西,虽没毛病,却不出色;一是"通"而且"好",这才像一件精美的物品,能引起观赏者的感兴,并给制作者以创造的喜悦。认真不肯苟且的人,写一篇文章必求它"通",又望它能"好",是极自然的心理。自己的力量能够做到的,假若不去做到,不是会感到像偷工减料一般的抱歉心情么?

怎样才能使文章"好"呢？或者怎样是"不好"的文章呢？我不想举那些玄虚的字眼如"超妙""浑厚"等等来说。因为那些字眼同时可以拟想出很多，拿来讲得天花乱坠，结果把握不定它们的真切意义。我只想提出两点，说一篇文章里如果具有这两点，大概是可以称为"好"的了；不具有呢，那便是"不好"。这两点是"诚实"与"精密"。

在写作上，"诚实"是"有什么说什么"，或者是"内面怎样想怎样感，笔下便怎样写"。这个解释虽浅显，对于写作者却有一种深切的要求，就是文字须与写作者的思想、性情、环境等一致。杜甫的感慨悲凉的诗是"好"的，陶渊明的闲适自足的诗是"好"的，正因为他们所作各与他们的思想、性情、环境等一致，具有充分的"诚实"。记得十五六岁的时候，有一个同学死了，动手作挽文。这是难得遇到的题目。不知怎样写滑了手，竟写下了"恨不与君同死"这样意思的句子来。父亲看过，抬一抬眼镜问道："你真这样想么？"哪里是真？不过从一般哀挽文字里看到这样的意思，随便取来填充篇幅罢了。这些句子如果用词适合，造语调顺，不能说"不通"。然而"不好"是无疑的，因为内面并非真有这样的情感，而纸面却这样说，这就缺少了"诚实"。我又想到有一些青年写的文章。"人生没有意义"啊，"空虚包围着我的全身"啊，在写下这些语句的时候，未尝不自以为直抒胸臆。但是试进一步自问：什么是"人生"？什么是"有意义"？什么是"空虚"？不将踌躇疑虑，难以作答么？然而他们已经那么写下来了。这其间"诚实"的程度很低，未必"不通"而难免于"不好"。

也有人说，文章的"好""不好"，只消从它的本身评论，不必问写作者的"诚实"与否；换一句说，就是写作者无妨"不诚实"地写作，只要写来得法，同样可以承认他所写是"好"的文章。这也不是没有理由。古人是去得遥遥了，传记又多简略，且未能尽信；便是并世的人，我们又怎能尽知他们的心情身世于先，然后去读他们的文章呢？我们当然是就文论文；以为"好"，以为"不好"，全凭着我们的批评知识与鉴赏能力。可是要注意，这样的说法是从阅读者的观点说的。如果转到写作者的观点，并不能因为有这样的说法就宽恕自己，说写作无需乎一定要"诚实"。这其间的因由很明显，只要这样一想就可了然。我们作文，即使不想给别人看，也总是出于这样的要求：自己有这么一个意思情感，觉得非把它铸成个定型不可，否则便会爽然若失，心里不舒服。这样提笔作文，当然要"诚实"地按照内面的意思情感来写才行。假若虚矫地掺入些旁的东西，写成的便不是原来那意思情感的定型，岂非仍然会爽然若失么？再讲到另一些文章，我们写来预备日后自己覆按，或是给别人看的。如或容许"不诚实"的成分在里边，便是欺己欺人，那内心的愧疚将永远是洗刷不去的。爽然若失同内心愧疚纵使丢开不说，还有一点很使我们感觉无聊的，便是"不诚实"的文章难以写得"好"。我们不论做什么事情，发于自己的，切近于自己的，容易做得"好"；虚构悬揣，往往劳而少功。我们愿望文字写得"好"，而离开了自己的思想、性情、环境等，却向毫无根据和把握的方面乱写，怎能够达到我们的愿望呢？

到这里，或许有人要这样问：上面所说，专论自己发抒的文章是不错的，"不诚实"便违反发抒的本意，而且难以写得"好"；但是自己发抒的文章以外还有从旁描叙的一类，如有些小说写强盗和妓女的，若依上说，便须由强盗妓女自己动手才写得"好"，为什么实际上并不然呢？回答并不难。从旁描叙的文章少不了观察的功夫，观察得周至时，已把外面的一切收纳到我们内面，然后写出来。这是另一意义的"诚实"，同样可以写成"好"的文章。若不先观察，却要写从旁描叙的文章，就只好全凭冥想来应付，这是另一意义的"不诚实"。这样写成的文章，仅是缺乏亲切之感这一点，阅读者便将一致评为"不好"了。

所以，自己发抒的文字以与自己的思想、性情、环境等一致为"诚实"，从旁描叙的文章以观察得周至为"诚实"。

其次说到"精密"。"精密"的反面是粗疏平常。同样是"通"的文章，却有精密和粗疏平常的分别。写一封信给朋友，约他明天一同往图书馆看书。如果把这意思写了，用词造句又没毛病，不能不说这是一封"通"的信，但"好"是无法加上去的，因为它只是平常。或者作一篇游记，叙述到某地方去的经历，如果把所到的各地列举了，所见的风俗、人情也记上了，用词造句又没毛病，不能不说这是一篇"通"的游记，但"好"与否尚未能断定，因为它或许粗疏。文字里要有由写作者深至地发见出的、亲切地感受到的意思情感，而写出时又能不漏失它们的本真，这才当得起"精密"二字,同时这便是"好"的文章。有些人写到春景,总是说"桃红柳绿,水碧山青",无聊的报馆访员写到集会,总是说"有某人某人演说,阐发无遗,听者动容"。单想敷衍完篇,这样地写固是个办法;若想写成"好"的文章,那是无论如何做不到的。必须走向"精密"的路,文章才会见得"好"。譬如柳宗元《小石潭记》写鱼的几句:"潭中鱼可百许头,皆若空游无所依。日光下澈,影布石上,怡然不动。俶尔远逝,往来翕忽,似与游者相乐。"是他细玩潭中的鱼,看了它们动定的情态,然后写下来的。大家称赞这几句是"好"文字。何以"好"呢?因为能传潭鱼的神。而所以能传神,就在乎"精密"。

不独全篇整段,便是用一个字也有"精密"与否的分别。文学家往往教人家发现那唯一适当的字用入文章里。说"唯一"固未免言之过甚,带一点文学家的矜夸;但同样可"通"的几个字,若选定那"精密"的一个,文章便觉更好,这是确然无疑的。以前曾论过陶渊明《和刘柴桑》诗里"良辰入奇怀"的"入"字,正可抄在这里,以代申说。

......这个"入"字下得突兀。但是仔细体味,却下得非常好。——除开"入"换个什么字好呢?"良辰感奇怀"吧,太浅显太平常了;"良辰动奇怀"吧,也不见得高明了多少。而且,用"感"字用"动"字固然也是说出"良辰"同"奇怀"的关系,可是不及用"入"字来得圆融,来得深至。

所谓"良辰"包举外界景物而言,如山的苍翠,水的潺湲,晴空的晶耀,田畴的欣荣,飞鸟的鸣叫,游鱼的往来,都在里头;换个说法,这就是"美景","良辰美景"本来是连在一起的。不过这"良辰美景",它自己是冥无所知的:它固不曾自谦道"在下蹩脚得很,丑陋得很",却也不曾一声声勾引人们说"此地有良辰美景,你们切莫错过"。所以有许多人对于它简直没有动一点儿心:山苍翠吧,水潺湲吧,苍翠你的,潺湲你的,我自耕我的田,钓我的鱼,走我的路,或者打我的算盘。试问,如果世界全属此辈,"良辰美景"还在什么地方?不过,全属此辈是没有的事,自然会有些人给苍翠的山色、潺湲的水声移了情的。说到移情,真是个不易描摹的境界。勉强述说,仿佛那个东西迎我而来,倾注入我心中,又仿佛我迎那个东西而去,倾注入它的底里;我与它之外不复有旁的了,而且浑忘了我与它了:这样的时候,似乎可以说我给那个东西移了情了。山也移情,水也移情,晴空也移情,田畴也移情,飞鸟也移情,游鱼也移情,一切景物融和成一整个而移我们的情时,我们就不禁脱口而出:"好个良辰美景呵!"这"良辰美景",在有些人原是视若无睹的;而另有些人竟至于移情,真是"嗜好与人异酸咸",这种襟怀所以叫作"奇怀"。

到这里,"良辰"同"奇怀"的关系已很了然。"良辰"不自"良","良"于人之襟怀;寻常的襟怀未必能发见"良辰",这须得是"奇怀";中间缀一个"入"字,于是这些意思都含蓄在里头了。如其用"感"字或者"动"字,除开不曾把"良辰"所以成立之故表达外,还有把"良辰"同"奇怀"分隔成离立的两个之嫌。这就成一是感动者,一是被感动者;虽也是个诗的意境,但多少总有点儿索然。现在用的是"入"字。看字面,"良辰"是活泼泼地流溢于"奇怀"了。翻过来,不就是"奇怀"沉浸在"良辰"之中么?这样,又不就是浑泯"辰"与"怀"的一种超妙的境界么?所以前面说用"入"字来得圆融而深至。

从这一段话看,"良辰入奇怀"的所以"好",在乎用字的"精密"。文章里凡能这般"精密"地用字的地方,常常是很"好"的地方。

要求"诚实"地发抒自己,是生活习惯里的事情,不仅限于作文一端。要求"诚实"地观察外物,"精密"地表出情意,也不是临作文时"抱佛脚"可以济事的。我们要求整个生活的充实,虽不为着预备作文,但"诚实"的、"精密"的"好"文章必导源于充实的生活,那是无疑的。

1930年3月1日发表

中学生实在没有写作文言的必要

一月初胡适君在《大公报》发表一篇文字，题目是《报纸文字应该完全用白话》，内容不必转述，只须看题目就可以完全明白。胡君年来发表的政论颇受人家的指摘。而这一篇"非"政论却是该被批判地接受的。

据路透社一月二十日的广州电，粤省新闻界协会将要在下届会议中讨论改革报纸的问题，其动机就由于胡君的主张。照现今的情形看来，杂志用文言的很少了；如果报纸也改为通体用白话，文言的用处将更为狭窄；那时候诵习文言差不多只为看古书罢了，不要看古书的就不用诵习文言。至于写作文言，就在现今也并不见得有什么用处；如果硬要指出它的用处来，那就是去应会考，作《礼义廉耻国之四维论》了。这样的题目未必会每届会考都出，这是一层；二层呢，即使每届会考都出，而用了好多的功夫练习文言的写作，仅不过为着对付一场会考，对于生活却毫无实益，这不是太不值得么？

这么想来，中学生实在没有写作文言的必要。而课程规定，教师指令，定要学生作文言：那是完全没有理由的事是可以断言的。

1934 年 3 月 1 日发表

开头和结尾

写一篇文章，预备给人家看，这和当众演说很相像，和信口漫谈却不同。当众演说，无论是发一番议论或者讲一个故事，总得认定中心，凡是和中心有关系的才容纳进去，没有关系的，即使是好意思、好想象、好描摹、好比喻，也得丢掉。一场演说必须是一件独立的东西。信口漫谈可就不同。几个人的漫谈，话说像藤蔓一样爬开来，一忽儿谈这个，一忽儿谈那个，全体没有中心，每段都不能独立。这种漫谈本来没有什么目的，话说过了也就完事了。若是抱有目的，要把自己的情意告诉人家，用口演说也好，用笔写文章也好，总得对准中心用功夫，总得说成或者写成一件独立的东西。不然，人家就会弄不清楚你在说什么写什么，因而你的目的就难达到。

中心认定了，一件独立的东西在意想中形成了，怎样开头怎样结尾原是很自然的事，不用费什么矫揉造作的功夫了。开头和结尾也是和中心有关系的材料，也是那独立的东西的一部分，并不是另外加添上去的。然而有许多人往往因为习惯不良或者少加思考，就在开头和结尾的地方出了毛病。在会场里，我们时常听见演说者这么说："兄弟今天不曾预备，实在没有什么可以说的。"演说完了，又说："兄弟这一番话只是随便说说的，实在没有什么意思，请诸位原谅。"谁也明白，这些都是谦虚的话。可是，在说出来之前，演说者未免少了一点思考。你说不曾预备，没有什么可以说的，那么为什么要踏上演说台呢？随后说出来的，无论是三言两语或者长篇大论，又算不算"可以说的"呢？你说随便说说，没有什么意思，那么刚才的一本正经，是不是逢场作戏呢？自己都相信不过的话，却要说给人家听，又算是一种什么态度呢？如果这样询问，演说者一定会爽然自失，回答不出来。其实他受的习惯的累，他听见人家都这么说，自己也就这么说，说成了习惯，不知道这样的头尾对于演说是没有帮助反而有损害的。不要这种无谓的谦虚，删去这种有害的头尾，岂不干净而有效得多？还有，演说者每每说："兄弟能在这里说几句话，十分荣幸。"这是通常的含有礼貌的开头，不能说有什么毛病。然而听众听到，总不免想："又是那老套来了。"听众这么一想，自然而然把注意力放松，于是演说者的演说效果就跟着打了折扣。什么事都如此，一回两回见得新鲜，成为老套就嫌乏味。所以老套以能够避免为妙。演说的开头要有礼貌，应该找一些新鲜而又适宜的话来说。原不必按照着公式，说什么"兄弟能在这里说几句话，十分荣幸"。

各种体裁的文章里头，书信的开头和结尾差不多是规定的。书信的构造通常分做三部分；除第二部分叙述事务，为书信的主要部分外，第一部分叫做"前文"，就是开头，内容是寻常的招呼和寒暄，第三部分叫做"后文"，就是结尾，内容也是招呼和寒暄。这样构造原本于人情，终于成为格式。从前的书信往往有前文后文非常繁复，竟至超过了叙述事务的主要部分的。近来流行简单的了，大概还保存着前文后文的痕迹。有一些书信完全略去前文后文，使人读了感到一种隽妙的趣味。不过这样的书信宜于寄给亲密的朋友。如果寄给尊长或者客气一点的朋友，还是依从格式，具备前文后文，才见得合乎礼谊。

记述文记述一件事物，必得先提出该事物，然后把各部分分项写下去。如果一开头就写各部分，人家就不明白你在说什么了。我曾经记述一位朋友赠我的一张华山风景片。开头说："贺昌群先生游罢华山，寄给我一张十二寸的放大片。"又如魏学洢的《核舟记》，开头说："明有奇巧人曰王叔远，能以径寸之木，为宫室、器皿、人物，以至鸟、兽、木、石，罔不因势象形，各具情态。尝贻余核舟一，盖大苏泛赤壁云。"不先提出"寄给我一张十二寸的放大片"以及"尝贻余核舟一"，以下的文字事实上没法写的。各部分记述过了，自然要来个结尾。像《核舟记》统计了核舟所有人物器具的数目，接着说"而计其长曾不盈寸，盖简桃核修狭者为之"。这已非常完整，把核舟的精巧表达得很明显的了。可是作者还要加上另外一个结尾，说：

> 魏子详瞩既毕,诧曰:嘻,技亦灵怪矣哉!《庄》《列》所载称惊犹鬼神者良多,然谁有游削于不寸之质而须麋了然者?假有人焉,举我言以复于我,亦必疑其诳,乃今亲睹之。繇斯以观,棘刺之端未必不可为母猴也。嘻,技亦灵怪矣哉!

这实在是画蛇添足的勾当。从前人往往欢喜这么做,以为有了这一发挥,虽然记述小东西,也可以即小见大。不知道这么一个结尾以后的结尾无非说明那个桃核极小而雕刻极精,至可惊异罢了。而这是不必特别说明的,因为全篇的记述都暗示着这层意思。作者偏要格外讨好,反而教人起一种不统一的感觉。我那篇记述华山风景片的文字,没有写这种"结尾以后的结尾",在写过了照片的各部分之后,结尾说:"这里叫做长空栈,是华山有名的险峻处所。"用点明来收场,不离乎全篇的中心。

叙述文叙述一件事情,事情的经过必然占着一段时间,依照时间的顺序来写,大致不会发生错误。这就是说,把事情的开端作为文章的开头,把事情的收梢作为文章的结尾。多数的叙述文都用这种方式,也不必举什么例子。又有为要叙明开端所写的事情的来历和原因,不得不回上去写以前时间所发生的事情。这样把时间倒错了来叙述,也是常见的。如丰子恺的《从孩子得到的启示》,开头写晚上和孩子随意谈话,问他最欢喜什么事,孩子回答说是逃难。在继续了一回问答之后,才悟出孩子所以喜欢逃难的缘故。如果就此为止,作者固然明白了,读者还没有明白。作者要使读者也明白孩子为什么欢喜逃难,就不得不用倒错的叙述方式,回上去写一个月以前的逃难情形了。在近代小说里,倒错叙述的例子很多,往往有开头写今天的事情,而接下去却写几天前、几月前、几年前的经过的。这不是故意弄什么花巧,大概由于今天这事情来得重要,占着主位,而从前的经过处于旁位,只供点明脉络之用的缘故。

说明文大体也有一定的方式。开头往往把所要说明的事物下一个诠释,立一个定义。例如说明"自由",就先从"什么叫做自由"入手。这正同小学生作"房屋"的题目用"房屋是用砖头木材建筑起来的"来开头一样。平凡固然平凡,然而是文章的常轨,不能说这有什么毛病。从下诠释、立定义开了头，接下去把诠释和定义里的语义和内容推阐明白，然后来一个结尾，这样就是一篇有条有理的说明文。蔡元培的《我的新生活观》可以说是适当的例子。那篇文章开头说：

> 什么叫做旧生活？是枯燥的，是退化的。什么叫做新生活？是丰富的，是进步的。

这就是下诠释、立定义。接着说旧生活的人不作工又不求学，所以他们的生活是枯燥的、退化的，新生活的人既要作工又要求学，所以他们的生活是丰富的、进步的。结尾说如果一个人能够天天作工求学，就是新生活的人，一个团体里的人能够天天作工求学，就是新生活的团体，全世界的人能够天天作工求学，就是新生活的世界。这见得作工求学的可贵，新生活的不可不追求。而写作这一篇的本旨也就在这里表达出来了。

再讲到议论文。议论文虽有各种，总之是提出自己的一种主张。现在略去那些细节且不说，单说怎样把主张提出来，这大概只有两种开头方式。如果所论的题目是大家周知的，开头就把自己的主张提出来，这是一种方式。譬如今年长江、黄河流域都闹水灾，报纸上每天用很多篇幅记载各处的灾况，这可以说是大家周知的了。在这时候要主张怎样救灾、怎样治水，尽不妨开头就提出来，更不用累累赘赘先叙述那灾况怎样地严重。如果所论的题目在一般人意想中还不很熟悉，那就先把它述说明白，让大家有一个考量的范围，不至于茫然无知，全不接头，然后把自己的主张提出来，使大家心悦诚服地接受，这是又一种方式。胡适的《不朽》是这种方式的适当例子。"不朽"含有怎样的意义，一般人未必十分了然，所以那篇文章的开头说：

> 不朽有种种说法，但是总括看来，只有两种说法是有区别的。一种是把"不朽"解作灵魂不灭的意思。一种就是《春秋左传》上说的"三不朽"。

这就是指明从来对于不朽的认识。以下分头揭出这两种不朽论的缺点，认为对于一般的人生行为上没有什么重大的影响。到这里，读者一定盼望知道不朽论应该怎样才算得完善。于是作者提出他的主张所谓"社会的不朽论"来。在列举了一些例证，又和以前的不朽论比较了一番之后，他用下面的一段文字作结尾：

> 我这个现在的"小我"，对于那永远不朽的"大我"的无穷过去，须负重大的责任；对于那永远不朽的"大我"的无穷未来，也须负重大的责任。我须要时时想着，我应该如何努力利用现在的"小我"，方才可以不辜负了那"大我"的无穷过去，方才可以不遗害那"大我"的无穷未来？

这是作者的"社会的不朽论"的扼要说明，放在末了，有引人注意、促人深省的效果。所以，就构造说，这实在是一篇完整的议论文。

普通文的开头和结尾大略说过了，再来说感想文、描写文、抒情文、纪游文以及小说等所谓文学的文章。这类文章的开头，大别有冒头法和破题法两种。冒头法是不就触到本题，开头先来一个发端的方式。如茅盾的《都市文学》，把"中国第一大都市，'东方的巴黎'——上海，一天比一天'发展'了"作为冒头，然后叙述上海的现况，渐渐引到都市文学上去。破题法开头不用什么发端，马上就触到本题。如朱自清的《背影》，开头说"我与父亲不相见已二年余了，我最不能忘记的是他的背影"，就是一个适当的例子。

曾经有人说过，一篇文章的开头极难，好比画家对着一幅白纸，总得费许多踌躇，去考量应该在什么地方下第一笔。这个话其实也不尽然。有修养的画家并不是画了第一笔再斟酌第二笔的，在一笔也不曾下之前，对着白纸已经考量停当，心目中早就有了全幅的布置了。布置既定，什么地方该下第一笔原是摆好在那里的事。作文也是一样。作者在一个字也不曾写之前，整篇文章已经活现在胸中了。这时候，该用什么方法开头，开头该用怎样的话，也都派定注就，再不必特地用什么搜寻的功夫。不过这是指有修养的人而言。如果是不能预先统筹全局的人，开头的确是一件难事。而且，岂止开头而已,他一句句一段段写下去将无处不难。他简直是盲人骑瞎马,哪里会知道一路前去撞着些什么?

文章的开头犹如一幕戏剧刚开幕的一刹那的情景,选择得适当,足以奠定全幕的情调,笼罩全幕的空气,使人家立刻把纷乱的杂念放下,专心一志看那下文的发展。如鲁迅的《秋夜》,描写秋夜对景的一些奇幻峭拔的心情。用如下的文句来开头:

> 在我的后园,可以看见墙外有两株树。一株是枣树,还有一株也是枣树。

"还有一株也是枣树"是并不寻常的说法,拗强而特异,足以引起人家的注意,而以下文章的情调差不多都和这一句一致。又如茅盾的《雾》,用"雾遮没了正对着后窗的一带山峰"来开头,全篇的空气就给这一句凝聚起来了。以上两例都属于显出力量的一类。另有一种开头,淡淡着笔,并不觉得有什么力量,可是同样可以传出全篇的情调,范围全篇的空气。如龚自珍的《记王隐君》,开头说:

> 于外王父段先生废簏中见一诗,不能忘。于西湖僧经箱中见书《心经》,蠹且半,如遇簏中诗也,益不能忘。

这个开头只觉得轻松随便,然而平淡而有韵味,一来可以暗示下文所记王隐君的生活,二来先行提出书法,可以作为下文访知王隐君的关键。仔细吟味,真是说不尽的妙趣。

现在再来说结尾。略知文章甘苦的人一定有这么一种经验:找到适当的结尾好像行路的人遇到了一处适合的休息场所,在这里他可以安心歇脚,舒舒服服地停止他的进程;若是找不到适当的结尾而勉强作结,就像行路的人歇脚在日晒风吹的路旁,总觉得不是个妥当的地方。至于这所谓"找",当然要在计划全篇的时候做,结尾和开头和中部都得在动笔之前有了成竹。如果待临时再找,也不免有盲人骑瞎马的危险。

结尾是文章完了的地方，但结尾最忌的却是真个完了。要文字虽完了而意义还没有尽，使读者好像嚼橄榄，已经咽了下去而嘴里还有余味，又好像听音乐，已经到了末拍而耳朵里还有余音，那才是好的结尾。归有光《项脊轩志》的跋尾既已叙述了他的妻子与项脊轩的因缘，又说了修葺该轩的事，末了说：

　　庭有枇杷树，吾妻死之年所手植也，今已亭亭如盖矣。

这个结尾很好。骤然看去，也只是记叙庭中的那株枇杷树罢了，但是仔细吟味起来，这里头有物在人亡的感慨，有死者渺远的惆怅。虽则不过一句话，可是含蓄的意义很多，所谓"余味""余音"就指这样的情形而言。我曾经作过一篇题名《遗腹子》的小说，叙述一对夫妇只生女孩不生男孩，在绝望而纳妾之后，大太太居然生了一个男孩；不久那个男孩就病死了；于是丈夫伤心得很，一晚上喝醉了酒，跌在河里淹死了；大太太发了神经病，只说自己肚皮里又怀了孕，然而遗腹子总是不见产生。到这里，故事已经完毕，结句说：

　　这时候，颇有些人来为大小姐二小姐说亲了。

这句话有点冷隽，见得后一代又将踏上前一代的道路，生男育女，盼男嫌女，重演那一套把戏，这样传递下去，正不知何年何代才休歇呢。我又有一篇小说叫做《风潮》，叙述中学学生因为对一个教师的反感，做了点越规行动，就有一个学生被除了名；大家的义愤和好奇心就此不可遏制，捣毁校具，联名退学，个个人都自视为英雄。到这里，我的结尾是：

　　路上遇见相识的人问他们做什么时，他们用夸耀的声气回答道："我们起风潮了！"

这样结尾把全篇停止在最热闹的情态上，很有点儿力量，"我们起风潮了"

这句话如闻其声，这里头含蓄着一群学生在极度兴奋时种种的心情。以上是我所写的两篇小说的结尾，现在附带提起，作为带有"余味""余音"的例子。

结尾有回顾开头的一式，往往使读者起一种快感：好像登山涉水之后，重又回到原来的出发点，坐定下来，得以转过头去温习一番刚才经历的山水一般。极端的例子是开头用的什么话结尾也用同样的话。如林嗣环的《口技》，开头说：

> 京中有善口技者。会宾客大宴，于厅事之东北隅施八尺屏幛，口技人坐屏幛中，一桌、一椅、一扇、一抚尺而已。

结尾说：

> 忽然抚尺一下，众响毕绝。撤屏视之，一人、一桌、一椅、一扇、一抚尺而已。

前后同用"一桌、一椅、一扇、一抚尺而已"，把设备的简单冷落反衬口技表演的繁杂热闹，使人读罢了还得凝神去想。如果只写到"忽然抚尺一下，众响毕绝"，虽没有什么不通，然而总觉得这样还不是了局呢。

1935 年 10 月 1 日发表

写作什么

国文科牵涉到的事项很多，这儿只讲一点关于写作的话。分两次讲，这一次的题目是《写作什么》，下一次的题目是《怎样写作》。我的话对于诸位不会有直接的帮助，我只希望能有间接的帮助。就是说，诸位听了我的话，把应该留心的留心起来，把应该避忌的随时避忌，什么方面应该用力就多多用力，什么方面不必措意就不去白费心思。这样经过相当的时候，写作能力自然渐渐增进了。

诸位现在写作，大概有以下的几个方面：国文教师按期出题目，教诸位练习，就要写作了；听了各门功课，有的时候要作笔记，做了各种试验，有的时候要作报告，就要写作了；游历一处地方，想把所见所闻以及感想记下来，离开了家属和亲友，想把最近的生活情形告诉他们，就要写作了；有的时候有种种观感凝结成一种意境，觉得要把这种意境化为文字，心里才畅快，也就要写作了。

以上几方面的写作材料都是诸位生活里原有的，不是从生活以外去勉强找来的。换句话说，这些写作材料都是自己的经验。我们平时说话，从极简单的日常用语到极繁复的对于一些事情的推断和评论，都无非根据自己的经验。因为根据经验，说起来就头头是道，没有废话，没有瞎七搭八的无聊话。如果超出了经验范围，却去空口说白话，没有一点天文学的知识，偏要讲星辰怎样运行，没有一点国际政治经济的学问，偏要推断意阿战争、海军会议的将来，一定说得牛头不对马嘴，徒然供人家作为嗤笑的资料。一个人如有自知之明，总不肯作这样的傻事，超出了自己的经验范围去瞎说。他一定知道自己有多少经验，什么方面他可以说话，什么方面他不配开口。在不配开口的场合就不开口，这并不是难为情的事，而正是一种诚实的美德。经验范围像波纹一样，越来越扩大。待扩大到相当的时候，本来不配开口的配开口了，那才开口，也并不嫌迟。作文原是说话的延续，用来济说话之穷，在说话所及不到的场合，就作文。因此作文自然应该单把经验范围以内的事物作为材料，不可把经验范围以外的事物勉强拉到笔底下来。照诸位现在写作的几个方面看，所有材料都是自己的经验，这正是非常顺适的事。顺着这个方向走去，是一条写作的平坦大路。

这层意思好像很平常，其实很重要。因为写作的态度就从这上边立定下来。知道写作原是说话的延续，写作材料应该以自己的经验为范围，这就把写作看作极寻常可是极严正的事。人人要写作，正同人人要说话一样，岂不是极寻常？不能超出自己的经验，不能随意乱道，岂不是极严正？这种态度是正常的，抱着这种态度的人，写作对于他是一种有用的技能。另外还有一种态度，把写作看作极特殊可是极随便的事。拿从前书塾里的情形来看，更可以明白。从前书塾里，学生并不个个作文。将来预备学工业、商业的，读了几年书认识一些字也就算了，只有预备应科举的几个才在相当的时候开始作文。开始作文称为"开笔"，那是一件了不得的事，开了笔的学生对先生要加送束修，家长对人家说"我的孩子开笔了"，往往露出得意的笑容。这为什么呢？因为作了文可以应科举，将来的飞黄腾达都种因在这上边，所以大家都认为一件极特殊的事，这特殊的事并且是属于少数人的。再看开了笔作些什么呢？不是《温故而知新说》就是《汉高祖论》之类。新呀故呀翻来覆去缠一阵就算完了篇；随便抓住汉高祖的一件事情，把他恭维一顿，或者唾骂一顿，也就算完了篇。这些材料大部分不是自己的经验，无非仿效别人的腔调，堆砌一些毫不相干的意思，说得坏一点儿，简直是鹦鹉学舌、文字游戏。从这条路径发展下去，这就来了专门拼凑典故的文章、无病呻吟的诗词。自己的经验是这样，写出来却并不这样，或许竟是相反的那样。写作同实际生活脱离了关系，只成为装点生活的东西，又何贵乎有这种写作的技能呢？所以说，这种态度是极随便的。到现在，科举虽然废掉了，作文虽然从小学初年级就要开始，可是大家对于写作的态度还没有完全脱去从前的那种弊病。现在个个学生要作文，固然不再是少数人的特殊的事，但是往往听见学生说"我没有意思,没有材料,拿起笔简直写不出什么来",或者说"今天又要作文了,真是讨厌"。这些话表示一种误解,以为作文是学校生活中的特殊的事,而且须离开自己的经验去想意思,去找材料,自己原有的经验好像不配作为意思、不配充当材料似的。再从这里推想开去,又似乎所谓意思、所谓材料是一种说来很好听、写来很漂亮,但不和实际生活发生联系的花言巧语。这种花言巧语必须费很大的力气去搜寻,像猎犬去搜寻潜伏在山林中的野兽。搜寻未必就能得到,所以拿起笔写不出什么来,许多次老写不出什么来,就觉得作文真是一件讨厌的事。进一步说,抱着这样的态度作文,即使能够写出什么来,也不是值得欢慰的事。因为作文决不是把一些很好听、很漂亮的花言巧语写在纸上就算完事的,必须根据经验,从实际生活里流注出来,那才合乎所以要作文的本意。离开了自己的经验而去故意搜寻,虽然搜寻的功夫也许很麻烦,但是不能不说他把作文看得太随便了。把作文看得特殊又看得随便的态度,使作文成为一种于人生无用的技能。这种态度非改变不可。诸位不妨自己想想:我把作文认作学校生活中的特殊的事吗?我离开了自己的经验故意去搜寻虚浮的材料吗?如果不曾,那就再好没有。如果确曾这样,而且至今还是这样,那就请立刻改变过来,改变为正当的态度,就是把作文看得寻常又看得严正的态度。抱着正当的态度的人决不会说没有意思、没有材料,因为他决不会没有经验,经验就是他的意思和材料。他又决不会说作文真是讨厌的事,因为作文是他生活中的一个项目,好比说话和吃饭各是生活中的一个项目,无论何人决不会说说话和吃饭真是讨厌。

　　以上说了许多话,无非说明写作材料应以自己的经验为范围。诸位现在写作的几个方面原都不出这个范围,只要抱正当的态度,动一回笔自然得到一回实益。诸位或者要问:"教师命题作文,恐怕不属于我们的经验范围以内吧。"我可以这样回答,凡是贤明的国文教师,他出的题目应当不超出学生的经验范围,他应当站在学生的立脚点上替学生设想,什么材料是学生经验范围内的,是学生所能写的、所要写的,经过选择才定下题目来。这样,学生同写一封信、作一篇游记一样,仍然是为着发表自己的经验而写作,同时又得到了练习的益处。我知道现在的国文教师贤明的很多,他们根据实际的经验和平时的研究，断不肯出一些离奇的题目，离开学生的经验十万八千里，教学生搔头摸耳，叹息说没有意思、没有材料的。自然，也难免有一些教师受习惯和环境的影响，出的题目不很适合学生的胃口，我见过的《学而时习之论》就是一个例子。我若是学生，就不明白这个题目应该怎样地论。学而时习之，照常识讲，是不错的。除了说这个话不错以外，还有什么可说呢？这种题目，从前书塾里是常出的，现在升学考试和会考也间或有类似的题目。那位教师出这个题目，大概就由于这两种影响。诸位如果遇见了那样的教师，只得诚诚恳恳地请求他，说现在学会作这样的题目，只有逢到考试也许有点儿用处，在实际生活中简直没有需要作这样题目的时候。即使您先生认为预备考试的偶尔有用也属必要，可否让我们少作几回这样题目，多作几回发表自己经验的文章？这样的话很有道理，并不是什么非分的请求。有道理的话，谁不愿意听？我想诸位的教师一定会依从你们的。

再说经验有深切和浅薄的不同，有正确和错误的不同。譬如我们走一条街道，约略知道这条街道上有二三十家店铺，这不能不算是经验。但是我们如果仔细考察，知道这二三十家店铺属于哪一些部门，哪一家的资本最雄厚，哪一家的营业最发达，这样的经验比前面的经验深切多了。又譬如我们小时候看见月食，老祖母就告诉我们，这是野月亮要吞家月亮，若不敲锣打鼓来救，家月亮真个要被吃掉的。我们听了记在心里，这也是我们的经验，然而是错误的。后来我们学了地理，懂得星球运行的大概，才知道并没有什么野月亮，更没有吞食家月亮这回事，那遮没了月亮的原来是地球的影子。这才是正确的经验。这不过是两个例子，此外可以依此类推。我们写作，正同说话一样，总希望写出一些深切的、正确的经验，不愿意涂满一张纸的全是一些浅薄的、错误的经验。不然，就是把写作看得太不严正，和我们所抱的态度违背了。

单是写出自己的经验还嫌不够，要更进一步给经验加一番洗练的功夫，才真正做到下笔绝不随便，合乎正当的写作态度。不过这就不止是写作方面的事了，而且也不止是国文科和各学科的事，而是我们整个生活里的事。我们每天上课，看书，劳作，游戏，随时随地都在取得经验，而且使经验越来越深切，越来越正确。这并不是为作文才这样做，我们要做一个有用的人，要做一个健全的公民，就不得不这样做。这样做同时给写作开了个活的泉源，从这个泉源去汲取，总可以得到澄清的水。所怕的是上课不肯好好地用功，看书没有选择又没有方法，劳作和游戏也只是随随便便，不用全副精神对付，只图敷衍过去就算，这样，经验就很难达到深切和正确的境界。这样的人做任何事都难做好，当然不能称为有用，当然够不上叫做健全的公民。同时他的写作的泉源干涸了，勉强要去汲取，汲起来的也是一盏半盏混着泥的脏水。写作材料的来源普遍于整个生活里，整个生活时时在那里向上发展，写作材料自会滔滔汩汩地无穷尽地流注出来，而且常是澄清的。有些人不明白这个道理，以为写作只要伏在桌子上拿起笔来硬干就会得到进步，不顾到经验的积累和洗练，他们没想到写作原是和经验纠结而不可分的。这样硬干的结果也许会偶尔写成一些海市蜃楼那样很好看的文字，但是这不过一种毫无实用的玩意儿，在实际生活里好比赘瘤。这种技术是毫无实用的技术。希望诸位记着写作材料的来源普遍于整个的生活，写作固然要伏在桌子上，写作材料却不能够单单从伏在桌子上取得。离开了写作的桌子，上课、看书、劳作、游戏，刻刻认真，处处努力，一方面是本来应该这么做，另一方面也就开凿了写作材料的泉源。

现在来一个结束。写作什么呢？要写出自己的经验。经验又必须深切，必须正确，这要从整个生活里去下功夫。有了深切的、正确的经验，写作就不愁没有很好的材料了。

1935 年 12 月 5 日讲

怎样写作

这一次讲的题目是《怎样写作》。怎样写作,现在有好些作文法一类的书,讲得很详细。不过写作的时候,如果要临时翻查这些书,一一按照书里说的做去,那就像一手拿着烹饪讲义一手做菜一样,未免是个笑话了。这些书大半从现成文章里归纳出一些法则来,告诉人家怎样怎样写作是合乎法则的,也附带说明怎样怎样写作是不合乎法则的。我们有了这些知识,去看一般文章就有了一枝量尺,不但知道某一篇文章好,还说得出好在什么地方,不但知道某一篇文章不好,还说得出不好在什么地方。自然,这些知识也能影响到我们的写作习惯,可是这种影响只在有意无意之间。写文章,往往会在某些地方写得不合法则,有了作文法的知识,就会觉察到那些不合法则的地方。于是特地留心,要把它改变过来。这特地留心未必马上就有成效,或许在三次里头,两次是改变过来了,一次却依然犯了老毛病。必须从特地留心成为不待经意的习惯,才能每一次都合乎法则。所以作文法一类书对于增强我们看文章的眼力有些直接的帮助,对于增强我们写文章的腕力只有间接的帮助。所以光看看这一类书未必就能把文章写好。如果临到作文而去翻查这些书,那更是毫无实益的傻事。

诸位现在都写语体文。语体文的最高的境界就是文章同说话一样。写在纸上的一句句的文章,念起来就是口头的一句句的语言,教人家念了听了,不但完全明白文章的意思,还能够领会到那种声调和神气,仿佛当面听那作文的人亲口说话一般。要达到这个境界,不能专在文字方面做功夫,最要紧的还在锻炼语言习惯。因为语言好比物体的本身,文章好比给物体留下一个影像的照片,物体本身完整而有式样,拍成的照片当然完整而有式样。语言周妥而没有毛病，按照语言写下来的文章当然也周妥而没有毛病了。所以锻炼语言习惯是寻到根源去的办法。不过有一句应当声明，语言习惯是本来要锻炼的。一个人生活在大群中间，随时随地都有说话的必要，如果语言习惯上有了缺点，也就是生活技能上有了缺点，那是非常吃亏的。把语言习惯锻炼得良好，至少就有了一种极关重要的生活技能。对于作文，这又是一种最可靠的根源。我们怎能不努力锻炼呢？

现在小学里有说话的科目，又有演讲会、辩论会等的组织，中学里，演讲会和辩论会也常常举行。这些都是锻炼语言习惯的。参加这种集会，仔细听人家说的话，往往会发现以下的几种情形。说了半句话，缩住了，另外换一句来说，和刚才的半句话并没有关系，这是一种。"然而""然而"一连串，"那么""那么"一大堆，照理用一个就够了，因为要延长时间，等待着想下面的话，才说了那么许多，这是一种。应当"然而"的地方不"然而"，应当"那么"的地方不"那么"，只因为这些地方似乎需要一个词，可是想不好该用什么词，无可奈何，就随便拉一个来凑数，这是一种。有一些话听去很不顺耳，仔细辨辨，原来里头有几个词用得不妥当，不然就是多用了或者少用了几个词，这又是一种。这样说话的人，他平时的语言习惯一定不很好，而且极不留心去锻炼，所以在演讲会、辩论会里就把弱点表露出来了。若教他写文章，他自然按照自己的语言习惯写，那就一定比他的口头语言更难使人明白。因为说话有面部的表情和身体的姿势作为帮助，语言虽然差一点，还可以使人家大体明白。写成文章，面部的表情和身体的姿势是写不进去的，让人家看见的只是支离破碎前不搭后的一些文句，岂不教人糊涂？我由于职务上的关系，有机会读到许多中学生的文章，其中有非常出色的，也有不通的，所谓不通，就是除了材料不健全不妥当以外，还犯了前面说的几种毛病，语言习惯上的毛病。这些同学如果平时留心锻炼语言习惯，写起文章来就可以减少一些不通。加上经验方面的洗练，使写作材料健全而妥当，那就完全通了。所谓"通"原来不是什么高不可攀的境界。

锻炼语言习惯要有恒心，随时随地当一件事做，正像矫正坐立的姿势一样，要随时随地坐得正立得正才可以养成坐得正立得正的习惯。我们要要求自己，无论何时不说一句不完整的话，说一句话一定要表达出一个意思，使人家听了都能够明白；无论何时不把一个不很了解的词硬用在语言里，也不把一个不很适当的词强凑在语言里。我们还要要求自己，无论何时不乱用一个连词，不多用或者少用一个助词。说一句话，一定要在应当"然而"的地方才"然而"，应当"那么"的地方才"那么"，需要"吗"的地方不缺少"吗"，不需要"了"的地方不无谓地"了"。这样锻炼好像很浅近、很可笑，实在是基本的、不可少的。家长对于孩子，小学教师对于小学生，就应该教他们，督促他们，作这样的锻炼。可惜有些家长和小学教师没有留意到这一层，或者留意到而没有收到相当的成效。我们要养成语言这个极关重要的生活技能，就只得自己来留意。留意了相当时间之后，就能取得锻炼的成效。不过要测验成效怎样，从极简短的像"我正在看书""他吃过饭了"这些单句上是看不出来的。我们不妨试说五分钟连续的话，看这一番话里能够不能够每句都符合自己提出的要求。如果能够了，锻炼就已经收了成效。到这地步，作起文来就不觉得费事了，口头该怎样说的笔下就怎样写，把无形的语言写下来成为有形的文章，只要是会写字的人，谁又不会做呢？依据的是没有毛病的语言，文章也就不会不通了。

听人家的语言，读人家的文章，对于锻炼语言习惯也有帮助。只是要特地留意，如果只大概了解了人家的意思就算数，对于锻炼我们的语言就不会有什么帮助了。必须特地留意人家怎样用词，怎样表达意思，留意考察怎样把一篇长长的语言顺次地说下去。这样，就能得到有用的资料，人家的长处我们可以汲取，人家的短处我们可以避免。

写语体文只是十几年来的事。好些文章，哪怕是有名的文章家写的，都还不纯粹是口头的语言。写语体文的技术还没有练到极纯熟的地步。不少人为了省事起见，往往凑进一些文言的调子和语汇去，成为一种不尴不尬的文体。刚才说过，语体文的最高境界就是文章同说话一样。所以这种不尴不尬的文体只能认为过渡时期的产物，不能认为十分完善的标准范本。这一点认清楚了，才可以不受现在文章的坏影响。但是这些文章也有长处，当然应该模仿；至于不很纯粹的短处，就努力避免。如果全国中学生都向这方面用功夫，不但自己的语言习惯可以锻炼得非常好，还可以把语体文的文体加速地推进到纯粹的境界。

从前的人学作文章都注重诵读，往往说，只要把几十篇文章读得烂熟，自然而然就能够下笔成文了。这个话好像含有神秘性，说穿了道理也很平常，原来这就是锻炼语言习惯的意思。文言不同于口头语言，非但好多词不同，一部分语句组织也不同。要学不同于口头语言的文言，除了学这种特殊的语言习惯以外，没有别的方法。而诵读就是学这种特殊的语言习惯的一种锻炼。所以前人从诵读学作文章的方法是不错的。诸位若要作文言，也应该从熟读文言入手。不过我以为诸位实在没有作文言的必要。说语体浅文言深，先习语体，后习文言，正是由浅入深，这种说法也没有道理。文章的浅深该从内容和技术来决定，不在乎文体的是语体还是文言。况且我们既是现代人，要表达我们的思想情感，在口头既然用现代的语言，在笔下当然用按照口头语言写下来的语体。能写语体，已经有了最便利的工具，为什么还要去学一种不切实用的文言？若说升学考试或者其他考试，出的国文题目往往有限用文言的，不得不事前预备，这实在由于主持考试的人太不明白。希望他们通达起来，再不要作这种故意同学生为难而毫没有实际意义的事。而在这种事还没有绝迹以前，诸位为升学计，为通过其他考试计，就只得分出一部分功夫来，勉力去学作文言。

以上说了许多话，无非说明要写通顺的文章，最要紧的是锻炼语言习惯。因为文章就是语言的记录，二者本是同一的东西。可是还得进一步，还不能不知道文章和语言两样的地方。前面说过，说话有面部的表情和身体的姿势作为帮助，但是文章没有这样的帮助，这就是两样的地方。写文章得特别留意，怎样适当地写才可以不靠这种帮助而同样可以使人家明白。两样的地方还有一些。如两个人闲谈，往往天南地北，结尾和开头竟可以毫不相关。就是正式讨论一个问题，商量一件事情，有时也会在中间加入一段插话，像藤蔓一样爬开去，完全离开了本题。直到一个人省悟了，说："我们还是谈正经话吧。"这才一刀截断，重又回到本题。作文章不能这样。文章大部分是预备给人家看的，小部分是留给自己将来查考的，每一篇都有一个中心，没有中心就没有写作的必要。所以写作只该把有关中心的话写进去，而且要配列得周妥，使中心显露出来。那些漫无限制的随意话，像藤蔓一样爬开去的枝节话，都该剔除得干干净净，不让它浪费我们的笔墨。又如用语言讲述一件事情，往往噜噜苏苏，细大不捐；传述一场对话，更是照样述说，甲说什么，乙说什么，甲又说什么，乙又说什么。作文章不能这样。文章为求写作和阅读双方的省事，最要讲究经济。一篇文章，把紧要的话都漏掉，没有显露出什么中心来，这算不得经济。必须把紧要的话都写进去，此外再没有一句噜苏的话。正像善于用钱的人一样，不该省钱的地方决不妄省一个钱，不该费钱的地方决不妄费一个钱，这才够得上称为经济。叙述一件事情，得注意详略。对于事情的经过不作同等分量的叙述，必须教人家详细明白的部分不惜费许多笔墨，不必教人家详细明白的部分就一笔带过。如果记人家的对话，就得注意选择。对于人家的语言不作照单全收的记载，足以显示其人的思想、识见、性情等等的才入选，否则无妨丢开。又如说话往往用本土的方言以及本土语言的特殊调子。作文章不能这样。文章得让大家懂，得预备给各地的人看，应当用各地通行的语汇和语调。本土的语汇和语调必须淘汰，才可以不发生隔阂的弊病。以上说的是文章和语言两样的地方。知道了这几层，也就知道作文技术的大概。由知识渐渐成为习惯，作起文来就有记录语言的便利而没有死板地记录语言的缺点了。

　　现在来一个结束。怎样写作呢？最要紧的是锻炼我们的语言习惯。语言习惯好，写的文章就通顺了。其次要辨明白文章和语言两样的地方，辨得明白，能知能行，写的文章就不但通顺，而且是完整而无可指摘的了。

1935 年 12 月 7 日讲

日记与写作能力

在从前，文字是特殊阶级的享用品，因而写作成为了不起的事。书塾里的学生开始作文，有个特定的名称说叫做"开笔"，必得预先翻看历书，选一个吉利的日子；这时候，送给先生的束脩也要加多了。到现在，文字逐渐成为大众的工具；识字教育已在各处推行，义务教育也有了十年里头分三期发展的计划，大众识了字，自然要提起笔来写作，用来代替一部分的说话。于是写作这件事毫无什么了不起，写作只是另一方式的说话罢了，从来没有人觉得一个人能够说话怎样了不起。

从前所谓"开笔"，就是代圣人立言，学写一套跟自己的生活完全不相干的话。所以八股好手、经义名家里头竟有不会写一张字条的。现在小学中学里头作义的时候，只要教师不是顽固透顶的人物，总教学生写自己周围的事物以及自己所有的情意。这两个出发点显然不同。前者负担着道学传统的空架子，实际是玩一套文字的把戏；发展到极点，就来了搭截题、集锦体、诗钟、灯谜种种花样。后者则把写作回复到生活方面来，让它跟说话处于同等地位；这当然切实有用，绝非点缀人生的玩意儿。

日记的材料是个人每天的见闻、行为以及感想，包括起来说，就是整个生活。我们写日记，写作这件事就跟生活发生了最密切的联系。从这种联系逐渐发展，以至著书立说，述作等身，总不会违反现实，或者取那种不真诚不严肃的态度。我们从日记练习写作，这就跟现代语文教学同其步趋。由此锻炼得来的写作能力，必然深至着实，决不会是摇笔展纸写几句花言巧语的勾当。

1940 年 1 月 20 日发表

论写作教学

国文课定期命题作文,原是不得已的办法。写作的根源是发表的欲望;正同说话一样,胸中有所积蓄,不吐不快。同时写作是一种技术;有所积蓄,是一回事;怎样用文字表达所积蓄的,使它恰到好处,让自己有如量倾吐的快感,人家有情感心通的妙趣,又是一回事。依理说,心中有所积蓄,自然要说话;感到说话不足以行远传久,自然要作文。作文既以表达所积蓄的为目的,对于一字一词的得当与否,一语一句的顺适与否,前后组织得是否完密,材料取舍得是否合宜,自然该按照至当不易的标准,一一求能解答。不能解答,果真表达了与否就不可知;能解答,技术上的能事也就差不多了。这样说来,从有所积蓄而打算发表,从打算发表而研求技术,都不妨待学生自己去理会好了。但是国文科写作教学的目的,在养成学生两种习惯:(一)有所积蓄,须尽量用文字发表;(二)每逢用文字发表,须尽力在技术上用功夫。这并不存在着奢望,要学生个个成为著作家、文学家;只因在现代做人,写作已经同衣食一样,是生活上不可缺少的一个项目,这两种习惯非养成不可。唯恐学生有所积蓄而懒得发表,或打算发表而懒得在技术上用功夫,致与养成两种习惯的目的相违反,于是定期命题作文。通常作文,胸中先有一腔积蓄,临到执笔,拿出来就是,是很自然的;按题作文,首先遇见题目,得从平时之积蓄中拣选那些与题目相应合的拿出来,比较地不自然。若嫌它不自然,废而不用,只教学生待需要写作的时候才写了交来,结果或许是一个学期也没有交来一篇,或许是来一篇小说、一首新诗什么的,这就达不到写作教学的目的。所以定期命题作文的办法明知不自然,还是要用它。说是不得已的办法,就为此。

定期命题作文是不得已的办法，这一层意思，就教师说，非透切理解不可。理解了这一层，才能使不自然的近于自然。教师命题的时候必须排除自己的成见与偏好；唯据平时对于学生的观察，测知他们胸中该当积蓄些什么，而就在这范围之内拟定题目。学生遇见这种题目，正触着他们胸中所积蓄，发表的欲望被引起了，对于表达的技术自当尽力用功夫；即使发表的欲望还没有到不吐不快的境界，只要按题作去，总之是把积蓄的拿出来，决不用将无作有，强不知以为知，勉强的成分既少，技术上的研摩也就绰有余裕。题目虽是教师临时出的，而积蓄却是学生原来有的。这样的写作，与著作家、文学家的写作并无二致；不自然的便近于自然了。学生经过多年这样的训练，习惯养成了，有所积蓄的时候，虽没有教师命题，也必用文字发表；用文字发表的时候，虽没有教师指点，也能使技术完美。这便是写作教学的成功。

胜义精言，世间本没有许多。我们的作文，呕尽心血，结果与他人所作，或仅大同小异，或竟不谋而合；这种经验差不多大家都有。因此，对于学生作文，标准不宜太高。若说立意必求独创，前无古人，言情必求甚深，感通百世，那么，能文之士也只好长期搁笔，何况学生？但有一层最宜注意的，就是学生所写的必须是他们所积蓄的。只要真是他们所积蓄，从胸中拿出来的，虽与他人所作大同小异或不谋而合，一样可取；倘若并非他们所积蓄，而从依样葫芦、临时剽窃得来的，虽属胜义精言，也要不得。写作所以同衣食一样，成为生活上不可缺少的一个项目，原在表白内心，与他人相感通。如果将无作有，强不知以为知，徒然说一番花言巧语，实际上却没有表白内心的什么；写作到此地步便与生活脱离关系，又何必去学习它？训练学生写作，必须注重于倾吐他们的积蓄，无非要他们生活上终身受用的意思。这便是"修辞立诚"的基础。一个普通人，写一张便条，作一份报告，要"立诚"；一个著作家或文学家，撰一部论著，写一篇作品，也离不了"立诚"。日常应用与立言大业都站在这个基础上，又怎能不在教学写作的时候着意训练？

学生胸中有积蓄吗？那是不必问的问题。只要衡量的标准不太高，不说二十将近的青年，就是刚有一点知识的幼童，也有他的积蓄。幼童看见猫儿圆圆的脸，眯着眼睛抿着嘴，觉得它在那里笑：这就是一种积蓄。他说"猫儿在笑"，如果他会运用文字了，他写"猫儿在笑"，这正是很可宝贵的"立诚"的倾吐。所以，若把亲切的观察、透彻的知识、应合环境而发生的情思等等一律认为积蓄，学生胸中的积蓄是决不愁贫乏的。所积蓄的正确度与深广度跟着生活的进展而进展；在生活没有进展到某一阶段的时候，责备他们的积蓄不能更正确更深广，就犯了期望过切的毛病，事实上也没有效果。最要紧的还在测知学生当前具有的积蓄，消极方面不加阻遏，积极方面随时诱导，使他们尽量拿出来，化为文字，写上纸面。这样，学生便感觉写作并不是一件特殊的与生活无关的事；在技术上也就不肯马虎，总愿尽可能尽的力。待生活进展到某一阶段，所积蓄的更正确更深广了，当然仍本着"立诚"的习惯，一丝不苟地写出来，这便成了好文章。好文章有许多条件，也许可以有百端，在写作教学上势难一一顾到；但好文章有个基本条件，必须积蓄于胸中的充实而深美，又必须把这种积蓄化为充实而深美的文字，这种能力的培植却责无旁贷，全在写作教学。

不幸我国的写作教学继承着科举时代的传统，兴办学校数十年，还摆脱不了八股的精神。八股是明太祖所制定，内容要"代圣人立言"，这是不要说自己的话，而要代替圣人说话，说一番比圣人所说的更详尽的话。八股的形式也有规定，起承转合，两股相对，都不容马虎。当时朝廷制定了这么一种文体来考试士子；你要去应试，自然非练习不可。但是写作的本意原不在代他人说话，而在发表自己的积蓄；即使偶尔代他人写封家信，也得问个清楚明白，待要说的话了然于胸，写来才头头是道。若照八股的办法，第一，不要说自己的话，就是不要使胸中的积蓄与写作发生联系，这便阻遏了发表的欲望了。第二，圣人去今很远，他们的书又多抽象简略，要代他们立言，势非揣摩依仿不可，从揣摩依仿到穿凿附会，从穿凿附会到不知说些什么，倒是一条便捷的路；走上了这条路，写作便成了不可思议的事了。依常理而论，写作文章，除了人类所共通的逻辑的法则与种族所共通的语言的法则不容违背以外，用什么形式该是自由的。审度某种形式适于某种内容，根据内容决定形式，权衡全在作者。所谓文无定法，意思就在此。八股却不然，无论你内容是什么，不管你勉强不勉强，总得要配合那规定的间架与腔拍。这样写下来，写得好的，也只是巧妙有趣的游戏文字，写得坏的，便成莫名其妙的怪东西了。从前一般有识见的人，知道八股绝对不足以训练写作。为求取功名起见，他们固然要学习八股；但是要倾吐胸中的积蓄，要表白内心与他人相感通，八股是没有用处的，他们唯有努力于古文与辞赋诗词甚而至于白话小说才办得到。一些传世的著作家、文学家就是从这班有识见的人中选拔出来的。可是学习八股究竟是利禄之途，有识见的人究竟仅占少数；所以大多数人只知在八股方面做功夫，形式上好像在训练写作，实际上却与训练写作南辕北辙。其结果，不要说做不到著书立说，就是写一封通常的书信，也比测字先生的手笔高明不到多少。这并不是挖苦的话，如今在六七十岁的老辈中间还可以找到这样的牺牲者呢。

　　八股不要了，科举废止了，新式教育兴起来了。新式教育的目标虽各有各说，但有一点为大家所公认，就是造就善于处理生活的公民。按照这个目标，写作既是生活上不可缺少的一个项目，自该完全摆脱八股的精神，顺着自然的途径，消极方面不阻遏发表的欲望，积极方面更诱导发表的欲望，这样来着手训练。无奈大家的习染太深了，提出目标是一回事，见诸实践又是一回事。实际上，便是史地理化等科，也被有意无意地认为利禄之途，成了变相的八股，而不问它与生活有什么干系。何况写作一事，直接继承着从前八股的系统，当然最容易保持八股的精神了。我八九岁的时候在书房里"开笔"，教师出的题目是《登高自卑说》；他提示道："这应当说到为学方面去。"我依他吩咐，写了八十多字，末了说："登高尚尔，而况于学乎？"就在"尔"字、"乎"字旁边博得了两个双圈。登高自卑本没有什么说的，偏要你说；单说登高自卑不行，你一定要说到为学方面去才合式：这就是八股的精神。这个话离现在将近四十年了，而现在中学生的作文本子上时常可以看到《治乱国用重典论》《经师易得，人师难求说》《荀子天论篇纯主人事，与向来儒家之言天者矛盾，试两申其义》《孟子主性善，荀子主性恶，二家之说孰是？》《上古竞于道德，中世逐于智谋，方今争于气力说》《宁静致远说》《蒙以养正说》《文以气为主论》一类的题目，足见八股的精神依然在支配着现在的写作教学。这并不是说那些题目根本要不得，如果到政治家、教育家、哲学家、史学家、文艺批评家手里，原都可以写成出色的文章。但是到中学生手里，揣量自己胸中没有什么积蓄，而题目已经写在黑板上，又非作不可；于是只得把教师提示的一点儿，书上所说到的一点儿，勉强充作内容，算是代教师代书本立言；内容既非自有，技术更无从考究，像不像且不管它，但图交卷完事。这样训练写作，不正合着八股的精神了吗？学生习惯了这样的训练，便觉写作是一件特殊的与生活无关的事；自己胸中的什么积蓄与写作不相干，必须拉扯一些不甚了了的内容，套合一个不三不四的架子，才算"作文"。有个极端的例子，对于学生来说，《我的家庭》是人人都有积蓄的题目，可是有的学生也会来一套"家庭是许多人的集合体，长辈有祖父、祖母、父亲、母亲、伯父、叔父，平辈有兄、弟、姊、妹，小辈有侄儿、侄女，但是我的家庭没有这么多人"的废话。你若责备他连"我的家庭"都说不上来，未免冤枉了他；他胸中原来清清楚楚知道"我的家庭"，但是他从平日所受的训练上得了一种错觉，以为老实说出来就不像"作文"了，为讨好起见，先来这么几句，不知道却是废话。所以训练者的观念合着八股的精神的时候，即使出了与学生生活非常相近的题目，也可以得到牛头不对马嘴的结果。你说学生的写作程度不好，诚然不好；但是那种变相的八股的写作程度，好了也没有多大用处。在生活上真有受用的写作训练，你并没有给他们，他们的程度又怎么会好？现在写作教学的一般情形，这两句话差不多可以包括尽了。训练写作的人只须平心静气问问自己：（一）平时对于学生的训练是不是适应他们当前所有的积蓄，不但不阻遏他们，并且多方诱导他们，使他们尽量拿出来？（二）平时出给学生作的题目是不是切近他们的见闻、理解、情感、思想等等？总而言之，是不是切近他们的生活，借此培植"立诚"的基础？（三）学生对于作文的反映是不是认为非常自然的不做不快的事，而不认为教师硬要他们去做的无谓之举？如果答案都是否定的，便可知道写作教学的成绩不好，其咎不尽在学生，训练者实该负大部分的责任。而训练者所以要负这种不愉快的责任，其故在无意之中保持了八股的精神。

学生写给朋友的信，还过得去；可是当教师出了《致友人书》的题目的时候，写来往往不很着拍。这种经验，教师差不多都有。为什么如此，似乎难解释，其实不难解释。平常写信给朋友，老实倾吐胸中的积蓄；内容决定形式，技术上也乐意尽心，而且比较容易安排。待教师出了《致友人书》的题目，他们的错觉以为这是"作文"，与平常写信给朋友是两回事，不免做一些拉扯套合的功夫；于是写下来的文章不着拍了。学校中出壁报，上面的论文、记载、小说、诗歌，往往使人摇头。依理说，这种文章都是学生的自由倾吐，该比命题作文出色一点，而仍使人摇头，也似乎难以解释。其实命题作文也没有什么不好，命题作文而合着八股的精神，才发生毛病；学生中了那种毛病，把胸中所积蓄与纸面所写看作互不相关的两回事，以为写壁报文章也就是合着八股的精神的"作文"；所以写下来的文章也不足观了。无论写什么文章，只要而且必须如平常写信给朋友一样，老实倾吐胸中的积蓄。现在作文已不同于从前作八股，拉扯套合的功夫根本用不到，最要紧的是"有"，而且表达出那"有"：这两层，学生何不幸而得不到训练呢？

曾经看见一位先生的文章，论大学国文系"各体文习作"教材的编选，对于不懂体制的弊病，举一个青年为例。他说那个青年平时给爱人写情书，有恋爱小说作蓝本，满可以肆应不穷；但是母亲死了，要作哀启，恋爱小说这件法宝不灵了，无可奈何，只好请人代笔。我看了这段文章就想：写情书不问自己胸中的爱情如何，而要用恋爱小说作蓝本，的确是弊病；而这弊病的由来在于没有受到适当的写作训练。至于做母亲的哀启，在发表胸中所积蓄这一点上，实在与情书并无二致。单说不懂哀启的体制所以作不来哀启，好像懂了哀启体制就可以作成哀启，这样偏于形式，也是一种八股的精神。学生在不正确的观念之下受写作训练，竟至于写情书不问自己胸中的爱情，作母亲的哀启要请人代笔；说得过火一点，这样的训练还不如不受的好。不受训练，当然得不到诱导，但也遇不到阻遏；到胸中有所积蓄，发表的欲望非常旺盛的时候，由自己的努力，写来或许像个样子。受了八股的精神的训练，却渐渐走上了岔路，结果写作一事反而成为自由倾吐的障碍。八股时代的牺牲者写一封通常的书信也比测字先生的手笔高明不到多少，便是榜样。除非如从前有识见的人那样，明知所受的写作训练不是路数，自己另辟途径来训练自己，那才可以希望在生活上终身受用。然而有识见的人在大众中间究竟仅占少数啊！

教学生阅读，一部分的目的在给他们个写作的榜样。因此，教学就得着眼于文中所表现的作者的积蓄，以及作者用什么功夫来表达他的积蓄。这无非要使学生知道，胸中所积蓄要达到如何充实而深美的程度，那才非发表不可；发表又要如何苦心经营，一丝不苟，那才真做到了家。学生濡染既久，自己有数，何种积蓄值得发表，决不放过；何种积蓄不必发表，决不乱写；发表的当儿又能妥为安排，成个最适合于那种积蓄的形式，便算达到了作榜样的目的。阅读的文章并不是写作材料的仓库，尤其不是写作方法的程式。在写作的时候，愈不把阅读的文章放在心上愈好，但实际情形每与以上所说不合。曾经参观若干高等学校的阅读教学，教材无非《古文观止》中所收的几篇，教师的讲解也算顾到写作训练方面；如讲李白《春夜宴桃李园序》，便说"古人秉烛夜游"点"夜"，"况阳春召我以烟景"点"春"，"会桃李之芳园"点"桃李园"，"开琼筵以坐花，飞羽觞而醉月"点"宴"：这样逐字点明，题旨才没有遗漏。又如讲苏轼《喜雨亭记》，便说"亭以雨名，志喜也"是"开门见山法"，直点"喜"字、"雨"字、"亭"字；"既而弥月不雨，民方以为忧"是"反跌法"，衬托下文的"喜"；以下"乃雨""又雨""大雨"，逐层点"雨"字；以下"相与庆于庭"是官吏"喜"，"相与歌于市"是商贾"喜"，"相与忭于野"是农夫"喜"：这样反复点明，题旨才见得酣畅。把作者活生生的一腔积蓄僵化为死板板的一套程式，便是这种讲法的作用。那给与学生的暗示，仿佛《春夜宴桃李园序》与《喜雨亭记》并不是李白苏轼自己有话要说，而是他们的教师出了那两个题目要他们做的；而他们所以交得出那样两本超等的卷子，功夫全在搬弄程式，既不遗漏又且酣畅地点明题旨。从此推想开来，自然觉得写作是一种花巧；遇到任何题目，不管能说不能说，要说不要说，只要运用胸中所记得的一些程式来对付过去就行。为对付题目而作文，不为发表积蓄而作文；根据程式而决定形式，不根据内容而决定形式：这正是道地的八股精神。从前做好了八股，还可以取得功名；现在受这种类似八股的写作训练，又有什么用处呢？

你若去请教国文教师，为什么要学生作那种与他们生活不很切近的论说文，大半的回答是：毕业会试与升学考试常常出这类题目，不得不使学生预先练习。的确，毕业会试与升学考试的作文题目常常有不问学生胸中有些什么的，使有心人看了，只觉啼笑皆非。训练者忽视了学生一辈子的受用，而着眼于考试时交得出卷子；考试者不想着学生胸中真实有些什么，而随便出题目，致影响到平时的写作训练；这又是道地的八股精神。有一位主持高等考试的先生发表过谈话，说应试者的卷子"技术恶劣，思路不清"，言外有不胜感慨的意思。我想，要看到"技术完美，思路清晰"的多数好卷子，须待训练者与考试者对于写作训练有了正当的观念。观念不改变，而望学生写作能力普遍地够得上标准，那便是缘木求鱼。

改变观念，头绪很多，但有一个总纲，就是：完全摆脱八股的精神。所有指导与暗示，是八股的精神，彻底抛弃；能使学生真实受用的，务必着力：这就不但改变了观念，而连实践也革新了。至于命题作文的实施，罗庸先生的话很可以参酌。他说："国文教师似应采取图画一课的教法，教学生多写生，多作小幅素描，如杂感短札之类，无所为而为，才是发露中诚的好机会。"

1940 年 12 月 23 日作

正确地使用句读符号

印书稿用句读符号,已经通行了二十年了,可是多数人还不能把句读符号好好地用。常见有些文字,一段之中尽量用"逗号",直到末了才用个"句号"。"句号"是表示一句话到此为止的,难道一段文字就只是一句话吗?"分号"的乱用尤其普遍:在提到两件或两件以上的事物的地方,便用"分号",如"橘柑;广柑;柚子;川中出产得很多";在意存两可的地方,也用"分号",如"我们三个人或者一同去;或者各自去,都可以"。这都是用错的;"分号"该用在关系极密切的两句话中间,把它们联成一个复句。"问号""叹号"也用得很随便,如"我不知道该怎么办?"和"非常高兴!"这两句实在不需要用"问号"和"叹号",只要用个"句号"就行。"该怎么办"诚然是询问口气,该用"问号",可是在前面加上"我不知道",就并非询问口气了。"非常高兴"只是寻常述说感情的话,和"很觉得悲伤""这大可忧虑"一样,并非感叹口气;并非感叹口气就不该用"叹号"。把符号用错的例子还有很多,这里不再细说。

书稿用句读符号,原为帮助文字,使文字的意义和语气确切不移。读者读了,也可以更清楚地辨明作者的意义和语气,不致发生误会。句读符号的作用如此,可知随便乱用决不是办法。乱用的时候,反而把作者的意义和语气搅糊涂了;读者依据了符号读下去,如果信为不错,非发生误会不可。这样,还不如不用符号好些。

消极地不用,便是放弃了一宗利器,当然不对。从积极的方面想,对于句读符号这一宗利器,必须好好地正确地用。学校国文课内,不注意学生使用符号的训练,这是一种错失。在学生方面,虽没有从国文课内受到训练,却可以自己训练。用些符号到底不是什么艰难的事。教育部颁行的《新式标点符号方案》，黎锦熙先生的《国语文法》里就转载着，书局里也有些专讲使用符号的书，只要拿来一看，那些符号的正确用法就明白了。明白了之后，只要多多历练，实地应用，正确使用的习惯就养成了。

在清朝末年，开明些的私塾先生往往教学生点读《申报》《新闻报》的论文，那时候的报纸是完全不用句读符号的。以前的书也多不用符号，点书是程度较高的学生的一项功课，或点《史记》，或点《读通鉴论》。在点读的当儿，情形和寻常看下去不同，非把文中每个词儿每一句子辨认清楚，体会明白，你就下不来点。因为要下点，迫着你不得不"精读"，从这个方法，好些人"读通"了。现在的句读符号不像从前那样只有一种"点"，要把每种符号都下得恰当，辨认和体会更得多下些功夫。对于一部没有符号的书，如果读者给加上各种符号，没有错误，了解的程度总在六七分以上了。前面说的要历练，就可以用这个方法：选取没有符号的书来读，审慎地加上各种符号。

另一种的历练方法就是每逢动笔作文，总得使用符号。作文时候连笔写下去，难免有粗疏的毛病。检出那些疵病的处所，加以修改，原是完篇以后应做的事儿。但是，如果使用符号的话，为了要把符号安排得恰当，在逐句写下去的当儿，就先已做了一番检讨的功夫。白以为说出了一个意思，可是从文字上看，却下不来个"句号"：那一定是文字还没有表达得完全。自以为某一处该用反问的口气才传神，可是从文字上看，却没法安排个"问号"：那一定是语气的表达还有些问题。所以，使用符号（当然指正确地用而言）有益于写作，可以使文字完密，至少不会有前言不对后语的毛病。常常看见一些作文本子，脱节和漏洞到处都是，所用的符号也马马虎虎。我想，作者如果明白了符号的正确用法，又养成了审慎使用符号的习惯，对于那些脱节和漏洞，该会自己检出，不必劳教师提起笔来修改了吧。（像这样的一句话，有些人往往在"吧"字之下用个"问号"；其实这只是猜度的口气，毫无询问的意味，决不能用"问号"。）

有些人在写完了一篇文字之后，再从头看过，加上符号；这不算好习惯。我们平时说话，在意思没有完足的时候作短短的停顿，在完足了一个意思的时候作较长的停顿,在疑问或惊叹的时候都用特种的声调说出。文字中的符号就代表那些停顿和声调,必须在写下去的当儿,遇到该用符号的处所就用上符号,才贴合语言之自然。这样习惯了,符号就成为文字的有机成分,犹如停顿和声调是语言的有机成分一样:这才收到使用符号的最大效果。

1942 年 2 月 1 日发表

思想——语言——文字

有人说，思想是不出声的语言。

这个话大致是正确的；一个思想在我们脑里通过，先想到某一层，次想到某一层，最后终结在某一层，这一层层如果用口说出，就是一串的语言。有些时候，脑中只有朦胧一团的知觉，不成为思想，那就用口也说不出，用笔也写不出。（往往有人说，我有一些思想，可是说不出也写不出，其实这所谓思想还只是没有化为"不出声的语言"的朦胧一团的知觉而已。）

人不能虚空无凭地想，必须凭着语言来想。

文字的依据既是语言，语言和思想又是二而一的东西，所以文字该和语言思想一贯训练：怎样想，怎样说，怎样写，分不开来。

1942 年 4 月 1 日发表

介绍《学文示例》（上册）

这一部《学文示例》，书面上标明《大学国文教本》，但高中同学以及自修国文的人都可以看。郭绍虞先生编辑这部书的宗旨，看几条"编例"就知道。

  本书主旨欲使大学国文教学有较异于中学之方法，故略本修辞条例，类聚性质相同之文，理论实例同时并顾，俾于讲授之外，兼有参考教材。
  本书教材，文白互收，俾适于语言文字之训练；韵散兼采，又蕲适合于文学的训练。学者可随其程度兴趣之异，各有所获。
  本书既兼重文学之训练，故于各体文章，无论骈散韵语，以及小说戏曲，佛经翻译文体，民歌通俗文体，无不采择以备一格。

编者的功夫就在"类聚性质相同之文"，自己并没有发挥。实例当然是现成文字，理论文字也是现成的。那些现成文字，就已出的上册说，时代最近的是刘师培、孙德谦、吴曾祺、林纾一些人的文论，以及《中学生》《师大月刊》《人间世》三种杂志上登载的。我国现代文学的理论和实例，都没有涉及。

上册包含两部分。一部分是《评改例》。"理论之部"采选昔人谈及评文改文的文字；"实例之部"又分摘谬与修正两类，"摘谬是消极的去病之例，修正部分是积极的去病之例——摘谬类中分举文言、白话、韵文、散体诸例，俾明用字、遣词、造句、运典之法；修正类中分举删汰、增润、窜易、改定诸例,俾明草创、讨论、修饰、润色之功"。又一部分是《拟袭例》。"理论之部"采选昔人谈及规摹因袭的文字;"实例之部又分两类,以规范体貌者为模拟类,点窜陈言者为借袭类——模拟类中分法式之拟与体格之拟二目,借袭类中分缀集与衍约二目"。编者所用的词语,未必都能教人一看就明白。"法式之拟",就是形式的模仿。"体格之拟"就是风格的模仿。"缀集"就是"集句",运用现成句子,极端的便通篇用成语,作者只下了连缀的功夫。"衍约"就是根据现成材料写新作品。

这两部分触及写作的两件事情,一是成稿以后的斟酌修改,一是属稿以前的定局取材。咱们写文字,须要斟酌修改,并不是说初稿好像一段朴素的织料,加以斟酌修改,便是再给绣上些花朵。最要紧的还在修正思想,使它完密;称量所用的语言文字,使它与思想贴合,表达得恰如其分。世间也有一种天才,落笔就好,一字不须更动。但他们只是把斟酌修改的功夫用在落笔之先,到落笔的时候,思想已极度完密,语言文字已无不妥帖,自然不须再斟酌修改了。称他们为天才,无非说他们能够得心应手,由熟生巧,非意识地作斟酌修改的功夫而恰到好处。至于一般人,写下初稿来,思想往往有欠完密的地方,语言文字也难得恰如其分。若非抱定"出门不认货"的态度,斟酌修改自属必要。再说,写文字虽说要写自己的东西,要创造自己的风格;但写作到底是一种技术,要达到神而明之的地步,必须经过继续不断的练习。漫无依傍,单凭自己的摸索,一回一回来尝试,是练习;跟踪人家的途径,遵照人家的规模,认认真真地来效学,也是练习。前一种练习如果弄得好,自然独辟蹊径,迥不犹人;但也许摸索在歪里,那就事倍功半。后一种练习是模仿的方法,如果把心与手模仿僵了,当然要不得;但只须记住模仿是借径,目的在乎完成自己的技术,在模仿的时候不忘记有个我在,那就可以计日程功,一回练习有一回的进步。就一般人说,两种练习方法,自以采用后一种为稳当。这《学文示例》上册,对于以上两点,斟酌修改和技术模仿,都能有些启发。

现在的青年也许不大欢喜看《文心雕龙》《史通》一类文字,但《潭南遗老集》里《五经辨惑》《史记辨惑》等笔记式的文字,该不会嫌其乏味,看了这些,便知道一向视为神圣的"五经"与史学又兼文学名著的《史记》,

其间也很有些疏漏在，何况其他的著作。于是识见放宽了，眼光渐渐变得敏锐了，无论什么著作摆在面前，总用批判的眼光去读它，不再一味地"尽信书"，这便是真实的受用。又把《史记》《汉书》相同的传记对看，两种本子的《水浒传》的同一回目对看，把欧阳修个人的初稿与改定稿对看，也是颇有趣味的事儿。在对看的时候，如果动些天君，自然会发见后稿对于前稿斟酌损益的用心。看得出人家的用心，自己渐渐也能同样地用心，这受用又岂在少处。又如杜甫有《寓居同谷县作七首》，文天祥、汪元量、郑燮等人便有"形式的模仿"他的诗篇；温庭筠、辛弃疾的词自成风格，项廷纪、王鹏运便特意作些词"风格的模仿"他们。在阅读这些东西的时候，如果能体会出那些模仿之作虽不免依傍，而思想性情还是自己的，这就窥见了模仿的要诀，自己当不至于吃模仿的亏。此书材料，似乎"集句"一类对于现在的读者最少用处，这个办法虽见作者巧思，实在是文章游戏，咱们不必做了。

　　大概教本、读本、选本之类只是举些例子。以为天下奥妙尽在于此，只顾捧着本子死读，即使得益，也不会太多。认清那些本子只是例子，从中得到些启示，学到些方法，随时随地拿来活用，那才受益无穷。譬如有了这部《学文示例》，叶燮摘江（琬）文之谬，纪昀削《史通》之繁，方苞删汰唐宋古文语句，咱们何尝不可用同样方法，对自己的文稿毫不容情地挑剔，极端审慎地修改？又如此书常用对看的方法，它的材料虽不多，且偏于旧籍，但咱们何尝不可推广它的方法，另选一些对象来下功夫？《水浒传》与《红楼梦》同是性格描写的名著，而又彼此不同，不妨对看。曹禺、李健吾、丁西林的戏剧都有相当成就，他们的风格如何，不妨比较。诸如此类，题目正多。用功愈勤，识力愈增；识力的增进便是手法进步的根源。现在介绍这部《学文示例》，主要的目的，就希望读者从此书得到启示，学到方法。

1942 年 11 月 1 日作

《文句检谬》前言

一

　　学习写作，要把文字写好，当然须将好书好文字作范本。这和学画画须看好画，学唱歌须听好歌，是同样的道理。但是不好的书和文字，对于学习写作的人也有用处，只要你不是糊糊涂涂地读它，而是精细谨慎地读它。这样读的时候，可以磨练你的眼光和心力。如果看出它的不好在哪里，又知道它的不好为什么是不好，你的眼光和心力就长进了。既已辨得清人家的毛病，又说得出那毛病的所以然，对于同样的毛病，你再会犯吗？不好的书和文字在学习写作上也有用处，理由就在此。

　　我们看书和文字，不能够等待人家给推荐了介绍了，专拣好的来看。这是说事实上办不到。再依理说，一个人要等人家把好书好文字推荐给他介绍给他，他再看，他便将终身不会真正懂得好书好文字。好不好是从比较来的。许多的书和文字环绕在周围，一一和你接触，你运用自己的心力和眼光作精密的比较，辨出这一些为什么不好，同时便辨出那一些为什么好：这样辨别之后，你才会真正懂得好书好文字。至于不好的书和文字，虽然不能够事前知道它不好，但是看下去便辨出来了，自然不会受它的坏影响。这可以打个比喻：不好的书和文字好比病菌，是我们时常会碰到的；而磨练我们的眼光和心力便是增强身体的抵抗力，抵抗力强，就不至于受病菌的影响了。

　　现在从手头的报纸杂志以及信件中抄录一些不很妥适的文句，刊载在这里，给读者诸君作磨练眼光和心力的材料。请把其中不妥适之处检查出来，并且研究该怎样修改才妥适。

1942 年 1 月发表

二

平时看杂志，遇见些写得不甚妥适的文句就抄下来；并不是有意挑人家的眼，是想借此研究，不甚妥适的文句大概有多少类，其所以弄成不妥适的原因又在哪里。现在从中摘出一些，刊登在这里。请君看了研求两点：（一）这些文句为什么不甚妥适？（二）该怎样改才算妥适？如果研求出来了，或多或少总有几句话可以说；就请把话写下来，寄给我们——只说其中的一句两句也可以。我们就可以选择那说得最有道理的发表出来，供大家观看。

通常说"开卷有益"，这个话未必完全对。没有道理的读物，当它有道理而读它；词句不通的文字，当它范本而读它：便是"非徒无益而又害之"。可是读物上面并没有"有没有道理"和"通不通"的标记，咱们又怎能专拣有益的来读呢？随便阅读，结果却无益有害，岂不是大大的冤枉？这只有采用一种根本的办法，就是养成咱们的识力——也可以说眼力：它没有道理，它不通，咱们看得出来，就决不会受害。识力不能凭空养成，得在阅读的时候多用心思。用了心思，读到好的，就知道它的道理和好处之所在；读到不好的，就知道它为什么没有道理和为什么不通。于是，不但好的读物对于咱们有益，就是不好的读物对于咱们也有益了——因为看得出它不好，咱们的识力便长进了一分。要能如此，说"开卷有益"才没有毛病。我们提供一些不甚妥适的文句请读者研求，无非希望诸君在语言文字方面长进些识力的意思。

1942 年 11 月 15 日发表

语言与文字

文字根据语言，并不是直录语言。语言或不免拖沓，脱节，似是而非，这些毛病在文字中必须除掉。只有写对话，为了妙肖其人的口吻，才是例外。我们说某人善于说话，并不是说他能够花言巧语，只是说他能把一些意思说出来，通体完美，没有拖沓、脱节、似是而非等毛病。假如是这样一个善于说话的人，他写文字尽可以直录语言，怎么说就怎么写。可惜这样的人不多。多数人说话总是噜噜苏苏、支离破碎，临到没有办法就随便找一个词拉一个句式来应急。你只要在会场中听五分钟的演说，就会相信这个话并非过甚其词。一般人主张作文之前须有一番周密的考虑，作成了文字又须经一番精审的修改，一半固然在求意思的圆满妥帖，一半就在求语言的完美。这里说"一半"也只是勉强分开，实际上两个一半是一回事。意思若不圆满妥帖，语言就无论如何不会完美；语言若不完美，意思虽圆满妥帖也无从充分表达。

求语言的完美，学习论理学、文法、修辞学，是一个办法。论理学告诉我们思想遵循的途径，使我们知道如何是合理，如何便不合理。文法告诉我们语言的习惯，使我们知道如何是合式，如何便不合式。修辞学告诉我们运用语言的方式，使我们知道如何是有效，如何便没有效。多数人说话往往欠完美，指摘起来虽有多端，但是总不出不合理、不合式、没有效这三项。他们决非明知故犯，只因没有意识到合理不合理等等问题，就常在口头挂着破破烂烂的语言。其中有些人又误认为文字就是直录语言，就常在纸面上涂上破破烂烂的文字。现在从根本着手，对合理不合理等等问题考查个究竟。待到心知其故，自会检出哪些语言是不合理、不合式、没有效的，剔除它们，不容它们损坏语言的完美。

不学习论理学、文法、修辞学，也未尝不可；但是要随时留意自己的和他人的语言，不仅说了听了就完事，还要比较，要归纳，这样说不错，那样说更好，这样说为了什么作用，那样说含有什么情趣。这样做，可以使语言渐渐接近完美的境界。还可以随时留意自己的和他人的文字。文字，依理说，该是比语言完美。但是也要比较，也要归纳，看它是否完美。如果完美，完美到什么程度。这样随时留意，实在就是学习论理学、文法、修辞学，不过不从教师，不用书本，而以自己为教师，以自己的比较和归纳为书本罢了。所得往往会与教师教的书本上写的暗合。教师的和书本上的经验原来也是这样得来的。

现在学校教国文，按照课程标准的规定说，要带教一点文法和修辞学，实际上带教的还很少见。如有相当机会，还要酌加一点论理学大意。例子以日常生活中的语言，读本上的文句，作文练习簿上的文句为范围。这样办，目的之一是使学生心知其故，语言要怎样才算完美。从前文家教人笔法章法，练字练句，也大致着眼在语言的完美上。他们对自己的和他人的口头语言虽不措意，可是所讲文字之理实在就是语言之理。从前有些人看不起这种讨究，以为这是支离破碎的功夫；他们有个不二法门，就是熟读名文，读着读着，自己顿悟。他们的想头未免素朴了些，然而他们的取径并没有错。熟读名文，就是在不知不觉之中追求语言的完美。诵读的功夫，无论对语体对文言都很重要。仅仅讨究，只是知识方面的事情，诵读却可以养成习惯，使语言不期然而然近于完美。

知识方面既懂得怎样才算完美，习惯上又能实践，这就达到了知行合一、得心应手的境界。于是开口说话，便是个善于说话的人；提笔作文，便是个行于所当行、止于所不可不止的能手。善于说话的人与作文的能手若称为天才的，那天才成因一定有十之八九是自己的努力。一个人在还不敢自信是善于说话的人的时候，不要谈直录语言，怎么说就怎么写，而要在动笔之前与成篇之后，下一番功夫求语言的完美。一篇像样的文字须是比一般口头语言更完美。

1943 年 3 月 10 日发表

改文

××先生：

　　前天会面，畅谈一阵，大快。临别承您相问，贵校一学期叫学生作五次文，似乎嫌少，练习不够；想增加几次，可是所加改文费的总数不小，这笔钱无从支出；您要我想想可有两全的办法。今天我想了些时，实在想不出什么办法可以两全。学生作文要有进步，自然练习越多越好。单管练习，不给批改，学生就如冥行摸索，进步与否还是不可知，那自然要批改。但批改须由学校加付改文费，而贵校的预算里没有这样一笔，您校长先生又不能自己掏腰包，那岂不是只好不增加作文次数了事？前天我答应您想想看，原以为这其间有一条转弯路，现在知道事情简单得很，您能增加改文费，就可以增加作文次数，您若不能，就让学生作五次文算了。

　　我回答不上您的问题，却从您的问题想起了些旁的意思，就是关于批改方面的。您关心学生的学业，您希望学生笔下有进步，想来乐意听我随便谈谈。

　　一般校长先生看国文教师尽职与否，往往根据学生的作文本；不圈不点算是不尽职，圈圈点点算是尽相当的职，圈点之外又有添注涂改便是大尽厥职。督学员和视察员之类，看法也一个样，走进学校查察国文教学情况，决不忘记学生的作文本，教师改笔详尽与否记上考绩的报告书。还有家长，见子弟的作文本上没有一个教师的字迹，就不免说教师拆烂污，甚至写信给校长提出质问；若见满纸添注涂改，不由得心中欢喜，以为子弟笔下必然有通顺之望了。

　　以上说的这些人的认识有个共同之点，他们似乎都相信，只要把作文本批改了,学生笔下便会有进步。其实事情没有这么简单。批改固然足以促进学生的进步,可是运用不得其法,也可以跟学生全不相干,徒然花了教师的一番心血、学校的一笔改文费。怎样是运用不得其法呢?请容我说下去。

有些教师改学生文字,喜欢将原作大段钩去,有时竟将全篇不要,他老先生用自己的意思在行间写上一大段甚至一篇。这就是运用不得法的一个例子。作文是学生练习发表,不是要你教师发表。学生发表得不妥当,不合式,如意思想不周到,道理见不透彻,词语用不惬当,教师在这些处替他改一改,使不周到的周到了,不透彻的透彻了,不惬当的惬当了,这才对学生有实益。学生原先不知道自己的不周到、不透彻、不惬当,现在知道了,这是实益。不但消极地知道了不对处,并且积极地知道了怎样才对,这是实益。往后想意思,说道理,用词语,将会多用一些功夫,不致再犯同样的错误,这更是实益。现在可不然,教师把学生发表的抹杀了,他自己来发表一通。教师发表的,依理说,自然比学生高明,不过你尽管高明,对于学生的发表能力又有多少帮助?学生说的东,他说东没有说对,你帮助他,就得替他修改,把东说对了。你抹杀他的东,另外说个西,这不是帮助他,只是你自己逞能罢了。自己逞能的改文要不得,因为于学生无益。——幸而这一派并不多见,在今日,一位教师担任两个半专任,所任钟点填满了任课表的空格子,虽有逞能的习性,也没有下笔的余裕了。

有些教师跟前面说的不同。他揣摩了学生的意旨改文,学生说东没有说对,就帮助他把东说对了,这当然很好。可是为什么那样不对这样才对,并不写一个眉批在本子高头;发还本子的时候,授给了学生就了事,也不加一些口头说明,这又未免是运用不得其法了。改一次文,总要使学生多一次的了解,才算不白费功夫,才算于学生有益。现在默默地改了,默默地发还,这无非希望学生看了你的改笔,能够自己领悟,而且领悟得一点不错,正同你的心思一模一样。这样的学生诚然有,可是难保有得很多,若望全班都能这样,那更是绝对没有的事。学生把改本看一眼不追究个所以然,看过就丢了,这是常事;有的更马虎,不看改文,只望望批在上面的分数或是等第,就把本文塞进抽屉里去了,对于这样的学生,教师改文纵然到家,实际并无帮助。要希望真个对他们有帮助，至少须要加上若干眉批，说明为什么那样不对这样才对。能够在发还本子的时候口头说明，当然更好。最好的办法是在动笔改的时候，叫学生站在旁边，与他商量，共同想定该怎么改。这当儿，教师真是站在辅助地位，给学生尽力了；学生的进步将月异而岁不同，那是必然的事。——也许有人要问我：你这办法当然好，但是一班学生有七八十个，担任三班，本子就是两百多，要像你说的那样一本本加眉批，一本本口头说明，一本本招了学生来共同商量，即使不吃饭不睡觉，时间来得及吗？我也知道时间来不及；我又想不出什么办法解决这个难题。我这儿只是说，真要帮助学生，要把改文应用得其法，非这么做不可。

我知道有些学校里，教国文的教师不改文，另外有人专任改文，多少钱一本，像工厂里的计件制。不知道贵校采用这种制度不？语文科最重要的是养成好习惯。读跟作虽是两项，可是互相因依，读影响作，作也影响读。养成读和作的好习惯，自然该由一手经办。怎么会想出这种分工制来，我真有些奇怪。专任改文的人不接触学生，口头说明或与学生共同商量，当然全谈不到。教国文的教师也可以不负责，本子是他人改的，管他则甚！于是，用心的学生唯有盲揣瞎摸，不用心的学生堂而皇之丢开本子了事。这样练习作文，要望进步岂不很难？再说，改文也是教育行为中的一项，教育行为而至于行"计件制"，其教育意义也就微乎其微了。我曾经见过计件的改本，无非圈圈点点，在不甚相干的处钩去数字，换上数字。计件当然不能精心，若要精心，就得多花功夫，就会减少工资。这种改本，与其说为学生的进步着想，不如老实拆穿地说，是为应付督学、视察员、家长的查问着想。本子总算改过了，对于督学、视察员、家长也就交代得过了。不过从教育意义上想，为应付督学、视察员、家长而改文，那只是报销主义，其实不改也并不要紧；必须认定目标，改文是要帮助学生，使他们的发表能力逐渐长进，又必须选定方法，如我前面所说，那才是真正的教育行为。

任何事情，不想似乎没有问题，想一想，要求实效，就会来许多问题。作文批改，大家认为习常的事，但要求实效，就得有许多改革。您看了我这封信，如果觉得有些意思，不妨与贵校的国文教师讨论讨论。我想，如果把改文运用得其当，或者照旧一学期作五次文也无妨。若有批改之名，而无批改之实，那么，您即使愿意掏出一大笔钱来充改文费，我也认为您慷慨得没有意义。

1944 年 3 月 24 日作

谈文章的修改

有人说，写文章只该顺其自然，不要在一字一语的小节上太多留意。只要通体看来没有错，即使带着些小毛病也没关系。如果留意了那些小节，医治了那些小毛病，那就像个规矩人似的，四平八稳，无可非议，然而也只成个规矩人，缺乏活力，少有生气。文章的活力和生气全仗信笔挥洒，没有拘忌，才能表现出来。你下笔多所拘忌，就把这些东西赶得一干二净了。

这个话当然有道理，可是不能一概而论。至少学习写作的人不该把这个话作为根据，因而纵容自己，下笔任它马马虎虎。

写文章就是说话，也就是想心思。思想，语言，文字，三样其实是一样。若说写文章不妨马虎，那就等于说想心思不妨马虎。想心思怎么马虎得？养成了习惯，随时随地都马虎地想，非但自己吃亏，甚至影响到社会，把种种事情弄糟。向来看重"修辞立其诚"，目的不在乎写成什么好文章，却在乎绝不马虎地想。想得认真，是一层。运用相当的语言文字，把那想得认真的心思表达出来，又是一层。两层功夫合起来，就叫做"修辞立其诚"。

学习写作的人应该记住，学习写作不单是在空白的稿纸上涂上一些字句，重要的还在乎学习思想。那些把小节小毛病看得无关紧要的人大概写文章已经有了把握，也就是说，想心思已经有了训练，偶尔疏忽一点，也不至于出什么大错。学习写作的人可不能与他们相比。正在学习思想，怎么能稍有疏忽？把那思想表达出来，正靠着一个字都不乱用，一句话都不乱说，怎么能不留意一字一语的小节？一字一语的错误就表示你的思想没有想好，或者虽然想好了，可是偷懒，没有找着那相当的语言文字：这样说来，其实也不能称为"小节"。说毛病也一样，毛病就是毛病，语言文字上的毛病就是思想上的毛病，无所谓"小毛病"。

　　修改文章不是什么雕虫小技，其实就是修改思想，要它想得更正确，更完美。想对了，写对了，才可以一字不易。光是个一字不易，那不值得夸耀。翻开手头一本杂志，看见这样的话："上海的住旅馆确是一件很困难的事，廉价的房间更难找到，高贵的比较容易，我们不敢问津的。"什么叫做"上海的住旅馆"？就字面看，表明住旅馆这件事属于上海。可是上海是一处地方，决不会有住旅馆的事，住旅馆的原来是人。从此可见这个话不是想错就是写错。如果这样想，"在上海，住旅馆确是一件很困难的事"，那就想对了；把想对的照样写下来，"在上海，住旅馆确是一件很困难的事"，那就写对了。不要说加上个"在"字、去掉个"的"字没有多大关系，只凭一个字的增减，就把错的改成对的了。推广开来，几句几行甚至整篇的修改也无非要把错的改成对的，或者把差一些的改得更正确，更完美。这样的修改，除了不相信"修辞立其诚"的人，谁还肯放过？

　　思想不能空无依傍，思想依傍语言。思想是脑子里在说话——说那不出声的话，如果说出来，就是语言，如果写出来，就是文字。朦胧的思想是零零碎碎、不成片段的语言，清明的思想是有条有理、组织完密的语言。常有人说，心中有个很好的思想，只是说不出来，写不出来。又有人说，起初觉得那思想很好，待说了出来，写了出来，却变了样儿，完全不是那回事了。其实他们所谓很好的思想还只是朦胧的思想，就语言方面说，还只是零零碎碎、不成片段的语言，怎么说得出来，写得出来？勉强说了写了，又怎么能使自己满意？那些说出来写出来有条有理、组织完密的文章，原来在脑子里已经是有条有理、组织完密的语言——也就是清明的思想了。说他说得好写得好，不如说他想得好尤其贴切。

　　因为思想依傍语言，一个人的语言习惯不能不求其好。坏的语言习惯会牵累了思想，同时牵累了说出来的语言、写出来的文字。举个最浅显的例子。有些人把"的时候"用在一切提冒的场合，如谈到物价，就说"物价的时候，目前恐怕难以平抑"，谈到马歇尔，就说"马歇尔的时候，他未必真个能成功吧"。试问这成什么思想，什么语言，什么文字？那毛病就在于沾染了坏的语言习惯，滥用了"的时候"三字。语言习惯好，思想就有了好的依傍，好到极点，写出来的文字就可以一字不易。我们普通人难免有些坏的语言习惯，只是不自觉察，在文章中带了出来。修改的时候加一番检查，如有发现就可以改掉。这又是主张修改的一个理由。

1946 年 5 月 1 日发表

习作是怎么一回事

——《集体习作实践记》序

习作到底是怎么一回事？教学国文的双方似乎都不大问，其实是应该问的。

如果回答：课程标准规定有习作一项，所以要习作。这不能算回答，因为没有说明白习作是怎么一回事。

如果回答：一个人需要写文章，习作就是学习写文章。这是回答了，因为说明白是怎么一回事了。

可是，一个人为什么定要写文章呢？照普通见解说，写文章是文人的事儿。一个人工人、农人、商人什么都可以做，哪有注定做文人的？既然不注定做文人，为什么定要写文章？

话似乎应该这么说：我们且把文人和文章撇开；人人做文人，决无此理；习作的目的不在学习写文章、预备做文人。——这是一层，属于消极方面的。

一个人固然什么都可以做，可是无论什么人都有意思情感，而且，无论什么人都生活在人群中间，随时有把意思情感发表出来的需要。发表可以用口，可以用笔，比较起来，用笔的效果更大。因此，人人都要学习用笔发表，人人都要习作。

用口发表，凭借的是语言。用笔发表，凭借的是文字。语言与文字其实是二而一的东西。在通行了口语文的今日尤其如此。语言说"今天早上"，文字也写"今天早上"，语言说"物价涨得太利害了"，文字也写"物价涨得太利害了"。只要说得不错，写出来一定不错，除了写别字以及写不出那个字以外，写的方面是没有多大问题的。功夫还得用在说的方面，写得好就因为说得好。

至于说，当然不只是运动发音机关，发出一串语音来。说些什么，怎么个说法，都得凭各人的经验作底子。换一句说，都得凭各人的世界观，人生观，以及语言习惯作底子。底子不好，无论如何说不好。说好话写好文字的人，其实不是他们的话好文字好，是他们的底子好。

到这儿，习作是怎么一回事的问题可以回答了。习作是凭各人的底子，努力说好话，把他写出来。就是这么一回事。——这又是一层，属于积极方面的。

凭各人的底子，努力说好话，其实就是一串思想过程。

有一派心理学者说，思想是不出声的语言。凭经验，我们可以承认这个话。我们不能空无依傍地思想，我们思想依傍语言。想这个，想那个，就是不出声地说这个，说那个。先怎么想，后怎么想，就是不出声地先怎么说，后怎么说。朦朦胧胧的思想就是七零八落的语言，如果说出来，不成其为话。清清楚楚的思想就是有条有理的语言，如果说出来，就是一番好的话。思想与语言也是二而一的。把前面说的调过来说，语言是出声的思想。

这样看来，又可以说习作就是练习思想。

总括以上的意思：因为要发表，所以要习作；习作就是练习说话，也就是练习思想，把那结果写出。

关于练习，还有些话可说。譬如学数学的人翻开一本数学教本，那上面有若干题目，布多少钱一尺，五尺该多少，一块地东西多宽，南北多长，面积该多少，他就一一计算，这叫做练习。实际上他并不买布，并不量地，只是假定有那么一回事而已。因此，似乎所谓练习是应付假设的事，不是实际生活中的事，是准备阶段的事，不是当前受用的事。其实不然。虽不买布，但买米买柴同样可以用买布的计算方法。虽不量地，但量房间量桌子同样可以用量地的计算方法。所以练习也是实际生活中的事，也是当前受用的事。

至于习作尤其如此。你必须有一些材料、一番意境，才可以习作。材料是实际生活中得来的，意境是此时此地想起的，你凭这些个来练习说话，练习思想，绝非应付假设，绝非为他日的说话思想作准备。你练习得好，就是当前说好了一番话，想好了一段思想。所以习作也是一种实际生活，不是假设的游戏。

根据以上的见解来看在春先生的《集体习作实践记》，那就是一部讨论怎样说好话的书，也就是一部讨论怎样想好思想的书。书中虽然分出"材料商讨过程"和"文字商讨过程"，好像把内容和形式划为两事，其实这只是为的讨论的方便。材料既已选定，前后排比既已停当，那时候，一个词儿、一种语气的运用也就安排好了。换句话说，内容既已确定，形式也同时完成了，只待写下来就是。如果有一个词儿尚待推敲，一句语气尚待揣摩，那就是话没有说好，思想没有想好，还是内容方面的事。

次说"集体习作"，这个办法非常好，就是许多人共同练习说话，练习思想。一个人难免有欠周妥处，大家讨论，讨论到大家满意，那一定是比较好的说法和想头了。我曾经写过些关于写作教学的文字，都说到共同讨论，正合在春先生的意思。

希望这本书能得到教师和学生的深切注意。

1946 年 5 月 30 日作
（本文题目是叶至善后拟的）

写话

"作文",现在有的语文老师改称"写话"。话怎么说,文章就怎么写。

其实,三十前年,大家放弃文言改写白话文,目标就在写话。不过当时没有经过好好讨论,大家在实践上又没有多多注意,以致三十年过去了,还没有做到真正的写话。

写话是为了求浅近,求通俗吗?

如果说写话是为了求浅近,那就必须承认咱们说的话只能表达一些浅近的意思,而高深的意思得用另外一套语言来表达,例如文言。实际上随你怎样高深的意思都可以用话说出来,只要你想得清楚,说得明白。所以写话跟意思的浅近高深没有关系,好比写文言跟意思的浅近高深没有关系一样。

至于通俗,那是当然的效果。你写的是大家说惯听惯的话,就读者的范围说,当然比较广。

那么写话是为什么呢?

写话是要用现代的活的语言写文章,不用古代的书面的语言写文章——是要用一套更好使的、更有效的语言。用现代的活的语言,只要会写字,能说就能写。写出来又最亲切。

写话是要写成的文章句句上口,在纸面上是一篇文章,照着念出来就是一番话。上口,这是个必要的条件。上不得口,还能算话吗?通篇上口的文章不但可以念,而且可以听,听起来跟看起来、念起来一样地清楚明白,不发生误会。

有人说,话是话,文章是文章,难道一点距离也没有?距离是有的。话不免啰嗦,文章可要干净。话说错了只好重说,文章写错了可以修改。说话可以靠身势跟面部表情的帮助，文章可没有这种帮助。这些都是话跟文章的距离。假如有一个人，说话一向很精，又干净又不说错，也不用靠身势跟面部表情的帮助，单凭说话就能够通情达意，那么照他的话记下来就是文章，他的话跟文章没有距离。不如他的人呢，就有距离，写文章就得努力消除这种距离。可是距离消除之后，并不是写成另外一套语言，他的文章还是话，不过是比平常说得更精的话。

又有人说，什么语言都上得来口，只要你去念，辞赋体的语言像《离骚》，人工制造的语言像骈文，不是都念得来吗？这样问的人显然误会了。所谓上口，并不是说照文章逐字逐句念出来，是说念出来跟咱们平常说话没有什么差别，非常顺，叫听的人听起来没有什么障碍，好像听平常说话一样。这得就两项来检查，一项是语言的材料——语汇，一项是语言的组织形式——语法。这两项跟现代的活的语言一致，就上口，不然就不上口。我随便翻看一本小册子，看见这样的语句，是讲美国资产阶级自由主义者支配的几种刊物的："……在不重要的地方，大资产阶级让他们发点牢骚，点缀点'民主'风光，在重要的地方，则用不登广告……的办法，使他们就范。"不说旁的，单说一个"则"，就不是现代语言的语汇，是上不得口，说不来的。就在那本小册子里，又看见这样的语句，是讲美国司法界的黑暗的："有好多人，未等到释放，便冤死狱中。"不说旁的，单说按照现代语言的组织形式，"冤死"跟"狱中"中间得加个"在"，说成"冤死狱中"是文言的组织形式，不是现代语言的组织形式，是上不得口，说不来的。

或许有人想，这样说未免太机械了，语言是发展的，在现代的语言里来个"则"，来个"冤死狱中"，只要大家通用，约定俗成，正是语言的发展。我想所谓语言的发展并不是这样的意思。实际生活里有那样一种需要，可是现代的语言里没有那样一种说法，只好向古代的语言讨救兵，这就来了个"咱们得好好酝酿一下"，来了个"以某某为首"。"酝酿"本来是个古代语言里的语汇，"以……为……"本来是文言的组织形式，现在参加到现代的语言里来了，说起来也顺，听起来也清：这是一种发展情形（还有别种发展情形，这儿不多说）。"则"跟"冤死狱中"可不能够同这个相提并论。现在在文章里用"则"的人很多，但是说话谁也不说"则"，可见这个"则"上不得口，又可见非"则"不可的情形是没有的。"冤死狱中"如果可以承认它是现代的语言的组织形式，那么咱们也得承认"养病医院里""被压迫帝国主义势力之下"是现代的语言的组织形式，但是谁也知道"养病"跟"被压迫"底下非加个"在"不可，不然就不成话。

还可以从另外一方面思。既然"则"可以用，那么该说"了"的地方不是也可以写成"矣"吗？该说"所以"的地方不是也可以写成"是故"吗？诸如此类，不用现代语言的语汇也可以写话了。既然"冤死狱中"可以用，那么该说"没有知道这回事"的地方不是也可以写成"未之知"吗？该说"难道是这样吗"的地方不是也可以写成"岂其然乎"吗？诸如此类，不照现代语言的组织形式也可以写话了。如果这样漫无限制，咱们就会发现自己回到三十年以前去了，咱们写的原来是文言。所以限制是不能没有的，哪一些是现代语言的词汇跟组织形式，哪一些不是，是不能不辨的。不然，写成的文章上不得口，不像现代的语言，那是当然的事。咱们看《镜花缘》，看到淑士国里那些人物的对话觉得滑稽，忍不住要笑，就因为他们硬把上不得口的语言当话说。咱们既然要写话，不该竭力避免做淑士国的人物吗？

不愿意做淑士国的人物，最有效的办法是养成好的语言习惯。语言习惯好，写起文章来也错不到哪儿去，只要你不做作，不把写文章看成稀奇古怪的另外一套。

把写成的文章念一遍是个好办法，可以检查是不是通篇上口。不要把它当文章念，要把它当话说，看说下去有没有不上口的地方，有没有违反现代语言规律的地方，如果它不是写在纸面的文章，是你口头说的话，是不是也那样说。

还可以换个立场，站在听话的人的立场，你自己听听，那样一番话是不是句句听得清，是不是没有一点儿障碍，是不是不发生看了淑士国里那些人物的对话那样的感觉。

还有个检查的办法。你不妨想一想，你那篇文章如果不用汉字写，用拼音文字写，成不成。有人说，咱们还在用汉字，还没有用拼音文字，所以做不到真正的写话。这个话也有道理。但是，为了检查写话，就把汉字当拼音文字用，也不见得不可以。一个语词有一个或者几个音，尽可以按着音写上适当的汉字。这样把汉字当拼音文字用，你对语言的看法就完全不同了，你会发觉有些话绝对不应该那样说，有些话只能够写在纸面，不能够放到口里。经过这样检查，再加上修正，距离真正的写话就不远了。

1950 年 12 月 25 日作

拿起笔来之前

写文章这件事，可以说难，也可以说不难。并不是游移不决说两面话，实情是这样。

难不难决定在动笔以前的准备功夫怎么样。准备功夫够了，要写就写，自然合拍，无所谓难。准备功夫一点儿也没有，或者有一点儿，可是太不到家了，拿起笔来样样都得从头做起，那当然很难了。

现在就说说准备功夫。

在实际生活里养成精密观察跟仔细认识的习惯，是一种准备功夫。不为写文章，这样的习惯本来也得养成。如果养成了，对于写文章太有用处了。你想，咱们常常写些记叙文章，讲到某些东西，叙述某些事情，不是全都依靠观察跟认识吗？人家说咱们的记叙文章写得好，又正确又周到。推究到根柢，不是因为观察跟认识好才写得好吗？

在实际生活里养成推理下判断都有条有理的习惯，又是一种准备功夫。不为写文章，这样的习惯本来也得养成。如果养成了，对于写文章太有用处了。你想，咱们常常写些论说文章，阐明某些道理，表示某些主张，不是全都依靠推理下判断吗？人家说咱们的论说文章写得好，好像一张算草，一个式子一个式子等下去，不由人不信服。推究到根柢，不是因为推理下判断好才写得好吗？

推广开来说，所有社会实践全都是写文章的准备功夫。为了写文章才有种种的社会实践，那当然是不通的说法。可是，没有社会实践，有什么可以写的呢？

还有一种准备功夫必得说一说，就是养成正确的语言习惯。语言本来应该求正确，并非为了写文章才求正确，不为写文章就可以不正确。而语言跟文章的关系又是非常密切的，即使说成"二而一"，大概也不算夸张。语言是有声无形的文章，文章是有形无声的语言：这样的看法不是大家可以同意吗？既然是这样，语言习惯正确了，写出来的文章必然错不到哪儿去，语言习惯不良，就凭那样的习惯来写文章，文章必然好不了。

　　什么叫做正确的语言习惯？可以这样说：说出来的正是想要说的，不走样，不违背语言的规律。做到这个地步，语言习惯就差不离了。所谓不走样，就是语言刚好跟心思一致。想心思本来非凭借语言不可，心思想停当了，同时语言也说妥当了，这就是一致。所谓不违背语言的规律，就是一切按照约定俗成的办。语言好比通货，通货不能各人发各人的，必须是大家公认的通货才有价值。以上这两层意思虽然分开说，实际上可是一贯的。想心思凭借的语言必然是约定俗成的语言，决不能是"只此一家"的语言。把心思说出来，必得用约定俗成的语言才能叫人家明白。就怕在学习语言的时候不大认真，自以为这样说合上了约定俗成的说法，不知道必须说成那样才合得上；往后又不加检查，一直误下去，得不到纠正。在这种情形之下，语言不一定跟心思一致了，还不免多少违背了语言的规律。这就叫做语言习惯不良。

　　从上一段话里，可以知道语言的规律不是什么深奥奇妙的东西；原来就是约定俗成的那些个说法，人人熟习，天天应用。一般人并不把什么语言的规律放在心上，他们只是随时运用语言，说出去人家听得明白，依据语言写文章，拿出去人家看得明白。所谓语言的规律，他们不知不觉地熟习了。不过，不知不觉的熟习不能保证一定可靠，有时候难免出错误。必须知其然又知其所以然，把握住规律，才可以巩固那些可靠的，纠正那些错误的，永远保持正确的语言习惯。学生要学语言规律的功课，不上学的人最好也学一点，就是这个道理。

　　现在来说说学一点语言的规律。不妨说得随便些，就说该怎样在这上头注点儿意吧。该注点儿意的有两个方面，一是语汇，二是语法。

　　人、手、吃、喝、轻、重、快、慢、虽然、但是、这样、那样……全都是语汇。语汇，在心里是意念的单位，在语言里是构成语句的单位。对于语汇，最要紧的自然是了解它的意义。一个语汇的意义，孤立地了解不如从运用那个语汇的许多例句中去了解来得明确。如果能取近似的语汇来作比较就更好。譬如"观察"跟"视察"，"效法"跟"效尤"，意义好像差不多；收集许多例句在手边（不一定要记录在纸上，想一想平时自己怎样说的，人家怎样说的，书上怎样写的，也是收集），分别归拢来看，那就不但了解每一个语汇的意义，连各个语汇运用的限度也清楚了。其次，应该清楚地了解两个语汇彼此能不能关联。这当然得就意义上看。由于意义的限制，某些语汇可以跟某些语汇关联，可是决不能跟另外的某些语汇关联。譬如"苹果"可以跟"吃""采""削"关联，可是跟"喝""穿""戴"无论如何联不起来，那是小孩也知道的。但是跟"目标"联得起来的语汇是"做到"还是"达到"，还是两个都成或者两个都不成，就连成人也不免踌躇。尤其在结构繁复的句子里，两个相关的语汇隔得相当远，照顾容易疏忽。那必须掌握语句的脉络，熟习语汇跟语汇意义上的搭配，才可以不出岔子。再其次，下一句话跟上一句话连接起来，当然全凭意义，有时候需用专司连接的语汇，有时候不需用。对于那些专司连接的语汇，得个个咬实，绝不乱用。提出假设，才来个"如果"。意义转折，才来个"可是"或者"然而"。准备说原因了，才来个"因为"。准备作结语了，才来个"所以"。还有，说"固然"，该怎样照应，说"不但"，该怎样配搭，诸如此类，都得明白。不能说那些个语汇经常用，用惯了，有什么稀罕；要知道唯有把握住规律，才能保证用一百次就一百次不错。

咱们说"吃饭""喝水"，不能说"饭吃""水喝"。意思是我佩服你，就得说"我佩服你"，不能说"你佩服我"；意思是你相信他，就得说"你相信他"，不能说"他相信你"。"吃饭""喝水"合乎咱们语言的习惯；"我佩服你""你相信他"，主宾分明，合乎咱们的本意：这就叫做合乎语法。语法是语句构造的方法。那方法不是由谁规定的，也无非是个约定俗成。对于语法要注点儿意，先得养成剖析句子的习惯。说一句话，必然有个对象，或者说"我"，或者说"北京"，或者说"中华人民共和国"，如果什么对象也没有，话也不用说了。对象以明白说出来的居多；有时因为前面已经说过，或者因为人家能够理会，就略去不说。无论说出来不说出来，要剖析，就必须认清楚说及的对象是什么。单说个对象还不成一句话，还必须对那个对象说些什么。说些什么，那当然千差万别，可是归纳起来只有两类。一类是说那对象怎样，可以举"中华人民共和国成立了"作例子，"成立了"就是说"中华人民共和国"怎样。又一类是说那对象是什么，可以举"北京是中华人民共和国的首都"作例子，"是中华人民共和国的首都"就是说"北京"是什么。在这两个例子中，哪个是对象的部分，哪个是怎样或者是什么的部分容易剖析，好像值不得说似的。但是咱们说话并不老说这么简单的句子，咱们还要说些个繁复的句子。就算是简单的句子吧，有时为了需要，对象的部分，怎样或者是什么的部分，也得说上许多东西才成，如果剖析不来，自己说就说不清楚，听人家说就听不清楚。譬如"以美国为首的帝国主义者侵略朝鲜的行动正在严重地威胁着中国的安全"这句话，咱们必须能够加以剖析，知道这句话说及的对象是"行动"，"行动"以上全是说明"行动"的非要不可的东西。这个"行动"怎样呢？这个"行动""威胁着中国的安全"；"正在"说明"威胁"的时间，"严重地"说明"威胁"的程度，也是非要不可的。至于繁复的句子，好像一个用许多套括弧的算式。你必须明白那个算题的全部意义才写得出那样的一个算式，你必须按照那许多套括弧的关系才算得出正确的答数。由于排版不方便，这儿不举什么例句，给加上许多套括弧，写成算式的模样了；只希望读者从算式的比喻理会到剖析繁复的句子十分重要。能够剖析句子，必然连带地知道其他一些道理。譬如，说及的对象一般在句子的前头，可是不一定在前头：这就是一个道理。在"昨晚上我去看老张"这句话里，说及的对象是"我"不是"昨晚上"，在前的"昨晚上"说明"去看"的时间。繁复的句子里往往包含几个分句，除开轻重均等的以外，重点都在后头：这又是一个道理。像"读书人家的子弟熟悉笔墨，木匠的儿子会玩斧凿，兵家儿早识刀枪"这句话，是三项均等的，无所谓轻重。像"我们不但善于破坏一个旧世界，我们还将善于建设一个新世界""宁可将可作小说的材料缩成速写，决不将速写材料拉成小说""如果我们不学习群众的语言，我们就不能领导群众""我们有很多同志，虽然天天处在农村中，甚至自以为了解农村，但是他们并没有了解农村""即使人家不批评我们，我们也应该自己检讨"（以上六句例句是从吕叔湘、朱德熙两位先生的

《语法修辞讲话》里抄来的,见六月二十日的《人民日报》),这几句话的重点都在后头,说前头的,就为加强后头的分量。如果径把重点说出,原来在前头的就不用说了。已经说了"我们将善于建设一个新世界",底下还用说"我们善于破坏一个旧世界"吗?要说也连不上了。知道了以上那些道理,对于说话听话,对于写文章看文章,都是很有用处的。

开头说准备功夫,说到养成正确的语言习惯就说了这么一大串。往下文章快要结束了,回到准备功夫上去再说几句。

以上说的那些准备功夫全都是属于养成习惯的。习惯总得一点一点地养成。临时来一下,过后就扔了,那养不成习惯,而且临时来一下必然不能到家。平时心粗气浮,对于外界的事物,见如不见,闻如不闻,也就说不清所见所闻是什么。有一天忽然为了要写文章,才有意去精密观察一下,仔细认识一下,这样的观察和认识,成就必然有限,必然比不上平时能够精密观察、仔细认识的人。写成一篇观察得好、认识得好的文章,那根源还在于平时有好习惯,习惯好,才能够把文章的材料处理好。

平时想心思没条没理,牛头不对马嘴的,临到拿起笔来,即使十分审慎,定计划,写大纲,能保证写成论据完足、推阐明确的文章吗?

平时对于语汇认不清它的确切意义,对于语法拿不稳它的正确结构,平时说话全是含糊其词,似是而非,临到拿起笔来,即使竭尽平生之力,还不是跟平时说话半斤八两吗?

所以,要文章写得像个样儿,不该在拿起笔来的时候才问该怎么样,应该在拿起笔来之前多做准备功夫。准备功夫不仅是写作方面纯技术的准备,更重要的是实际生活的准备,不从这儿出发就没有根。急躁是不成的,秘诀是没有的。实际生活充实了,种种习惯养成了,写文章就会像活水那样自然地流了。

1951 年 6 月 24 日作

写文章跟说话

写文章跟说话是一回事儿。用嘴说话叫做说话，用笔说话叫做写文章。嘴里说的是一串包含着种种意思的声音，笔下写的是一串包含种种意思的文字，那些文字就代表说话时候的那些声音。只要说的写的没有错儿，人家听了声音看了文字同样能够了解我的意思，效果是一样的。

写文章跟说话是一回事儿。要有意思才有话说。没有意思硬要说，就是瞎说。意思没有想清楚随便说，就是乱说。瞎说乱说都算不得好好地说话。用笔说话，情形也一个样。嘴里该怎么说的，笔下就该怎么写。嘴里不那么说的，笔下就不该那么写。写文章决不是找一些稀奇古怪的话来写在纸上，只不过把要说的话用文字写出来罢了。

小朋友不要听见了"作文""写文章"，以为是陌生的事儿、困难的事儿。只要这么想一想：这就是用笔说话呀。谁不会说话？谁不需要说话？想过之后，自然就觉得"作文""写文章"是稀松平常的事儿了。而且，从小学一年级起，小朋友就写"爸爸做工""妈妈洗衣服"这类的句子，这就是用笔说话的开头。如果开了头一直不断地写，三年、四年、五年，用笔说话的习惯必然养成了。这时候，谁教不要写就觉得被剥夺了自由，能够随意地写正是极度的自由，哪会有嫌陌生怕困难的？

认定了写文章跟说话是一回事儿，就不必另外花什么功夫，只要把话说好就是了。话是本该要说好的，不写文章也得说好。咱们天天说话，时时说话，说不好怎么行？说好了的时候，文章也能写好了。咱们平常说谁的文章好，谁的不好，意思也是指的说好说不好。

现在要问，怎么才算把话说好？花言巧语，言不由衷，好不好？认是为非，将虚作实，好不好？含含糊糊，不明不白，好不好？颠三倒四，噜里噜苏，好不好？

问下去可以问得很多，不要再问吧。就把上面问的几点来想一想，那样的话决不会有人说好。在前的两点是不老实，在后的两点是不明确。说不老实的话，谁都知道无非想欺人骗人，怎么要得？说不明确的话，在自己是说了等于没有说，在人家是听了一阵莫名其妙，怎么能算说好？

咱们不妨简单地这么说：说话又老实又明确才算说好。以外当然还有可以说的，可是老实跟明确是最根本的两点。做到这两点，才可以谈旁的。这两点也做不到，旁的就不用谈了。

"作文""写文章"到底是怎么一回事儿呢？回答也简单，就是用笔说又老实又明确的话。

1951 年 11 月发表

从《语法修辞讲话》谈起

近来《中国语文》上有好些篇文章讨论汉语文法的问题,尤其是词类的问题。我是外行,不能赞一辞。我想谈谈另一方面。

语言文字的事儿,大概可以分两方面来谈。一是语言本身有什么规律,怎么使用就恰当,不那么使用就不恰当,简单地说,就是实际使用上的是非得失。另一方面是怎么理解这些规律,这是科学理论,这里头大有文章可做。《中国语文》上撰稿的诸位先生谈的是后一方面,我要谈的是前一方面。我想从《语法修辞讲话》谈起。

《语法修辞讲话》从一九五一年六月六日起登在《人民日报》上,每星期登两回,连续了好几个月才把六讲登完。当时要吕叔湘、朱德熙两位先生写这个《讲话》,为的是大家觉得语言使用上有些混乱。你也说混乱,我也说混乱,到底怎样才可以消除混乱现象呢?怎样才可以使咱们的语言纯洁和健康呢?这就有在语言的实际使用上讨究一番的必要。《讲话》登在《人民日报》上,后来又印成单行本,读者那么多,不但读过看过而已,好些单位还组织学习,拿它做学习资料。反映是多种多样。有的说它着实解决些语言的实际使用上的问题。有的说它头绪纷繁,徒乱人意。有的坚持学习,直到最后一讲,说不看全貌,得不着好处就不能怪人家。有的半途而废,实在学不下去了,说语法那么啰嗦,还是照平时习惯说话写文章吧……再说自从这个《讲话》登出以后,群众中间普遍地有了个认识,就是语法很关重要,即使是嫌语法那么啰嗦的,也认识到现在有那么多的人在看重语法。这是《讲话》登在《人民日报》上的影响。可是评论《讲话》的文章不多见,就其中个别论点来评论的还有过一些,通评全部的似乎更少。《人民日报》编者在开始登《讲话》的时候写过按语，说如有不同的见解尽可以提出来讨论，这个按语好像已经估计到会有这样的情形。

《讲话》跟其他语法书不同。它不仅说明一些名目和格式，不仅就那些名目和格式列举一些例子，还指出一些实际使用上的缺陷，拿那些缺陷来讨论。譬如讲到主语（在第四讲里），不仅说明什么叫主语，还指出有些句子有了主语缺少合式的谓语，有些句子有了谓语缺少合式的主语，有些句子主语谓语配合不恰当，有些句子主语重复了，有些句子暗中更换了主语了，诸如此类。这个办法是好的，它使《讲话》具有现实的意义。即使一部分还有可以商量的地方，可是不用商量的大部分对人家很有帮助。

第五讲讲修辞，作者声明把重点放在"明确"上，其次是"简洁"。这就是说，这里讲的是消极修辞方面的事儿，至于怎样可以使形式更好，用怎样的形式表达内容可以收到更大的效果，那些属于积极修辞方面的事儿，暂时不去讨论。大约作者是这么想的：在一般情况下，应该先求"无过"，在"无过"的基础上再从容地进求"有功"。这一部分指出的语言使用的好些现象，咱们不留心，也不觉得怎样不妥当，一经作者说破，才觉得确然有些毛病。

第六讲讲使用标点，着重在辨析疑难。

就全部看，觉得第四、第五两讲写得较好，第二讲较差。第二讲讲用词，这里头可以商量的地方恐怕最多。第三讲讲虚字，那里头可以商量的地方也不少。例如"有些、有的""为……而……""致以"。按现在的情况，作者所批评的某些用法正是大家乐于使用的，而且觉得用得还顺适，可见作者的讲法不见得全正确。

好些读者的意见，《讲话》的要求似乎苛一点儿，这也不对，那也不合。说话写文章原是挺平常的事儿，哪里会那样的到处荆棘？尤其是初学写文章的人，要是拿《讲话》做学习资料，极容易犯束手束脚的毛病，那就"非徒无益而又害之"。我想，《讲话》的写作既然为了支持《人民日报》社论《正确地使用祖国的语言，为语言的纯洁和健康而斗争！》的号召，搜罗一些不纯洁、不健康的例子来讨论是必要的。实际上各类例子有那么多，咱们就不能怪作者搜罗得太多了——固然有些例子到底纯洁不纯洁、健康不健康还可以商量。可是,假如适当地增多一些正面的(纯洁的、健康的)例子,减少一些不常见的反面的例子,那就叫人家可以多所取法,又可以省去不必要的揣摩,效果该会好些。

此外还可以指出两点,该是《讲话》的缺点。这里头只讲到句,没谈段落和篇章。一般语法书原来大都如此。可是《讲话》既然把语法和修辞合起来谈,既然着重在讨论语言的使用,这就离不了思维的条理,而思维的条理常常在一段一篇里看出来。上下两句分开来看都完整,连起来看可不相应,那就说不上恰当地使用语言。前后两段分开来看都要得,连起来看可搭不上,那也说不上恰当地使用语言。因此,要给读者更多的帮助,应该在下一句和上一句、后一段和前一段的关系上有所讨论。可惜《讲话》没这样做。其次,看现在的情况,长句的应用越来越广,而长句极容易出毛病。为读者着想,应该用较多的篇幅谈长句,《讲话》谈得太少了。第四讲第九段指出各种结构上的毛病,这是有用处的。可是正面的长句只在第一讲的末了分析了三句,那是不够的。

《讲话》注重在语言的实际使用上的是非得失,既然谈是非得失,就得有所取舍。下判断,定取舍,人人的意见不会全同,不同就得讨论。当时《人民日报》的按语希望大家讨论,我也一直在盼望大家讨论,因为语言是交流思想的工具,该怎样使用才合适,是咱们切身的事儿。注重在语言的实际使用上,实在就是讨论文学语言("文学语言"这个术语跟古时候所谓"雅言"相近,就是大家通晓的、了无隔阂的语言,可以用来谈话、演说、作报告,也可以用来写普通文章和文艺作品)规范化的问题,虽然《讲话》里没正面提出。再说,大家希望消除语言混乱的现象,反过来说,不就是希望规范化吗?规范化了就不混乱了。规范化了,说东是东,说西是西,出于你的口,入于我的心,一清二楚,不折不扣,这才做到充分地交流。规范化是语言工作里头一项重要的工作,要是在这方面无所作为,好些事情不容易做,如文字改革、编词典、编课本等等。大家好像还不大关心这个问题。我热切地期望大家关心起来,尤其是语言学家。

有人认为现在的书面语言是"五花八门,一团混乱。要想给他整理出一套规矩来,并且教给人学会他,真是个劳而无功的事"(陆宗达、俞敏:《现代汉语语法》第10面)。这是一种看法。这种看法认为不能就书面语言来谈书面语言,只能拿口头语言来衡量书面语言,合则留,不合则去。这个话当然也有道理,可是这样说是不是全面,书面语言和口头语言的关系是不是那么单纯,这是值得讨论的。《讲话》的作者也注意到书面语言和口头语言的关系,对于古代成分和外来成分的处理也提出一些意见,但是好像认为基本上是可以在现在的书面语言里整理出一套规矩来。是不是可以这样做,《讲话》里哪些地方做得好,哪些地方做得不好,都是可以讨论而且应该讨论的。经过讨论,把应该肯定的肯定下来,应该否定的否定掉,然后总结出一些原则原理来,那就大有好处——对于说汉语、写汉语的人都有好处。事情当然不会那样单纯,在析疑辨难的当儿,问题引问题,将会引出许多问题来,连《讲话》里没提出的也都有机会拿出来讨论了。要是咱们认定这么一个前提,规范化是必要的而且可能的,讨论就不嫌其广,不嫌其繁。

　　附带说一点。既然讲语法,就少不了体系术语。我看《讲话》所用的体系术语是折中诸家之说,更确切一点儿说,是在黎(锦熙)、王(力)两家之间,作者并没有什么创立。在这方面,异军突起可以注意的有《中国语文》上连载的《语法讲话》和陆宗达、俞敏两位先生的《现代汉语语法》。最近有高名凯先生否认词类分别,不过他还没在这个前提下捏出新的体系来。我已经说过,我在这方面不能赞一辞。但是,由于从事语文工作,我常常跟教师、编辑同志接触,彼此一谈起来,就不免诉说,体系不一,术语分歧,大是苦事。教师采用甲的体系讲授,学生提出乙的体系来问难,怎么办?同一学校里,一班的教师采用甲的体系讲授,另一班的教师采用乙的体系讲授,旁的功课都有固定的教材,唯有语法不然,怎么办?编辑课本,既不能罗列诸家之说让学生自己去斟酌,又没法揉合诸家之说成为一说,怎么办?用强迫命令的手段"定于一",固然不应该,事实上也办不到,但是能不能充分协商,先提出个在教学上可以试用的纲领来呢?有些人对于语法学家的争辩起反感,认为他们争他们的,跟大伙儿毫不相干。我倒不那么想。真理应该是愈辩愈明,语法学家争辩的对象正是咱们大伙儿头等重要的工具——语言的问题。必须从各个不同的角度看,然后看得全,看全之后,也许各种说法都有一部分对，一部分不对。但是哪一部分对，哪一部分不对，就非讨论不可。很希望"学"和"思"并重，一面调查研究，一面认真争辩，这样才能够早有结果。

1954 年 11 月 28 日作

漫谈写作

一、用笔说话

咱们跟人家交流思想,不能光靠一张嘴说话,还得用笔说话。用笔说话就是写作。

话只能说给面对面的人听,人家不在面前,你就没法跟他说话。但是用笔说话就没有这个限制。人家在几百里几千里以外,你可以给他寄信打电报。

用笔说话不但可以对同时代的人说,而且可以对后来的人说。古人的书就是古人对咱们说的话,咱们读他们的书就是听他们说话。

说话是一连串的声音。声音只能用耳朵听,而且一会儿就没有了,不留下什么痕迹。用笔说话可不然,写下来就在纸上留下痕迹,说话的本人和别人都可以用眼睛看一遍两遍,十遍二十遍,也就是重复地听它一遍两遍,十遍二十遍。

前边说的那些用笔说话的好处,谁都知道,好像不足为奇。但是请想一想,要是没有用笔说话这回事,咱们的文化生活会成什么样子?思想交流光靠面对面说话,范围就非常狭窄了,一切工作和活动必然进展得非常迟缓。两个人走开了就彼此不通声气。一代代的经验教训只能靠口耳相传。说话的人把话说过,听话的人把话听过,一丝儿踪影也不留了。

好在有文字的民族就有用笔说话这回事。有用笔说话这回事,思想交流的范围就非常广阔,文化生活就可以尽量发展。

当然,那还得看能够用笔说话的人多还是少。能够用笔说话的人多到百分之百,跟少到只有百分之几,这里头大有差别。必须人人能够用笔说话,思想交流的范围才能非常广阔。

现在咱们要建设社会主义社会,要提高大家的物质生活和文化生活。这得靠全体人民积极奋斗,努力工作。在奋斗和工作里,思想交流是一件极其重要的事情。

因此,咱们谁都要学文化,要掌握文字这个工具。这无非为的便利思想交流。

掌握了文字这个工具,就能够看书看报,不但看现在的书报,还可以看古人的书。看书看报是怎么回事?不就是听人家说话吗?掌握了文字这个工具,就能够写作。写作是怎么回事?不就是用笔说话吗?通过文字,不靠耳朵,能够听人家说话,不靠嘴,能够跟人家说话,你看这对思想交流多方便!

咱们暂且丢开看书看报不说,单说写作。在咱们的日常生活里,写作几乎像吃饭喝水一样,是不能缺少的事项。记日记、写信、提意见、打报告、订计划、做总结……哪一项不需要动笔?既然经常要动笔,就必须学习写作,养成良好的习惯,做到用笔说话跟用嘴说话同样地自由自在。

1955 年 3 月 10 日作

二、照着话写

学习写作就得拿起笔来写。但是有些人说,拿起笔来容易,要写出什么来可不容易。好像写出什么来是一件了不起的事,不是人人办得到的。

这是一道关,学习写作的人首先得打破它。打破它实在没有什么困难,因为它只是思想上一个小疙瘩。咱们只要在思想上认清写作并不是了不起的事,是人人办得到的事,小疙瘩就解除了,关就打破了。

现在就这方面说一说。

写作就是说话,不过不用嘴说,用笔说。这一点大概谁都不会否认。既然承认这一点,就得承认能用嘴说话的人就能用笔说话,就能写作,只要他认得字,写得出。认得字,写得出,这很要紧,因为字是大家公用的工具,唯有利用这个工具说出去（就是把字写出去），人家才会了解。但是，一个人只要学过文化，认过两三千字，又练过写字，点画撇捺都记清楚，这就基本上可以说"认得字，写得出"了。

嘴里说"我们一定要解放台湾"，写下来就是"我们一定要解放台湾"。嘴里说"咱们的操作过程还得改进"，写下来就是"咱们的操作过程还得改进"。不认得这些个字，写不出这些个字，当然没办法。认得又写得出，还有什么难？

也许有人要说，这两个例子只是简单的两句话，比较繁复的长的一串话恐怕不一样吧？要知道无论怎样繁复的长的一串话，全跟前边举的例子一个样，可以照样写下来。你在什么会议上发言，一谈谈了个把钟头，记录员把你的话一句句记下来，就成一大篇用笔说的话。

要给朋友写封信，一定有一番话跟他说，把话写下来就是信。调查了一个车间，知道那里的一些情况，既然知道就说得出，把说得出的话写下来就是调查记录。例子不必多举，总之，问题只在有话没话。要是没有话，你口也不必开，当然谈不到写。只要有话可说，你就一定能够写。话怎么说就怎么写。

写作决不是丢开了平常说话，另外来一套。写作决不是无中生有，另外找一套不相干的话来说。谁有什么话，谁就把他的话写下来，这就是写作。这多么稀松平常，人人办得到。办到的时候，那个人就有挺大的方便。本来必须面对面跟人家说的话，现在在纸上留下痕迹，纸传到哪里，话就传到哪里，纸传到多久，话就传到多久。思想交流的范围扩大了，岂不是挺大的方便？

说到这里，可见写不出什么来实在是一种不必要的顾虑。可以写的东西多得很。凡是自己心里想的，嘴里说得出的，全都是可以写的。怎么写呢？照着话写，话怎么说就怎么写。只要认定这个，再加上个不怕，要写就写，决不贪懒，这样今天写，明天写，不要多长时候，用笔说话就跟用嘴说话一样地顺当了。到这里，学习写作的头一道关也就打破了。

当然，话怎么说话怎么写，并没有解决学习写作的全部问题。但是，这个办法回答了"写什么？""怎么写？"的问题，这个办法养成了用笔代嘴的习惯,只要你照着做,事实就会给你证明写作没有什么难。头一道关打破了,你才能够满怀信心地学下去。

头一道关打破了,往后怎么样,下一回再谈。

1955 年 3 月 12 日作

三、写加了工的话

前一回说,话怎么说就怎么写是个好办法,可以打破不敢动手写作的关。这道关既然打破了,就得进一步下功夫,要求写得好,比嘴里说的话好。

嘴里说话的时候,对面一定有人,或者一个人,或者几百人千把人(譬如作大报告的时候)。面对面说话,常常可以依靠旁的帮助。脸上做一个表情,身体做一个姿势,手一指,脚一顿,都可以使对方更明白我说的意思。这些就是帮助。用笔说话的时候,只有一个个字写在纸上,这些帮助全没有了。

还有,多数人从小不注意训练,平时不细心琢磨,说话往往有些毛病,不精确,不干净。譬如应该说"研究"的地方说了"考究",应该说"因为"的地方说了"那么",应该说"事情"的地方说了"事故",就是不精确。譬如话说不下去了,"这个,这个,这个……"来了一大串,用"咱们得切切实实地努力"结束了一句话,接着又重复个"咱们得切切实实地努力",就是不干净。还有,一层意思已经在前边说过,说到后段,那层意思又来了,也是不干净。

面对面说话,当然也要求精确和干净。说得精确,就可以使对方完全了解我的意思,不发生一点儿误会。说得干净,话就比较有力量(拖泥带水的话力量差,不能深深地打进对方的心),而且说的人和听的人都可以节省些精力和时间。但是,说得不太精确,不太干净,依靠着旁的帮助,还多少可以补救一些。唯有用笔说话,不能依靠什么帮助,没有什么补救,要是写得不好,效果比说得不好更坏。你写得不精确,准叫人发生误会,甚至完全弄不明白。你写得不干净,准叫人感觉厌烦,甚至没看完就扔了。因此,用笔说的话要比嘴里说的话好。怎样才是好，回答很简单，用精确的、干净的话把意思说出来，然后写下来，就是好。

这就不光是话怎么说就怎么写了，在写下来以前，先得把话检查一番。怎么检查呢？这番话是不是恰好表明我的意思？一个个词儿用得对吗？后一句跟前一句，后一段跟前一段，接榫的地方合乎我的意思吗？说话的口气合乎我的感情吗？诸如此类的检查，目的在去掉那些不精确的部分，做到精确。按照我的意思看，这番话里有废话吗？哪怕一个词儿，一句句子，有去掉比留着更好的吗？诸如此类的检查，目的在去掉那些不干净的部分，做到干净。

检查过后，一定会发现原来的话某些地方不精确，应该改动，某些地方不干净，应该去掉。这么一改一去，给原来的话加了工，就是比较好的话了。然后照着这加了工的话，它怎么说就怎么写。

还有一种情形，有时候并不是先有一番话在那里，只等写下来就是，而是一面说话一面写，说一句写一句。在这种情形之下，咱们必须注意这是用笔说话，该比用嘴说话精确干净，所以得随说随检查。还有一个办法，就是把全部的话一口气写完，再作一番检查，该改就改，该去就去，然后算是完稿。

这么看来，写得好实在是说得好，拿着一支笔硬写是不会好的，还得从说的方面下功夫。想想自己的意思，想想人家看了我写的会怎么样，说成一番比随便说话更精确更干净的话，然后写下来，这就是学习写作的进一步的要求。

学习写作的时候这样做，当然会影响平时的说话习惯，原来不怎么精确的逐渐精确起来，原来不怎么干净的逐渐干净起来。说话习惯越来越好，写作时候需要加工的就越少。直到最后，竟可以不需要加什么工，话怎么说就怎么写了。

1955 年 4 月 5 日作

四、写作要有中心

上一回说，写作不能照着随便说的话写，应该加一点儿工，使它又精确又干净，然后照着写。这一回再来说一个写作跟随便说话不同的地方。

两个朋友会了面，大家没事，坐下来闲聊天。从天气谈到春游，从春游谈到一路上看见的新建筑，从新建筑谈到建筑方面的形式主义，从形式主义谈到开会讨论问题也有形式不形式的分别……随便扯开来尽可以没完没了，直到彼此劳累了才算结束。像这样随便谈着的话是不适宜照着写下来的。要是照着写下来给人家看，人家会问："你写这些话给我看有什么意思？"

闲聊天本来没有什么目的，随便扯来扯去，当然没有中心。用笔说话，写给人家看，必然有个目的，因而必得有个中心。要是没有目的，那就根本用不着写了。写的人首先必须想清楚，我为什么要写？想清楚了，那个为什么就是目的，也就是中心。无论写得短，写得长，写得浅，写得深，全都一个样，全都要认清目的，抓住中心。

譬如写封信给朋友，托他代买一本书，托买书就是这封信的目的。写个报告给领导同志，向他报告车间里一个月来的工作情况，报告一个月来的工作情况就是这个报告的目的。写一本书准备出版，把自己的发明创造介绍给同行同业的工作者，介绍自己的发明创造就是这本书的目的。就以上三个例子说，信的内容最平常，话也要不了多少；报告就复杂一些，也许要写八百或者千把字；书可比较不平常，要说的话也许很多，写下来就有几万字。可是这三件东西有个共同点，都有写作的目的。要写好这三件东西都必须有中心。什么叫有中心？就是所有的话集中在目的上，都跟目的有密切的关系。

就拿最简单的托买书的一封信来说吧。要买的是什么书，为什么自己不买要托朋友买，买到了怎么捎来，代付的钱怎么归还……这些话都跟托买书这件事有密切关系。把这些话写得清楚，这封信就算有中心。至于自己一向喜欢读书啦，读了书有什么好处啦……这些话虽然也成话，可是跟托买书这件事没有密切关系。要是把这些话也写进去，这封信就算中心不明确。从这里可以知道，必须说的话一句也不少写，不用说的话一句也不多写，这才是有中心。

还有一层。话是一句一句说的，写下来也是一句一句写的，这就有个次序问题。哪一句先说，哪一句后说，必须按适当的次序，不能乱来。要是随便拿一句话开头，随便拿一句话接上去，尽管句句话都是必须说的，也还不能算有中心。仍旧拿托买书的一封信来说。要是开头就写"代付的钱多少，我立即汇去还你"，朋友看了懂吗？写来不能叫朋友看懂，这封信还能算有中心吗？从这里可以知道，应该先说的写在前，应该后说的写在后，这才是有中心。

除开闲聊天，咱们用嘴说话也得有中心。你想，当众作报告，能没有中心吗？开会讨论什么问题，轮到发言，能没有中心吗？再就是跟人家接洽什么事情，叙述情况，商量办法，能没有中心吗？咱们平时不大留心有没有中心的问题，这就在必须有中心的场合，说话也不免乱跑野马，杂乱无章，像闲聊天一样。其实只要事先想一想清楚，我这回说话为的什么目的，就可以抓住中心，有条有理地说的。我们练习写作，要努力做到两点，一点是写下来的话句句要集中在目的上，又一点是一句一句要按适当的次序写。这也可以影响平时的说话习惯，使它能够经常有中心。反过来说，说话习惯改进了，能够经常有中心了，这当然会影响到写作，写下来的东西也必然有中心。

1955 年 4 月 17 日作

五、用全国人通用的话写

咱们先来回想一下前两回说的：一回说咱们平时说话比较随便，得加点儿工，使它又精确又干净，然后话怎么说就怎么写；一回说咱们写下来的话不能像闲聊天那样没个中心，得围绕着一个中心，然后话怎么说就怎么写。那两回并没说到话是怎么样的话，是各人本乡本土的话呢，还是全国人通用的话。这一回就来谈谈这个问题。

咱们生在各处地方，从小就学会本乡本土的话，山东人说山东话，陕西人说陕西话，广东人说广东话，福建人说福建话。同乡人碰见了，大家说本乡本土的话，彼此都觉得非常亲切。可是不同地方的人碰见了，要是大家说本乡本土的话，那么，山东人说的陕西人大体还能懂，广东人说的陕西人可能完全不懂。因为咱们的国土太大了，各处地方的语言很不一致，说一样东西，声音和名称往往不同，话的说法也不完全相同。

说出话来不能使对方完全懂，这多少妨碍思想的交流，要是彼此完全不懂，就根本没法交流。照本乡本土的话写东西，情形也一个样，给同乡人看是好的，给不同地方的人看就多少有些障碍，甚至写了等于白写。

现在全国的人正在共同努力，建设社会主义社会，在一切工作和斗争中，彼此的思想必须充分交流，有一点儿障碍就是损失，别说根本没法交流了。因此，说话要说全国人通用的话，写东西要照全国人通用的话写。这样，说出来的、写下来的才能使极大多数人了解，一个人才能跟极大多数人交流思想。各人本乡本土的话原没有什么不好，就是使用的范围窄一些。要求使用的范围广，就得学会全国人通用的话。

学会全国人通用的话不是一件难事，而且，咱们差不多早已学会了。

小学中学的课本，工农业余学校的课本，写的是全国人人通用的话。报上和杂志上的文章，写的也是全国人通用的话。电台的广播员，话剧和电影的演员，说的是全国人通用的话。会场里做报告的和发言的，也大都说全国人通用的话。学习这种话的机会那么多，咱们不知不觉地能说这种话了，只要碰见个不同地方的人，自然而然跟他说这种话，至于拿起笔来的时候，也自然而然照这种话写，不照本乡本土的话写。以上说的不是咱们现在的实际情形吗？从这里可以看出，全国人通用的话是大家需要的，这种话使用的范围必然会越来越广。这种话使用的范围越来越广，咱们更非认真地学好它不可。

怎样才算学好？要学得非常熟，能够脱口而出，能够怎么想就怎么说，不用去想本乡本土的话怎么说，调换过来该怎么说。学到这样地步，就算学好了。这得从三个方面注意。一是词儿。某样东西叫什么，某种动作叫什么，这些都是词儿。本乡本土的话里的词儿跟全国人通用的话相同的，不用注意，要注意那些不同的。随时注意，咱们才能用熟全国人通用的话里的词儿。二是说法，也就是语法。一个意思，本乡本土的话的说法也许跟全国人通用的话不同。要注意这种不同。随时注意，咱们才能用熟全国人通用的话的说法。三是声音。话是说给人家听的，词儿和说法全跟全国人通用的话一致了，要是声音不对头，那还不是全国人通用的话，人家听起来还多少会有障碍。所以声音也得注意。注意声音最好凭耳朵和嘴。耳朵听该怎么发音才准，嘴学着发，这是直接的有效的办法。同时还可以注意，本乡本土的声音跟全国人通用的话的声音差别在哪儿，这里头是有些规则的，找出了那些规则，改口发音就更容易了。

上一节说学好全国人通用的话。学好了这种话，无论嘴里说或是拿起笔来写，影响最广，效果最大，因为它是全国人通用的。

附带说明两点。第一点，并不是说要等学好了再说再写，应该一边学一边说和写。咱们的实际情形正是这样。为什么还要"学"？就在乎把它学"好"。第二点，谁喜欢用本乡本土的话谈话写文章，这是自由，没有人能禁止他。不过，谁都愿意他的话和文章影响广，效果大，只要听话的人、看文章的人中间有不同地区的人，他就自然而然感觉非用全国人通用的话不可。

1955 年 5 月 9 日作

学点语法

咱们说话，无非是表达自己的意思。写东西也是说话，是利用文字这种工具来说话。为了把意思表达得准确，明白，咱们说话必须按照一定的规矩。说话的规矩就是语法。

说话的规矩并不是由谁制定的，是社会间约定俗成的结果。所谓"约定"，就是你也这样说，我也这样说。所谓"俗成"，就是大家这样说而不那样说，这就成了规矩。说话的规矩世代相传，随着社会的改变也有所改变，但是改变并不快，而且不会怎么大。小孩在认识事物、进行种种活动的过程中学说话，一部分的努力就是学这种规矩，学着学着，大致合乎规矩了，就算基本上会说话了。

这样看来，可以说语法人人都会。不会语法，就说不成话，勉强说些话也没人懂。咱们都能说话，说的话都能叫人懂，就是人人会语法的证据。

既然语法人人都会，为什么还要学语法呢？

咱们从小会语法，全靠习惯之自然，是不自觉的。不自觉说话是在按着规矩说，也意识不到说话原来有这样那样的规矩。正因为这样，就难保所有的话全合乎规矩。有时候不免说走了样，跟自己要表达的意思不怎么符合。有时候不免说得含含糊糊，啰啰嗦嗦，要别人花老大功夫去揣摩，结果揣摩得对不对还不一定。这种情形，都达不到准确地明白地表达意思的要求。学了语法，意识到说话有这样那样的规矩，把这些规矩搞得透熟，任何时候都自觉地按照这些规矩说话，这就提高了说话、写东西的能力，可以保证把自己的意思表达得准确，明白。

这儿要说明一点：语法仅仅是说话的规矩，掌握了语法，仅仅能使自己说的话把自己的意思表达出来，不走样，不叫别人误会。至于说的话正确不正确，有价值没有价值，还得看表达的意思本身正确不正确，有价值没有价值。这就牵涉到立场、观点、思想方法这些根本问题，跟各方面的斗争经验和文化科学知识也有密切的关系，总之，不在语法的范围之内。但是话要说回来，一个人有了正确的、有价值的意思，只因为没有掌握语法，不能任何时候都准确地明白地表达出来，那不仅可惜而且是损失，这种损失不仅属于个人，而且属于社会。这就可见人人有学习语法的必要了。

语法包含些什么内容呢？

话是由词组成的。要把意思表达得正确，明白，一要每一个词选择得恰当，二要一连串词安排得恰当，也就是说，用词造句都要合乎规矩。就单个的词说，各类词的构成和转化，能这样用，不能那样用，都有一定的规矩。就词的相互关系说，哪些词可以搭配，哪些词不能搭配，哪些词必须彼此照应，都有一定的规矩。在一个句子里，哪些词该在先，哪些词该在后，该怎样排列才能明确地表明它们的相互关系，也有一定的规矩。学习语法，就是学习这些用词造句的规矩。

学习语法可以看一些书。现在举出几种供选择：吕叔湘和朱德熙合著的《语法修辞讲话》，黎锦熙和刘世儒合著的《中国语法教材》，王力的《中国现代语法》，吕叔湘的《语法学习》，张志公的《汉语语法常识》。其中《语法学习》分量少，《汉语语法常识》讲得通俗浅显，可能比较适合于初学的人。

根据自己的情况选定一种语法书，当一回事好好读一读，读懂了，懂透了，对语法就能知道个轮廓。为什么说选定一种？节省时间和精力，是一。目的只在知道个轮廓，不必多读，是二。虽然这么说，多读几种当然也可以。假如多读几种，会发现这样的情形，几种语法书的体系不尽相同，讲法不尽一致，所用的名词术语也不完全一样。有些人遇到这样的情形就觉得惶惑，其实不必。探讨体系上、讲法上、所用的名词术语上的异同和优劣，那是进一步的功夫，现在只要知道个轮廓，可以不管。初学的人也没能力管；要是管，往往徒耗精力，对实际应用没多大补益。再说，就轮廓言，几种书的差别是并不大的。

读语法书要联系实际。书中有一些例子，有一些练习，都是实际。此外，咱们每天说话，经常写东西，又随时听人说话，随时读种种报刊书籍，所谓实际，真是俯拾即是。以往没学语法，对这些实际不能凭语法的观点来分析，来比较，来归纳。现在学了语法，长了一双语法的眼睛，就见处处离不了规矩，哪是合，哪是不合，为什么合，为什么不合，全都能辨别出来。切不要仅仅记忆这些规矩，要从说话和写东西的实际中理解这些规矩，消化这些规矩。这样做的时候，既不觉得枯燥，又真能致用，真能达到说话写东西合乎语法的要求。

到这儿应该补充几句，说明为什么只要知道个轮廓。一般学习语法的人不是语法专家，对语法并不作专门研究，他们只希望自觉地掌握这些规矩，提高说话和写东西的能力。读一种语法书，知道个轮廓，无非借此引上路而已。上了路，自己就能联系实际，作分析、比较、归纳的功夫，终于理解这些规矩，消化这些规矩——也就是自觉地掌握这些规矩。那时候，一种语法书可能已经忘掉，语法的轮廓也可能已经忘掉，但是这些规矩融化在生活里了，一辈子受用不尽。

1958 年 4 月 20 日作

和教师谈写作

一、想清楚然后写

想清楚然后写，这是个好习惯。养成了这个好习惯，写出东西来，人家能充分了解我的意思，自己也满意。

谁都可以问一问自己，平时写东西是不是想清楚然后写的？要是回答说不，那么写不好东西的原因之一就在这里了（当然还有种种原因）。往后就得自己努力，养成这个好习惯。

不想就写，那是没有的事。没想清楚就写，却是常有的事。自以为想清楚了，其实没想清楚，也是常有的事。

没想清楚也能写，那时候情形怎么样呢？边写边想，边想边写。这样地想，本该是动笔以前的事，现在却就拿来写在纸上了。假如动笔以前这样地想，还得有所增删，有所调整，然后动笔，现在却已经成篇了。

这样写下来的东西，假如把它看做草稿，再加上增删和调整的功夫才算数，也未尝不可。事实上确也有些人肯把草稿看过一两遍，多少改动几处的。但是有两点很难避免。既然写下来了，这就是已成之局，而一般心理往往迁就已成之局，懒得作太大的改动，因此，专靠事后改动，很可能不及事先通盘考虑的好，这是一点。东西写成了，需要紧迫，得立刻拿出去，连稍微改动一下也等不及，这是又一点。有这两点，东西虽然写成，可是自己看看也不满意，至于能不能叫人家充分了解我的意思，那就更难说了。

这样说来，自然应该事先通盘考虑，就是说，应该想清楚然后写。

什么叫想清楚呢？为什么要写，该怎样写，哪些必要写，哪些用不着写，哪些写在前，哪些写在后，是不是还有什么缺漏，从读者方面着想是不是够明白了……诸如此类的问题都有了确切的解答，这才叫想清楚。

要写东西，诸如此类的问题都是非解答不可的。与其在写下草稿之后解答，不如在动笔以前解答。"凡事豫则立"，不是吗？

想清楚其实并不难，只要抓住关键，那就是为什么要写。如果写信，为什么要写这封信？如果写报告，为什么要写这篇报告？如果写总结，为什么要写这篇总结？此外可以类推。

如果不为什么，干脆不用写。既然有写的必要，就不会不知道为什么。这个为什么好比是个根，抓住这个根想开来，不以有点儿朦胧的印象为满足，前边提到的那些问题都可以得到解答。这样地想，是思想方法上的过程，也是写作方法上的过程。写作方法跟思想方法原来是二而一的。

怕的是以有点儿朦胧的印象为满足。前边说的自以为想清楚了，其实没有想清楚，就指这种情形。

教学生练习作文，要他们先写提纲，就是要他们想清楚后写，不要随便一想就算，以有点儿朦胧的印象为满足。先写提纲的习惯养成了，一辈子受用不尽，而且受用不仅在写作方面。我们自己写东西，当然也要先想清楚，写下提纲，然后按照提纲顺次地写。提纲即使不写在纸上，也得先写在心头，那就是所谓腹稿。叫腹稿，岂不是已经成篇，不再是什么提纲了吗？不错，详细的提纲就跟成篇的东西相差不远。提纲越详细，也就是想得越清楚，写成整篇越容易，只要把扼要的一句化为充畅的几句，在需要接榫的地方适当地接上榫头就是了。

这样写下来的东西，还不能说保证可靠，得仔细看几遍，加上斟酌推敲的功夫。但是，由于已成之局的"局"基础好，大体上总不会错到哪里去。如果需要改动，也是把它改得更好些，更妥当些，而不是原稿简直要不得。

这样写下来的东西，基本上达到了要写这篇东西的目的，作者自己总不会感到太不满意。人家看了这样写下来的东西,也会了解得一清二楚,不发生误会,不觉得含糊。

想清楚然后写,朋友们如果没有这个习惯,不妨试一试,看效果怎样。

1958 年 4 月 11 日作

二、修改是怎么一回事

写完了一篇东西,看几遍,修改修改,然后算数,这是好习惯。工作认真的人,写东西写得比较好的人,大都有这种好习惯。语文老师训练学生作文,也要在这一点上注意,教学生在实践中养成这种好习惯。

修改究竟是怎么一回事呢?

从表面看,自然是检查写下来的文字,看有没有不妥当的地方,如果有,就把它改妥当。但是文字是语言的记录,语言妥当,文字不会不妥当,因此,需要检查的,其实是语言。

怎样的语言才妥当,怎样的语言就不妥当呢?这要看有没有充分地确切地表达出所要表达的意思(也可以叫思想),表达得又充分又确切了,就是妥当,否则就是不妥当,需要改。这样寻根究底地一想,就可见需要检查的,其实是意思;检查过后,认为不妥当需要修改的,其实是意思。

这本来是自然的道理,可是很有些人不领会。常听见有人说:"这篇东西基本上不错,文字上还得好好修改。"好像文字和意思是两回事,竟可以修改文字而不变更意思似的。实际上哪有这样的事?凡是修改,都由于意思需要修改,一经修改就变更了原来的意思。

譬如原稿上几层意思是这样排列的,检查过后,发觉这样排列不妥当,须得调动一下,作那样的排列,这不是变更了原来的意思的安排吗?

譬如原稿上有这一层意思,没有那一层意思,检查过后,发觉这一层意思用不着,应该删去,那一层意思非有不可,必须补上,这不是增减了原来的意思的内容吗?增减内容就是增减意思。

譬如原稿上用的这个词、这样的句式、这样的接榫,检查过后,发觉这个词不贴切,应该用那个词,这样的句式和这样的接榫不顺当,应该改成那样的句式和那样的接榫，这不是变更了原来的词句吗？词句需要变更，不为别的，只为意思需要变更。前边说的不贴切和不顺当，都是指意思说的。你觉得"发动"这个词不好，要改"推动"，你觉得某地方要加个"的"字，某地方要去个"了"字，那是根据意思决定的。

说到这儿，似乎可以得到这样的理解：修改必然会变更原来的意思，不过变更有大小不同；大的变更关涉到全局，小的变更仅限于枝节，也就是一词一句。修改是就原稿再仔细考虑。全局和枝节全都考虑到，目的在尽可能做到充分地确切地表达出所要表达的意思。实际情形不是这样吗？

这样的理解很关重要。有了这样的理解，对修改就不肯草率从事。把这样的理解贯彻在实践中，才能养成修改的好习惯。

1958 年 4 月 7 日作

三、把稿子念几遍

写完一篇东西，念几遍，对修改大有好处。

报社杂志社往往接到一些投稿，附有作者的信，信里说稿子写完之后没心思再看，现在寄给编辑同志，请编辑同志给看一看，改一改吧。我要老实不客气地说，这样的态度是要不得的。写完之后没心思再看，这表示对稿子不负责任。请编辑同志给看一看，改一改，这表示把责任推到编辑同志身上，编辑同志为什么非代你担负这个责任不可呢？

我们应该有个共同的理解，修改肯定是作者分内的事。

有人说，修改似乎没有止境，改了一遍两遍，还可以改第三遍、第四遍，究竟改到怎样才算完事呢？我想，改到自己认为无可再改，那就算尽了责任了。也许水平高的人看了还可以再改，但是我没有他那样的水平，一时要达到他的水平是勉强不来的。

修改稿子不要光是"看"，要"念"，就是把全篇稿子放到口头说说看。也可以不出声念，只在心中默默地说。一路念下去，疏忽的地方自然会发现。下一句跟上一句不接气啊，后一段跟前一段连得不紧密啊，词跟词的配合照应不对头啊，句子的成分多点儿或者少点儿啊，诸如此类的毛病都可以发现。同时也很容易发现该怎样说才接气，才紧密，才对头，才不多不少，而这些发现正就是修改的办法。

曾经问过好些人，有没有把稿子念几遍的习惯，有没有依据念的结果修改稿子的习惯。有人说有，有人说没有。我就劝没有这种习惯的人不妨试试看。他们试了，其中有些人后来对我说，这个方法有效验，不管出声不出声，念下去觉得不顺当，顿住了，那就是需要修改的地方，再念几遍，修改的办法也就来了。

这是很容易理解的。念下去顺当，就因为语言流畅妥帖，而语言流畅妥帖，也就是意思的流畅妥帖。反过去，念下去不顺当，必然是语言有这样那样的疙瘩，而语言的任何疙瘩，也就是思想上的疙瘩。写东西表达意思，本来跟说一番话情形相同，所不同的仅仅在于说话用嘴，写东西用笔。因此，用念的办法——也就是用说话的办法来检验写成的稿子，最为方便而且有效。

古来文章家爱谈文气，有种种说法，似乎很玄妙。依我想，所谓文气的最实际的意义无非念下去顺当，语言流畅妥帖。念不来的文章必然别扭，就无所谓文气。现在我们不谈文气，但是我们训练学生说话作文，特别注重语言的连贯性，个个词要顺当，句句话要顺当，由此做到通体顺当。这跟古人谈文气其实相仿。语言的连贯性怎样，放到口头去说，最容易辨别出来。修改的时候"念"稿子大有好处，理由就在这里。

1958 年 4 月 15 日作

四、平时的积累

写任何门类的东西，写得好不好，妥当不妥当，当然决定于构思、动笔、修改那一连串的功夫。但是再往根上想，就知道那一连串的功夫之前还有许多功夫，所起的决定作用更大。那许多功夫都是在平时做的，并不是为写东西作准备的，一到写东西的时候却成了极关重要的基础。基础结实，构思、动笔、修改总不至于太差，基础薄弱，构思、动笔、修改就没有着落，成绩怎样就难说了。

写一篇东西乃至一部大著作虽然是一段时间的事，但是大部分是平时积累的表现。平时的积累怎样，写作时候的努力怎样，两项相加，决定写成的东西怎样。

现在谈谈平时的积累。

举个例子，写东西需要谈到某些草木鸟兽的形态和生活，或者某些人物的状貌和习性，是依据平时的观察和认识来写呢，还是现买现卖，临时去观察和认识来写呢？回答大概是这样：多半依据平时的观察和认识，现买现卖的情形有时也有，但是光靠临时的观察和认识总不够。因为临时的观察认识不会怎么周到和真切。达到周到和真切要靠日积月累。日积月累并不为写东西，咱们本来就需要懂得某些草木鸟兽，熟悉某些人物的。而写东西需要谈到那些草木鸟兽、那些人物，那日积月累的成绩就正好用上了。一般情形不是这样吗？

无论写什么东西，立场观点总得正确，思想方法总得对头。要不然，写下来的决不会是有意义的东西。正确的立场观点是从斗争实践中得来的。立场观点正确，思想方法就容易对头。这不是写东西那时候的事，而是整个生活里的事，是平时的事。平时不错，写东西错不到哪儿去，平时有问题，写东西不会没有问题。立场观点要正确，思想方法要对头，并不为写东西，咱们在社会主义社会里做公民本来应当这样。就写东西而言，唯有平时正确和对头，写东西才会正确和对头。平时正确和对头也就是平时的积累。

写东西就得运用语言。语言运用得好不好，在于得到的语言知识确切不确切，在于能不能把语言知识化为习惯，经常实践。譬如一个词或者一句成语吧，要确切地知道它的意义而不是望文生义，还要确切地知道它在哪样的场合才适用，在哪样的场合就不适用，知道了还要用过好些回，回回都得当，才算真正掌握了那个词或者那句成语。这一批词或者成语掌握了，还有其他的词或者成语没掌握。何况语言知识的范围很广，并不限于词或者成语方面。要在语言知识方面都有相当把握，显然不是一朝一夕的事，非日积月累不可。积累得多了，写东西才能运用自如。平时的积累并不是为了此时此刻要写某一篇东西，而是由于咱们随时要跟别人互通情意，语言这个工具本来就必须掌握好。此时此刻写某一篇东西，语言运用得得当，必然由于平时的积累好。

写东西靠平时的积累，不但著作家、文学家是这样，练习作文的小学生也是这样。小学生今天作某一篇文，其实就是综合地表现他今天以前的知识、思想、语言等等方面的积累。咱们不是著作家、文学家，也不是小学生，咱们为了种种需要，经常写些东西，情形当然也是这样。为要写东西而注意平时的积累，那是本末倒置。知识、思想、语言等等方面本来需要积累，不写东西也需要积累，但是所有的积累，还是写东西的极重要的基础。

1958 年 4 月 22 日作

五、写东西有所为

写东西，全都有所为。如果无所为，就不会有写东西这回事。

有所为有好的一面，有不好的一面。咱们自然该向好的一面努力，对于不好的一面，就得提高警惕，引以为戒。

譬如写总结，是有所为，为的是指出过去工作的经验教训和今后工作的正确途径，借此推进今后的工作，提高今后的工作。譬如写通讯报道，是有所为，为的是使广大群众知道各方面的实况。或者是思想战线方面的，或者是生产战线方面的，借此提高大家的觉悟，鼓励大家的干劲。譬如写文艺作品，诗歌也好，小说故事也好，戏剧曲艺也好，都是有所为，为的是通过形象把一切值得表现的人和事表现出来，不仅使人家知道而已，还能使人家受到感染，不知不觉中增添了前进的活力。要说下去还可以说许多。

就前边所举的来看，这些东西就是值得写的，所为的都是对社会主义革命、社会主义建设有好处的。从前有些文章家号召"文非有益于世不作"。现在咱们也应该号召"文非有益于世不作"，当然，咱们的"益"和"世"跟前人说的不同。咱们写东西为的是有益于社会主义之世。

所为的对头了，跟上去的就是尽可能写好。还用前边所举的例子来说，写成的总结的确有推进工作、提高工作的作用，写成的通讯报道的确把某方面的实况说得又扼要又透彻，写成的文艺作品的确有感染人的力量，就叫写好。有所为里头本来包含这个要求，就是写好。如果不用力写好，或者用了力而写不好，那就是徒然怀着有所为的愿望，结果却变成无所为了。

从前号召"文非有益于世不作"的文章家看不起两类文章，一类是八股文，一类是"谀墓之文"。这两类文章他们也作，但是他们始终表示看不起。作这两类文章，为的是什么呢？为要应科举考试，取得功名利禄，就必须作八股文。为要取得些润笔（就是稿费），或者要跟人家拉拢一下，就不免作些"谀墓之文"。

八股文什么样儿，比较年轻的朋友大概没见过。这儿也不必详细说明。八股文的题目有一定的范围，该怎样说也有一定的范围，写法有一定的程式。总之，要你像模像样说一番话，实际上可不要你说一句自己的真切的话。换句话说，就是要你像模像样说一番空话，说得好就可以考上，取得功名利禄。从前统治者利用八股文来笼络人，用心的坏在此，八股精神的要不得也在此。现在不写八股文了，可是有"党八股"，有"洋八股"，这并非指八股文的体裁而言，而是指八股精神而言。凡是空话连篇，不联系实际，不解决问题，虽然不是八股文而继承着八股精神的，就管它叫"八股"。

"谀墓之文"指墓志铭、墓碑、传记之类。一个人死了，子孙要他不朽，就请人作这类文章。作文章的人知道那批子孙的目的要求，又收下了润笔，或者还有种种社会关系，就把一个无聊透顶的人写成足为典范的正人君子。这类文章有个共同的特点，满纸是假话。假话不限于"谀墓之文"，总之假话是要不得的。

从前的文章家看不起八股文和"谀墓之文"，就是不赞成说空话假话，这是很值得赞许的。但是他们为了应试，为了润笔，还不免要写他们所看不起的文章，这样的有所为，为的无非"名利"二字，那就大可批评了。现在咱们写东西要有益于社会主义之世，咱们的有所为，为的唯此一点。如果自己检查，所为的还有其他，如"名利"之类，那就必须立即把它抛弃。唯有这样严格地要求自己，才能永远不说空话假话，写下来的东西才能多少有益于社会主义之世。

1958 年 5 月 5 日作

六、准确·鲜明·生动

　　写东西全都有所为，要把所为的列举出来，那是举不尽的。总的说来，所为的有两项，一项是有什么要通知别人，一项是有什么要影响别人。假如什么也没有，就不会有写东西这回事。假如有了什么而不想通知别人或者影响别人，也不会有写东西这回事。写日记和读书笔记跟别人无关，算是例外，不过也可以这样说，那是为了通知将来的自己。

　　通知别人，就是把我所知道的告诉别人，让别人也知道。影响别人，就是把我所相信的告诉别人，让别人受到感染，发生信心，引起行动。无论是要通知别人还是要影响别人，只要咱们肯定写些什么总要有益于社会主义之世，就可以推知所写的必须是真话、实话，不能是假话、空话。假话、空话对别人毫无好处，怎么可以拿来通知别人呢？假话、空话对别人发生坏影响，那更糟了，怎么可以给别人坏影响呢？这样想，自然会坚决地作出判断，非写真话、实话不可。

　　真话、实话不仅要求心里怎样想就怎样说，怎样写。譬如不切合实际的认识，不解决问题的论断，这样那样的糊涂思想，我心里的确是这样想的，就照样说出来或者写下来，这是真话、实话吗？不是。真话、实话还要求有个客观的标准，就是准确性。无论心里怎样想，必须所想的是具有准确性的，照样说出来或者写下来才是真话、实话。不准确，怎么会"真"和"实"呢？"真"和"实"是注定跟准确连在一起的。

　　立场和观点正确的，一步一步推断下来像算式那样的，切合事物的实际的，足以解决问题的，诸如此类的话就是具有准确性的，就是名实相符的真话、实话。

　　准确性这个标准极重要。发言吐语，著书立说，都需要用这个标准来衡量。具有准确性的话才是真话、实话，才值得拿来通知别人，才可以拿来影响别人。

除了必须具有准确性而外，还要努力做到所写的东西具有鲜明性和生动性。

鲜明性的反面是晦涩、含糊。生动的反面是呆板、滞钝。要求鲜明性和生动性，就是要求不晦涩、不含糊、不呆板、不滞钝。这好像只是修辞方面的事，其实跟思想认识有关联。总因为思想认识有欠深入处、欠透彻处，表达出来才会晦涩、含糊。总因为思想认识还不能像活水那样自然流动，表达出来才会呆板、滞钝。这样说来，鲜明性、生动性跟准确性分不开。所写的东西如果具有充分的准确性，也就具有鲜明性、生动性了。具有鲜明性、生动性，可是准确性很差，那样的情形是不能想象的。在准确性之外还要提出鲜明性和生动性，为的是给充分的准确性提供保证。

再就通知别人或者影响别人着想。如果写得晦涩，含糊，别人就不能完全了解我的意思，甚至会把我的意思了解错。如果写得呆板，滞钝，别人读下去只觉得厌倦，不发生兴趣，那就说不上受到感染，发生信心，引起行动。这就可见要达到通知别人或者影响别人的目的，鲜明性和生动性也是必要的。

1958 年 5 月 13 日作

（本文原题为《再从有所为谈起》）

七、写什么

许多教师都想动动笔，写些东西，这是非常好的事情，能经常写些东西，大有好处。

写东西是怎么一回事呢？无非把所见所闻所思所感想一想，想清楚了，构成个有条有理的形式，用书面语言固定下来。那些东西在脑子里的时候往往是朦胧的、不完整的。要是不准备把它写下来，朦胧地、不完整地想过一通也就算了，过些时也许就忘了。那些东西如果是无关紧要的，随便想过一通就算，也没有什么。如果是比较有意义的，对人家或者对自己有用处的，那就非常可惜，为什么不想一想，把它想清楚呢？即使不准备写下来，也可以多想几遍，构成个有条有理的形式，储藏在记忆里。写下来是个很有效的办法，叫你非想清楚不可。对于任何东西，不肯随便想过一通就算，非想清楚不可，这是大有价值的习惯，好处说不尽。因此，谁都应该通过经常写些东西的办法，养成这种习惯。

写什么呢？在今天，可写的东西太多了。几乎可以说，环绕着咱们的全是可写的东西，咱们所感知、所领会、所亲自参加的全是可写的东西。试想，思想解放，敢想敢做，领导和群众交互影响，精神面貌和实际工作的变化发展越来越快，不是值得写吗？各地普遍地兴修水利，改进耕种，创制工具，举办工业，情况各式各样，精神殊途同归，不是值得写吗？什么工程兴建了，什么矿厂投入生产了，什么地方发现丰富的矿藏了，什么地方找到极有用的野生植物了，不是值得写吗？教师最切近的是学校，就学校说，勤工俭学，教学改进，教师自己思想的不断改造，学生认识上和实践上的深刻变化，不是值得写吗？

这儿提到的这些已经不少了，可是值得写的还不止这些。那么，究竟选哪些题目来写好呢？简单地说，自问了解得比较确切的，感受得比较深刻的，就是适于写的题目。自问了解得不怎么确切，感受得不怎么深刻，虽然是值得写的题目也不要勉强写。这样选题目写东西，可以得到写东西的好处，像前边所说的，而且所写的东西多少总有益于社会主义之世，像前几篇短文里谈到的。

经常写些东西，语文教师更有必要。语文教师要给学生讲解课文，要指导学生练习作文，要批改学生的作文，这些工作全都涉及文章的思想内容和表达方式。做好这些工作，平时要深入学习教育的方针和政策，努力钻研教学的原理和方法。如果经常能用心写些东西，这些工作将会做得更好。自己动手写，最能体会到写文章的甘苦。自己的真切的体会跟语文教学结合起来，讲解就会更透彻，指导就会更恰当。常言道："熟能生巧。"经常写些东西，就是达到"熟"的一个重要法门。

1958 年 6 月 21 日作

八、挑能写的题目写

前一回我说值得写的题目很多，要挑了解得比较确切的，感受得比较深刻的来写。为什么这样说呢？

某个题目值得写是一回事，那个题目我能不能写又是一回事。譬如，创造新农具、改良旧农具的事，目前正像风起云涌，这当然是个值得写的题目。我能不能写呢？那要看我了解得怎样。如果我了解一两种农具创制或改良的实际情形，或者了解创制或改良的一般倾向和所得效益，就能写。如果都不甚了了，就不能写。又如，参加修建十三陵水库的义务劳动，这当然是个值得写的题目。我能不能写呢？那要看我感受得怎样。如果我从集体劳动中确有体会，或者从工地上的某个场面受到深切的感动，就能写。如果没有什么体会，也并不怎样感动，就不能写。

总之，不但要挑值得写的题目，还要问那个题目自己能不能写。题目既然值得写，自己又能写，写起来就错不到哪儿去。辨别能不能写，只要问自己对那个题目是否了解得比较确切，感受得比较深刻。

了解和感受还没到能写的程度，只为题目值得写就写，这样的事也往往有。有时候一动手立刻碰到困难，一支笔好像干枯的泉源，渗不出一滴水来。还是用前边举过的例子来说。譬如写创制农具或改良农具的事，那农具的构造怎样，原理怎样，效用怎样，全都似懂非懂，不大清楚，那怎能写下去呢？又如写参加修建十三陵水库的事，除了"热烈""伟大""紧张"之类的形容词再没有什么感受可说的，专用一些形容词怎能成篇呢？存心要写这两个题目，当然有办法：暂且把笔放下，再去考察农具的创制或改良的实际情形，再去十三陵好好儿劳动几天。"再去"之后，有了了解和感受，自然就能写了。

题目虽然值得写，作者了解得不怎么确切，感受得不怎么深刻，就没法写。没法写而硬要写，那不是练习写东西的好办法，得不到练习的好处。咱们要养成这一种习惯，非了解得比较确切不写，非感受得比较深刻不写，这才练习一回有一回的长进。（这儿用"练习"这个词，不要以为小看了咱们自己。咱们要学生练习作文，咱们自己每一回动笔，其实也是练习的性质。谁敢说自己写东西已经达到神乎其技的地步，从整个内容到一词一句全都无懈可击呢？）

写东西总是准备给人家读的，所以非为读者着想不可。读者乐意读的正是咱们的了解和感受。道理很简单，他们读了咱们所写的东西，了解了咱们所了解的，感受了咱们所感受的，思想感情起了交流作用，经验范围从而扩大了，哪有不乐意的？咱们不妨站在读者的地位问一问自己：如果自己是读者，对自己正要写的那篇东西是不是乐意读？读了是不是有一些好处？如果是的，写起来更可以保证错不到哪儿去。

1958 年 6 月 26 日作

"教师下水"

在成都听一位中学老师谈，他学校里领导方面向语文老师提出"教师下水"的号召，很有意思。"下水"是从游泳方面借过来的。教游泳当然要讲一些游泳的道理，但是教的人熟识水性，跳下水去游几阵给学的人看，对学的人好处更多。语文老师教学生作文，要是老师自己经常动笔，或者作跟学生相同的题目，或者另外写些什么，就能更有效地帮助学生，加快学生的进步。经常动笔，用比喻的说法说，就是"下水"。这无非希望老师深知作文的甘苦，无论取材布局，遣词造句，知其然又知其所以然，而且非常熟练，具有敏感，几乎不假思索，而自然能左右逢源。这样的时候，随时给学生引导一下，指点几句，全是最有益的启发、最切用的经验，学生只要用心领会，努力实践，作一回文就有一回的进步。

老师出身于学生，当学生的时候，谁不曾练习作文，当了老师之后，或者工作上需要，或者个人有兴趣，经常动动笔的也有之。但是就多数而言，当了老师就只教学生作文，而自己不作文了。只教而不作，能派用场的不就是学生时代得来的一点儿甘苦吗？老话说："三日不弹，手生荆棘。"这点儿甘苦保得住永不褪色吗？固然，讲语法修辞的书，讲篇章结构的书，都可以拿来参考，帮助教学。但是真要对学生练习作文起作用，给学生切合实际的引导和指点，还在乎老师消化那些书而不是转述那些书，还在乎老师在作文的实践中深知作文的甘苦。因此，经常动动笔是大有好处的。"教师下水"确然是个切要的号召。

试拿改文做例子来说说。给学生改文，最有效的办法是当面改。当面改可以提起笔来就改，也可以跟学生共同念文稿，遇到需要改的地方就顿住，向学生提出些问题，如"这儿怎么样""这儿说清楚了没有"之类，让学生自己去考虑。两种办法比较起来，后一种对学生尤其有好处。学生经这么一点醒，本来忽略了的地方他注意了，他动脑筋了。脑筋动过之后，可能的情形有二。一是他悟出来了，原稿写得不对，该怎么样才对。这多好啊，这个不对那个对由他自己悟出，印象当然最深刻。二是他动过脑筋还是不明白，不知道老师为什么要在这儿向他提问题。这时候他感到异常困惑，在这异常困惑的时候听老师的改正，也将会终身忘不了。前面说，让学生自己去考虑的办法对学生尤其有好处，理由就在此。现在要说的是老师要念下去就有数，哪儿该给学生点醒，哪儿该提怎么样的问题给学生点醒最有效，这并不是轻易办得了的。要不是对作文非常熟练，具有敏感，势将无能为力。怎么达到非常熟练、具有敏感的境界呢？唯有经常动动笔，勤写多作而已。

当面改不是经常可行的办法。一般是把全班的文稿改好，按期给学生评讲指导。只要评讲得当，指导切要，而且能使学生真正领会，深印脑筋，当然也是有效的办法。既然如此，就不能说某一段不怎么好，所以要改，某一句不大通顺，所以要改，必须扣得很准，辨得很明确，某一段为什么不好，所以要改，某一句为什么不通顺，所以要改，评讲才有可靠的资料，指导才有确切的依据。而要处处能扣准，处处能辨明确，哪怕一个"的"字一个"了"字，增删全有交代，哪怕一个逗号一个问号，改动全有理由，非对作文非常熟练，具有敏感不可。怎么达到非常熟练、具有敏感的境界呢？唯有经常动动笔，勤写多作而已。

作文教学的事不限于改文。总之，凡是有关作文的事老师实践越多，经验越丰富，给学生的帮助就越大。教学的方式方法多种多样，自然要仔细研究，看准本班学生的实际，乃至某一个学生的实际，挑选适当的来应用。但是老师的实践是根本，老师从实践中得来的经验是根本。根本深固，再加上适当的教学的方式方法，成绩就斐然可观了。

记得开国之初，新华通讯社发动一个"练笔运动"，要求社中人员认真地经常地练习作文。当时我非常拥护这个运动。通讯社担任的宣传报道的工作，而直接跟读者见面的，没有别的，唯有写出来的文章。要是文章差点儿，问题不在乎文章不好，而在乎做不好宣传报道的工作。因此，"练笔"

是非常必要的。现在说到语文老师。语文老师担任的工作,有一项是教学生作文,而教好作文,根本在乎老师深知作文的甘苦。那么,"练笔"不是也非常必要吗?语文老师"练笔",通讯社人员"练笔",目的似乎不同,其实并无不同,都是为做好所担任的工作而"练笔"。我非常拥护"教师下水"的号召,乐于写这篇短文来宣传,就是为此。

还可以推广开来说几句。语文老师担任的工作,再有一项是讲读教学。讲读教学,就是教学生读书。跟教作文一样,唯有老师善于读书,深有所得,才能教好读书。只教学生读书,而自己少读书或者不读书,是不容易收到成效的。因此,在读书方面,也得号召"教师下水"。

1961 年 6 月 26 日作

作文的练习

——跟北师大女附中语文教师讲话的提纲

作文为思考之练习，目的在养成良好之习惯，以应实际需要。

已知之事物与事理，要能完整地、条理地、准确地说出来。此为经常所需，而不为长期之练习即不易做到。故各科教学，令学生用自己的语言说出所学的东西，实为善法。而说与写又同而不同。同者，同样将胸中的东西拿出来。不同者，说当场吐语，不容间断，未免粗疏，写则比较从容，可以斟酌细想，更求精密。说可有种种辅助，写则唯有白纸黑字，欠精密即难使人通晓。还有一点，写之用较说为广。因此，除口头表达而外，学生必练习作义，以期思考之完整、条理、准确。说与写相互影响，说得好固然可以写得好，写得好的习惯养成了，也可以说得更好。

说与写均是一种技能，是运用语言文字的技能，可是究到根柢，却是思考的技能。思考不是凭空的，必须凭借语言才能思考。思考放在脑子里，拿不出来，必须成为定型的语言才拿得出来（就是说出来或写下来）。这种思考的技能谁都需要练好，否则交际与交流经验以及实际工作都会有所妨碍。咱们教语文，必须认清此一要点。

今日谈作文，但是要说一说作文与讲读阅读之关系。读课文当然受到种种教育，得到种种知识，同时也从课文受到思考之训练。各篇课文不同，但是有相同之点，思想必然有一条路径，一步步进展；材料一定有个范围，不相干的不随便收入；如果是论文，赞成或反对，主张这样不主张那样，一定交代出个所以然。咱们教的时候如果给学生指点清楚，真能使学生领会，则学生每读一篇即加深一回印象，其思考习惯即于无形中受到影响。再就各篇课文的语言文字说，如词序、词义辨析、词的色彩、词语配搭、前言后语之承贯、这样那样的语气，假如估计为学生所未知者，或已知而未曾深切辨别者，简要地作一些指点，此宜为兼顾思考与语言实际之教导。

学生平时也常说话，而未尝深究，今习于深究，知思考之准确得当，归根结底在语言之准确得当，必然逐渐影响其思考习惯与语言习惯。故如此为教，比之脱离课本而徒讲篇章结构、语法修辞者有效。讲课之际，自不必时时提到作文，而实则处处都与作文有关。故或以为读与作是两回事，显然不对。我竟欲谓教阅读如教得好，更不必有什么写作指导。

于是谈作文。先谈出题。题者何？思考之范围也。必以学生所有的东西作范围，或学生尚未全有，亦宜以其力所能搜求为范围。最不宜以尚在朦胧状态而思之亦想不清楚者为范围。前者之例，如平时惯出之题目，即使平日未甚措意，亦可临时观察认知。后者之例，如《鲁迅之革命精神》。前者虽或朦胧，思之即能清楚，所谓清楚，即可用具体的话说出来。后者限于识力，虽读过鲁翁之文几篇，然未易识其革命精神何在，即使焦心苦思，终于朦胧，所谓终于朦胧，即说不出具体的话。说不出而勉强说，必然前言不搭后语，必然随便凑些话来塞责。此亦可以成习惯，然此是不良之习惯，不知而乱说，甚且影响品德。故须力戒出此类题目。

出了题目，望学生和课文作者一样，在范围内思考，即在范围内说话。只要在范围内，取此取彼，或多或少，学生尽可自由，只要注意完整、条理、准确。以故提出统一提纲的办法不宜普遍用，只能相机而用，普遍用可能助长依赖性，阻碍学生之自由思考。

出题或预出，或临时出，各因其宜。大概估计需要搜材料加观察者，宜于预出。此亦甚须历练，因将来作文，颇有类此情形者。估计学生已相当明白者，可以临时出。临时出，限定时间完篇，可以锻炼表达得迅速。至于防止代作而必临时出，此想殊非老师所宜存。

这儿要说到认真的态度，即要学生认真练习作文，当一回事。此不仅是语文课之事，是整个学校教育的事，从一些现象看，认真干一切，在学校教育中极需加强。不认真练，不当一回事，多练亦无益。唯有认真练，则多练一回得一回的好处。于语文课，我曾谓一使知其重要，二使感其趣味，教学乃易奏效。如何达此二者，希诸君善自为之。

务令学生自己检查修改已成之篇。此习惯必须养成，因为将来应用之际，总得要自己检查，自己修改。检查者何，检查思考是否准确得当。思考于何验之？验之于语言是否准确得当。修改者何？将思考之未尽善处改好，亦即将语言之未尽善处改好。在校作文有老师改，出了学校没有老师改，故必养成自己检查修改之习惯。且老师之改，目的也在于做到能自己改，最后阶段则达到可以少改甚至不需要改。

次说老师改。老师之改为何如事？即就学生所思考而思考之，察其是否完整、条理、准确。就根本说，在于察其思考，就形式说，则察其语言文字。思考完全合式，抓到了适当的语言文字，即不需改。凡需改者，必语言文字有不合处。其不合或应如此而如彼，或根本没说成明确的话，凡此皆思考未当，想法朦胧之故。老师为之改，即帮他想清楚，也就是帮他说明白，改就是这么一回事。

老师之改，似宜着眼于准确，不准确者改之使准确。次则着眼于条理，次序不当者，调整之使当。至于缺漏处，即欠完整处，似点明一下即可，让学生明白其所以然，自己去考虑如何补。（这就说一声或批一句已可。）

老师独改，不如与学生共改，为效更大。假定学生自己已认真检查过，修改过，而犹有不合处，是必出于疏忽。师生共改，老师即宜注意引起他们自觉其疏忽。彼觉其疏忽，且能自知如何改，当然让彼自改为最妙。待老师指出某处有疏忽，而彼尚不自觉，其时必甚感困惑，于此而为之改，必较发还改本去看印入更深。此法为师生共思考，共找适当的语言，效果肯定是好的。所惜不能普遍做。总望设法能适当地做。

再说老师独改。假定改得确用心，确精细，而学生看本子不能领会，即为无效。故如何使他们领会，亦大须研究，想出好办法。如何才是真领会？必明白前之想法说法何以不合，老师之想法说法何以合，才是真领会。这样领会，对于他们的思考习惯、语言习惯真有推进作用。

景山之办法，令一排之学生听详讲，所讲为某一学生之作。此即合多人就一人之思考而思考之。他人虽非自己之作，而如真能用心，则于思考语言确均受训练，亦为有益。以此视之，如推广之于全班，亦复如是。若是则固不须本本均详改，略改者令其自改，改亦不必期其全改得合式，只要确有数处真说得出所以然，即是进步。唯此是否行得通，是否受舆论之同意，我不能断言。若数个学期行之而有成效，当可通行。而劳而少功之弊可免矣。

总之，一须多练，二须认真。欲其自动多练，欲其认真，必须如我所曾言，务令重之，好之。愿诸君勉之。

1962 年 5 月 7 日讲

（本文题目是叶至善后拟的）

写之前和写之后
——在人民教育出版社业务学习会上讲话的提纲

写作由于需要

  学习　交流　交际　相互影响

写作需要之广,莫如今日。

待需要而为之,未必能写好,故须预为练习。

此须储备,储备非日积月累不行。

此是技能,技能非练不行。

此是习惯,习惯有待于自觉地养成。

有东西,如何拿出来。

诸君练此已有年,在已有基础上求进,宜抱认真的态度。

多写勤写当然重要,尤其要在写之前写之后多动脑筋,衡量优劣,取长去短,俾练一回得一回之实益。

如果自觉中学阶段(现代汉语已解决,古文亦略有底子)还有所欠缺,即宜加紧补修。

〔写之前〕

(1) 善于阅读。

读论文能知何以有此作,能知此作如何作,能知如此作效果如何。总之,明白作者的意图,追从作者之思路,如是乃为善读。(以《评战犯求和》为例。)如此读书,即锻炼自己之思路,培养政治上、理论上之战斗力。

读文艺能知言外之意(潜台词),能据本文而为切合实际之想象。(以"两个黄鹂鸣翠柳"为例。)如此即可锻炼自己文艺写作能力。

读与写甚有关系,读之得法,所知广博,眼光提高,大有助于写作练习。

(2)善于观察,知人知事。

自然方面:地理,节令,动植矿物,等等。

社会方面:厂史,各类人之通性与个性,形势之主情况(以"六十条"前后为例),等等。

(3)理论学习,政治学习,学科学习,劳动锻炼,等等。

以上几点,皆是写作之源。不谈写作,本当留意,而留意于此,即不患胸中无物,欲写而写不出什么之病。

发念之初,每感朦胧,以为可写,实按之乃觉不可捉摸。宜勿遽动笔,而为深入思考。思考之后,逐渐明确,论文则知主要论点为何,文艺则知主要欲表现何事,如此乃可动笔。

于此,写大纲颇有好处,列举所想到者,妥为安排,或增或减,以为下笔之依据。

即不写大纲于纸面,亦必写大纲于心中。

此可以养成好习惯,使思想按着规定的道路走,不乱跑野马。

于是提笔写作。执笔之际,实亦是思考过程,大纲所规定,用具体的语言固定之。此时不免尚须改动大纲,改动大纲宜说得出所以然。

〔写之后〕

自己读,与人读。

自己批评,自己修改。

修改要说得出所以然,能注意于此,眼高手亦高。

修改实即修改思考。

诸君似不必专务习文艺,而为各体文之习作,因为各方面均有需要。

习作与创作，界限也难分。论文习作，其佳者即为拿得出去的论文。文艺习作，其佳者即为文艺创作。

先从小题目下手。

听人说说，只供参考，获得实益，还在用心练习。

1962年10月26日讲
（本文题目是叶至善后拟的）

看了少年儿童的应征文选

这回应征的习作有两千两百多篇，不算少。今天发表录取的篇目有四十五篇，相当多。少年儿童踊跃应征，足见他们看重作文，乐意在比赛中看看自己作文能力的高低。两千多篇摆在一块儿，挑得出四十五篇比较优秀的，值得让人读一读的，足见一般水平并不差。这都是可喜可贺的事。

我看过这四十五篇习作。有写人的，有记事的，有叙述自己的生活的，有发抒自己的思想感情的，题材各各不同。但是有一点相同，写这些文章的小朋友都热爱咱们这个时代，都怀着一颗天天向上的心。他们认真地生活，所以能从生活中得到较深的了解和感受，写下具有真情实感的文章来。

小朋友练习作文，想到什么，感到什么，能够准确地顺当地说出来，或者写下来，让人家知道，使人家感动，这就有了表达的能力。咱们学习、劳动，做无论什么工作，时时刻刻都跟别人有联系，因而表达的能力必须练好。明白了这个道理，练习作文的时候就决不肯信口开河，胡编乱造，就决不肯生搬硬套，随便模仿。胡编乱造是说假话，生搬硬套是说别人的话，对练好表达的能力非但没有益处，而且有很大的害处，怎么要得！看这四十五篇习作，几乎没有这种不好的倾向。可见写这四十五篇的小朋友都是明白为什么练习作文的，路子是走得对的。这更是可喜可贺的事。

听说《北京晚报》已选登过几篇，北京出版社将要选出若干篇编成集子出版，供小朋友们观摩。小朋友们不妨想一想，该怎样观摩别人的习作？别人写什么，自己也写什么，别人怎样写，自己也怎样写，这样依样画葫芦，对练好表达的能力没有什么益处，算不得观摩。必须仔细体会别人写得好的地方在哪儿，研究他为什么能写得好，学了别人的长处，还是说自己要说的话，写自己要写的东西：这才是观摩，对练好表达的能力大有益处。

　　写这四十五篇的小朋友也不妨想一想，应征的习作被录取了，今后该怎样努力？表达的能力是人人必须练好的，所谓练好是没有止境的。能写比较好的文章，在比赛中取得胜利，固然值得高兴，但是这并不能说已经练好了，够了。今后还得认真练习，听老师的教导，学别人的长处，努力提高表达的能力。要牢牢记住毛主席的话："虚心使人进步，骄傲使人落后。"

1963 年 6 月 1 日发表

作文要道

——跟《写作》杂志编辑人员的讲话

诸位同志是研究写作的。写作跟文学创作之间不能划等号。写作的范围很宽广,写调查报告,写工作计划,写经验总结,写信写通知等等,都包括在内,当然也包括文学创作。工作和生活中经常需要写作,所以写作是每个人非学不可的,而且是非学好不可的。文学创作就不是这样,有积蓄有兴致的人不妨去创作,没有什么积蓄和兴致的尽可以不创作,并非大家都得创作。大学毕业生不一定要能写小说诗歌,但是一定要能写工作和生活中实用的文章,而且非写得既通顺又扎实不可。

文章怎么写?鲁迅先生有一篇《作文秘诀》,把怎么写文章概括成四句话,总共十二个字,就是"有真意,去粉饰,少做作,勿卖弄"。这四句话,头一句"有真意"是最主要的。你没有什么真要说、值得说的意思,又何必徒劳呢?确乎有真意,果真非写不可,还得注意后面的三句话,因为粉饰、做作、卖弄,都是表达真意的挺可厌的障碍。

没有真意就没有必要作文,这个道理很简单。譬如写信,如果没有什么事儿,没有非说不可的话,何必随便敷衍几句,浪费四分或者八分邮票呢?信总是有话要说才写的,或者告诉对方一些事儿,或者有什么问题向对方请教,跟对方商量。这些就是"真意"。写小说跟写信好像是两码事,其实一个样。假如平时没有什么积蓄,没有从个人和社会方面深入体会到某些东西,提起笔来又没有强烈的兴趣,觉得非把某些东西告诉读者不可,那也无妨放下笔来,暂且不写小说。假如硬要写,那就像没事儿写敷衍信,徒然浪费四分或者八分邮票一样，未免有点儿无聊。

有了真意，要把文章写好，当然还得讲究点儿技巧。讲究技巧，最要紧的是选择最切当的语言，正确地把真意表达出来。鲁迅先生没有从正面说，只是提醒人们要"去粉饰，少做作，勿卖弄"，因为这三种毛病是最容易犯的。有的人以为讲究技巧就是追求这些东西，凭着这些所谓技巧，即使真意差点儿，也可以写出像样的文章来。我可不敢相信技巧能补救真意的想法，何况鲁迅先生所说的粉饰、做作、卖弄，根本上不是什么技巧。

我国的骈文讲究对仗，讲究词藻，讲究运用典故和成语，借那个来说这个，可以说集粉饰、做作、卖弄之大成。现在没有人写骈文了，可是骈文的这些毛病还有人犯，往往犯了不知道是毛病，甚至自以为得计。滥用形容语和形容句子就是一条，以为用得越多文章越漂亮。摆起架子来写文章又是一条，以为顺着一般人的表达习惯来写就不成其为文章，必得说些离奇古怪的话才行。不管有没有需要，在文章里塞进些滥俗的成语或者典故也是一条，以为非此不足以表现自己比别人高明。列举不尽，就此为止。总之，鲁迅先生的这四句话，到现在还着实有用。咱们把这四句话记在心里，经常用来提醒自己，对写作必然大有好处。

这四句话其实是作文的要道。当时有人写信给鲁迅先生，问作文有什么秘诀，所以他用了"秘诀"这个词儿，并不是说作文有什么"秘密"或者"神秘"的意思。

1981 年 8 月 7 日讲

从出题到批改
——《中学作文指导实例》序

今年三月,《语文学习》的编辑同志来看我,跟我说各地都有许多中学老师在摸索指导学生练习作文的方法;《语文学习》打算举行一次征文,请老师们用举例的办法把各自的经验写下来,汇编成集子,介绍给全国的语文老师。我说这个办法好,我非常赞成,集子出版之后,请寄一本给我看看。

前几天接到《语文学习》编辑部寄来征文集子的校样和一封信。信上说这次征文收到各地中学老师介绍经验的文章一千二百多篇。内容大多很切实,可是集子容纳不了这许多,只选了五十一篇;希望我看一遍,看过之后说些意见。

看校样我实在办不到了。近几个月我的视力又一次大衰退,想重配一副眼镜,验光的技师说不必了,因为再没有适合我的眼睛的眼镜,换新的也无济于事,就把旧的一副将就着用吧。我非常感激那位技师,钦佩他肯说实话,不贪图做生意。现在的情形是戴上老花镜——三年前配的一副,加上放大率三倍的放大镜,还看不清书报上的五号字。既然无法可想,也只好安于现状了。

要看这本集子,是我自己提出的。当时我听说有许多老师各自在摸索经验,心里有点激动,很想知道他们是怎么做的,取得了哪些成绩,碰上了哪些困难,现在不能自己看,只好请人挑出几篇来读给我听,再把整本集子的内容给我大略说一说。听的时候,我又有点激动,引起了下面一些粗浅的想头。

我知道，如今老师都急于把自己的学生教好，迫切的心情超过了过去任何时期。要把学生教好，必须有好的教学方法。好的教学方法从哪里来？来源无非两个：一是向别人学，一是自己通过实践，摸索得来。二者都重要，但是有主次之分，自己摸索得来比向别人学更重要；就中学和小学的语文课来说，尤其如此，理由留在后面说。我既听说有这许多中学语文老师在摸索指导学生练习作文的方法，又靠他人的帮助，听到他们各自写下来的在教学实践中比较成功的实例，我怎么能不高兴不激动呢？这也是我乐意把我的想头写下来跟各位老师讨论的缘由。

我认为这本集子有两个特点：一是全面，二是实在。我说这本集子实在，因为所介绍的方法是根据实例来谈的，可见并非纸上谈兵，都通过实践而来。这个特点显而易见，用不着多说。另一个特点——全面，就是就指导学生练习作文的过程来说，从出作文题起直到最后修改，每个步骤都有好几篇介绍指导方法的文章。有的步骤是常常被忽视的，有的步骤是不大好解决的，在这本集子中都有文章谈到。

举例来说，出作文题就是个常常被忽视的步骤。学生作文无话可说，毛病大多在于题目出得不好，即使勉强完篇，也无非是些空话套话，没有一句他们自己的话。让学生练习作文，最主要的目的是要他们学会表达自己的思想感情的技能，决不是教他们学会一种诀窍，能够收集些空话套话，像搭七巧板那样拼凑成篇。所以出作文题一定要为学生着想，钻进学生的心里去考虑，务必使他们有话可说。集子中有好几篇提供了出作文题的好的实例，我不多说了。

出个题目让学生作文，我一向以为只是不得已的办法。要使学生练习，他们既不自动执笔，就只得出个题目叫他们作。我作文大多不先定题目，写到完篇，题目自然而然来了；也有先写题目然后开头的时候，那是在整篇的构思已经完成之后。别人或许也有相同的经验。见了题目现找材料现构思，开头就被动，很可能一直被动到底，文章就很难写好。因此，题目即使出得好，能使学生确实有话可说，学生还难免处于被动的局面。有的老师看到了这一层，就想方设法启发学生，使他们非但觉得有话可说，而且感到跃跃欲出，非说不可。被动转化成主动，学生在练习中才有可能得到较大的收益。

所以出了题目之后怎样给学生启发，这是个不可忽视的步骤。集子中有好几篇文章就谈到了这个步骤。

以下的几个步骤，我没有什么想说的，单说说最后一个步骤——批改。批改作文是语文老师最辛苦的工作，也是收效极微的工作。该怎样做才可以减少些辛苦，我想不出什么办法。为什么收效极微呢？能不能使学生从老师的批改中多得到些益处呢？我是常常在想的。我看过一些中学生的作文本，留下这样一个印象：不少老师在批改的时候只顾到学生作的文，却忘了作文的学生。他们看见错的就改，认为多余的就删，认为不足的就给补上，甚至整段整段地重写，可是很少考虑学生为什么会写错，为什么要这样写，他想说的究竟是什么，他为什么说得不清不楚。批语或是称赞或是批评，大多比较空泛，对学生甲说的也可以写在学生乙的作文本上。这样不针对学生的实际，文章虽然改好了，内容充实了，思想提高了，批语也冠冕堂皇，学生看了发回来的作文本，除了敬佩老师确实认真之外，就提高作文的技能说，实际上没有得到什么益处。所以我老在想，老师批改作文的时候，最好把作文的学生招来，问清楚了他是怎么想的，然后跟他商量该怎么改，或者指点他自己去改。这本集子中介绍的批改方法都是以学生为主体的，不是忘了作文的学生的，极有参考的价值。

我为什么说"参考"而不说"推广"呢？第一，我在中学当语文老师，是四十多年前的事了。脱离实际如此之久，要我判断哪个方法好，哪个方法不怎么好，实在毫无把握。第二，经验贵在自己创造。别人的经验当然要学，但是学别人的经验决非照样搬过来，总得在实践中或多或少加以改造，使它适合于自己的客观实际和主观实际，这才是消化别人的经验成为自己的经验。这样的过程也就是创造。语文教学尤其要注意创造。因为语文课主要是训练学生语言方面的接受能力和表达能力的，跟学生的思想水平、知识水平、生活实际、生活经验等等都有极其密切的关系，最好是因人而施，根据各个学生的特点进行教学。我这样说只是为了强调经验要自己创造，照搬别人的经验并非好办法，而不是提倡个别教学。

最后还有一点要说的。学生为什么要练习作文，对这个问题，老师必须有正确的认识。练习作文是为了一辈子学习的需要，工作的需要，生活的需要，并不是为了应付升学考试，也不是为了当专业作家。如果说考试，人在一生中要遇到不知多少次的作文考试。写信、写通知、写计划、写总结、写报告等等，全是作文考试。如果升学考试通过了，写封信却辞不达意，按实说，这个人的作文考试还没有及格。从广义的考试来看，升学考试的次数极其少，一生中只不过几回，而别种考试却天天碰到，并且成绩的好坏，不但关系自己，还跟别人有关，甚至关系到整个社会。至于当作家，一所学校能出几个作家当然非常可喜可贺，但是决不会所有的学生都去当专业作家。而一个合格的人，在上面所说的天天碰到的考试中，却必须应付自如。因此，指导学生练习作文的时候，老师一定要心中有数。

1981年10月13日作
（本文题目是叶至善后拟的）

作文必须老实
——在"外空探索"作文比赛发奖会上讲话的摘录

作文不是生活的点缀,而是生活的必需,跟说话完全一个样。作文就是说话,是用笔来说话。大家都是这样,绝无例外。

就学生说,作文是各科学习的成绩、各项课外活动的经验,以及平时思想品德的综合的表现。

说话作文必须老实,又必须说得明白,写得明白,如果说虚假的话,写违心之论,那是不道德。如果说些不明不白的话,辞不达意,人家没法领会你的意思,说就等于白说,写也是白写。

所谓文艺,如小说和戏剧,其中的人物大多并无其人,其中的情节大多并无其事,是由作者虚构的,这好像跟刚才说的作文必须老实相违反。我说并不违反。文艺作者从许许多多社会现象中和生活实践中得到自己的体会,他认为他的体会值得告诉别人,至少对别人有参考价值,这才构造一个故事,安排许多情节,把他的体会表达出来。这也是对自己、对别人的老实,跟说谎骗人绝对不同。

1982 年 9 月 14 日讲

(本文题目是叶至善后拟的)

书信

答张中石*

(1959 年 3 月 5 日)

中石同志：

来信读悉。承您安慰我，勉励我①，深深感激。我的情绪并不怎么坏。总之不如你所想象之甚，可请放心。

你创作欲旺盛，自是好事。你问我青年时期怎么样，我的青年时期，创作欲不像你那样旺盛，所以没有什么经验可以奉告。据我简单的想法，胸中有许多东西要写，最好先写那了解得比较透彻的，考虑得比较成熟的。至于用什么形式，什么体裁，那就要看选定的材料最适宜用哪种形式，哪种体裁。多头并进大概是不好的。写成了一篇再来另外一篇，心思可以集中。

我并非师范出身。我是读了五年旧制中学，毕业后就去当小学教师的。

下乡实习，希望你得到多方面的长进。我常常想，爱好文艺的人，也不妨把创作的念头放开，不去想它，专心致志于工作、劳动或某项活动。这样工作、劳动、活动不至于分心，可以做得更好。一边工作、劳动、活动，一边念念不忘写些什么，可能会做得差些。经过一段时期之后，某些主题自然萌生，而且越来越具体。那时候再动笔写，可能会写得比较结实。这只是我的空想，写在这里，供给你参考。

———————

* 张中石同志当时是江苏丹阳师范的学生。（本书第四辑所选书信中的注释是叶至善先生加的，编者做了一些订正，后文不再出注。）

① 张中石同志在来信中安慰我父亲，不要因了我母亲去世过于悲伤。我母亲是一九五七年三月二日去世的，已是两年以前的事了。

相声稿已经看过,提不出什么意见。现在和另外三张纸一并奉还。

我不能多写,望你原谅。

祝你不断进步。

叶圣陶

三月五日

答孙文才＊

（1959年10月5日）

文才同志惠鉴：

　　来信收读，以国庆稍忙，迟至今日作覆，良歉。足下担任语文教师，信心甚强，愿努力做好工作，闻之深为欣慰。

　　承询《任瑞卿老先生》一文各点，我愧无多语可告。此篇主题思想极明显，无非言任老先生坚守教育岗位，老而益笃。此篇为平常之记叙文章，只是尚算清楚而已，亦无其他写作特点。有一事可告。此次任老先生被选为山东省来京观礼代表之一，三日上午，我与他见了面，精神依然极好，彼此握手，感到无限欣快。

　　语文课之参考书，部里正设法，务期能逐渐供应。或者组织某地力量编写，或者推荐某地已经编成的参考书。我很知道，一部分教师极需要参考书的帮助。但是我也希望教师不要完全依靠参考书，最要紧的是自己在教学工作中逐步改进教法，创造经验，足下一定会同意我这句话吧？

　　承询鲁迅先生之诗①，足下谓除五六两句外，余皆消极。消极是不错的。我以为消极之中寄托其愤慨，鄙视当时的一切坏人坏事，积极意义当于言外求之。我此言说得未必恰当，恐不能满足下之意。最近广州人民出

　　＊ 孙文才同志当时是吉林浑江师范学校的教员。
　　① 指《自嘲》。

版社出了张向天所撰的《鲁迅旧诗笺注》,可资参考,足下不妨向新华书店购之。

  手头事稍多,不能写长信,请原谅。

敬礼。

叶圣陶
十月五日上午

答曹承德*

（1959年11月17日）

承德同志：

今日接读惠书，非常欣慰。从手书中我知道您的造诣，觉察您的钻研的精神，首先向您致敬意。我又为贵校的孩子们感到高兴，为与您接触的老师们感到高兴，他们在您的教导和帮助之下，进步一定比较快。而您在他们中间不断努力，也将会继续提高，永无止境。

近时我们在草拟中小学语文教学大纲。修改成草案以后，将发布出去供讨论和试行。现在把有关"道"与"文"的关系的意见奉告，也可以说征求您的意见。

在语文教学中，我们认为"道"与"文"是不可分割的。"语言是思想的直接现实"，人们进行思维活动，不能离开语言这个工具。就一篇文章说，思想内容和语言形式是不可分割的。文章不是不相关的字句凑成的，是要言之有物、言之成章的，是用来记叙事实、阐明道理、抒发感情、讲述知识的。事实、道理、感情、知识是内容，而记叙、阐明、抒发、讲述必须凭借语言作为表现形式。读一篇文章，理解它的内容和理解它的语言文字是紧紧联系在一起的。写一篇文章，正确地反映客观事物和准确地运用语言文字也是分不开的。因此，无论说"以道为主""以文为主"或者"道与文并重"，都是把"道"和"文"割裂开来，既不符合思想内容与语言形式不可分割的

---

* 曹承德同志当时是湖南湘潭砂子塘小学的教员。

客观实际,也不符合培养读写能力的教学实际。那样理解"道"与"文"的关系,在教学实践中会有很大的流弊。

假如我们的意见不错,符合于实际,那么来书所叙的两种想法,分主次,分先后,都是不对的了。分主次的一种想法是以语言形式为主,以思想内容为次,这样一割裂,主次都搞不透。分先后的一种想法是以语言形式为先,思想内容为后,那么在注重语言形式的先一阶段,势必凭空而不落实。

请您先考虑我们的意见怎么样,如果觉得有理,再考虑怎样向主张两种意见的同志们进行说服。

教学大纲尚未草定,或许还有改动,务请不要向人说这就是将要确定的教学大纲中的意见。至嘱。

专此奉覆,顺致

敬礼。

叶圣陶
十一月十七日上午

答孙文才

(1960年1月21日)

文才同志惠鉴：

十七日手书，今日收读。承告我种种情形，教学奏绩，学生有进步，闻之深感欣慰。又承送我照片，使我得识容颜，多谢多谢。

问我几个问题，我不能作满意之回答，只能说说个人的想法，供足下参考。

"语文"一名，始用于一九四九年之中小学语文课本。当时想法，口头为语，笔下为文，合成一词，就称"语文"。自此推想，似以语言文章为较切。文谓文字，似指一个个的字，不甚惬当。文谓文学，又不能包容文学以外之文章。我个人想法如此。

讲读课恐不限于逐句逐段地讲。学生自己能理解的句与段，我以为就不必讲。学生不能理解者要讲，理解而不透者要讲。最好能向学生提出些问题，引导他们由思索而达到理解，也不必见他们不怎么理解就给他们讲。因此，讲课方法宜视具体文篇、学生情况分别定出，不能一律。我这想法足下以为如何？

给人物作鉴定，我不甚了解这句话的含义。是否指判定人物的思想正误、品质高下、其言其行的进步或落后等等而言？如果确是这个意思，我以为这是必须让学生弄明白的。我觉得要学生弄明白这些，重要的是不离开本文。学生对本文理解得透，篇中人物谁好谁坏，非但能够知道，而且深切地感到，宛如当面接触这些人物了。我的话说得很简略，不知道足下能不能体会。

教学大纲要拟定的，我虽不能说何时定出，但是各项事业都要跃进，教学大纲的订出不会慢。以我个人想，语文为基础学科，师范生要去当教师，师范生语文的训练必须加强，水平必须提高，是非常重要的事。师范生比起中学生来，多一个"要去教人"的要求。为了这"要去教人"四个字，师范生在学习的时候，就有许多项目要学习。足下在师范当教师，一定深深体会到这一层，愿足下尽量发挥积极性和创造性，使学生得到很好的培养。

大楷小楷的问题，我不能具体回答。我只想向足下说，写字是技能，要养成好习惯，多练，认真地练，只要抽得出时间，练习不嫌其多。

字体的问题，文改会正在研究中。已经认字的人好像不成问题，在教学上确是个问题。

老师坐着批评学生，我想这无所谓对不对。

简略作答，未必尽对，未必能满足足下的要求。余不多谈。
敬礼。

叶圣陶

一月二十一日上午

答张中石*

(1960年5月25日)

中石惠鉴：

您说来了几封信，不知道什么缘故，我只收到本月十二日的一封。这封信收到已十天，我因今天才有空，给您写回信。回信也不能写得长，只能简略写几句。

您既然担任教职，我以为做好教育工作最要紧。业余习作，有工夫当然可以多做。一篇写完成，自己觉得不满意，一要研究其所以然，二则不必灰心。每写一篇都是佳作，恐怕谁也办不到。还有一点可以向您说的，习作之前先在胸中酝酿得意思明确了，形象具体化了，然后下笔写。换句话说，在意思和形象都还朦胧的时候，不要急于动手写。这样，或者可以使自己比较满意。至于给报刊投稿，被采用了，自然是可以高兴的事，因为您的思想跟读者见面了。要是不被采用，不要责怪编者，编者有编者的考虑，他不采用，总因为对读者没有多大帮助之故。您说我的想法对不对？

您问我的问题，我不是不肯回答，而是回答不出。经历的过程如何，如何克服，写特写之类会不会妨碍儿童文学的习作，诸如此类，我心中无数。随便说几句近乎敷衍，我既不愿，您也无益。请容许我交白卷，您在实践中自己解答吧。我不曾留心有关创作理论的书，您要我介绍，我也不能介绍什么。"童话选"① 找到一本，封面脏了，另外封寄，请检收。

---

*　张中石同志当时在江苏溧水柘塘乡中心小学当教员。
①　指《叶圣陶童话选》。

您对教育部提的三点建议很好，深表感谢。下星期就要开群英大会，杨部长将作报告，报上一定要登的，请届时细读。语文教材增加篇数，提高程度，广收各体，您所说的，正是我们要做的。

来信有少数几处错误，另纸写告，余不多写了。

祝您进步，成功。

叶圣陶
五月二十五日

答孙文才

(1961年1月3日)

文才同志：

接到你祝贺新年的信，非常欣慰。我也祝贺你工作顺利，成绩更好，多多使你的学生受益。

承问数点，不能详答，只能简单写几句。

论文不易讲授，曾经听好多教师谈起。我想最要紧的还在教师自己进修。把论文的内容弄清楚，一要细研本文，二要多参阅有关的文章。譬如近来报上社论与通信报道，很多涉及农村公社的，要弄明白这些文章，最好把中央《关于农村人民公社当前政策问题的紧急指示信》反覆钻研，达到透彻地了解。对一篇文章大体了解，那是不能就去上课向学生讲的，必须全篇透彻地了解，才能上课。确实了解了，通透了，还得考虑用什么方法指点，用什么语言表达，使学生也达到同样的了解。大概指点不宜繁琐，宜抓住重要关键。语言宜浅显扼要，深入浅出。——我写的这一节很不具体，对你恐没有多大帮助。

还有一点，论文大多有长句，有复句。学生看不明白一句里的骨干，看不明白下一句跟上一句的关系，就看不明白整篇的意思。教师备课的时候，如果把每句的主语和谓语划出，体会句中各个成分跟主语谓语的关系，再研究第二句跟第一句，第三句跟第二句……第二节跟第一节，第三节跟第二节……意思的承接怎么样，逻辑的关系怎么样，这是个纲举目张的办法，容易使学生领会。你不妨试试这个办法。运用得好，学生不仅了解了论文，同时也是语法和逻辑知识的练习。

现在我们正在编十年制新课本，今年暑假前出版。新课本要出教学参考书。

杂事稍多，其他两个问题恕我不谈了。匆匆作答，歉甚。
敬礼。

叶圣陶
一月三日傍晚

答陈敬旭*
（1961年6月19日）

敬旭同志：

接读惠书，欣愉殊深。于出题目大费心思，诸题皆能深入学生心中，学生据以练习，成绩想有可观。我尝谓为教师者只须多动脑筋，经常为当前之学生设想，必能自致善法，予学生以切实之助益。足下即如是之教师也，佩佩。

有一教师尝出一题，令学生致书其友，假定其友将来北京相访，书中告以出车站而后，于何处趁何路汽车或电车，到何站下车，循何方向抵学校所在之胡同，入胡同如何辨认学校所在。我以为此是好题目。又有教师出题，令学生说明应用誊写机印刷文件之详情，令学生说明如何生火炉。我以为此等题目亦好。命题作文，不仅练笔，实为训练脑筋，使其就某一事物详悉思之。思之既明，取舍自定，条理自见。苟不为作文练习，学生于所见所闻或皆知之不详，识之不真，此于学习或从事工作，俱有不利。由作文练习启其精思之途，逐渐养成良习，则其效不仅在于能作文而已也。因来书谈作文，辄以鄙见奉告，不识足下以为有当否。

手头事稍多，作答简略，幸谅之。

敬礼。

叶圣陶
六月十九日上午

---

* 陈敬旭同志当时是上海宝山横沙中学的教员。

答孙文才

（1961年11月21日）

文才同志：

　　来信收到已三天，今日略有空闲，简略作答。

　　我个人的意见，精讲就是挑精要的话讲，不要讲一些可有可无的话，徒然扰乱学生的心思。要说得出精要的话，全在深切体会课文，同时还设身处地，从学生方面想，怎么讲可以给他们启发，怎么讲可以增进他们的理解。总之，老师讲课，必须使学生真正受用，任何时候都要记住这一点。记住了这一点，方法可以多种多样。发挥创造性，自能找到种种方法。

　　五个环节，大致是不错的，但是不宜拘守，拘守了，就成为框框。不妨看课文如何，看班上学生的实际情况如何，或者减去一两个环节，或者移动环节的次序。前一环节到后一环节，宜乎自然，不宜死板地划开。如果老师心里老记住现在第一环节过去了，要开始第二环节了，这样呆板地教课，成绩大概不会怎么好的。

　　承你和其他老师鼓励我再来创作，深感厚意。我杂事多，精力渐衰，虽欲再事尝试，至今未能动笔，良为惭愧。偶尔作些短文，介绍近时的较好作品，也是受杂志社的督促，逼出来的。

　　短篇小说看过了。森林景色大有可写，你这一篇引起我的想望，有机会到东北森林里看看多好啊。我说不出什么"指教"的话，只希望你自己多考虑，多修改。自己写成初稿，认认真真修改一回，比另外写一篇习作有好处，容易得到进步。布局如何，材料取舍如何，语言如何，拿自己的东西作为研究的对象，研究得到结果，然后动手修改，那一定会改得比初稿好。

敬礼。

叶圣陶
十一月二十一日上午

答孙文才

(1962年1月4日)

文才同志惠鉴：

来信读悉。承贺新年，深感厚意。我未备贺年片，请于此奉祝工作顺利，德才并茂。

我将离京出外一行，诸事须料理，于尊询诸点，仅能简略作覆，希谅之。

古书读音，我以为大体只能从今。如"叶公""滑稽"，若依古读，听者将茫然。唯如"卿大夫"，"大"还宜读如"大小"之"大"，因"大夫"读"代夫"，今特称医生矣。

于古文批判过甚，各地均有此情形。我意只宜着重说明某些观点想法非今世所宜，使学生明晓，即亦可矣。苟斥为无一是处，学生将生疑怪，如是无益有害之作，何以必令彼辈诵之习之乎。选材之际，诚宜特加注意，其文果颇多谬误，即不应入选也。

文道统一之切实做到，我以为首要在教师之透彻理解课文。教师透彻理解一篇之主旨，指导讲授之际，完全针对主旨，不脱离文篇之思路发展与语言运用，不放开文篇另外说一番道理，另外说一番篇章结构之类，学生即当于思想品德方面有所感受，于读法写法方面有所长进。此仅为我之设想，言之又不具体，因承问及，作书以奉告，未必有当也。

依理而言，师校语文水平确应特求其高，因为师范生毕业之后将为人师。高中不必措意如何教人，而师范生于在学之时即宜留意将来如何教人。

至于如何教好师范生其全在师校之教师矣。

语文刊物暂时恐尚未能恢复。师校语文本总须编,唯今年未必能出。

请止于此。

敬礼。

叶圣陶
一月四日上午

答张庆晋[*]

（1962 年 7 月 12 日）

庆晋同志：

惠书诵悉。增教数篇文言，所示篇目均可用。唯词可不选。诗词与散文是两回事，似非必需。另一办法，专从《史记》或《孟子》中选若干篇亦可。教材仅是教学之凭借，学文言在领会文言之词义句式及表达方法，教师指导有方，学生潜心修习，只从一书中选材亦能有长进，固不须五花八门也。教师当然须教，而尤宜致力于"导"。导者，多方设法，使学生能逐渐自求得之，卒底于不待教师教授之谓也。附述所见，以供参考。
敬礼。

叶圣陶

七月十二日下午

---

[*] 张庆晋同志当时是北京市财贸学校的教员。

答梁伯行*

（1962年7月23日）

伯行同志：

惠书并总结两份诵悉，欣愉之情，非可言状。为别年余，未尝通信，而时闻社中同志相告，足下教学日进，誉声颇著。今岁之初到无锡，曾思奉访，而参观时迫，离去匆匆，怅未如愿。今读惠书及印件，宛如对面长谈，所云欣愉，盖以此也。

总结两份之内容，大部分皆足下在此之时社中同志所恒言者，而足下又益之以近获之经验，故能深切著明若是。我惟有欣然领受，别无意见可提，印件则留置案头，俾得随时重观，以资沾溉。

年来常与景山、二龙路、丰盛胡同三校之语文教师接触，时或往观授课，颇感教师增加本钱，最为切要。所谓本钱，一为善读，一为善写，二者实相关而不可剖分。去年尝写一短文曰《"教师下水"》付《文汇报》，希望教师经常练笔，深知作文之甘苦，盖即添本钱之意。而除课本以外，经常认真看书读报，熟悉阅读之道，是亦添本钱也，我尚未为文言之。此添本钱之说实至寻常。唯有老师善读善写，乃能导引学生渐进于善读善写。苟非然者，学生即或终臻善读善写，断非老师之功。足下精研语文教学，敢以浅见奉告，乞断其所思当否。

循诵印件，觉其强调教师精究课文，讲透课文，此固非常必要，而于同

---

* 梁伯行同志当时是江苏无锡机械学校的教员，人民教育出版社曾借调他到北京工作。

时导引学生自动理解课文，为他时阅读任何书籍文篇作准备，言之无多，似感不足。及读至从多讲到少讲，从讲到不讲之处，乃知足下与同事诸君固已注意及之。于此我欲进一言，可否自始即不多讲，而以提问与指点代替多讲。提问不能答，指点不开窍，然后畅讲，印入更深。而学生时常听老师提问，受老师指点，亦即于不知不觉之中学会遇到任何书籍文篇，宜如何下手乃能通其义而得其要。此如扶孩子走路，虽小心扶持，而时时不忘放手也。我近来常以一语语人，凡为教，目的在达到不需要教。以其欲达到不需要教，故随时宜注意减轻学生之依赖性，而多讲则与此相违也。

我颇有零星想法，如获晤面，逞臆而言，可历数小时。而累累书之，则为时力所弗许，幸谅我书之简略。何日大驾来京，或我有再到无锡之便，必当谋作半日之谈。

无锡景物宜人，足下居之，想至安适。余不多及。即请
暑安。

叶圣陶

七月廿三日上午

答周唯一 *
(1963年1月3日)

唯一同志：

寄来文稿已细读一过。所叙确是足下之经验，勤于教学，刻苦进修，良佩。以文章而论，我嫌其说得稍繁，还可精简。

我谓教师宜勤于动笔，不专指与学生同作一题。出题为学生设想，自属必要，每次与学生同作，似可不必。教师另作他文，第须认真为之，皆于指导学生有助益。足下以为何如？我将大稿寄与《文汇报》，请报社考虑是否可以刊载。如不刊载，我托报社直接奉还。

匆覆。顺致

敬礼。

叶圣陶

一月三日上午

---

* 周唯一同志当时是江苏邳县八义集中学的教员。

答孙文才 *

（1963 年 1 月 15 日）

文才同志惠鉴：

　　来书早读，迟至今日作覆为歉。承告工作与生活之情形，皆感欣慰。已得麟儿，遥致祝贺。所询数点，简答于下。

　　传统的语文教学方法，我未尝说过。有人言之，恐各有其概念，所指未必尽同。从前注重读，此至有道理。古文与口头语言殊异，读之至熟，实即学习古文之语言。必熟乃能写，亦如今时儿童熟习口语，乃能说连贯之一段话也。今时教古文，自亦宜熟读，虽不求其能写，而熟习其语言乃能深味其意义，较之仅仅看一二遍好得多。在此意义上，现代文亦须熟读，即不能篇篇熟读，亦宜挑若干佳篇读之。

　　为活动而活动，当然不好。任何事情，遗其本旨，流于形式，均属不好。教课之本旨并非教师讲一篇课文与学生听，而是教师引导学生理解此课文，从而使学生能自观其他类似之文章。既曰引导，自须令学生有所事情。使彼练习，向彼提问，皆其事也。若此之练习与提问，当不致流于形式。

　　《夜》另有所据，据实事而益之以想象。瞿秋白所说，与《夜》无关。

　　《略谈作文批改》已看过。意思大体同意，唯觉说批的部分说得太多，似乎有非作种种的批不可之意。我想有可批才批，无可批即不批，不一定眉批、段批、总批一应俱全。批改不是挑剔，要多鼓励，多指出优点，此意甚

---

* 孙文才同志当时是吉林浑江第二中学的教员。

好。请容我老实说，此篇写得较粗糙，似未经仔细斟酌，故颇有欠妥当之语句，如"眉批的针对性强，能把批语落实到具体的病例中"，即其一也。足下如仔细重观，当能逐一发现不妥之处。率直奉告，谅不以为忤。

  余不多叙。即颂

近佳。

叶圣陶

一月十五日下午

答王承辉*

（1963年1月22日）

承辉同志惠鉴：

来信诵悉。承询之事，简略奉告如下。

我在座谈会中所言，原属个人意见，供教师参考，非欲强人必须照办。此点想尊处亦已知之，不待我之详细解释。

作文教学欲期收效，欲令学生获得实益，最重要之一点在提高教师之业务水平。教师业务水平高，讲读课教得好，作文课指导得好，批改得好，学生自能日有进益。帮助教师不断提高业务水平，我以为是文教科之重要工作，不知足下以为然否。

至于批改，无论全班改、轮流改、重点改，必须使学生真正明晓教师之用意，且能用之于此后之实践，乃为有效。尤须所批所改无不中的，悉得其当，使学生受真正之实益。如何使学生真正明晓，此教学方法之事，未可忽视。如何则所批所改无不中的，此系于教师之业务水平，尤关重要。

教师必须兼顾全班，使全班学生均有进益，此是天经地义。我并非反对全班改，我只以为于全班改之外，兼采其他方法，既节教师之劳，不损学生之益，似亦未尝不可试行。此所谓其他办法，教师可以本其经验而为创造，轮流改、重点改之外或更有他途。如以某一学生之文为材料，书于黑板，师生共改，而教师于此际起主导作用。全班学生如真能人人用心，其受益必不鲜矣。

---

* 王承辉同志当时在四川垫江县人民政府文教科工作。

至如本本批改,而所批所改或当或不当,询之学生,学生又不尽明晓教师之用意,如此者即属劳而少功,我未能同意者也。

余不多及。

敬礼。

叶圣陶
一月廿二日上午

答邹上一 *

（1963年5月8日）

上一同志：

　　惠书并意见书一份均诵悉。所论诸点，与我平日所思颇有相同之处。同声相应，感佩可知。所谓教师之主导作用，盖在善于引导启迪，俾学生自奋其力，自致其知，非谓教师滔滔讲说，学生默默聆受。所谓阅读教学，本身自有其重要性，并非作文教学之辅。而善于指导阅读，虽不喋喋言作文，实大有利于学生作文能力之培养。我有时应邀作讲，辄言及以上两点。听者似皆首肯，而是否遽付诸实践，尚不可知。行与知固未必常相随也。

　　尊论各级各科之安排，用意与极少数试验学校之设想相类。不拘故常，深研求是，精神可佩。

　　意见书当交部中研究部门仔细研究。

　　简略奉覆，聊答雅意。

敬礼。

叶圣陶

五月八日上午

---

* 邹上一同志当时是湖南青树坪第二中学的教员。

答张自修[*]

(1963年7月27日)

自修同志惠鉴：

接读来书已月余，近又获诵第二书，延迟作报，良为歉疚。选辑若干文篇供学生阅读，此事自属可行。盖课本选文不能多，而学生诵此少量文篇实嫌不足，别有选本俾自为诵习，正应其所需。至于多诵文篇，固有裨于作文，然目的不仅在练习作文。阅读教学之目的，我以为首在养成读书之良好习惯。教师辅导学生认真诵习课本，其意乃在使学生渐进于善读，终于能不待教师之辅导而自臻于通篇明晓。课外更读选本，用意亦复如是。果能善读，自必深受所读书籍文篇之影响，不必有意模仿，而思绪与技巧自能渐有提高。我谓阅读为写作之基础，其意在此。若谓阅读教学纯为作文教学服务，则偏而不全矣。

承嘱为选本作序，拟即以此意书之，请观妥否。序文暂不动笔，待选本排版将成之时，当可交上，不误出版之期。选本之名，我以为用《中学语文课外阅读文选》即可。前次寄来拟选之文篇全份，嘱我阅看。我杂事稍多，暇时颇少，苟随便翻阅，同于未阅，欲逐篇详览，势有所不能，以故敢违雅命，不复阅看，径即奉还。（写作常识之部分曾约略翻阅，觉得尚可。）我思足下有教研室之同志共商，复有教育厅与出版社之协助，第须以郑重其事相约，入选之文必以"质文并美"为准，所选定能悉当矣。

---

[*] 张自修同志当时是陕西横山中学的教员。

吕叔湘先生近往东北，回京须在九月间，嘱转致之书暂留我处。《教师报》恐未能遵行恢复。承告他科教师亦须留意语文，高师文科宜加书法课，宜介绍传统语文教育，用意甚好，当告部中同志，期共同注意，促其实现。

匆匆奉覆，即致

敬礼。

叶圣陶

七月二十七日下午

答李嘉谟*
(1963年8月8日)

嘉谟同志：

惠书诵悉。我的意思，练字要认清目的。目的在应用，叫人看起来方便，觉得顺眼，照我那篇短文所说的尽够了，用哪种笔都一样。目的在学习传统的书法，自然要看看碑帖，下功夫临摹。看碑帖无非要看出它间架行款的好处。临摹可以挑几种跟自己的字相近的碑帖。讲究执笔法，目的在做到运笔灵活。死死拿着笔，运笔不灵活，字就不容易写好。临摹只是初步，进一步要求有自己的独到处。真有独到处，就是书法家了。

至于每天写多少，什么时候写，我想并无一定。总之，一要不间断，二要每写必认真。当今国内谁是书法家，恕我回答不出。

敬礼。

叶圣陶
八月八日

---

* 李嘉谟同志当时是山东济南道德街小学的教员。

答邓戛鸣*

（1963年10月7日）

戛鸣先生：

　　惠书及大稿均诵悉，欣愉殊甚。所叙语文教学各方面意见，皆属经验之谈，非确有所得，不能言之深切著明若是也。为学生改易文稿，令探索所以改易之故，此一举尤堪称美。教师改文，业至辛勤，苟学生弗晓其故，即功夫同于虚掷。今责令探索，彼必将用心而自得之矣。近年来我常与教师会晤，谈次辄及语文教学，既无实际经验，则言平日之所思，而颇有与尊论暗合者。同声相应，同气相求，展诵终篇，乐可知矣。大稿恐须留存，谨奉还。

　　杨若楠同志①想仍在校任教，上半年我尝覆彼一书，未得回函，殊相念也。余不多叙，即请
教安。

叶圣陶
十月七日上午

---

　　* 邓戛鸣同志当时是江苏苏州江苏师院附中的教员。
　　① 是我母亲的同学。

答孙文才

(1964年1月2日)

文才同志：

来书以今晨读悉。承相念，深感。我身体尚好，无甚毛病。堪以告慰。所询各点，我亦未必知之深切，详尽言之，此书将极长，只得简略言之。

一、此一点我曾在京与一部分教师谈过。大意谓语文教学之一个目的为使学生练成读书之本领。此种本领不能凭空练，故令阅读课本而练之。课本必须善读，一也；因善读课本而自能读其他书籍报刊，二也；二者皆能做到，乃为达到目的，教学成功。——课本中有各类文章，包括政治性之文章与文学作品，皆须善读，由语言文字而深明其内容，且有裨于思想之提高，品德之修养。故凡篇中之内容，决不可随便放过，此其一。又不可脱离文篇，作不相干之发挥，致违循文求义，练成读书本领之旨，此其二。——而前此数年，一般教者有置课本于旁，另外发挥一通之习惯。今纠其弊，乃提出"不要教成……"之说。不要教成政治课者，不要从课文中抽出其政治道理而空讲之也。不要教成文学课者，不要从课文中概括出若干文学概念、文学术语而空讲之也。学生但听空讲，弗晓本义，无由练成读书之本领，所以其法不足取也。

二、布局谋篇，我想是一个意义就两方面说。譬如造房子，某室放在东南角，某室放在西南角，此是布局；而现有多大地皮，意想中要造成如何用途、如何式样之房子，此是谋篇。

三、文章深浅恐不能以时期分。先秦之文亦有较浅易者。唐宋作者大多摹古，而选词造语，或平易或艰深，殊不一致，即一人之作，亦复互有浅深。我思读文言，最当令学生明白同一个字而意义有古今之别。次则须令熟习常用之文言虚词，熟习常用之文言句式。此数者皆于读课文时训练之。训练得好，学生读课本以外之文言自能大体通晓。自己能读《资治通鉴》，若悬为高中毕业之标的，我想良师善教，学生勤学，或可做到。

四、评点的办法，做得好，确于读者大有助益。出版社编辑者尚无力及此，有心的教师不妨试为之。

五、《古代汉语》① 稿本我看过。其中语法问题与他家有相异之处，各大学亦有提出者。我意中学不妨照课本教。

简答如上，皆个人之见，未必尽当，聊备参考耳。即颂新年佳胜。

叶圣陶
一月二日

---

① 指王力先生所著《古代汉语》。

答宋育瞳*
（1964年1月4日）

育瞳同志惠鉴：

去年五月间接来书并大稿，稽迟至今始作报，疏慢之咎，未敢乞恕。倘蒙原宥，感幸深矣。闻大稿业经出版，此间史晓风同志①于去年十月间奉书，尝言希以一册见贶，至盼如其所愿。所示油印本虽亦通体翻观，以目力不济，第知大略，未能细读。凡所述说，均表同意，复有鄙意之所未及，良感开导之益。教师于此获得启发，从而改进其业务，学生于此获得指引，从而勤勉于练习，成就必多，造诣必深。先生之嘉惠溥矣，至深钦佩。

我尝怀一念，书之于此，希承教正。我谓实际作文，皆有所为而发，如作书信，草报告，写总结，乃至因事陈其所见，对敌斥其谬妄，言各有的，辞不徒作。而学生作文系属练习，势不能不由教师命题。学生见题而知的，审题而立意，此其程序与实际作文违异。故命题必如学生所自发，彼本无所为，示之以题，彼即觉有所为，欲罢不能非倾吐不可：如是乃可使练习与实际一致，见题作文与自发作文无殊。而作文为社会生活中不可缺少之技能，非语文教师强加于学生之作业，学生亦可历久益明，习之益加勤奋。先生以为此意何如？即致

敬礼，并贺

年禧。

叶圣陶

一月四日上午

---

* 宋育瞳同志当时是内蒙古呼和浩特第一中学的教员。

① 史晓风同志当时是我父亲的秘书，并负责人民教育出版社总编室的工作。

答滕万林[*]

(1964年2月1日)

万林同志惠鉴：

　　来书接到已久，延至今日作报，良深歉疚。"语文"一名，始用于一九四九年华北人民政府教科书编审委员会选用中小学课本之时。前此中学称"国文"，小学称"国语"，至是乃统而一之。彼时同人之意，以为口头为"语"，书面为"文"，文本于语，不可偏指，故合言之。亦见此学科"听""说""读""写"宜并重，诵习课本，练习作文，固为读写之事，而苟忽于听说，不注意训练，则读写之成效亦将减损。原意如是，兹承询及，特以奉告。其后有人释为"语言""文字"，有人释为"语言""文学"，皆非立此名之原意。第二种解释与原意为近，唯"文"字之含义较"文学"为广，缘书面之"文"不尽属于"文学"也。课本中有文学作品，有非文学之各体文章，可以证之。第一种解释之"文字"，如理解为成篇之书面语，则亦与原意合矣。简略致答，希审其当否。

　　顺颂

教绥。

叶圣陶
二月一日上午

---

[*] 滕万林同志当时是浙江乐清中学的教员。

答六一学校校长*

（1964年3月11日）

王杨两位校长惠鉴：

昨日听赵老师教课①，至为欣慰。今略陈鄙见，以备参考。

赵老师讲说不多，随时启发学生思考，评学生之答案，有鼓励，有指正，要言不烦：此皆引导学生用心阅读之正途。又闻两位学生指出同学读书之缺点（"舆论很多是……"，"很多是"必须连读；"登着父亲他们二十几个人……"，"父亲他们"必须连读），足见赵老师平时注意训练诵读。诵读得其当，于理解课文内容，于养成语言好习惯，关系皆至重大。赵老师又举出学生未及指出之误读，谓"我是不能轻易离开北京的"读为"我是不轻易离开北京的"，指出"不"与"不能"有别，引起学生之仔细辨别，此亦至为得要。又"侦"字板书多写一画，学生为之指出，赵老师随即更正，此足见师生关系之融洽。

我之意见，教师引导学生用心阅读，宜揣摩何处为学生所不易领会，即于其处提出问题，令学生思之，思之而不得，则为讲明之。今据此一课举出数点为例。

昨曾与二位言及，此课第一段第二段皆从四月六日早晨说起，此为学生所不易领会（二位亦言预习时曾有学生提出此一点）。以是必须令学生辨明，

---

* 六一学校在北京。

① 课文是《十六年前的回忆》，李大钊的女儿李星华作，编入北京市高小语文第四册。

第一段"春天来了,快到外面玩去吧"以下,并非叙当日之事,而是叙四月六日以前数日间之事。父亲见姐妹二人换上新夹衣,说此简短之一句话,作者即想到"那些天父亲很忙,很少得空跟我们讲话",于是说"那些天"之事。直到第二段开头又回到四月六日早晨,出游者为母亲与妹妹,而作者并未依父亲之言出游,遂与父亲同被拘捕。

"书籍和文件"大概属何种性质,何以须烧去,李大钊烈士所做为何种工作,张作霖何以要拘捕李大钊烈士,此诸点恐非学生所能明知。教师若为简要之讲说,可以加强革命传统教育。(二十九页十五行虽有"革命事业"字样,似宜令学生知之较具体。)

二十八页倒二行与末句,恐须令学生细辨。前一句作者心中自问:"是不是痛心……无辜被烧呢。"自问之后即作肯定回答,父亲确是痛心……无辜被烧。此意并未写出,而径作第二问。所云"不愿意",即痛惜此类书籍文件,不愿烧去也。

总之,教师之主导作用在就学生已有之能力水平而适当提高之,使能逐步自己领会课文之内容与语言之运用,最后达到不待教师之讲解而自能阅读。阅读教学循此为之,学生写作能力之提高亦非甚难事矣。未识二位与诸位老师以为然否。

敬礼。

叶圣陶
三月十一日上午

答简治平*

（1964年3月20日）

治平同志：

　　惠书诵悉。编辑《作文辞典》之计划，亦细读一过。此辞典收集各类佳句，我不敢谓其不切于用，亦未能信其至切于用。请略言之。作文必有可写之材料，材料之来源为真经验、真知识、真感受，此类皆由"自得"，不宜求之于辞典。既有材料，发而为文，用语务求明确，缀语必有伦次。此则平时锻炼思想方法之功，学习语言运用之效，而善听他人之谈说，善读他人之佳作，亦复有助。辞典惟列语句，无上文下文，莫由知其承贯，即或略资启发，究未免近乎枝节。我谓未能信其至切于用，盖在此耳。鄙见不定有当，书之聊供参考。即请

教安。

叶圣陶
三月二十日上午

---

* 简治平同志当时是四川资中银山中学的教员。

答朱泳燚*

（1964年6月6日）

泳燚同志惠鉴：

诵来书并大稿，甚佩造诣之深。以若是之才教语文，编教材，自易使学子心通，课本切用。且二十四之年已臻此境，更积岁月，精进何可限量。我不唯于足下深感欣慰矣。通览全稿，具见比勘归约，用力至勤。我无意见可提，第请陈其心情。偶见有人称扬拙作，我辄惶愧不安，以为过誉。非好为谦抑，实缘自知之明。凡我所作，其质皆甚平庸。至于语言文字之间，虽欲求其精当，而实践不足以副之，文集固经修改，疏漏宁能尽免？足下谓有若干不妥之处未加改动，复有改而转见弗当者，即其著例。又，于规范化未能前后一致，则以改动非于一时，认识尚未确立之故。今承指明，良为汗颜。我意大稿于此等处不宜略而不谈，此则唯一欲提之意见矣。

农中教材如何编辑，我至愿闻知。尝谓语文教材在培养学生阅读之能力。阅读得其方，写作之能力亦即随而增长。学生离校而后须阅读各类各体之文，故教材须兼收各类各体之文。学生诵习教材，赖教师之指导，而领会其质与文。第领会教材之质与文犹未已也，非最后之目的也。必于教学之际培养其自动性，终臻不待教师指导而自能领会之境，于是可以阅读书籍报刊而悉明其旨矣。此则阅读教学最后之目的也。所见如是，略陈之以备参考。

足下谓将撰《修改的艺术》一书，甚善。我意修改之要，在材料之取

---

* 朱泳燚同志当时是江苏常熟省立常熟中学的教员。

舍、观点之斟酌、组织之当否、逻辑之顺否。若此之类，较之一词一句之推敲尤有关于文章之优劣。想足下必熟知其故，或已列入提纲矣。请止于此，俟得书再谈。

敬礼。

叶圣陶
六月六日上午

答朱泳燚

（1964年7月15日）

泳燚同志惠鉴：

五日手书诵悉，作答稍迟为歉。我之文集①未必再版，足下所见修改疏漏处，希便中抄示，俾据以核对，自知其谬。

尊撰提纲阅过，略提意见如下。"前言"一项中谈"修改是怎么一回事"，似可说明修改非语言文字之事，实为思想认识之事。作者检点其所叙所论，觉识之未真，思之未谛，乃援笔修改。改动者固为语言文字，推其根源，则思想认识有异于初时之故也。第二项1、2、3三款之材料诚不易得，苟扩大选材之范围，不以所列诸人为限，或较有办法。今时机关团体撰写文件，往往屡易其稿，数经讨论，最后定稿颇有大异于初稿者。苟能收集若干件，择其无妨公开者采用之，初稿与数次改稿并列，征得其同意，则于读者甚为有益。又，报社杂志社于记者投稿者之稿恒有大加工，如能收集若干篇，亦可选出其特具精心者。且选用机关团体文件与报刊文章，实最切读者所需之举也。第二项5、6、7、8四款似可斟酌合并，"确切""明确"可不分，"表达精粹"似颇难言。9款似可不提，苟能"顺畅"，即为广义之"通俗"矣。意见止此而已，思之未审，聊备参考。我甚望足下此作，不偏于文艺，而兼及各类文章。目的在使读者得所借鉴，勤自练习，达于通顺之境。无论撰文艺，作他类文章，固同以通顺为之基也。

---

① 指人民文学出版社出版的《叶圣陶文集》。

关于农中课本，来书"体裁"一项中有"以记叙文说明文为主"之语。我觉说明文极重要，说一种机械，说一种操作方法，说一种原理，皆学生必须学会者。此类文章首须准确，次须明白。而选材至不易。报刊所载，类多不耐仔细揣摩，准确明白两皆有违。语文以外之其他课本大多为说明文，似可选少数章节入语文课本也。尊处选得之篇章，希以其目抄示，并书明其出处，我社将据以考虑选入普中课本或否。至于文言诗文，我亦主张"索性不选"。写作知识短文不列在单元末尾，甚好。写作系技能，不宜视作知识，宜于实践中练习，自悟其理法，不能空讲知识。或以为多讲知识即有裨于写作能力之长进，殊为不切实际之想。农用杂字，各地殊异，编入课文，恐将顾此而失彼。我不知如《新华字典》是否具备苏省各地区之农用杂字。如已遍收，则令学生学会查字典，即可解决，不必求备于课本矣。因须用入若干生字而撰课文，往往流于牵强，此固编辑人共有之经验也。书之已多，请止于此。即颂

撰安。

叶圣陶
七月十五日上午

答汪齐镇＊

（1964年9月4日）

齐镇同志惠鉴：

　　承询有关拙作①之两点，今简答于下。回忆写此篇之时，尚未闻阶级分析之说。现在按之，蓝袍玄褂者盖指官僚地主之流，袖手者则资产阶级分子，瘠瘦之中年人则小市民也。至于"可怜无补费精神"一句，王诗元诗②皆有之。王诗系七绝，题为《韩子》，元诗亦七绝，为《论诗绝句三十首》之第二十九首，此句均在末尾。"可怜无益费精神"则为韩诗③，安石盖易"益"为"补"而用之。

　　余不多叙，顺致

敬礼。

叶圣陶

九月四日上午

　＊　汪齐镇同志当时是上海松江第三中学的教员。
　①　指《五月三十一日急雨中》。
　②　王安石的诗、元好问的诗。
　③　韩愈的诗。

答朱泳燚

(1964 年 12 月 16 日)

泳燚同志：

惠书欣悉。承示拙集①改动疏漏处二十二条，深谢。当记之于自留之本子。此集大约不需再版矣。

农中语文每出一册，希寄我一观。此事想可办到。我社初中试教本第六册尚未出，今另封试教本第五册并第二、第四两册之目录寄上，请检收。中华函授学校之《语文学习讲座》已出二十一期，可径向彼校订购，校址在北京"大六部口"。唯前出各期是否尚有余剩，则不可知矣。

编课本选材至难，我久有此感。不亲其事者闻此说，往往弗信。今年各方面之辩论批判，蔚为文化革命，教师学生思想认识提高，于语文教材认为不尽当者颇不少。我社方着手改编，将去其不当者而别选新篇，供明年暑后应用。要求既严，选取益艰。亦唯有自求革命化，善走群众路线，庶可不负此重任耳。

满意之说明文难得，此间亦有同感。我当谓选此类文宜悬二的，一为准确，二为明白畅达。此殊不高，而展观初选稿，合者无多。已选各篇，实皆不尽惬意。

足下撰《修改的艺术》将徐徐图之，审慎可佩。先就鲁翁之材料为之，

---

① 指人民文学出版社出版的《叶圣陶文集》。

只取一家，不致庞杂，亦是一法。承嘱提意见，愧无可为贡。

匆匆奉答，幸恕简略。

敬礼。

叶圣陶

十二月十六日上午

答江亦多*

(1972年9月4日)

亦多惠鉴：

你现在担任语文课，只有自力更生。也可以几个教语文的老师合在一起，共同研讨商量，这比独个儿钻研好得多。我要告诉你，语文老师不是只给学生讲书的。语文老师是引导学生看书读书的。一篇文章，学生也能粗略地看懂，可是深奥些的地方，隐藏在字面背后的意义，他们就未必能够领会。老师必须在这些场合给学生指点一下，只要三言两语，不要啰哩啰嗦，能使他们开窍就行。老师经常这么做，学生看书读书的能力自然会提高。教的虽是一篇一篇的课文，目的却在于使学生善于看善于读其他的书。看书读书是每个人一辈子的事情。我不知道说清楚没有，你能明白我的意思吗？

老师既然要引导学生看书读书，自己就得比较地善于看善于读，不然怎么能引导呢？看看参考材料，只能起辅助的作用。真的自力更生，还在于自己教育自己，培养真功夫。

今天就写这些。祝
努力。

圣陶
九月四日

---

* 江亦多同志是我的表妹，当时师范学校停开教育学，她改教语文。

答江亦多

(1972年9月10日)

亦多惠鉴：

在语文教学中，你要学会自力更生。一方面是找些字典、辞源之类的工具书，以备查阅；另一方面，要靠实践出真知，和老师们共同研究，交流总结经验。

备课时，看些参考书是必要的，但看完后，还要自己多动心思，想想这篇课文的主要意图到底是什么，你的学生读起来会有什么困难，你应当在哪些地方给以引导和启发。

语文教学的目的，一是要教会学生自己能看书读书，不断吸取精神养料，一是要教会学生把所想的东西用嘴用笔表达出来。教师的讲课就不只是一篇篇的课文了，而应当着眼于教会学生看书写文章。

教会学生独立看书作文是每一个语文老师的责任，至于怎样才能教会学生，我看不但要靠自己钻研，还必须多和老师们讨论研究，集思广益。

我要给你提个小意见，字要写得端正清楚些，对学生尤其要清楚，因为你是语文老师，得做学生的表率。字不好不要紧，笔画不清楚，叫看的人费心力眼力，就不合乎群众观点了。祝
不断进步。

圣陶

九月十日

答李业文*

(1973年3月19日)

业文同志：

来信昨日上午收读。今就所问四条，简答如下。

一、如何向初中学生讲解诗歌知识？

我一向不赞同教什么什么知识。拿诗歌教学生就是了，引导他们体会，他们不了解的，简要地给他们说一说，多读几遍，读熟更好。切不要离开具体的诗歌，空谈什么是诗歌，怎样写诗歌，诗歌有多大意义多大作用，等等。

二、学生中说话、作文普遍存在的毛病是词汇的枯燥、生硬，不会引用确切的词汇表达丰富的思想感情，对此应如何解决？

作文就是用笔而不用口来发表意见，抒发情感。根本在于学生有没有意见要发表，有没有情感要抒发。如果没有，那是整个学校教育的失败，不仅是语文教学的失败。学生都成为木头，岂不是整个学校教育的失败。如果有，那不妨先让学生说说看。口里说得出，说得清楚明白，笔下写出来也必然不会差。词汇少，用词不确切，都是平时习惯了的事，要在平时给他们训练。平时不管，单在作文的时候希望学生怎样怎样，当然只有失望而已。

三、语文课的教学，应侧重于章段结构的分析，还是词义的讲解？

我以为最紧要的是让学生真正理解课文的主要意思。讲词义和章段结构都是为这个目的服务的。

---

* 李业文同志当时是江苏常州丁埝公社农村业余教育专职干部。

四、怎样才算是做好一个语文教师？

当语文教师要帮助学生养成认真（不是马马虎虎、粗枝大叶）看书读书的好习惯。写东西也一样，不论写个纸条，写封信，写一篇墙报的文章，都要正确、老实、实事求是，不瞎说，不乱说，不糊里糊涂地说。看书、读书、写东西都是要干一辈子的事儿，养成了好习惯，不仅是个人的益处，对于社会生活和各项工作也大有益处。假如不养成好习惯，那就反过来，对个人、社会、工作总有或大或小的害处。

教师要帮助学生养成好习惯，教师自己就得有看书、读书、写东西的好习惯。这是当然之理，道理很简单，不用多说的。

我就写这样几句话，算是回答你的期望。请你想想，是不是有点儿用处？

祝你们好！

叶圣陶
三月十九日下午

答张寿康[*]

（1976年1月24日）

寿康同志：

惠书由仲华①交来，诵悉。足下要我批改尊作，请听我说些意见。我一向以为，学生习作要改，但是老师须揣摩学生的原意，帮他们把原来的意思说清楚。至于我辈发表些意见，抒写些心情，必得自己改，不能由他人代庖。自己改不是改文字，实际上是重新思索，重新组织，使原来的意思更加完善些。经过这样一番研讨之后，话该如何说，文字该怎么写，也就有了比先前较多的把握了。假如不是自己改，而托别人改，那么写成的东西就算不得自己的了。而且，别人也很难设身处地代我想。因此，恕我不考虑给您改。我只能提出些零星的意见，而且抄习用的话，"未必有当，仅供参考"。有些话不客气，您不会责怪我吧。

匆匆，即请

近安。

叶圣陶
一月廿四日下午

---

[*] 张寿康同志是原北京师范学院中文系教授。
① 徐仲华同志是首都师范大学中文系教授。

答吴海发*

（1978年1月1日）

海发同志：

惠书读悉。田同志我并不相识。承询拙作数点，即写在来信之上。事隔数十年，回想往往想不清，毫无办法。

我不甚赞成教学上作琐碎的分析。语文老师最要紧的是引导学生能举一反三，"一"是课文，"三"是自己阅读东西。自己能不靠老师阅读书报，得到正确的理解与体会。

调整工资未轮到，代感失望，想不致损及积极性吧。

匆覆，即颂

新年佳胜。

叶圣陶

一九七八年元旦

---

* 吴海发同志当时是江苏无锡市第四中学教员。

答刘国正[*]

（1978年1月26日）

国正同志惠鉴：

顷接中学语文组信，说"需要做较大变动的意见，希望随时告诉我们"，因而写这封信。打电话恐说不清楚，还是写的好。

我以为郭老的《水调歌头》不宜选用。粉碎"四人帮"是庄严的题目，此作却是随便凑合，不甚得体。不能因这首词在电台广播和集会歌唱的时候经常听见，不能因作者的名氏是人所共仰，就把它选在课本里。

最近发表的毛主席给陈毅同志谈诗的一封信里说："……因律诗要讲平仄，不讲平仄，即非律诗。"词也是要讲平仄的，套用毛主席的说法，不讲平仄即非词。郭老这一首词，平仄不合词律的，有以下这些句："政治流氓文痞""狗头军师张""诡计狂""真是罪该万死""迫害红太阳""接班人是俊杰""功绩何辉煌"……课本里可能要选毛主席的《重上井冈山》，两首词一对比，声律显然不一样。学生糊涂了，老师难以解说了。

对于选读几篇文言，我现在想，对学生无多大益处。这是民国十二年（一九二三）中学国文课程标准里定的办法（我是当时起草人之一），沿用了

---

[*] 刘国正同志当时在原教育部召开的全国统编教材会议上主持中学语文教材编写工作。

五十多年,至今还照旧,想着就感到怅怅。听说乔木同志赞成叔湘先生分别教的主张,我有同感。待晤面时再谈吧。

　　送来的样本,我因目力不济不能细看。即请
刻安。

叶圣陶
一月廿六日下午

答田稼*

（1978年12月20日）

田稼同志：

本月十三日手书，昨日接读。承时时垂念，感不可言。

《爱的教育》原著确不差，夏先生翻译此书，当时对教育界颇有影响。现在三联书店正在编辑夏先生的文集①，收入他的语文方面的论文、创作小说和散文，《爱的教育》也收在里边。这个消息想来是足下乐于听到的。

来信说到"以身作则"，这真是极端重要的守则，任何人都应当如此，教师尤其应当如此。教师如不能以身作则，天天念思想政治的经毫无用处。来信说学生怕班主任，我想这就可见班主任没有能以身作则，尽到熏陶的责任。使学生怕的教师决不是好教师。

语文老师不要做说书先生。讲课文，课前空讲一通之后，接着句句讲，段段讲，越讲得起劲，学生越不动脑筋，自己不动脑筋，怎么会得益呢？所以要尽量少讲，学生领悟不到之处才给说一说。再如教学生作文，老师自己先要明白为什么作文。作文不是为了考试，作文不是生活的点缀，而是生活的必需。作文就是说话，用笔来说话。日常生活中，各项工作中，一个人连话都说不好，是绝对不成的。说话联系到思维，联系到语法，所以在作文教学中要注意思维和语法。还有，教师自己如果说话和作文都不怎么讲究，教

---

* 田稼同志当时是四川重庆第十一中学的教员。
① 《夏丏尊文集》后来由浙江人民出版社出版。

学生也就没有把握了。所以教师要永远留意，口头和笔下都要求其准确和干净。——说得太多了，就此停住。请足下看我这些浅见还要得吗？

我身体尚可。在寓时多，难得出门。书报几乎不看，因为看不清。写信通常是寥寥几句，这封信算是比较长的了。即问

近佳，并贺新禧。

叶圣陶
十二月二十日

答田稼

（1979年9月21日）

田稼同志：

  本月十四日来信接读。恕我只能简覆。

  我的《语文教育论集》正在排版，据说今年可以出版。等取得时即当奉赠一本。

  《公理日报》停刊宣言不是我写的。是哪位所写，我记不清了。

  给学生改作文，只要对学生有益就行，大概没有一定的办法。我想，最要紧的是要学生说自己的话，不要鹦鹉学舌。其次要他们养成先想清楚然后动手写的习惯。做到了这两点，我以为老师只要看一看，指出某几处还要学生自己去想想，就可以了。这样做，不明白的家长和学校领导人大概要反对。要使他们懂得无谓的"改"对学生并无好处，我可说不出什么办法。匆此，即问

近佳。

叶圣陶
九月二十一日

答吴海发

（1979年12月12日）

海发同志惠鉴：

　　来书听他人念与我听了，学生作文也听了。此篇没有说出什么来，高中学生如此程度，不能算好。足下的改笔不错。不过我以为学生的作文不必这样改，让他自己去再想想，自己看出哪儿不妥当，对他会多些益处。不过不改就会受到校长的责备，足下也不得不改。如果全校同事（包括校长）有改革教学方法的意愿，那就不妨试试，不改，让学生自己改，或者几个人共同讨论讨论。匆覆，即问

近佳。

叶圣陶
十二月十二日

答杨苍舒[*]

(1979年12月13日)

苍舒先生惠鉴：

前日方寄一书，昨日接诵大札，即从简作答。

书画出版社曾有二位同志来访，谈中小学书法教材之编辑。我向以为小学不必习毛笔字，缘笔墨砚皆甚难使用，新笔到手，当日即坏，磨墨不得法，手面几案都沾墨污。故以为如须习毛笔字，似可从中学始。我更有一意，以为临碑帖、习书法与用钢笔、铅笔或毛笔学写行款齐整、笔画匀称之字，可比之以习作文艺与练习日常需用之文。行款齐整、笔画匀称之字为人人所必需，否则于己于人皆有不利。能成书家固极好，然不必人人为书家。我向在教育部即持此意见，我为少数。多数人以为毛笔字总须自幼学习，而亦无甚坚强之理由。——以上浅见，亦曾以语书画出版社之二同志。鄙意足下尽可参加彼社之编辑工作，决不宜因我个人之见而有所迟疑。敬希采纳。

普通教育并非专为高考之准备，蒋南翔同志亦曾谈过。而古来相传之风习深中人心，以为十年窗下，唯求应试入选。今年各省市中学皆提前准备，此是至可忧虑之事，可虑在不明普通教育之目的。既记者来问，遂勉力一呼。必须教育行政人员，学校当局以及家长多数人醒悟，方能改变此

---

[*] 杨苍舒同志是上海市上海中学的教员。

情形。否则于建设事业,于青年之思想意识,损害至大。简述所怀,高明以为何如?

料知周末必返寓所,故此书寄愚园路。即请

近安。

叶圣陶
十二月十三日

答杨苍舒

（1979年12月31日）

苍舒先生惠鉴：

  本月十八日手书敬诵，琐事不断，迟覆为歉。拙词极平常，六一年曾在京中报上登过。贵校同仁欲观之，自无不可。唯须言明，我于填词与作诗同，皆任意为之，决非正轨。倘蒙信我此言，审其非谦逊，则深幸矣。

  书法教材之编撰，如来示所云，甚好。总之，一般要求似当清楚整齐，便于日常应用；其才宜于习书，具深造之端倪者，无妨观玩碑帖，摹写钟王。从前名家到老临池，今日学生何来闲暇。故不宜期其悉为书家也。请观鄙见何如。

  最近教育部将开教育工作会议，教育结构之改革为诸题之一。大致一般中学将不复发展，而将增设专科专业之中等学校，庶使学生出路非一，不以应高考为唯一标的。所闻如是，其详当览会议结束以后之报道。余容续叙，即请近安，并贺
年禧。

叶圣陶
一九七九年岁除日

答章熊*

（1980年1月19日）

章熊贤侄惠鉴：

　　来书欣诵。谓上海之会①见得与会者在教学思想上大进一步，自属可喜。唯与会者大多为顶儿尖儿，且行政机构人员及师院人员多，中学老师少。地区级、县级、公社级之司文教者以及其处之书记、校长、老师对语文教学如何看法（不仅对语文教学，兼及其对教育），虽未调查，可以料知谬误且荒唐者必不在少数，念此极难乐观。我人写几篇文章希求大家为儿童、少年、青年认真想想，虽不能谓全无用处，而实效必不甚大。安得一种灵方妙法，俾如许众多之文教人员翻然自觉，加强其关爱下一代之真诚，深究夫教育之为何事，一变其因循故习，如是庶几有济。然此灵方妙法安在乎？偶发感慨，亦见老态矣。

　　吕先生②与张志公、蒋仲仁、苏灵扬诸位皆已见过，又看过简报，上海开会情形大致明了。吕先生谈话最好。

　　颇盼得便顾我。寒假将近，于寒假中惠临如何？

　　敬向尊大人请安。

　　匆覆，即问

近佳。

圣陶
一月十九日

---

* 章熊是我母亲的姑表侄，当时是北京大学附属中学的教员。
① 指中学语文教学研究会的成立大会。
② 吕叔湘先生。

答鲁宝元柳正深 *
（1980年1月27日）

宝元正深二位同志惠鉴：

  你们二位代表好多位老师给我的信，已经接读。

  来信中谈的我国中学语文课本和中学语文教学的四点，我看了高兴极了。有些意思我也曾经想过，有些意思我没有想到，使我得到启发，咱们还没见过面，已经是心心相通的好朋友了。

  外国语文跟我国语文完全不同，可是就教学语文和编辑语文课本的目的和方法而言，不妨看看外国人是怎么考虑的。看看当然不是想照抄，拿来作借鉴却是有好处的。什么叫借鉴？就是拿它当镜子来照见自己是俏还是村，俏呢，俏得怎么样，村呢，村到何等程度。

  如今有关语文教学的刊物可谓盛极一时了，我没有作过统计，仿佛觉得大中城市出的不少，有些县份也有。你们准备出版的《外国语文教学通讯》在这么多的刊物中别开生面，像一面镜子，不说别人光说我，我是乐于阅读的。

  匆匆奉覆，顺请

教安。

叶圣陶
一月廿七日

---

* 鲁宝元同志和柳正深同志当时是北京外语学院附属学校的教员。

答杨苍舒

（1980年2月13日）

苍舒先生赐鉴：

一月廿二夕手书接诵已久，杂事集，未得余暇，春节将届，又不免俗累，今日无须出外，又暂无客来，赶作此书，聊酬雅意。

来示三笺，皆足见台从之求实精神。而时尚好为装点。近日报章所记，各个单位俱为迎春集会。通全国计之，所费当亦非细。而勤俭节约，向所号召，似已暂忘。他如各科各目，凡可举名，咸须成立学会或协会。牌子挂起，执事举出，下文即不多见。其事可举者不鲜，而人亦不以为异也。因感足下之求实，不免抒发牢骚，牢骚不宜太盛，即止于此。

语文教学，殊难乐观。上海北京为人才荟萃之区，亦复各分派别，各自以为道在于我，而不甚顾及学生之实益，则彼此正同。至于他地，更难言矣。近有友人往西部数省作调查，他且不论，即于从旁听课之际，所闻奇谈怪说，已足深悲。正不知如许青年学生，究有善于运用本国之语言文字以达意表情，应用于各项工作之一日否乎。——此又是慨叹，不再妄发。

深知足下有心又有力，至恳约集同志，共为研讨，以有效之实际效果影响他人，如水波之扩大，为语文教育之改进开拓新路。鄙意殷切，幸鉴之。

北京外语学院附属学校之外语中语老师将出一种刊物名《外国语文教学

通讯》,介绍各国语文教学之方法及语文教材之编撰。上海《语文学习》今年第一期有介绍日本语文教学之一篇,即为此校所供稿件。我甚赞同此校老师之努力,鉴于人亦为自知之一助也。

  匆匆奉覆,即请

春安。

叶圣陶

二月十三日上午

答章熊

（1980年3月10日）

章熊同志：

六日手书昨日接读。看来书，听谈话，无不感觉欣悦畅适。所惜相去较远，不能常碰头，彼此事忙，不能常通信。

那天我说编一册书供一般人看看，帮他们在说话写东西方面多加考虑，适应日常生活和本职工作所需，也只是偶然想起，见足下兴致好，不怕事，因而信口说了出来。现在看来书所说，此事并非易办。要集合看法想法相同的七八个十来个人就不容易。这还是其次。最麻烦的是大多数人正在背道而驰。多数的语文教师不知道教语文做什么，尽往不切实用的道路上去瞎钻研，不顾到什么八十年代，什么"四化"建设。还有报刊的一部分论文，一部分领导同志的报告和谈话，往往是空话的范文。要想用一两本小书挽如此狂澜，也好像螳臂挡车了。

我这样说又是发牢骚了。足下来信谈的都切合实际，希望一项一项做起来，多一个同心的人就多一分力量。接近的语文刊物，不妨好好与他们商量，请不要出了刊物就算成绩，要真正于人有益才是成绩。

吕先生①在《语文学习》第二期的一篇极好。学生写了一篇《乞丐》，就作为一件大事来讨论，就可以见到语文教学的毛病。

匆覆，敬请尊大人安。

圣陶

三月十日

---

① 吕叔湘先生。

答鲁宝元

（1980年11月15日）

宝元同志：

尊拟《新编语文教材方案概要》，此刻看过一遍。我对第一段"性质与教育目的"诸点都深表同意。

针对第一段、第二段"具体任务和要求"中似可提出"作听人讲话的笔录或摘要来练'听'""举办讲演会、辩论会来练'说'"。平时要注意"听"和"说"。无论在校内校外，同学互勉，师生互勉（师不仅是语文老师），大家要说健康的、纯洁的话。我这点意思，大稿第七页已经提到。

四种教材①编在一本书里，每种教材应注意的各点，我也同意。

课文都要站得住，没有病句，没有空泛的话。四种教材都要如此。这一层最难办到。选用现成的材料，往往感到不能满意。

还要编入一些反面教材，训练学生的辨别力。简略奉覆，即问近佳。

叶圣陶

十一月十五日傍晚

---

① 指"听、说、读、写"。

答杨苍舒

（1980年12月6日）

苍舒先生惠鉴：

前接九月十四日书，久稽未报，殊深歉疚。昨又接手教，不敢再延，即书此札。视力衰退，近来益甚。人视我双目如常，实则与人面对，仅见其轮廓，不辨其眉目。晴窗下作书，犹必须开桌灯，否则无从下笔。毛笔作书，或落笔太重，或并未着纸，笔画位置又多错误，取放大镜观之，自觉可笑。因来示言及视力衰退，略叙其况如上述。

住校班主任辛勤特甚，我能想象得之。而与同学晨夕共处，熏陶较易致效，或亦劳中之一乐。倘能鼓励同学自治，则管理工作似可减轻。我言皆由空想，非出实践，台从或将笑之。更有言者，我之空想以为各科教师均负熏陶之责，不以教某科为限。易言之，教习某科为教学工作，熏陶善诱为教育工作，凡为教师，固宜教学与教育兼任也。

关于中小学生习字，请陈我个人之鄙见。学校要求于学生者，笔画必须正确清楚，行款必须整齐匀称，目的在使观之者方便。不仅于语文课作如是要求，其他各课亦同样要求。教师自宜以身作则，故各科教师凡写板书，或书通告，或贴字条，均必须留意为学生示范。至于学生有兴于书法，喜欢临摹碑帖，则是另一回事。教师于此固宜赞许，而亦不宜普遍提倡。此与语文课之作文相类。语文课令学生练习作文，唯求其能将所知之事物、所思之意念以书面语言写出之，确切明白，无误无赘。此是毕生所需用，非学好不可。至于吟诗作歌，撰写小说戏剧，学生苟有兴为之，教师亦宜予以鼓励，然非语文课之学习目的也。鄙意简述如上，愿闻明教。

来示云将惠我以墨宝，殊为欣喜。台从书法所见已多，随笔挥洒，远胜于我，特书见贶，定更超妙。接到之后当永宝之。又将赐以贵乡佳橘，只能于领到时收受。屡恳勿复有所馈赠，不蒙垂许，未免怅惘。却还未免矫情，受则莫能自安。勉强自解，此与所谓"不正之风"尚非同科也。

承告令郎令爱俱已从事工作，闻之深喜。尊府可谓幸福家庭，不胜颂祷。敬请

教安。

叶圣陶

十二月六日

答章熊
（1981年1月21日）

章熊贤侄惠鉴：

　　首先向尊大人敬候，祝愿血压如常，诸皆康泰。

　　陶同志的信看了，他的说法自表同意。

　　名家名篇与当今隔一层（不止一层），这是一点。名家名篇以文而论，不免有些毛病，又是一点。我的几篇旧作常被选，我一向感到不愉快，但是无可奈何。

　　昨天苏灵扬来，谈起北大附中的"当代文艺讲座"。她认为这是语文教学中的新问题，对学生确应指导。我心里想，能开这样讲座的中学不知有几个，但是没说出口。现在极大多数语文老师最要紧的是自己能读能作，不至于读而不懂，作而不通。足下看我说得合乎实际否？

　　"不能本末倒置，培养目标必须明确"，来信中加圈的话我非常赞同。搞通语文，主要靠语文课。就是读文学作品，也要搞通语文才行。

　　偶与至善谈起广告。他说见摩托自行车的广告，有一句最好，"凡是能骑自行车的，学骑半小时就能操纵自如"，其他"美观""价廉"之类都是可以不说的。当然，广告敢于这样说，必须有确实的保证。

　　《语言与思维训练》的序能早完成最好。如果不能，大稿先寄上海，序文稍迟补送，他们会同意的。

　　匆覆，即问

近佳。

圣陶
一月廿一傍晚

答杨苍舒

（1981 年 3 月 23 日）

苍舒先生惠鉴：

  今日接本月二十夜手书，前此有二书未覆，时记于心，今日非覆不可。我虽家居，除外出赴会外，亦复上下午两班。唯上班在寓中，大多为晤客，作覆书，偶作短文，几乎日日如是。目力不济，看书无份。看报仅看标题，唯凭晨夕两次三十分钟之广播，略知国内外情形，儿子及孙辈得暇，约略语我以所闻知而已。鄙况如是，辄感光阴之迅逝，白昼数小时之不够，思之不免怅然矣。

  来书详叙出版社对付投稿之情形，我亦知之。今时作事不认真，无事业心，办事不讲效率，几乎到处皆是。改革此风，唯希互勉互励，以及近日有人号召之"从我做起"。党之十二条准则，若不当作好言好语看，而真视为立身行事之准则，虽党外人亦未尝不可体会其精要，酌取而实践之。足下以为然否？

  书画出版社有两位同志来信，嘱书中小学生字帖之书名横直各一纸，即书就寄与，字极平庸，以题字帖，实非所宜。今读来示，云字帖稿尚须送审。我料教部恐未必有暇审阅也。

  语文教学，谈者纷纷，书刊不少。我以为多谈不如见之实践，教出学生来，善读善写，有识见，能应用，斯为成功之语文教育工作者。足下以为何如？

  匆匆作报，言至简略，殊为不恭，谅之为幸。即请

教安。

叶圣陶
三月廿三日下午

答章熊

（1981年5月13日）

章熊贤侄：

　　惠覆昨日下午接诵，既感且愧。不责我失约，反而恳切致歉，能不感且愧乎。写书名容勉为之。我书书名已不少，实亦并不轻松，有时重书一二十遍，竟无勉强可观者，写字信手挥动，双目视而不准，书成用放大镜审之，每见其恶劣。衰老至此，亦可叹也。今欲问者：（1）大稿及来书有时作"思维"，有时作"思惟"，请告知全稿决定用"维"抑"惟"。（2）书名写简体抑繁体字？我意书稿既用简体，封面亦宜用简体。至于所盖印章，则只能繁体矣。

　　"实用语言"之"语言"改用"语体"，我直觉以为不如原来之"语言"。言其所以，又须细想，请恕其从略。我思我人发言吐语，均为实用。果能如常言六个W①认真地想，找到适切的语言表达之，即为克致其用。照此适切的语言写下来，即为好文字，一封信一张广告如是，一首诗一篇小说亦如是。——我此简单抽象之意思，足下以为何如？来书所称"内容""目的""读者""手段"四者须统一考虑，似与鄙意相通。而前此寄来之试稿三篇皆只就文字形式说许多肤泛的话，所以我觉其未能惬意也。

　　辞不达意，字迹恶劣，自视兴叹。且止于此，即问

近佳。

圣陶

五月十三日上午

---

　　① "六个W"是："Why"，为什么写这篇文章？"What"，这篇文章要说什么？"Who"，这篇文章是谁写给谁看的？"Where"，在什么地方写这篇文章？"When"，在什么时候写这篇文章？"How"，这篇文章该怎么写？

答章熊

(1981年8月26日)

章熊贤侄惠鉴：

　　昨范守纲同志①带来手书，未即作覆，今补书之。唯写字益感为难，只得从简，幸恕之。

　　《实用语言浅说》一手写，我两手举起赞同。分内容、对象、目的、手段四项来考虑，极好。内容必知之明且确，不明确者不说，胡说一通，颠倒是非，绝对要不得。认准对象，不要说行话、专业话、不得体不礼貌的话。专业者与专业者说或写，自当别论。认清何所为而说而写，目的和手段自然解决了。譬如广告，光说"物美价廉"，等于没有说。要说出货品的优点，引起人家的注意，而又确乎是此品的优点，绝非虚言，才是好广告。写发言稿，脑中要有所有与会的人。要对他们说几点，就说这几点，不要泛滥无归。（我不起稿，常常乱说一顿，非常可笑。）至于用词用语，务求精简，戒绝滥调，典故成语，切勿乱用。——我信笔写这些，足下或将笑之。

　　我还有一个常想说而说不明白的意思，现在试说一说。

　　话与文都不是可以"做作"的，有几分品德、知识、能力只能说几分的话，写几分的文。只会打折扣，不会超过增多（如果说或写的时候马虎就要打折扣）。所以说或写似技能而非技能，实际是其人的表现，一封信如此，一部小说一首诗也如此。我想劝大家不要把作文当技能看，可惜想不透，因而不敢说或写。

---

　　① 范守纲同志当时是上海《语文学习》的编辑。

我家因修缮房屋暂住新外大街,一家人分而为二,诸多不便。搬回八条须在国庆以后。

敬请尊大人安。

圣陶

八月廿六日午后